INTERNET

pour

LES NULS

4e édition

INTERNET
pour
LES NULS
4e édition

John R. Levine, Carol Baroudi
et Margaret Levine Young

France Loisirs
123, boulevard de Grenelle, Paris

Les produits mentionnés dans ce manuel peuvent être des marques déposées, toutes ces marques sont reconnues.

Pour les Nuls est une marque déposée de International Data Group.
For Dummies est une marque déposée de International Data Group.

Titre original : Internet For Dummies, Fourth edition

Traduction : Michel Dreyfus

Sybex n'est lié à aucun constructeur.

Tous les efforts ont été faits pour fournir dans ce livre une information complète et exacte. Néanmoins, Sybex n'assume de responsabilités ni pour son utilisation, ni pour les contrefaçons de brevets ou atteintes aux droits de tierces personnes qui pourraient résulter de cette utilisation.

Édition du Club France Loisirs, Paris,
avec l'autorisation des Éditions Sybex.

ISBN : 2-7441-1959-8

Sommaire

Introduction

Bienvenue dans la présente édition de *L'Internet pour les Nuls*. Des tas d'ouvrages ont été écrits sur l'Internet mais la plupart d'entre eux supposent que vous possédez déjà un diplôme d'informatique, que vous voulez aller au fond de certains détails internes qui ne vous serviront que rarement et qu'une de vos jouissances personnelles consiste à apprendre des commandes ésotériques pleines d'options étranges et difficiles à retenir. Nous espérons que cet ouvrage est différent.

Nous avons essayé, ici, de faire quelque chose de tout autre en décrivant de quelle façon vous allez pouvoir devenir un de ces *internautes* parfaitement à leur aise en *surfant* sur la vague de l'Internet. Comment vous pouvez démarrer, acquérir de l'expérience et ensuite, depuis la crête des vagues, voler de vos propres ailes. (Ben quoi, vous n'avez jamais vu de poisson volant ?) Tout cela en bon et simple français de tous les jours, naturellement.

Cette nouvelle édition contient pas mal de changements pour tenir compte du développement rapide de l'Internet. Quand fut publiée la première édition, l'utilisateur moyen (normal, pourrait-on dire, si la normalité et l'utilisation de l'Internet pouvaient aller de pair) était un étudiant se connectant au Net à partir de son université, ou, à la rigueur, un ingénieur travaillant dans une grande entreprise ayant une "prise Internet". De nos jours, trois ans après, tout ça a bien changé et presque tout le monde se connecte à l'Internet depuis son domicile. Ou tout au moins, peut le faire. Aussi allons-nous centrer le thème de ce livre sur les parties du Net les plus intéressantes pour l'utilisateur moyen : celui qui n'est pas un technicien de la "chose". C'est pourquoi il sera surtout question du Web et des outils de navigation qui en permettent l'exploration, j'ai nommé les *browsers* : Netscape Navigator et Internet Explorer de Microsoft. Nous verrons également comment envoyer et recevoir du courrier électronique (*e-mail*) pour les échanges de correspondance personnels et comment télécharger les trésors de toute nature que l'on trouve sur l'Internet.

Qu'y a-t-il dans ce livre ?

Nous n'avons pas l'outrecuidance de penser que vous êtes à ce point passionné par l'Internet que vous allez vous plonger dans la lecture de ce livre de A à Z, quelles que soient ses (éminentes) qualités. C'est plutôt en tant qu'assistant, que conseiller, que nous voyons le rôle de ce livre. Quand un problème vous embarrasse (par exemple : "Je *croyais* savoir comment retrouver les coordonnées de quelqu'un sur le Net, mais du diable si..."), plongez-vous dans ce livre, parcourez la table des matières, consultez l'index, feuilletez... En un mot, cherchez et vous trouverez.

Voici quelques-uns des sujets que nous allons aborder :

- Ce qu'est l'Internet.
- Comment vous connecter à l'Internet.
- Comment surfer à l'aise sur le Web.
- Comment y trouver les gens, les endroits et toutes sortes de choses.
- Comment communiquer à l'aide du courrier électronique (*e-mail*).
- Comment transférer des fichiers de toute nature.
- Où trouver services et programmes.

Comment utiliser ce livre

Pour commencer, nous vous suggérons de lire d'affilée les quatre premiers chapitres. Vous aurez ainsi un aperçu d'ensemble de ce qu'est l'Internet et vous apprendrez le vocabulaire de base sans lequel tout ce qui suit resterait pour vous lettre morte. Nous croyons sincèrement que vous allez les trouver intéressants.

Si vous êtes nouveau venu au Net, nous vous suggérons de continuer votre lecture par la deuxième partie qui vous apprendra ce que le Net peut vous apporter. Avec le temps, cela deviendra plus familier mais, au début, cela vous aidera à comprendre ce que vous faites.

Lorsque vous vous sentirez prêt à aborder concrètement le Net (à vous y connecter), allez à la troisième partie et choisissez parmi les options proposées celle qui vous convient le mieux pour réaliser cette connexion.

Les troisième et quatrième parties sont là pour vous aider dans votre utilisation pratique des ressources du Net.

Nous avons fait de notre mieux pour ne pas utiliser trop de vocabulaire technique et, en particulier, pour définir chaque nouveau terme qui n'appartient pas au langage courant, mais il a pu nous arriver d'oublier quelques éléments. Et puis, il se peut que vous lisiez un chapitre sans avoir lu les précédents ce qui vous conduirait à sauter la définition d'un mot ou deux. C'est la raison d'être du glossaire que vous trouverez à la fin du livre.

Comme l'Internet est un monde sans cesse recommencé, nous avons prolongé ce livre par une aide en ligne afin qu'il soit le plus possible à jour. Lorsque vous verrez notre icône "Pleins gaz", cela vous indiquera que nous avons des informations de dernière minute sur notre site Web :

```
http://www.dummies.net
```

Lorsque vous devez taper quelque chose sur votre clavier d'ordinateur, ça se présente ainsi :

```
commande esoterique a taper
```

Tapez-le tel que c'est écrit. En particulier, vous remarquerez que l'emploi de caractères accentués est *extremement* rare. (Enfin ! n'exagérons pas !) Respectez les MAJUSCULES et les minuscules. Ce n'est pas toujours indispensable mais vous risquez de tomber sur des systèmes capricants qui se vexeraient si vous faisiez preuve de fantaisie ou de laxisme à cet endroit.

Et surtout, n'oubliez pas que toute commande se termine par un appui sur la touche <Entrée> !

Qui êtes-vous ?

En écrivant ce livre, nous avons supposé que :

- Vous avez accès ou vous voulez avoir accès à l'Internet.
- Vous voulez vous en servir dans un but pratique (pas nécessairement pour le *travail* ; pourquoi pas pour *jouer ?*).
- Vous ne cherchez pas à devenir le Grand Expert Mondial de l'Internet.

Comment est organisé ce livre

Cet ouvrage contient cinq parties, chacune d'elles plus ou moins autonome (vous pouvez aborder le livre par n'importe laquelle) mais au moins faut-il que vous vous plongiez dans les deux premières si vous êtes réellement innocent pour tout ce qui concerne l'Internet.

Voici comment se présentent ces cinq parties :

Dans la première partie, "Bienvenue sur l'Internet", vous allez apprendre ce qu'est l'Internet et pourquoi il est si intéressant (tout au moins, pourquoi *nous pensons, nous*, qu'il est si intéressant). En outre, vous allez découvrir le vocabulaire de base et les concepts qu'il est nécessaire de connaître pour aborder sereinement la suite. Nous allons voir comment se connecter au Net et vous dire quelques mots de la dernière technique à la mode, celle de l'Intranet.

La deuxième partie, "Embarquez sur l'Internet", vous explique comment fonctionnent les plus importantes et les plus utilisées des ressources de l'Internet : le World Wide Web (la toile d'araignée mondiale, familièrement désignée par le raccourci "Web"), le courrier électronique (*e-mail*), les groupes de *news* de Usenet et la façon de découvrir des tas de choses intéressantes. Vous apprendrez à naviguer sur le Web et à y rechercher toutes sortes de choses, comment échanger du courrier électronique avec des correspondants situés un peu partout sur la planète, comment tirer parti des *mailing lists* (listes de diffusion) et des forums de Usenet pour entrer en contact avec d'autres personnes passionnées par le même sujet que vous-même. Là, toutefois, le traducteur croit honnête de vous préciser que si vous ne comprenez pas l'anglais et que si vous n'êtes pas capable de rédiger des phrases simples dans la langue de Bill Clinton[1], votre "monde" se réduira aux pays francophones : Belgique, Suisse, Québec et deux ou trois autres. La *lingua franca* de l'Internet, c'est l'anglais !

Quand vous vous sentirez prêt à sauter le pas, vous devrez vous abonner à un fournisseur d'accès à l'Internet afin de réaliser votre connexion et c'est à ce moment que la troisième partie, "A la recherche d'un fournisseur d'accès", pourra vous venir en aide. Nous y décrivons en détail trois des routes possibles qui mènent à l'Internet : l'incontournable CompuServe, le fournisseur d'accès français Infonie et le recours à des prestataires régionaux ou locaux sans valeur ajoutée.

La quatrième partie, "Les dix commandements", comporte un résumé des références essentielles. Ce qui ne veut pas dire que le reste du livre soit absolument dépourvu d'intérêt !

Enfin, la cinquième partie, "Les ressources de l'Internet", vous apportera essentiellement des renseignements pratiques : des adresses de serveurs, des noms de programmes, des références bibliographiques, etc.

Icônes utilisées tout au long de ce livre

Vous signale que vous allez tomber sur des informations techniques plutôt pointues qu'il vous est loisible de sauter si vous le souhaitez (mais si vous en avez vraiment envie, rien ne vous empêche de les lire).

Là, vous allez découvrir une (brillante ?) astuce qui vous fera gagner du temps.

---

1. C'est à dessein que nous n'avons pas fait appel à William Shakespeare pour cette comparaison (N.d.T.).

Aïe ! Faites attention que ça ne vous arrive pas !

Cette icône pointe sur une ressource du World Wide Web que vous pouvez atteindre avec Netscape Navigator, Internet Explorer ou tout autre logiciel du même type.

Vous allez trouver ici, en direct depuis le site Web américain http://net.dummies.net/search/, les informations les plus récentes sur tel ou tel point particulier.

Et maintenant ?

Eh bien, c'est tout ce que vous devez savoir pour commencer. Lorsque vous tomberez sur un os, dépêchez-vous d'aller feuilleter la table des matières ou de jeter un œil sur l'index. Ou bien vous trouverez la réponse espérée, ou bien vous devrez vous mettre en quête d'un super-gourou internetien.

Comme l'Internet n'arrête pas d'évoluer depuis bientôt 30 ans, et ça, sous l'influence de gars plutôt fondus de l'informatique, il n'a pas été réellement conçu pour l'homme de la rue. Aussi ne faites pas de complexes si vous passez pas mal de temps à feuilleter le livre avant de vous y sentir à l'aise. Après tout, bien peu d'utilisateurs d'ordinateurs personnels ont eu jusqu'ici l'occasion de se frotter à quelque chose d'aussi complexe que l'Internet.

Première partie

Bienvenue sur l'Internet

"Depuis qu'il a acheté cette sacrée machine, il reste collé devant. Ça fait onze jours pleins qu'il n'a pas bougé d'un poil. Si c'est ça qu'on appelle surfer sur le Net !"

Dans cette partie...

A chaque instant il se passe quelque chose sur l'Internet. Mais comme c'est rempli d'ordinateurs, rien n'y est aussi simple qu'on le souhaiterait. Nous allons commencer par voir ce qu'est l'Internet, comment il est devenu ainsi et comment vous débrouiller pour l'amener en contact avec votre machine. Nous jetterons un rapide regard sur ce qu'est l'*Intranet*, cette récente application des concepts de l'Internet aux réseaux locaux des entreprises.

Chapitre 1

Le Net, qu'est-ce que c'est ?

Dans ce chapitre :

Qu'est-ce que l'Internet ?

Pour ce qui nous concerne, qu'est-ce qu'un réseau ?

A quoi sert l'Internet ?

L'Internet est-il sûr ?

D'où vient l'Internet ?

Qu'est-ce que l'Internet ?

La réponse à cette intéressante question (merci de me l'avoir posée) dépend de votre interlocuteur. L'Internet et ses technologies changent si vite qu'il est bien difficile d'être au courant. Dans ce chapitre, nous allons commencer par le commencement : vous apprendre ce qu'est l'Internet et comment il a évolué durant ces dernières années.

Si vous êtes béotien en la matière et, surtout, si vous n'avez aucune expérience des ordinateurs, *restez calme !* Beaucoup de ce que vous allez découvrir est entièrement nouveau. Prenez le temps de lire, de relire et de comprendre. C'est un monde tout neuf avec ses us et coutumes et son langage, et il faut un peu de temps pour s'y sentir à l'aise. Il y a des gens qui préfèrent parcourir d'abord tout le livre en diagonale pour avoir une vague idée de ce qu'ils vont découvrir. D'autres y cheminent pas à pas. Quel que soit votre style, rappelez-vous qu'ici, *tout est neuf.* Vous n'êtes pas censé tout comprendre du premier coup. Et même pour ceux qui ont de la bouteille en informatique, c'est un monde de découvertes.

L'Internet... Ah, vous avez sans doute remarqué que je disais **L**'Internet et non pas Internet tout court comme vous l'avez sans doute lu sous certaines plumes davantage préoccupées de paraître que de savoir. Qui a raison ? Grammaticalement, c'est un objet, non une personne. Aucune raison donc de le priver de l'article défini. Christian Huitema, de l'INRIA, ancien président de l'*Internet Architecture Board*, a publié, en français, un livre dont le titre est *Et Dieu créa l'Internet.* Le CNRS[1] même, établissement public dépositaire officiel de la science française, est sorti de son ésotérisme coutumier en publiant un excellent ouvrage collectif au titre évocateur : *L'Internet professionnel.*

Même si vous êtes rompu à la pratique de l'informatique quotidienne, vous allez trouver l'Internet réellement différent de tout ce que vous avez rencontré jusqu'ici. L'Internet n'est pas un *package* et ne peut pas se résumer en une suite d'instructions et de commandes à exécuter religieusement l'une derrière l'autre et dans un ordre prescrit. Il ressemble davantage à un organisme vivant toujours en cours de mutation qu'à un quelconque Word pour Windows ou Excel qui, sagement installés dans un coin de votre machine, s'occupent de leur travail et de rien d'autre. Avec un peu d'habitude, le Net va devenir pour vous une seconde nature, mais les premiers pas dans ce nouveau monde risquent de vous paraître intimidants et déroutants.

Revenons à notre Internet (entre branchés - ou feignant de l'être - on dit souvent le *Net*). Je serais tenté de vous répondre : "L'Internet, ça n'existe pas." En effet, l'Internet, c'est plutôt un concept qu'une réalité matérielle. Pour simplifier, disons que c'est un réseau de réseaux : le plus grand réseau mondial d'ordinateurs. "Ah ? et un réseau, qu'est-ce que c'est ?" allez-vous me demander. Même si vous croyez connaître la réponse, lisez donc les deux paragraphes qui suivent. Comme ça, nous serons sûrs de parler le même langage.

Un réseau d'ordinateurs est constitué par une quantité variable d'ordinateurs connectés les uns aux autres par quelque moyen que ce soit. (Comme vous le voyez, dans le monde des ordinateurs, on aime que les choses soient énoncées avec une précision rigoureuse.) Conceptuellement, c'est comme un réseau d'émetteurs de télévision ou de radio. Radio Classique, par exemple, a des émetteurs locaux un peu partout en France, dont les fréquences se répartissent sur la bande FM - Paris, c'est 101.1 - et qui diffusent toutes le même programme. France 3 a des réémetteurs régionaux qui, à l'exception de décrochages ponctuels, diffusent eux aussi les mêmes séries B dont nous inondent les producteurs américains.

Mais n'allez surtout pas prendre cette analogie au pied de la lettre. Les réseaux radio ou TV diffusent la même musique, les mêmes informations, les mêmes feuilletons, alors que dans un réseau informatique, chaque machine conserve son individualité. A la différence des réseaux de réémetteurs, les

1. Les sigles seront explicités dans le glossaire et les ouvrages cités répertoriés dans la bibliographie que vous trouverez au Chapitre 21 (N.d.T.).

réseaux d'ordinateurs fonctionnent *à l'alternat* : quand la machine A envoie un message à la machine B, B peut renvoyer une réponse à A. Et à A seulement. (Mais, comme nous le verrons, on peut aussi s'adresser à la collectivité.)

Certains réseaux d'ordinateurs sont constitués d'un ordinateur central et d'un tas de satellites qui communiquent avec lui. C'est le cas, par exemple, d'un système de réservation aérienne où les satellites sont répartis sur les aéroports et dans les agences de voyage. D'autres, comme l'Internet lui-même, sont plus égalitaires et permettent à n'importe quel ordinateur du réseau de prendre l'initiative de communiquer avec qui il veut sur le réseau.

Donc, comme je le disais, l'Internet est le plus grand réseau d'ordinateurs du monde. "Ah oui - allez-vous me dire - j'ai vu une fois le plus beau navet de la terre sur ma télé et ça ne m'a pas laissé un souvenir impérissable !" C'est vrai, mais les réseaux, ce n'est pas comme les légumes : la taille compte beaucoup pour évaluer leur importance. Plus un réseau est étendu et plus il a de ressources à vous offrir.

Et puis, l'Internet n'est pas vraiment un réseau : c'est un réseau de réseaux, tous sur un pied d'égalité. Ces réseaux vont des réseaux nationaux comme RENATER, en France, JANET en Angleterre et AT&T aux Etats-Unis jusqu'à celui que l'oncle Alfred s'est construit dans son garage en reliant entre eux deux vieux PC qu'il avait achetés aux Puces, en passant par le réseau local de votre entreprise qui interconnecte une dizaine (une centaine, un millier ?) de machines situées dans le même immeuble. Les universités ont été depuis longtemps connectées à l'Internet et maintenant, c'est le cas de la plupart des écoles d'ingénieurs, privées ou publiques. Depuis un ou deux ans, le taux de croissance des connexions à l'Internet est devenu comparable à ce qu'a été celui des téléviseurs aux Etats-Unis dans les années 50 (et en France, dans les années 70). On n'ose plus avancer de chiffres pour évaluer le nombres de connectés à l'Internet : 60 millions semble crédible, début 97. A la fin du siècle, est-ce que ce sera 100 millions, 200 millions, 5 000 millions ? *Chi lo sa ?*

Posez par terre, on va l'trier !

Tout ça, ça reste bien vague. Est-ce qu'on ne pourrait pas essayer d'y voir plus clair ? Un peu partout, vous avez sans doute remarqué que les gens *in* échangeaient maintenant non plus leurs *coordonnées* mais leurs *adresses Internet*. Alors qu'est-ce que ça représente ? Est-ce qu'on parle bien du même "réseau des réseaux" ? Oui, et plus encore.

Avec les réseaux, ce qui compte, c'est la taille parce que plus un réseau est grand et plus on y trouve de choses. Comme l'Internet est le plus grand réseau du monde, c'est lui qui en offre donc le plus.

L'Internet représente un nouveau moyen de communiquer qui affecte notre existence à une échelle comparable au téléphone et à la télévision. Si vous vous servez d'un téléphone, que vous écrivez du courrier, que vous lisez un journal ou un magazine ou que votre job soit concerné par la recherche, alors l'Internet va changer radicalement votre perception du monde.

Aujourd'hui, lorsque les gens parlent de l'Internet, ils vous parlent de ce qu'ils utilisent. Ce n'est souvent qu'un petit domaine, tant les possibilités de l'Internet augmentent rapidement. Nous allons en détailler quelques-unes.

- **Le courrier électronique *(e-mail)*.** C'est sans doute le service le plus largement utilisé. Il vous permet de correspondre avec des millions de gens, un peu partout dans le monde. Il remplace le téléphone, le courrier traditionnel, pour bavarder, échanger des recettes de cuisine, parler d'amour, colporter des rumeurs... C'est, par exemple, grâce à lui que le traducteur en français d'un ouvrage technique peut demander à l'auteur américain ce que signifie exactement la deuxième phrase du troisième paragraphe de la page 91. Il existe aussi des *mailing lists* (listes de diffusion) qui vous permettent d'envoyer le même message, en même temps, à un groupe de personnes ayant un certain centre d'intérêt en commun. Des *mail servers* (serveurs de courrier) vous permettent de recevoir automatiquement toutes sortes d'informations. Pour plus de détails, voyez les Chapitres 7, 8 et 9.

- **Le World Wide Web (le Web, en abrégé).** C'est le meilleur moyen de perdre son temps en ayant l'air de faire quelque chose, vous diront les mauvaises langues. Quand, autour de vous, vous entendez parler de *surfer sur le Net*, ça veut dire que vos interlocuteurs se branchent sur des sites informatiques de type multimédia interconnectés pour constituer une hyper-base de données mondiale. Ici, ce n'est plus seulement du courrier que vous allez trouver mais du texte, des images, des sons et même des animations, des programmes, des jeux... tout ce que vous pouvez désirer ou presque. Et tout cela à portée de clic de votre souris. Son taux de croissance est supérieur à tout ce que vous pouvez imaginer. D'un jour à l'autre, de nouveaux sites apparaissent. Parfois aussi, certains disparaissent. En 1993, lorsque nous avons écrit la première édition de cet ouvrage, on en comptait 130. Aujourd'hui il y en a plus de 600 000, et les statistiques indiquent que ce nombre double à peu près tous les deux mois.

  Le programme qui sert à naviguer sur le Web s'appelle un *browser*. On a essayé de lui donner un nom français mais, faute de mieux, browser est en passe de s'imposer dans le langage courant, tout comme klaxon, frigidaire, télétype ou baskets. N'y voyez pas d'analogie avec *Big Brother* (la prononciation des deux mots se ressemble beaucoup). Non, ça n'a rien à voir car le sens est plutôt celui de fureteur, fouineur, butineur, navigateur, explorateur, brouteur. L'idée, c'est d'aller çà et là à la découverte d'informations. Les browsers les plus populaires actuellement sont Netscape Navigator et Microsoft Internet Explorer. Pour plus de détails, consultez les Chapitres 4 et 5.

- **La recherche d'informations.** Beaucoup de sites informatiques proposent des bases de données dont l'accès est gratuit. Depuis les décisions de la Cour suprême des Etats-Unis jusqu'aux catalogues d'éditeurs en passant par des images (de toute nature, pas toutes à usage familial). Et, surtout, des masses de programmes et des tonnes de jeux pour ordinateurs.

  Le problème, avec cette masse d'informations, c'est de trier le bon grain de l'ivraie ou, si vous préférez, d'extraire l'aiguille qui représente ce que vous recherchez de la meule de foin qui symbolise ce que l'Internet met à votre portée. Pour vous y aider, il existe des *moteurs de recherche*, des *index* et des *répertoires*. Beaucoup de gens s'efforcent de réaliser des index de plus en plus rapides et "intelligents". Nous vous parlerons des deux qui sont les plus utilisés : AltaVista et Yahoo!. Comme nous vous l'avons dit dans l'Introduction, vous verrez une icône symbolisant le Web çà et là : elle pointe vers les ressources que vous pouvez récupérer vous-même à partir du Web (voir le Chapitre 6).

- **Le commerce électronique.** C'est la Redoute + le Minitel transposés sur l'Internet. Il existe aux Etats-Unis des logiciels permettant de faire circuler un numéro de carte de crédit sans danger sur l'Internet. En France, du fait des restrictions imposées par le Service central de la sécurité des systèmes d'information (SCSSI), leur utilisation reste très limitée mais tend à se développer. La nécessité s'en fait toutefois sentir de façon beaucoup moins forte, précisément à cause de l'existence du Minitel, tout à fait approprié pour ce type de transactions.

- **Les forums.** C'est Usenet. Littéralement : le réseau des utilisateurs. Une sorte de messagerie collectiviste éclatée en 10 000 sujets divers (d'aucuns parlent de 20 000 !), riche d'un transit quotidien de quelque 700 millions de caractères. Les rubriques vont quasiment des occurrences de l'article partitif chez les écrivains militaires du XVIe siècle à la pornographie la plus révoltante en passant par l'ésotérisme le plus abscons. C'est aussi le lieu où l'on s'enflamme avec le plus de facilité, au point que beaucoup répondent à des messages qu'ils n'ont pas pris la peine de comprendre, sinon de lire. Aux Etats-Unis, l'un des groupes les plus fréquentés est celui de l'humour. A moins d'être familiarisé avec le slang et/ou d'être un inconditionnel de Woody Allen, le traducteur ne vous en recommande pas la fréquentation. Il existe bien un groupe français équivalent mais, si vous n'aurez aucune difficulté à comprendre ce qui s'y dit, mieux vaut quand même acheter l'*Almanach Vermot* ou *Le Hérisson*. Pour plus de détails, consultez le Chapitre 10.

- **L'intranet.** Sans doute avez-vous déjà entendu ce mot ? C'est l'Internet transposé dans le domaine du réseau local propre à une entreprise. Nous en reparlerons au Chapitre 3.

- **Jeux et bavardages.** Il existe, aux Etats-Unis, un jeu appelé MUD (*Multi-User Dungeon*, en quelque sorte *Donjons et dragons multiutilisateurs*) qui peut, paraît-il, vous tenir en haleine toute une journée. Vous y jouez avec des partenaires situés n'importe où sur le globe. A condition, bien sûr, de parler anglais. Dans le même ordre d'idées, citons IRC (*Internay Relay Chat*), un système de téléconférence par l'Internet. Sa fréquentation semble être principalement le fait d'étudiants qui s'ennuient, mais on ne sait jamais qui on peut y rencontrer. D'un usage beaucoup plus limité, nous n'en parlerons pas dans ce livre.

Quelques histoires vraies

De jeunes élèves d'un collège de San Diego ont utilisé l'Internet pour échanger des messages et des histoires avec d'autres enfants en Israël. C'était en partie pour s'amuser et se faire des amis dans un pays étranger mais une étude académique a montré que, lorsque les enfants pouvaient s'adresser à un véritable auditoire, ils écrivaient bien mieux.

Dans beaucoup de pays, l'Internet est le moyen de communication le plus rapide et le plus fiable. Au cours des troubles intérieurs que connut l'ex-URSS en 1991, un petit fournisseur d'accès, RELCOM, qui avait une connexion avec la Finlande et, par là, avec le monde entier, se retrouva être le seul moyen de savoir ce qui se passait réellement parce que le téléphone était coupé et que les journaux ne paraissaient plus.

La recherche médicale se sert de l'Internet pour mettre à jour les bases de données continuellement changeantes sur les épidémies.

Mais il y a aussi des utilisations moins glorieuses de l'Internet. En voici quelques-unes tirées de notre expérience personnelle.

L'an dernier, lorsque nous avons commencé à écrire notre méga-livre, *Internet Secrets,* nous avons posté des appels au peuple pour compléter notre documentation. Nous avons reçu des réponses d'un peu partout et la plupart de ceux qui nous ont répondu sont devenus nos amis. Maintenant, nous saurons à qui rendre visite lorsque nous voyagerons dans le vaste monde.

Nous recevons tous les jours des messages venant de toutes les parties du monde et envoyés par des lecteurs de notre collection *Pour les Nuls*. Souvent, c'est même, pour beaucoup d'entre eux, le premier message qu'ils envoient par *e-mail*.

L'Internet est une des meilleures sources de programmes qui soit. Lorsque nous entendons parler d'un nouveau service, il ne nous faut que quelques minutes pour nous en procurer un exemplaire convenant à l'une de nos machines (plusieurs PC sous Windows et un Macintosh Power PC) à partir de laquelle, sinon desquelles, nous le lançons immédiatement. Et presque tout ce qu'on trouve sur le Net est gratuit[2].

Autre exemple qui nous touche de plus près. Lors de la reprise des essais nucléaires par la France, Américains, Néo-Zélandais, Australiens, Anglais et quelques autres ont inondé le Net de messages de protestation. Principalement à destination des établissements de recherche et des ministères. C'est ce qu'on appelle la technique du *bombing*, qui vise à saturer les accès du destinataire à qui on cherche à nuire.

Terminons par deux exemples franco-français :

- *Charlie-Hebdo*, le mensuel bien connu, dont on ne peut pas dire que ce soit un outil de propagande gouvernementale, a un serveur Web hébergé par un établissement d'enseignement helvétique de grand renom. Sauf pour une rubrique : le calendrier des manifs. Pour des raisons de bon voisinage, sans doute, pendant assez longtemps, un pointeur renvoyait le lecteur sur un établissement officiel de recherche français pour prendre connaissance de ce calendrier. Mais quelqu'un eut vent de l'affaire et maintenant, n-i-ni, c'est fini.
- Fin janvier 96, le livre du docteur Gubler *Le grand secret* fut attaqué par la famille du feu Président Mitterrand et sa diffusion fut interdite. Quelques jours après, on pouvait en prendre connaissance sur le serveur Web d'un cybercafé de Besançon dont le tenancier fut incarcéré peu de temps après pour avoir omis de payer une pension alimentaire. Le lendemain, on trouvait ce texte sur un serveur anglais et deux serveurs américains. Ah, si Jean-Jacques Rousseau et Voltaire avaient connu l'Internet !

Qu'est-ce qui fait la différence ?

L'Internet est différent des autres médias que nous connaissons. On y côtoie des gens de tous âges, de toutes couleurs et de tous pays qui y échangent librement leurs idées, leurs histoires, leurs données et leurs opinions.

2. Gratuit, gratuit... c'est aller bien vite en besogne et confondre *shareware* et *freeware*. Plus des neuf dixièmes des programmes que l'on trouve sur l'Internet sont du shareware et, de plus en plus, à période d'essai limitée. Ensuite, pour être en règle avec votre conscience et avec la loi, vous devez, ou bien détruire le programme ou bien envoyer à son auteur la contribution qu'il vous demande (N.d.T.).

Tout le monde peut y accéder

Ce qu'il y a de plus frappant avec l'Internet, c'est que c'est sans doute le moyen de communication le plus ouvert de la planète. Des milliers d'ordinateurs en dispensent les "bienfaits" à tous ceux qui ont un ordinateur personnel et une ligne téléphonique. C'est là quelque chose d'assez inhabituel car la plupart des autres réseaux (commerciaux) sont plus restrictifs et en tout cas moins permissifs. Et, en outre, il faut payer pour y accéder ! L'usage de l'Internet est gratuit. Ou plutôt moins cher car l'utilisateur privé doit non seulement payer ses communications téléphoniques à France Télécom mais aussi s'abonner à un fournisseur d'accès, ce qui lui revient, selon la qualité des services qu'il recherche, à un coût moyen compris entre 100 et 200 francs ttc par mois. Ceux qui ont le bonheur (?) de travailler au sein d'une université ou d'un établissement de recherche sont plus gâtés sur ce point, à ce détail près que s'ils ne paient pas de frais d'accès, pour des questions d'éthique et de paix intérieure, il est bien évident qu'ils ne peuvent utiliser l'Internet qu'à des fins professionnelles et non pour faire connaître au monde entier ce qu'ils pensent des hommes politiques, des grèves ou du trou de la Sécurité sociale.

Il est politiquement, socialement et religieusement correct

L'Internet n'est pas "socialement stratifié". C'est-à-dire qu'aucun ordinateur n'est "meilleur" qu'un autre et que personne n'est "meilleur" que son voisin. C'est à vous de donner de vous-même une image véridique au moyen de votre clavier. Si ce que vous dites vous fait paraître sensé, voire intelligent, c'est parce que vous êtes ainsi. Qui que vous soyez : étudiant ou professeur, patron ou employé, jeune ou vieux, blanc, noir ou jaune. Les handicaps physiques s'estompent. Grâce à l'Internet, les muets peuvent parler et les sourds, entendre. Et s'ils ne vous le "disent" pas, bien malin qui le devinera. Un humoriste a dit : "Sur l'Internet, personne ne sait que je suis un chien."

Chaque continent ?

Certains lecteurs, particulièrement tatillons, nous feront remarquer que l'Antarctique n'est pas un continent, même si sa population est essentiellement composée de pingouins, lesquels, à ce que nous en savons, ne sont pas particulièrement intéressés par l'utilisation des ordinateurs. Alors, la question qui se pose est : "L'Internet va-t-il jusqu'à l'Antarctique ?" La réponse est "Oui". Il y a, en effet, quelques machines installés sur la Base Scott, à McMurdo Sound, mais on ignore leur adresse électronique. La connexion s'établit par radio jusqu'à la Nouvelle-Zélande.

Fin 95, il semblerait que la Nouvelle-Guinée soit encore vierge de toute connexion Internet. Bali a été connecté en 1994.

L'avantage du Net

Peut-être vous demandez-vous si la rapidité d'évolution du Net justifie une nouvelle édition de *L'Internet pour les Nuls* ? Y a-t-il vraiment une différence, vous demandez-vous. Croyez-nous, nous nous sommes posé nous-mêmes cette question. Et la réponse est un "oui" franc et massif. La technologie s'est améliorée : elle est devenue à la fois plus fiable, plus rapide et plus facile à utiliser. Mais ce qui a le plus changé, c'est la population de ses utilisateurs et ce qu'ils font avec le Net. De "Oui, c'est intéressant...", on est passé à "Je me demande si je ne pourrais pas trouver quelque chose là-dessus sur le Net..." De plus en plus de gens se tournent vers le Net avant de décrocher leur téléphone ou d'aller à la bibliothèque.

Voici quelques-uns des usages les plus fréquents de l'Internet... aux Etats-Unis naturellement.

Pour la France, le problème se pose de manière bien différente. Voyez à ce sujet l'encadré : "L'Internet est-il un Minitel de luxe ?"

- **Recherche de personnes.** Si vous avez perdu trace de la tendre amie de votre enfance, voilà maintenant une chance de la retrouver où qu'elle soit dans le pays. Vous pouvez utiliser à cette fin un des services de recherche pour consulter les annuaires téléphoniques de tous les Etats-Unis. Nous vous en dirons davantage au Chapitre 6.

- **Recherche d'adresses commerciales, de produits et de services.** Les Yellow Pages vous permettent de trouver une entreprise en faisant une recherche par type d'activité. Vous pouvez aussi spécifier le code de zone téléphonique ou le code postal. Beaucoup de gens s'en servent pour trouver des cadeaux rares. Une de mes amies nous a raconté sa recherche d'un pendentif en patte d'ours qui l'a conduite jusqu'à une entreprise basée dans l'Alaska qui avait tout juste ce qu'elle cherchait.

- **Recherche d'informations.** Les cabinets d'avocats ont découvert qu'une grande partie des informations qu'ils payaient 600 dollars de l'heure pouvaient se trouver pour presque rien sur l'Internet. Les investisseurs immobiliers utilisent des données démographiques, associées à des statistiques de chômage pour savoir où ils peuvent opérer avec toutes chances de réussite. Les chercheurs en génétique et dans les autres domaines échangent des résultats scientifiques dans tous les sens sur le monde entier.

- **Enseignement**. Beaucoup d'enseignants coordonnent leurs projets avec d'autres classes du monde entier. Les étudiants et leurs familles échangent du courrier électronique plutôt que de s'écrire par la poste, ce qui diminue leurs dépenses de communications. Les étudiants font des recherches à l'aide de leur ordinateur familial. Les plus récentes encyclopédies sont en ligne.

- **Voyage**. La plupart des agences de voyage utilisent le Web pour informer leurs clients de leurs programmes et de leurs voyages organisés. On y trouve aussi des informations météorologiques, des horaires de trains et les heures d'ouverture des musées.

- **Marketing et vente :** Les éditeurs de logiciels vendent leurs produits et proposent des mises à jour sur le Net (au grand dam des fabricants de disquettes). Les ventes de livres et de disques par correspondance permettent de choisir à partir de chez soi, sans avoir à se déranger[3].

- **Amour :** Le Net peut aussi servir à pousser la romance. Les sites pour célibataires et les agences matrimoniales fleurissent un peu partout. Contrairement à la légende, la communauté du Net n'est pas que le refuge des hommes blancs de moins de 25 ans.

"Amants, heureux amants, voulez-vous voyager ?" demandait La Fontaine. Si c'est le cas, évitez de le faire sur le Net car sachez que l'administrateur système de votre fournisseur d'accès n'a aucune difficulté pour lire par-dessus votre épaule les doux propos que vous échangez et dont vous ne souhaitez sans doute pas qu'ils tombent sous les yeux de n'importe qui. (N.d.T.)

- **Santé :** Patients et médecins se tiennent au courant des tout derniers progrès de la médecine et se réconfortent mutuellement à l'occasion de leurs problèmes de santé. Nous connaissons même quelques cas où des généralistes communiquent directement par *e-mail* avec leurs patients.

- **Investissements :** Les achats et ventes d'actions se font couramment sur l'Internet. Certaines entreprises ont pignon sur le Web et vendent directement leurs actions. Les investisseurs sont à la recherche de nouvelles occasions de faire fortune et les jeunes entreprises dynamiques à la recherche de capitaux.

- **Organisation de manifestations :** Les organisateurs de conférences et de salons commerciaux considèrent le Web comme un excellent moyen de répandre leurs informations, de lancer des appels aux communications et de prendre les inscriptions des participants. Les informations

3. Fin 96, la FNAC a lancé son serveur Web dans le même but (N.d.T.).

diffusées sont bien plus à jour et les frais postaux considérablement réduits.

- **Organisations sans but lucratif :** Eglises, synagogues et autres communautés y font leur propagande. Finie l'époque des missionnaires itinérants !

L'Internet est-il un Minitel de luxe ? (N.d.T.)

A la lecture de cet impressionnant catalogue, on s'aperçoit que la France, avec son Minitel, disposait, bien avant les Américains, des avantages apportés par un moyen de diffusion d'informations largement répandu. Tout ce que notre trio d'auteurs américains nous présente comme révolutionnaire, nous le connaissons depuis longtemps. Tout au moins sur le territoire national et à une autre échelle (ne serait-ce qu'en ce qui concerne les problèmes de santé et les communautés religieuses, médecins et pasteurs étant plutôt hésitants à mêler l'informatique à leur art). Mais c'est sans doute cette avance qui est cause du retard actuel dans le passage à l'Internet. La France s'est endormie sur son Minitel et tandis que France Télécom s'efforçait en vain de l'exporter aux Etats-Unis, les Américains nous envahissaient avec l'Internet comme ils l'ont déjà fait avec le cinéma.

Toutefois, en ce qui concerne la recherche scientifique, l'Internet a apporté une nouvelle dimension aux contacts entre chercheurs, sans diminuer de façon drastique les contacts directs. Les budgets de mission continuent de bien se porter, merci pour eux !

Ce qui a manqué au Minitel, c'est d'avoir su évoluer. Il y a un an environ, France Télécom considérait l'Internet comme un gadget à réserver à quelques maniaques de l'informatique. D'où sans doute les difficiles débuts de Wanadoo, le serveur Internet de ce service public en voie de privatisation.

Autre frein au développement de l'Internet chez nous : le faible taux de pénétration de l'ordinateur personnel dans les foyers.

Une différence fondamentale existe entre le Minitel et l'Internet : c'est la rémunération des serveurs pratiquée sur le premier de ces médias. L'usage du Minitel est beaucoup plus onéreux que celui de l'Internet, le rapport pouvant atteindre un facteur 10.

Le commerce électronique

Bien des choses ont été dites sur cette nouvelle forme de vente par correspondance qu'est le commerce électronique par le Web. Le problème réside dans la façon de payer : "Tapez le numéro de votre carte de crédit" a de quoi faire fuir ceux qui savent le peu de sécurité qu'offre l'Internet, véritable réseau passoire s'il en est.

En France, actuellement, les deux plus importantes entreprises de VPC, La Redoute et Les 3 Suisses, continuent, même sur leur serveur Web, à proposer de prendre les commandes par Minitel. Toutefois, Les 3 Suisses annoncent la prochaine mise en service d'un système de paiement sécurisé sur le Web.

ATTENTION !

Il est curieux de constater que plusieurs fournisseurs d'accès à l'Internet et non des moindres (Microsoft avec MSN, AOL, CompuServe, Infonie...) vous demandent, lorsque vous voulez souscrire un abonnement à leurs services en France, de leur indiquer votre numéro de carte de crédit sans vous donner de garanties formelles quant à la sécurité de cette transaction. A notre connaissance, seul Havas on Line vous informe de la mise en place d'une procédure sécurisée pour cette opération. Si vous utilisez Netscape, vous verrez, en effet, une ligne bleu apparaître en haut de la fenêtre et la clé ordinairement brisée qui figure à gauche de la barre d'état s'afficher d'un seul tenant. (N.d.T.)

La sécurité en général

Certains se montrent très circonspects lorsqu'il s'agit de donner leur numéro de carte de crédit sur le Net. Si vous utilisez ce mode de paiement, souvenez-vous que les gestionnaires des cartes de crédit sont encore plus concernés que vous-même par toute forme de fraude, que ce soit sur le Net ou en dehors. Toutes les cartes ont un plafond de dépense et, en outre, aux Etats-Unis, la responsabilité du possesseur d'une carte de crédit est limitée à un montant de 50 dollars, toute dépense frauduleuse d'un montant supérieur étant à la charge de l'émetteur de la carte de crédit (la banque, donc).

ATTENTION !

A notre connaissance, il n'en est pas de même en France mais un achat effectué par carte de crédit, sans que soit demandé à son possesseur son code confidentiel, ne saurait engager sa responsabilité. C'est alors le fournisseur qui accepte le risque de se voir trompé (N.d.T.).

Nous n'avons jamais rencontré un seul cas de vol du numéro d'une carte de crédit en cours de transit par l'Internet. En contrepartie, nous manipulons quotidiennement notre carte de crédit physique et nous la confions à la caissière du restaurant, du supermarché, du distributeur d'essence, à des employés de toutes sortes de magasins sans aucune crainte.

La question est de se sentir rassuré ou pas. Si vous avez l'habitude d'utiliser votre carte de crédit dans un climat de confiance, il n'y a aucune raison pour que vous ne fassiez pas de même sur l'Internet, simplement parce que c'est nouveau.

La sécurité, plus spécifiquement

Pour éviter que des individus malintentionnés ne copient les informations privées circulant sur le Net, les décortiquent et les réutilisent à leur profit, il existe plusieurs méthodes de chiffrement. Les serveurs ayant mis en place de telles procédures sont dits *sécurisés*. Malheureusement, l'usage de tout procédé de chiffrement sur un réseau public (comme l'est celui du téléphone) est actuellement soumis, en France, à la délivrance préalable d'une autorisation par le Service central de la sécurité des systèmes d'Information qui en est d'autant plus avare que le procédé de chiffrement est plus sûr. Différentes actions ont été lancées dans le but d'assouplir ces formalités, et de vagues promesses ont été faites par les instances officielles. On semble s'orienter vers une méthode dite des *tiers de confiance* qui consisterait à déposer les clés de chiffrement (donc de décodage) entre les mains de certaines personnalités jouissant d'une grande réputation d'intégrité et non susceptibles d'être contrôlées de trop près par les autorités officielles.

Quelques idées sur la sécurité et l'intimité

L'Internet est un étrange animal. D'une certaine façon, il est totalement anonyme et d'une autre, il ne l'est pas du tout. Dans les bons vieux jours, les gens adoptaient des noms d'utilisateurs (*usernames*) ayant une étroite ressemblance avec leur véritable identité, ce qui permettait une identification facile. Aujourd'hui, avec l'arrivée de certains fournisseurs d'accès tels que AOL et ses "noms d'écran" (*screen names*) et CompuServe avec son identification numérique (deux groupes de chiffres séparés par une virgule), on ne sait plus à qui on a affaire et rien ne vous empêche d'adopter comme *username* n'importe quelle combinaison de lettres et/ou de chiffres autorisés. C'est sans doute une question de personnalité, un peu comme dans la CB.

TRUC

Comme l'annonce Bertrand Usenier, directeur de CompuServe France dans son édito de *CompuServe Magazine* n° 3 (mars/mai 1997), la version 3.0 du logiciel de CompuServe permettra l'adoption d'adresses *e-mail* personnelles aux lieu et place des anciennes adresses numériques.

Selon votre personnalité et l'utilisation que vous faites du Net, il est vrai que vous pouvez souhaiter vous présenter sous des noms différents : l'usage des *noms de plume* n'est pas nouveau. Voici quelques raisons parfaitement légitimes d'agir ainsi :

- Vous exercez une profession bien spécifique (médecin, par exemple) et voulez participer à un forum des news sans avoir à donner de consultation gratuite.

- Vous voulez demander de l'assistance à l'occasion d'un problème personnel, sans que votre entourage puisse se douter que c'est vous qui êtes en cause.
- Vous faites du commerce sur le Net, vous l'utilisez aussi à des fins personnelles et vous ne souhaitez pas que ces deux activités soient confondues.

Sécurité d'abord

La nature anonyme de l'Internet a sa contrepartie. Bien que ce soit très rare, certains ont eu à subir de pénibles mésaventures de la part de leurs compagnons de rencontre lorsqu'ils sont passés de l'Internet à la vie de tous les jours. D'autres, au contraire, ont eu plus de chance et n'ont eu qu'à s'en féliciter. Nous avons fait la connaissance de certains de nos meilleurs amis sur le Net et d'autres se seraient même mariés à la suite d'une rencontre sur l'Internet.

Nous voulons simplement vous donner quelques conseils lorsque vous projetez une rencontre avec un ami du Net :

- Parlez à cette personne au téléphone avant de convenir d'un rendez-vous. Si vous n'aimez pas le son de sa voix ou si quelque chose vous inquiète dans son comportement, ne donnez pas suite.
- Selon le contexte, essayez de tester votre interlocuteur. Si vous avez fait sa connaissance dans un forum de Usenet ou par IRC, demandez à une tierce personne que vous connaissez bien son opinion sur votre nouvel ami. (Mesdames, avant de rencontrer un homme, demandez à une autre femme ce qu'elle en pense.)
- Convenez d'un rendez-vous dans un endroit public. Dites à quelqu'un où vous allez.
- Si vous êtes un adolescent, emmenez un de vos parents avec vous. Si vous êtes adulte mais que vous ne vous sentez pas en confiance, demandez à un de vos amis de vous accompagner.
- Le Net est un endroit merveilleux et l'utiliser pour agrandir le cercle de ses relations est l'un de ses nombreux avantages. Mais ce n'est pas une raison pour faire preuve d'angélisme.

Protégez votre intimité

Aux Etats-Unis, nous avons grandi avec certaines idées sur la liberté et l'intimité et y sommes très attachés. Nous avons tendance à penser que ce que nous sommes, où nous allons et ce que nous faisons ne regarde que nous aussi longtemps que ça ne nuit pas à autrui. Mais il semblerait que certains s'intéressent de trop près à notre personnalité, à nos déplacements (tout au moins sur le Net) et, plus spécialement, à ce que nous achetons. Tout cela au nom de notre intérêt bien compris, naturellement. Nous vous disons ça pour le cas où vous n'aimeriez pas qu'on enrichisse des banques de données avec des éléments de votre comportement. Dans les deux sections qui suivent, nous allons être plus explicites.

Les cookies

Pour embellir notre expérience du Net, les créateurs de browsers, comme Navigator et Internet Explorer, ont inventé un type de message spécial qui permet à un serveur Web de garder trace du moment où vous avez visité son site. Ces informations sont conservées sur votre propre machine sous le nom de *cookies*[4]. Cela, de façon à faciliter votre future visite. Qu'ils disent !

Ces informations peuvent effectivement faciliter votre navigation la prochaine fois que vous vous connecterez sur ce site, mais elles peuvent aussi vous occasionner quelques difficultés. Certains de ces cookies sont réellement très utiles. Par exemple, lorsque vous faites une réservation auprès d'une compagnie aérienne, son serveur utilise un cookie pour enregistrer le vol sur lequel vous avez effectué votre réservation et le séparer des réservations faites par d'autres clients au même moment. D'un autre côté, supposons que vous utilisiez votre carte de crédit pour acheter quelque chose sur un serveur Web et que le site se serve d'un cookie pour mémoriser votre numéro de carte de crédit. Si vous avez fait cet achat depuis votre ordinateur professionnel et que quelqu'un d'autre utilise votre machine, il pourra fort bien faire ses achats sur votre compte.

Il est sans doute vrai que les cookies peuvent faciliter votre navigation sur le Web. C'est vous qui voyez. Chaque serveur Web peut vous proposer des cookies. Vous devez savoir que ça existe, pour vous en protéger éventuellement.

Les fichiers de cookies portent parfois le nom *cookie* mais ce n'est pas une règle. Si Navigator donne bien aux siens le nom `cookies.txt`, Internet Explorer les appelle `lemien@xxx.txt`, où `xxx` représente le nom du serveur qui a déposé le cookie. Sur les Macintosh, ces fichiers s'appellent `MagicCookie`. Vous pouvez supprimer un fichier de cookies, le browser en

4. Les cookies (mot qu'on pourrait traduire en français par *gâteries*) sont des sortes de gâteaux secs très courants aux Etats-Unis et qu'on trouve facilement dans les grandes surfaces en France. Un peu trop secs, à notre avis... (N.d.T.).

recréera un nouveau, vide. Les browsers dignes de ce nom peuvent vous renseigner sur les intentions de dépôt du serveur, pour peu que vous ayez activé les options de contrôle prévues à cet effet. Lorsque Carole a vérifié son Macintosh, elle a trouvé deux fichiers de cookies, l'un de Netscape Navigator, l'autre d'Internet Explorer, dont elle n'avait jamais soupçonné l'existence.

Les fichiers de cookies ne peuvent pas glaner d'autres informations présentes sur votre disque dur. Ils ne peuvent que collecter des information données par le browser. En règle générale, il est bon de se montrer méfiant vis-à-vis des programmes qui en font plus qu'ils ne le disent.

En plus du fichier de cookie, Internet Explorer conserve un historique des visites que vous avez faites sur le Web. Regardez dans le dossier d'Internet Explorer ce que contient le fichier `history.htm`. Si quelqu'un d'autre que vous utilise votre machine, vous pouvez souhaiter supprimer ce fichier si vous ne voulez pas qu'on sache quelles sont vos fréquentations sur le Web. Aux Etats-Unis, la justice estime que les machines des entreprises sont leur propriété, contenu et contenant, c'est-à-dire que les employés n'ont pas le droit de s'en servir pour leur usage personnel, ce qui signifie que les entreprises ont le droit d'aller regarder votre courrier personnel si vous vous servez de votre outil professionnel pour l'acheminer. Il en est probablement ainsi en France.

Le chiffrement et PGP

L'Internet n'est pas aussi garant de confidentialité que vous pourriez le penser. Lorsque, tranquillement installés chez nous, devant notre clavier, nous tapons notre *e-mail*, nous ne nous préoccupons pas, en général, de savoir si quelqu'un peut intercepter nos messages et prendre connaissance de leur contenu. Mais il ne faut pas ignorer que les messages électroniques passent au travers de nombreux noeuds de communication tous équipés d'ordinateurs et où il est (théoriquement) facile de pratiquer l'espionnage. Sans oublier, comme nous le disions plus haut en note, l'administrateur du système que nous utilisons (celui de notre entreprise ou celui de notre fournisseur d'accès), qui a toute facilité pour prendre connaissance de tout ce qui traîne sur ses disques durs.

Il existe un moyen de préserver la confidentialité des messages envoyés sur l'Internet, c'est de les chiffrer. Malheureusement, comme nous l'avons déjà signalé, la loi française est très contraignante sur ce point et le SCSSI veille à son application. Ce qui signifie concrètement que vous ne pouvez pas chiffrer (crypter, si vous préférez) vos messages à moins d'en avoir obtenu l'autorisation formelle, ce qui est plus que difficile.

Il existe un procédé appelé PGP (*Pretty Good Privacy*), inventé il y a quelques années par Phil Zimmermann, un chercheur américain, et qui, par la méthode des clés publique et privée, assure un chiffrement très difficile à décoder par quiconque ne possède pas la bonne clé. C'est pourquoi il est tout particulièrement visé par les interdictions en vigueur sur notre territoire.

D'où vient l'Internet ?

TRUC

Si l'histoire du Net ne vous intéresse pas, allez directement au Chapitre 2.

L'ancêtre de l'Internet est ARPANET, projet financé par le DOD (*Department of Defense*) en 1969 pour expérimenter un système de liaison fiable entre le Ministère et les organisations titulaires de contrats militaires, avec un certain nombre d'universités faisant de la recherche financée sur ces crédits. (ARPA signifie *Advanced Research Projects Administration*, c'est-à-dire Administration de projets de recherche avancée.) Cette agence officielle est maintenant connue sous le nom de DARPA (avec un *D* comme *Defense*). ARPANET a commencé par connecter ensemble trois petits ordinateurs situés en Californie avec un autre, situé dans l'Utah, mais il a bien vite grossi pour couvrir tout le continent américain.

Pour assurer la fiabilité du réseau, on a eu recours à un *routage dynamique*. Si un des maillons du réseau est coupé à la suite d'une attaque ennemie ou d'une catastrophe naturelle, le trafic qu'il empruntait peut suivre automatiquement un autre chemin, quitte à allonger la distance ainsi parcourue. C'est là une hypothèse d'école, tout au moins en ce qui concerne l'aspect militaire des destructions, car les bulldozers et les séismes se chargent sans difficulté d'interrompre la "continuité métallique" d'un réseau.

L'ARPANET fut très largement utilisé et avec succès, ce qui poussa les universités à demander leur rattachement à ce réseau. Résultat : sa gestion devint difficile, compte tenu du grand nombre d'universités existant et des nombreuses machines qui y sont installées. Il fut donc divisé en deux parties :

- MILNET, chargé de relier les sites militaires.
- Un nouvel ARPANET, plus petit, connectant les autres sites.

Les deux réseaux demeurèrent interconnectés grâce à l'utilisation d'un *protocole* de connexion appelé IP (*Internet Protocol*) qui permet au trafic de passer si nécessaire d'un réseau à l'autre.

Est-ce que l'Internet pourrait résister à une attaque ennemie ?

Au cours de la guerre du Golfe, en 1991, les Américains ont eu beaucoup de mal à perturber le réseau de communication de l'Irak car celui-ci avait été conçu avec une architecture de routeurs du commerce du même type que ceux qui sont installés sur l'Internet. Preuve de l'efficacité du routage dynamique. C'est ce qu'on pourrait appeler une retombée intéressante de ces péripéties.

Bien qu'il n'existât que deux réseaux à cette époque, IP avait été conçu pour permettre d'interconnecter des dizaines de milliers de réseaux. En outre - et ceci est plutôt inhabituel - chaque machine du réseau a les mêmes droits qu'une autre, ce qui permet à n'importe laquelle de communiquer sans problème avec les autres. Cela nous paraît maintenant tout à fait normal, mais était très inhabituel à l'époque, car la plupart des réseaux étaient constitués par d'énormes unités centrales entourées d'un grand nombre de terminaux à distance ne pouvant pas communiquer directement entre eux. Ils devaient nécessairement passer par l'unité centrale maîtresse.

Revenons dans notre salle de classe

Au début des années 80 eut lieu la révolution du *time-sharing*. On passa de la notion d'un ordinateur central capable de desservir plusieurs centaines d'utilisateurs simultanément, à un grand nombre de *mini*-ordinateurs (les micros commençaient tout juste à balbutier) appelés *stations de travail*, regroupant un tout petit nombre d'utilisateurs autour d'elles. Comme ces utilisateurs avaient pris goût aux facilités du time-sharing et du courrier électronique, ils souhaitaient les retrouver sur leurs toutes nouvelles machines.

La plupart de ces nouvelles stations de travail tournaient sous UNIX, système d'exploitation très répandu dans le milieu universitaire et qui avait été créé par AT&T puis développé par l'Université de Californie, à Berkeley. Là, on était passionné pour les réseaux, aussi incorpora-t-on au dernier avatar d'UNIX tout ce qu'il fallait pour gérer des réseaux. De leur côté, les constructeurs de stations de travail commencèrent à équiper leurs machines des dispositifs matériels nécessaires pour supporter ce type de connexion.

Petit à petit, au lieu de n'avoir que deux unités centrales raccordées à ARPANET, il y en eu bientôt des centaines. Qui plus est, comme chaque station de travail était bien plus rapide qu'un système multiutilisateur des années 70, l'ensemble engendra une charge telle que le réseau fut bientôt saturé.

Le réseau national américain

En 1991, le sénateur Al Gore décida que, pour que les Etats-Unis continuent à assurer leur suprématie dans le domaine des communications, il était nécessaire de lancer un nouveau projet à grande échelle. C'est ainsi que naquit le *High-Performance Computing Act* qui est supposé interconnecter les chercheurs, les université, les écoles et les agences gouvernementales au moyen d'un super-réseau au moins cent fois plus rapide que l'Internet actuel : le NREN (*National Research and Education Network*).

Ce projet n'a pas fait l'unanimité, certains ayant fait remarquer que les réseaux commerciaux en cours de réalisation seraient utilisables bien avant que le NREN ne voit réellement le jour. D'un autre côté, pour les établissements d'enseignement à petit budget, le réseau national serait une ressource sans équivalent.

Mi 96, le Congrès a approuvé une réforme des télécommunications visant à unifier la facturation des moyens d'accès et en particulier celle des coûts de liaisons téléphoniques.

La NSF entre en scène

La NSF (*National Science Foundation*) est l'équivalent, aux Etats-Unis de notre CNRS national : c'est elle qui finance la Recherche scientifique avec un grand R. C'est ainsi qu'elle décida de doter la Recherche américaine de cinq super-ordinateurs, machines qui, à l'époque, coûtaient chacune l'équivalent de 60 MF actuels. Le projet consistait à inciter les chercheurs à s'y connecter au moyen d'ARPANET, quelle que soit leur position géographique, ce qui correspondait à une philosophie du traitement de l'information très courante dans ces années-là.

Mais ça ne marcha pas pour plusieurs raisons, les unes techniques, les autres politiques. N'ayant peur de rien, la NSF décida alors, vers le milieu des années 80, de bâtir son propre empire en construisant un réseau plus rapide pour réaliser son projet. On réalisa des réseaux régionaux qui furent interconnectés et c'est ainsi que naquit NSFNET.

Ce fut un tel succès qu'au début des années 90, ARPANET put être abandonné. Les super-ordinateurs se révélèrent un échec : certains ne fonctionnaient pas et ceux qui étaient utilisables étaient beaucoup trop coûteux. Si bien que ceux qui devaient les utiliser décidèrent que quelques super-stations de travail leur conviendraient davantage. Les choses étant ce qu'elles sont, ce fut à peu près à cette époque que sonna le glas des super-machines. En 1994, plusieurs réseaux commerciaux s'étaient constitués sur ce modèle, du fait de grandes entreprises comme IBM ou DEC ou de spécialistes comme *Performance Systems International* (PSI) et *Alternet*, et c'est cet ensemble qui devint Internet.

Alors que l'accès à NSFNET était réservé à des activités d'enseignement et de recherche, l'accès à l'Internet était bien plus largement ouvert et des réseaux commerciaux reliaient entre eux les réseaux régionaux.

En dehors des Etats-Unis, les réseaux de type IP apparurent çà et là financés soit par les compagnies téléphoniques, soit par l'Etat, soit par des organismes commerciaux. Tous ces réseaux nationaux ont ensuite été interconnectés. Les premières connexions internationales furent établies en 1973 avec l'Angleterre et la Norvège et bientôt, ce fut le monde entier qui fut ainsi connecté. En France, RENATER a été créé au début des années 90 pour fédérer plusieurs réseaux régionaux, initialement réservés à la recherche. Jusqu'à fin 97, date à laquelle aura lieu l'ouverture à la concurrence, c'est France Télécom qui a le monopole du support matériel des réseaux (fourniture et entretien des lignes de télécommunication).

Quant au mot Internet lui-même, il est apparu pour la première fois en 1982, au moment du lancement par le DARPA du protocole IP.

Chapitre 2

Internet, me voilà !

Dans ce chapitre :

Comment se connecter au Net.

Comment savoir si vous êtes déjà connecté.

Différentes stratégies de connexion.

Quel sont les chemins qui mènent à l'Internet ?

"Bon, me direz-vous, alors quelle est la route à suivre pour rejoindre l'Internet ?" La réponse est : "Ça dépend." L'Internet n'est pas un simple réseau, c'est un conglomérat de 100 000 réseaux séparés, reliés ensemble, chacun avec ses propres règles et procédures, et vous pouvez donc vous raccorder à l'un quelconque d'entre eux. Les lecteurs des précédentes éditions de ce livre nous ont demandé de détailler, étape par étape, comment on devait procéder. C'est donc ainsi que allons donner nos explications, lorsque nous le pourrons.

Voici quelles sont les étapes de base :

1. Commencez par déterminer quel type d'ordinateur vous possédez ou pouvez utiliser.

2. Voyez quels sont les types de connexion à l'Internet disponibles dans votre voisinage.

3. Fixez-vous un budget moyen.

4. Réalisez la connexion et voyez si elle vous convient.

Avez-vous un ordinateur ?

Il n'y a pas vraiment moyen d'y échapper. L'Internet est un réseau, donc le seul moyen de s'y connecter est d'utiliser un ordinateur.

Non, je n'en ai pas !

Si vous n'avez pas encore d'ordinateur vous-même, il y a quand même encore quelques solutions envisageables. Si vous *utilisez* un ordinateur sur votre lieu de travail et si, en particulier, vous avez accès à une forme de courrier électronique, il se peut que vous ayez sans le savoir, une connexion à l'Internet. (Voyez l'encadré : "Etes-vous déjà sur l'Internet ?")

Si ce n'est pas le cas, il ne reste actuellement, en France, qu'une seule solution : les *cybercafés*, qui, comme leur nom l'indique, sont des cafés où, en plus de vous abreuver, on vous loue à l'heure l'usage d'un ordinateur déjà raccordé à l'Internet. Inutile de dire que cette solution n'est à envisager que pour une prise de contact initiale et se révélerait à la fois dispendieuse et impraticable pour une exploitation régulière. Je vous laisse à penser, en effet, quelle serait la réaction de votre entourage immédiat si, tous les soirs vous prétextiez aller "faire de l'Internet" alors qu'on vous verrait entrer dans un café !

Aux Etats-Unis, il existe plusieurs autres solutions praticables, parmi lesquelles le raccordement à des réseaux de *local community colleges* (l'équivalent de notre formation permanente des adultes) ou l'utilisation détournée de la télévision par câble.

Chez nous, quelques projets ont bien été lancés, qui permettraient à ceux qui "ont le câble" (traduisez : "qui sont abonnés à un réseau de télédistribution d'images animées"), d'avoir, par ce moyen, accès à l'Internet. A notre connaissance, quelques expériences ont eu lieu mais il est encore trop tôt pour en tirer des enseignements. En outre, on connaît le retard pris par le plan câble sur notre territoire, ce qui fait qu'en dehors des grandes villes, cette solution n'est guère envisageable.

> **Etes-vous déjà sur l'Internet ?**
>
> Ce n'est pas vous qui allez pouvoir le déterminer par vos propres moyens et il va falloir conduire une petite enquête autour de vous. Si vous êtes dans une grande entreprise, peut-être a-t-elle déjà un abonnement à CompuServe ou à Calvacom, deux spécialistes des réseaux, depuis longtemps implantés en France, le premier d'origine américaine, l'autre "bien d'chez nous" comme son nom d'origine (Calva Dos) permet de le deviner. Sinon, voyez si vous pouvez disposer d'une messagerie X 400. Il existe, en effet, des *passerelles* permettant d'accéder à l'Internet par ce réseau.

Si vous travaillez dans un centre de recherche ou un établissement d'enseignement supérieur dépendant du ministère en charge des universités ou de l'éducation nationale[1], il y a gros à parier qu'il existe déjà, dans votre laboratoire, école ou autre, un point de raccordement. Posez alors la question à des utilisateurs d'ordinateurs (en dehors des utilisateurs "gestion") ou, pour plus de sûreté, à ceux qui sont officiellement en charge de l'informatique scientifique.

Attention, ne confondez pas "réseau local" et Internet. Un réseau local a pour mission d'interconnecter des machines à l'intérieur d'un bâtiment, voire d'un campus, mais il n'est pas nécessairement raccordé à l'Internet.

Oui, j'en ai un !

Ainsi, vous avez un ordinateur ! Ou peut-être avez-vous décidé d'en acheter un. Dans ces deux cas, nous verrons un peu plus loin quel type de machine convient et quel type ne convient pas.

Supposons donc le problème résolu et voyons comment connecter cette machine. La réponse est immédiate : par le RTC (le Réseau Téléphonique Commuté). Ah, vous n'avez pas le téléphone ? Alors mieux vaut refermer ce livre et abandonner tout espoir de vous raccorder à l'Internet.

L'approche normale

Pour réaliser concrètement une connexion à l'Internet, il vous faut :

1. Un ordinateur.
2. Un modem pour relier votre ordinateur au réseau téléphonique.
3. Un abonnement auprès d'un fournisseur d'accès à l'Internet afin que votre modem sache qui il doit appeler.
4. Les logiciels nécessaires pour gérer les communications et exploiter votre connexion.

Nous allons examiner ces ressources l'une après l'autre.

1. Je n'ose pas donner l'intitulé plus précis du ou des ministères concernés car ça change à chaque remaniement ministériel (N.d.T.).

N'importe quel ordinateur fera l'affaire

Pour un individu isolé, la solution est du type micro et nous n'envisagerons pas la station de travail, encore que le prix de ces machines ait fortement baissé depuis un an ou deux. Mais, comme le prix des micros a suivi la même voie (c'est même lui qui a montré le chemin), la situation est inchangée.

D'interminables discussions opposent les partisans de tel ou tel type d'ordinateur. Nous n'entrerons pas dans ce débat. A peu près n'importe quelle machine construite depuis 1980 conviendra, mais certaines mieux que d'autres.

Mac ou PC, ce n'est pas vraiment une guerre de religion mais ça y ressemble. Vous rencontrerez beaucoup de gens qui tenteront de vous faire partager leurs convictions sur les mérites de chacun de ces types de machines (et même d'autres qui vous jureront qu'en dehors de l'AMIGA il n'y a point de salut). En prenant soin d'occulter, consciemment ou non, leurs défauts ; soit qu'ils ne les voient pas, soient qu'ils s'y soient résignés. Avec ces machines vous pourrez vous connecter en mode SLIP ou PPP (nous vous expliquerons ce que ces sigles signifient), ce qui vous permettra de bénéficier de toute la richesse de l'Internet et d'une grande convivialité d'utilisation.

Avec les autres types de machines, vous risquez d'en être réduit à une connexion en mode texte, ce qui est très loin d'être agréable. En particulier, vous serez privé d'images. Pas vraiment un inconvénient si vous vous limitez au courrier électronique, mais cela risque d'être pour vous une véritable brimade lorsque vous voudrez surfer le Web.

Un modem, dites-vous ?

Eh oui, un MOdulateur-DEModulateur, puisqu'il faut l'appeler par son nom ! C'est un petit boîtier ou tout simplement une carte électronique qui va servir à interpréter et convertir les signaux électriques transitant entre votre ordinateur et la ligne téléphonique. Dans le premier cas, il faudra le brancher sur une sortie *série* (appelée aussi RS232) de votre ordinateur ; dans l'autre, vous devrez l'insérer dans l'un des connecteurs placés à l'intérieur de votre machine. Dans les deux cas, il faudra aussi le raccorder à une prise de téléphone. Rassurez-vous, ce n'est pas pour autant que vous perdrez l'usage de votre téléphone.

L'une des caractéristiques fondamentales d'un modem, c'est sa vitesse, ou plus exactement, son *débit*, c'est-à-dire le nombre de caractères qu'il peut acheminer dans un sens ou dans l'autre par unité de temps. Ce débit s'exprime en *bits par seconde* (bps). Les ignorants (et certains commerciaux) confondent cette unité avec les *bauds*. Bien que techniquement, ce soit très différent, pour eux, commercialement, c'est la même chose. On trouve couramment des débits allant de 2 400 bps à 33 600 bps (et même 56 000 mais cette technique n'étant pas encore normalisée, nous vous déconseillons fortement de vous y intéresser pour le moment).

Bien que, théoriquement, tout modem ayant moins de dix ans pourrait faire l'affaire, nous vous conseillons vivement d'acquérir un modèle récent. Là aussi, la chute des prix est fulgurante et vous trouverez facilement un bon modem pouvant travailler à 28 800 et 33 600 bps pour moins de 1 500 francs. Techniquement, tous les modems se valent à peu de chose près. Cependant, le règlement français des télécommunications vous oblige à n'utiliser (vous remarquerez que nous ne disons pas "acquérir") sur le réseau national que des modems dits "agréés". Et cette procédure d'agrément, très vivement critiquée avec raison, était jusqu'à il y a peu un moyen d'exercer un protectionnisme aveugle en faveur de notre production nationale. C'est l'une des raisons de la disparité des prix qu'on peut constater entre divers matériels (mais ce n'est pas la seule : il y a aussi des raisons techniques, heureusement).

Si nous vous conseillons d'acquérir un modem à 28 800 bps, c'est parce qu'un modèle de performances inférieures ne vous coûtera pas beaucoup moins (si vous en trouvez encore, car ils sont en voie de disparition). Nous vous suggérons de préférer un modem externe car vous pouvez l'installer sans qu'il soit nécessaire d'ouvrir votre ordinateur, et en outre la plupart ont en façade des voyants dont le clignotement indique en permanence l'état de la connexion.

Certains modems peuvent aussi vous offrir un accès au fax, ce qui signifie qu'à l'aide d'un programme approprié, vous pouvez envoyer et recevoir des télécopies avec votre ordinateur. A notre avis, cette fonctionnalité n'est que modérément utile.

Vérifiez que le modem qui vous est fourni comporte bien deux câbles : un pour le relier à la prise téléphonique ; l'autre pour le connecter à votre ordinateur. Attention, les énormes prises de téléphone normalisées en France sont d'un modèle différent des minuscules connecteurs en usage aux Etats-Unis (RJ11). Spécifiez bien à quel type d'ordinateur le modem doit être raccordé parce que la standardisation n'est pas encore réalisée de ce côté et qu'il en existe au moins de trois types.

Note à l'intention des possesseurs d'ordinateurs portables. Si votre ordinateur dispose d'un connecteur au format carte de crédit (appelé PCMCIA), achetez une carte modem qui puisse s'y glisser afin de ne pas avoir besoin de transporter le modem en plus de l'ordinateur. Bien que son coût soit nettement plus élevé, ça en vaut la peine.

Un émulateur de terminal est-il contagieux ?

Mais, le matériel, ce n'est pas tout. Il va vous falloir maintenant un peu de logiciel pour exploiter votre modem et votre connexion. Si vous avez recours aux services d'un fournisseur d'accès, il vous procurera sans doute une disquette ou un CD-ROM contenant une panoplie de logiciels de base que vous allez devoir installer.

Le plus simple de ces logiciels, c'est l'*émulateur de terminal*. Il va déguiser votre ordinateur de façon qu'il ressemble à un terminal passif, autrement dit à un système écran-clavier connecté à une ligne de transmission. Les utilisateurs de Windows 95 disposent du logiciel HyperTerminal qui est une amélioration sensible de l'ancien Terminal, en usage sous Windows 3.x. En outre, il vous propose un émulateur Minitel assez bien conçu.

Pour les utilisateurs de Mac ou de Windows (toutes versions) qui ont l'intention d'utiliser un logiciel plus évolué, nous reviendrons plus loin sur cette question.

Les fournisseurs d'accès

Résumons-nous : vous devez d'abord posséder un micro-ordinateur et un modem, avoir le téléphone et, enfin, souscrire un abonnement auprès d'un *fournisseur d'accès*. Là encore (là toujours ?), il en existe de plusieurs types et il y a un compromis à établir entre l'agrément d'utilisation, l'assistance à la clientèle et le prix de l'abonnement.

Les fournisseurs de services en ligne

Ce sont ceux qui vous proposent une "valeur ajoutée" comme l'accès à des forums privés ou des bases de données non publiques. En France, l'éventail est plutôt limité. CompuServe est le plus anciennement installé ; Microsoft et AOL sont maintenant bien établis en France. France Télécom s'y est risqué sous le nom de Wanadoo et il existe également Club Internet (Grollier et Matra-Hachette) ainsi qu'Infonie auquel nous consacrerons le Chapitre 13. Ils se caractérisent par l'utilisation d'un logiciel propriétaire qu'il est indispensable d'utiliser pour établir la connexion.

La tendance actuelle est vers l'ouverture des accès à l'ensemble des ressources proposées par l'Internet alors qu'il y a encore un an, certains - et non des moindres - enfermaient leurs clients dans des accès fermés qu'ils pouvaient contrôler. Tous proposent maintenant en plus de leurs services "personnifiés" un accès plus ou moins banalisé à l'Internet.

ATTENTION !

Combien ça coûte, tout ça ?

Vous pouvez dépenser pas mal d'argent pour réaliser votre connexion à l'Internet. Ou, si vous vous débrouillez bien, réduire votre mise de fond à l'essentiel. Nous allons voir de plus près ce qu'il en est en France sans nous préoccuper des moyens dont disposent nos amis américains.

Dépenses d'abonnement au fournisseur d'accès

Ici, c'est l'anarchie des prix et des méthodes de facturation. Certains vous offrent une connexion illimitée, d'autres un prix forfaitaire pour quelques heures de connexion avec un supplément à payer pour toute heure supplémentaire (toute heure commencée étant due en entier). Pratiquement, cela vous coûtera de 50 à 200 francs ttc par mois, plus si vous vous adressez à des fournisseurs "de luxe" spécialisés dans la fourniture d'accès aux entreprises.

Dépenses téléphoniques

Ici, l'anarchie règne aussi en maîtresse. France Télécom y impose ses règles qui vont actuellement dans un sens pas toujours favorable à l'utilisateur final. Une étude complète des règles de tarification sortirait des limites de ce livre. Nous dirons qu'il existe deux types d'accès : le réseau téléphonique normal (numéro à 10 chiffres ne commençant pas par 08) et le tarif kiosque (numéro à 10 chiffres commençant par 08). Nous simplifions un peu car il existe d'autres modes mais ils sont peu utilisés dans la pratique courante.

Sur le réseau ordinaire, la tarification s'établit en unités téléphoniques indivisibles valant, en mars 1997, 74 centimes ttc et correspondant, pour les communications locales, à une durée comprise entre 3 et 9 minutes selon le jour (semaine, samedi, dimanches, jours fériés) et l'heure de l'appel. Pour les communications plus éloignées, la durée correspondant à une unité téléphonique diminue. Pour la tranche horaire la plus chère, elle est, par exemple, de 32 secondes au-dessus de 100 kilomètres. A signaler qu'une modification est prévue dans cette tarification en octobre 1997, réduisant le nombre de tranches horaires à 3 (au lieu de 4 actuellement) et supprimant en particulier la tranche la moins chère (actuellement de 23 h 30 à 6h), ce qui pénalise beaucoup les amateurs de connexions à l'Internet.

Mais cela n'est pas tout. Il existe des formules d'abonnements sur mesure tels que Primaliste (20 % de réduction quelle que soit la tranche horaire sur au plus six numéros fixés à l'avance, nationaux ou internationaux) et Temporalis (réduction de 10 à 30 % sur tous les appels d'une durée unitaire supérieure à 5 minutes n'importe où en France). Ces formules supposent une redevance supplémentaire de 15 francs par mois.

L'ouverture à la concurrence qui doit avoir lieu début 1998 pourrait apporter une diminution de ces prix, mais ce n'est pas certain car l'utilisateur final n'intéresse guère les gestionnaires des lignes de communication qui ont une nette tendance à privilégier leurs clients industriels ou commerciaux. Toute notion de service public mise à part, hélas !

Voici quelques-uns des bons côtés de ces fournisseurs de services en ligne:

- Il est assez facile de s'y connecter et de les utiliser.
- Ils prétendent assurer une assistance de qualité à leurs clients, ce que l'expérience (et la consultation du forum `fr.network.internet.fournisseurs`) ne confirme pas dans tous les cas.
- Ils proposent des écrans d'accueil clinquants exploitant pleinement les possibilités d'une souris.
- Ils offrent des services personnalisés d'information, des forums de discussion privés, voire la vente de matériels.
- Certains proposent des moyens d'exercer un contrôle parental sur l'accès à leurs prestations.

Voici maintenant quelques-uns des "mauvais côtés" de ces fournisseurs :

- Certains vous limitent dans l'accès aux ressources de l'Internet
- Certains filtrent les forums auxquels ils vous permettent d'accéder afin d'éviter toute controverse juridique sur des sujets considérés comme immoraux ou illégaux (pédophilie, racisme, révisionnisme, néonazisme...).
- Leur politique de prix est souvent désavantageuse dès que vous dépassez le quota d'heures forfaitaires auquel votre abonnement vous donne droit.

Les Figures 2.1 et 2.2 vous montrent un écran d'accueil caractéristique de deux de ces fournisseurs : Infonie et CompuServe.

Figure 2.1 : Ecran d'accueil de Infonie.

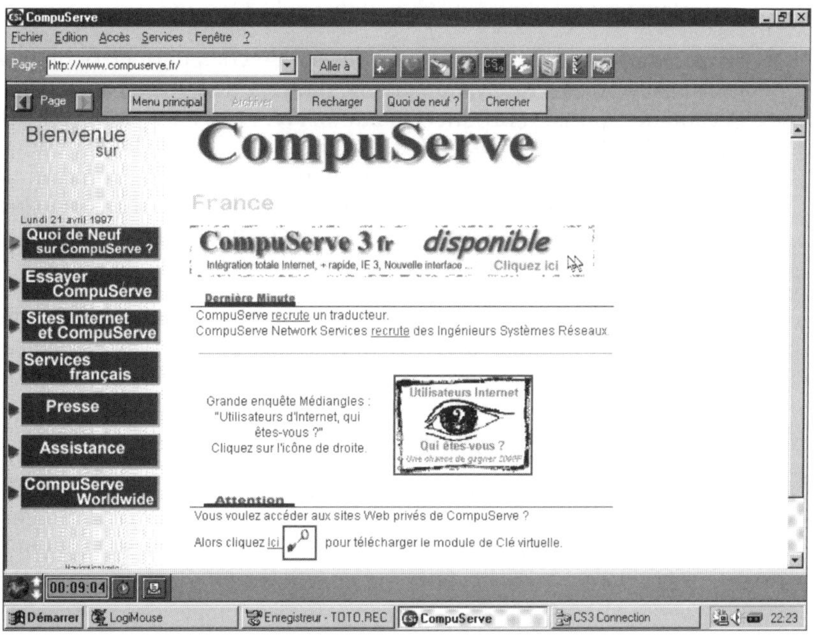

Figure 2.2 : Ecran d'accueil de CompuServe.

L'Internet, tout l'Internet et rien d'autre que l'Internet...

L'autre type de fournisseur d'accès à considérer est le *fournisseur d'accès à l'Internet* que les Américains appellent *ISP* (*Internet Service Provider*). C'est presque la même chose que ceux que nous venons de voir, mais son but essentiel est de fournir de la "connectivité" à l'Internet et rien d'autre. Ici, plus d'interface propriétaire, tout est banalisé et vous ne vous apercevez de la différence d'un fournisseur d'accès à un autre que par la qualité de ses prestations, la facilité de s'y connecter, le débit réel de la ligne, la compétence de son assistance, etc.

Les fournisseurs d'accès proposent généralement deux modes de connexion : SLIP ou PPP, le premier étant de plus en plus abandonné au profit du second, plus fiable et plus performant. En général, ils ne vous offrent pas le choix.

SLIP

Dans le cas d'une connexion personnelle, votre raccordement s'effectuera en mode SLIP (*Serial Line Internet Protocol*) ou PPP (*Point to Point Protocol*). Vu de l'utilisateur, il n'y a pas une grande différence technique entre ces deux modes, le second étant toutefois plus facile à paramétrer.

Le grand avantage de ce type d'accès est de vous permettre de profiter de tous les avantages du système d'exploitation de votre ordinateur : affichage graphique, souris, reproduction audio, etc. Pour les systèmes multitâches comme Windows et le Macintosh, vous pouvez même lancer concurremment plusieurs applications Internet : lire votre courrier électronique, télécharger un fichier, surfer sur le Web... Les nouvelles versions d'Eudora (le *mailer* sans doute le plus populaire de l'Internet) chargent automatiquement une page Web si vous double-cliquez sur un URL placé dans un message.

Autre avantage, loin d'être négligeable, c'est que vous pouvez utiliser n'importe quel programme Internet en plus de ceux que votre fournisseur d'accès vous a remis. Vous pouvez télécharger une nouvelle application et la mettre immédiatement en service. Votre fournisseur d'accès n'agit que comme un conduit de données entre votre ordinateur et l'Internet.

L'inconvénient de ce type de connexion réside dans son paramétrage, parfois délicat à réaliser correctement. C'est là que vous pourrez mesurer l'efficacité de l'assistance technique proposée par votre fournisseur d'accès.

L'accès en mode shell

Anciennement, les fournisseurs d'accès proposaient aussi un accès en mode *shell*, beaucoup moins souple, peu convivial et non graphique, mais peut-être plus facile à mettre en oeuvre, le seul logiciel nécessaire étant un émulateur de terminal.

Pour les fanatiques d'UNIX qui ont décidé d'implanter Linux sur leur PC, il n'y a pas de problème parce que tout ce qui est nécessaire se trouve déjà sur le CD-ROM de Linux.

Mais si ce mode d'accès semble encore proposé aux Etats-Unis, ce n'est plus le cas en France où il est très rare de pouvoir l'obtenir, même en le demandant bien poliment. Pour cette raison, nous n'en dirons pas davantage.

La beauté de la bande passante

Si vous êtes de ceux qui veulent sans cesse être à la pointe du progrès technique et utiliser les tout derniers gadgets à la mode, vous allez vouloir la connexion à l'Internet la plus rapide afin de pouvoir vous amuser avec toutes ces fantaisies ludiques qu'on appelle animations, VRML, audio et ainsi de suite. Mais tout ça implique la transmission de grandes quantités d'informations qui, pour certaines, dépassent les possibilités raisonnables d'une connexion par réseau téléphonique commuté. Les connexions à haute vitesse (à "haut débit" serait sans doute plus exact) vous procurent une *bande passante* supérieure, c'est-à-dire vous permettent de transférer dans le même intervalle de temps une quantité d'informations plus élevée. Pour une fois, la France n'est pas (trop) en retard sur les Etats-Unis dans ce domaine.

Connexions par câble

Comme nous l'avons dit plus haut, quelques expériences ont eu lieu pour acheminer un accès à l'Internet par le câble utilisé pour raccorder certains abonnés privilégiés à un réseau de télévision non hertzien (c'est-à-dire n'utilisant ni antenne ni parabole). En France, le caractère expérimental de ces réalisations, le fait qu'en dehors des grandes villes il n'y ait guère d'espoir de pouvoir se raccorder au câble, et l'incertitude de la tarification appliquée font qu'il serait prématuré de s'étendre sur ce sujet. Toutefois, si vous habitez le 7e arrondissement de Paris, Annecy, Strasbourg, Nice ou Le Mans, vous pouvez tenter votre chance.

Numéris

Depuis quelques années, France Télécom a mis en service un réseau téléphonique à haut débit appelé Numéris qui n'a rencontré qu'un faible succès en raison des tarifs excessifs initialement pratiqués. Avec l'arrivée prochaine de la concurrence sur un domaine jusqu'alors protégé par son monopole, France Télécom a revu ses tarifs à la baisse et, en 1996, a même fait des offres promotionnelles particulièrement séduisantes.

Alors que le réseau téléphonique ordinaire fonctionne en mode analogique, Numéris est un réseau sur lequel les informations circulent sous forme numérique (d'où son nom). Comme tel, il offre des performances très supérieures. L'abonnement de base comprend deux voies numériques rapides à 64 Kbps et un canal téléphonique "ordinaire". Le coût de l'abonnement est à peu près le double de celui qui est pratiqué pour une ligne ordinaire et il faut compter, en plus, des frais d'installation d'environ 1 000 francs.

Ce qu'il y a de bien avec Numéris, c'est qu'en général, il n'est pas nécessaire de poser de nouveaux câbles. Tout au moins si vous n'habitez pas au fin fond de la France profonde.

Il ne faut pas croire que Numéris constitue une panacée. Actuellement, peu de fournisseurs d'accès proposent un accès Numéris. Et parmi ceux qui le font, la plupart (sauf MSN et Wanadoo) majorent de façon parfois substantielle leur tarif d'abonnement. En outre, il n'est pas certain (et c'est ici un euphémisme) que, lorsqu'ils ajoutent un accès Numéris à leur offre, ils augmentent corrélativement leur débit de l'autre côté (celui de l'Internet). Il en résulte une saturation possible des accès et le débit moyen réalisé peut se situer très loin des 64 Kbps théoriques à cause des "respirations" qui interviennent entre chaque bouffée d'informations.

Le choix d'un fournisseur d'accès

Maintenant, la question se pose du choix de votre fournisseur d'accès. Toujours en nous limitant à la France, la revue *Netsurf* en dénombrait plus de 150 dans son numéro de mars 1997. Le premier critère à retenir, c'est la proximité géographique du *point d'accès*. On appelle ainsi la localisation où est installé le serveur auquel vous allez vous raccorder depuis votre domicile. Si vous avez la chance d'en trouver un dans la même circonscription téléphonique que la vôtre, cela aura une incidence très bénéfique sur votre facture téléphonique. Certains fournisseurs ont plusieurs points d'accès en France et c'est à vous de choisir celui qui vous paraît le plus proche, au besoin en posant la question à l'agence France Télécom dont vous dépendez.

Si votre fournisseur a un accès de type kiosque, la question ne se pose pas puisque le mode de facturation est indépendant de la distance. Mais ces fournisseurs ne sont guère nombreux. Cela peut s'expliquer en partie parce que les lignes téléphoniques dévolues à ce mode d'accès sont parfois insuffisantes pour écouler le débit accru résultant de leur zone de prix favorable. Dans ces conditions, ce que vous gagnez en débit instantané, vous le perdez en temps de connexion.

D'autres points à prendre en considération :

- Le coût de l'abonnement mensuel.
- La qualité de l'assistance client. Vous ne pourrez l'apprécier qu'à l'usage, aussi mieux vaut vous renseigner auprès d'autres clients. Ici encore, nous vous renvoyons au forum Usenet `fr.network.internet.fournisseurs`.
- Le temps de réponse. C'est une donnée importante qui dépend du nombre de clients acceptés et du débit de la voie d'accès à l'Internet.
- Le débit maximal accepté en entrée. Pratiquement tous les fournisseurs d'accès peuvent travailler à 28 800 bps. Certains vont jusqu'à 33 600. Quelques-uns offrent un accès Numéris (mais la plupart du temps en majorant le coût de l'abonnement mensuel).

Linux, qu'est-ce que c'est ?

Linux, c'est tout simplement un UNIX gratuit destiné aux PC. Il existe, sur le Net, des serveurs qui tournent sous Linux. Son installation n'est pas des plus simples mais en vaut la peine car c'est un logiciel d'excellente qualité.

Son intérêt était jusqu'ici une protection quasi totale des tâches les unes par rapport aux autres ce qui garantissait un système d'exploitation très robuste, à la différence de Windows 3.x. Windows NT étant trop gourmand en ressources (et particulièrement en mémoire), Linux était une solution de choix pour établir un serveur devant tourner constamment sans défaillance. Depuis la sortie de Windows 95, sa position n'est plus aussi affirmée, mais on manque sans doute encore un peu de recul.

On peut télécharger Linux sur l'Internet mais le jeu n'en vaut pas la chandelle en raison de la taille des fichiers, donc du temps de connexion nécessaire et de la dépense téléphonique qui en résulte. Mieux vaut donc l'acheter sous forme d'un CD-ROM, contenant l'ensemble des programmes et la documentation, que l'on trouve pour une centaine de francs[2].

2. En particulier au *Monde en Tique*, 6, rue Maître-Albert, 75006 PARIS (N.d.T.).

Revenons au logiciel

Type d'accès et logiciels à utiliser vont de pair.

Fournisseurs d'accès commerciaux

Presque tous les fournisseurs d'accès commerciaux vous procurent qui un jeu de disquettes, qui un CD-ROM avec leurs programmes particuliers. Il y en a de moins en moins qui soient à même de vous proposer des accès en mode texte au moyen d'un émulateur de terminal.

Vous trouverez dans les Chapitres 13 et 14, respectivement consacrés à Infonie et à CompuServe, des détails sur la façon d'utiliser les logiciels qu'ils vous fournissent.

Accès SLIP ou PPP

Si vous utilisez un accès SLIP ou PPP, il vous faut le logiciel correspondant. Si votre fournisseur d'accès ne vous procure pas le logiciel prêt à installer, il vous reste plusieurs solutions :

- Windows 95 propose un ensemble minimal quoique adéquat de logiciels PPP. Vous trouverez au Chapitre 12 quelques conseils de mise en service.

- C'est indiscutablement Trumpet Winsock qui est le plus utilisé sous Windows. C'est du shareware et c'est lui que vous proposeront la plupart des fournisseurs d'accès, ce qui ne vous dispensera pas, une fois écoulée la période d'essai de ce groupe de programmes, d'acquitter, la redevance prévue par l'auteur. Ne comptez pas sur votre fournisseur d'accès pour le faire pour votre compte. En général, il y aura même, quelque part dans les fichiers qu'il vous fournit, un fichier texte vous rappelant les obligations morales des utilisateurs de shareware.

- Signalons l'existence de Chameleon Sampler, package gratuit qui, aux Etats-Unis principalement, figure souvent sur la disquette d'accompagnement des livres sur l'Internet. Ce n'est pas le cas en France.

- On trouve aussi des packages commerciaux. La plupart sont plutôt onéreux, ce qui s'explique sans doute par le fait qu'ils sont peu demandés car ne présentant généralement guère d'avantages par rapport à Trumpet Winsock. Les deux les moins chers sont Spry et Internet Chameleon (à ne pas confondre avec la version freeware citée au paragraphe précédent). Ils sont probablement peu faciles à trouver en France.

- Quant aux utilisateurs de Macintosh, ils ne sont pas complètement oubliés : pour eux il existe, entre autres, MacTCP qui fait partie intégrante de System 7. Il y manque le logiciel d'accès au réseau commuté et les applications que la plupart des fournisseurs d'accès pourront vous procurer. Vous trouverez d'autres détails au Chapitre 20.
- Si vous utilisez Linux ou une station de travail sous UNIX, tout ce qui est nécessaire se trouve déjà sur le CD-ROM de Linux.

Les Winsocks ? Est-ce bien nécessaire ?

Il y a bien longtemps, à l'âge de pierre (taillée, quand même !) de la mise en réseau des PC, c'est-à-dire au début des années 90, plusieurs éditeurs de logiciel avaient écrit des packages Internet pour PC. Dans chaque cas, toutes les fonctions étaient documentées de façon que les clients puissent écrire des applications Internet complètes où ce package jouait le rôle d'un *runtime.*

Malheureusement, chaque éditeur avait créé des fonctions non standard et, si dans leur ensemble elles faisaient à peu près la même chose, dans les détails il y avait suffisamment de différences pour que l'on ne puisse pas utiliser un package à la place d'un autre sans avoir à réécrire une partie du programme d'application. Tout ça, c'est un peu comme les prises de courant européennes. Même si le 220 volts 50 Hz est à peu près généralisé, les prises de courant françaises, anglaises et allemandes sont différentes.

En 1991, plusieurs éditeurs de logiciel parvinrent à un accord sur un commun dénominateur de fonctions destinées aux applications Internet devant tourner sous Windows. Finalement, tous, y compris Microsoft, résolurent d'adopter ce standard qui fut baptisé *Windows sockets* (littéralement : les prises pour Windows, mais le mot *sockets* vient du jargon UNIX), ou *WinSocks* en abrégé.

En pratique, toute application Internet utilisant les Winsocks (produit commercial, shareware ou freeware) doit fonctionner avec n'importe quel Winsock. Curieusement, on constate que c'est bien le cas. Pourvu que ça dure...

Accès en mode shell

Si vous tenez à l'accès en mode shell et que vous ayez réussi à trouver un fournisseur d'accès qui vous le propose, vous devrez utiliser un *émulateur de terminal* qui transforme votre ordinateur en terminal connecté à la machine du fournisseur d'accès. Nous vous donnerons tous les détails utiles au Chapitre 12.

Sur les autoroutes de l'information et à côté

Si l'ordinateur que vous utilisez est déjà connecté à un réseau, vous savez probablement ce que signifient les termes *user ID* et *nom de login*. Si ce n'est pas le cas, continuez votre lecture.

Il y a quelque 60 millions de personnes sur l'Internet. Vous n'êtes que l'une d'elles. Il y en a donc 59 999 999 qui peuvent venir fouiller dans vos fichiers et dans votre *e-mail*. Quel que soit le type de fournisseur d'accès auquel vous aurez recours, vous devrez utiliser une procédure de sécurité prouvant que vous êtes bien celui que vous prétendez être.

Voulez-vous signer ici, s'il vous plaît

Les fournisseurs d'accès aiment bien savoir à qui ils ont affaire lorsque quelqu'un se connecte sur leur système. C'est pourquoi ils vous gratifient d'un identifiant, parfois imposé, parfois laissé à votre libre choix. Cet identifiant est composé d'un nom d'utilisateur (*user name*, *login name* ou *user ID*) et d'un mot de passe (*password*).

Certains vous permettent de changer votre mot de passe, d'autres non. Un mot de passe ne se choisit pas au hasard ; il existe des règles de sécurité pour cela. D'abord, sa longueur minimale doit être de 6 caractères et ne pas correspondre à quelque chose d'intelligible tel qu'un nom, un prénom, un mot du dictionnaire, une date connue (de vous ou de l'Histoire), etc. Choisissez quelque chose comme `u%L42vwZ` et... tâchez de vous en souvenir ! Il y a en effet un paradoxe entre le choix d'un mot de passe difficile à deviner qui soit en même temps facile à se rappeler. Evitez, de toute façon, de l'inscrire sous votre clavier ou dans tout autre endroit facilement accessible, à moins que vous soyez certain d'être le seul à utiliser votre machine.

NOTE TECHNIQUE

Les gardes-barrière

C'est ainsi qu'on traduit généralement le mot *firewall* (littéralement "mur de feu") qui désigne un dispositif de filtrage placé entre l'arrivée Internet et l'ordinateur d'une entreprise et chargé de limiter, voire d'interdire, les accès illicites. C'est en réalité un ordinateur spécialement programmé pour jouer le rôle de surveillant.

L'efficacité d'un tel dispositif n'est pas absolue mais, en matière de sécurité, il n'y a pas d'absolu. Tout ce qu'on peut faire, c'est retarder l'agression ou la rendre plus difficile. Les spécialistes en espionnage industriel savent en général comment se jouer de tels dispositifs. C'en est au point que dans certains établissements industriels travaillant pour la défense nationale, le réseau local est totalement déconnecté de l'extérieur. L'usage de l'Internet n'est pas limité mais s'effectue dans des locaux physiquement isolés du reste de l'établissement. Ce qu'on y perd en commodité, on le regagne en sécurité.

Le seul résultat vérifiable de l'action des gardes-barrière est de compliquer les procédures de connexion depuis l'intérieur et depuis l'extérieur.

Défense de toucher !

Lorsque vous commencez à explorer l'univers de l'Internet, vous risquez de vous retrouver sur des serveurs dont l'accès n'est pas totalement ouvert. Pour protéger les informations qu'ils détiennent des regards indésirables, ils mettent en jeu tout un système d'autorisations d'accès afin de savoir qui est autorisé à faire quoi. Certains fichiers, par exemple, peuvent être lus mais seul leur possesseur a le droit de les modifier (heureusement !). Dans d'autres cas, même l'accès en lecture est réservé au possesseur du fichier. C'est surtout sur les serveurs de fichiers accessibles par FTP (*File Transfer Protocol*) que vous constaterez la mise en oeuvre de telles précautions.

Là encore, ces restrictions n'ont rien d'absolu. Non seulement l'administrateur du système est tout-puissant et a droit de regard total et absolu sur tout ce que contiennent ses disques durs, mais des malveillants peuvent sans trop de difficulté passer au travers des mailles du filet et s'approprier ou altérer des informations théoriquement protégées. Les systèmes d'exploitation comportent un certain nombre de failles de sécurité qui ne sont découvertes que progressivement et risquent donc d'être exploitées par des gens malintentionnés.

Comment s'en sortir

Une fois que vous serez sur l'Internet, après avoir bien joué avec, vous aurez envie d'en sortir. Couper le courant de l'ordinateur est une méthode efficace mais que nous ne pouvons décemment pas recommander. Il existe des façons plus... douces de procéder.

Et d'abord, est-il vraiment nécessaire de vous déconnecter ? Si vous êtes raccordé à l'Internet par le réseau local d'une entreprise, ce n'est absolument pas indispensable. Au contraire, en restant connecté en permanence, vous pourrez être immédiatement averti de l'arrivée d'un courrier électronique (pour peu que vous utilisiez un système multitâche, ce qui est le cas le plus courant).

Par contre, si votre connexion s'effectue par le réseau téléphonique, moins vous resterez connecté, plus douce sera la facture bimestrielle que vous adresse France Télécom. Vous pouvez naturellement éteindre votre modem mais c'est une méthode trop brutale. Il y a moyen d'opérer plus intelligemment. Malheureusement, chaque système a sa propre façon de dire "Au revoir !" et nous ne pouvons que vous renvoyer à la documentation du logiciel d'accès que vous utilisez. A titre d'exemple, la Figure 2.3 vous montre la boîte de dialogue ouverte sous Windows 95 lorsqu'une connexion est établie. On voit qu'il suffit de cliquer sur le bouton Déconnecter pour refermer proprement la connexion et, simultanément, couper la liaison téléphonique.

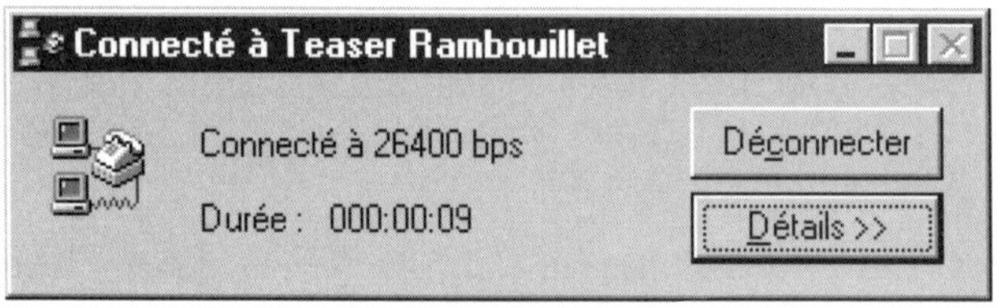

Figure 2.3 : Pour mettre fin à une connexion sous Windows 95, il suffit de cliquer sur le bouton Déconnecter.

Chapitre 3

Intranet ? Vous êtes bien sûr de ne pas vous tromper ?

Dans ce chapitre :

Qu'est-ce qu'un intranet ?

Comment utilisez-vous un intranet ?

Non, nous ne nous sommes pas trompés. Maintenant que chacun sait (ou croit savoir) ce qu'est l'Internet, les spécialistes en marketing ont inventé l'intranet qui est juste la même chose, sauf que c'est différent. Transportez toute la technologie développée depuis les 20 dernières années pour l'Internet à l'intérieur de votre entreprise et vous aurez un intranet.

Plus spécifiquement, l'intranet, c'est un ensemble de services tels que des pages Web accessibles seulement à l'intérieur d'une entreprise. Alors que le World Wide Web couvre le monde entier au moyen de dizaines de milliers de serveurs Web, l'intranet est cantonné à l'intérieur d'une organisation particulière et les pages Web qui y sont distribuées le sont à la seule intention des membres du personnel de l'entreprise interconnectés par son réseau local.

Quel est le but recherché ?

Dans un certain sens, l'intranet n'est pas particulièrement intéressant parce que tout ce que vous pouvez réaliser avec, ça existe déjà depuis longtemps sur l'Internet. Des services de votre entreprise créent des pages Web que d'autres services peuvent lire. "Quoi d'neuf, Docteur ?" dirait Bunny.

Mais à l'intérieur d'une entreprise, l'existence d'un intranet peut contribuer à disséminer des informations importantes concernant l'entreprise elle-même, informations normalement concentrées dans des bases de données sur de gros ordinateurs, informations qui pourraient profiter à d'autres employés de l'entreprise s'ils savaient qu'elles existaient et comment y accéder.

L'outil essentiel de l'intranet, c'est le browser, ce logiciel (que nous étudierons plus spécialement aux Chapitres 4 et 5) qui permet de visualiser les pages Web. Il est étonnamment facile de prendre ces informations habituellement enterrées et de les porter à la connaissance de tous. Beaucoup nous ont dit qu'avec l'intranet c'était une affaire de semaines ou de mois là où l'utilisation d'outils logiciels conventionnels aurait demandé des mois sinon des années. Et en plus, le budget à y consacrer est des plus réduits.

Lorsqu'une organisation se dote d'un intranet, tous ceux qui sont reliés à son réseau local peuvent en profiter facilement. Tout ce qui concerne cette organisation (et qui peut être rendu, sinon réellement public, du moins accessible à tous en interne) peut être consulté sans difficulté : informations sur les produits, gestion de personnel, etc.

Utilisation des intranets

Ce que votre entreprise peut réaliser à l'aide d'un intranet n'est limité que par l'imagination des responsables du système. (Nous nous rendons bien compte que cette limitation peut se révéler plus sévère dans certaines organisations que dans d'autres.) En voici quelques exemples.

- Presque toutes les notes de service qui circulent dans une entreprise peuvent être diffusées avec davantage d'efficacité sous forme de courrier électronique ou de page Web. Cela économise beaucoup de papier et rend ces informations plus faciles à retrouver ensuite.
- Ces gros manuels encombrant les étagères ou peut-être accumulés sur le coin d'un bureau ou même par terre, seraient beaucoup plus commodes à consulter s'ils étaient en ligne. Et leurs auteurs auraient plus de facilité pour les mettre à jour, le feraient plus rapidement et plus souvent.
- Les catalogues de pièces détachées et tout ce qui y ressemble sont assez faciles à mettre sur le Web au moyen d'une technique appelée *publication de base de données* (*database publishing*) qui crée automatiquement des pages Web contenant les informations extraites des documents dans lesquels elles se trouvent sous leur forme habituelle.
- Si plusieurs personnes travaillent sur le même projet, placer les informations concernant ce projet sur le Web permet à chacun de se tenir au courant presque immédiatement de l'état d'avancement du

travail collectif. C'est ainsi que les trois auteurs de ce livre, qui résident dans quatre Etats différents, ont procédé pour l'écrire, utilisant pour cela une petite application Web que John a réalisée en un après-midi.

- Si votre entreprise apprécie le multimédia, vous pouvez ajouter à votre intranet des animations, des sons et tout ce qui s'ensuit. Vous pouvez aussi ajouter des liens "vivants" vers ce type de fichiers dans vos *e-mail*. Vos lecteurs n'auront qu'à cliquer sur le symbole de l'objet pour voir ou entendre ce que vous leur avez envoyé.

Quoi qu'il en soit, nous constatons que la technologie nous envahit de plus en plus, ce qui conduira fatalement à des changements dans l'organisation traditionnelle des entreprises. La consommation de papier diminuera et les classeurs se rempliront moins vite.

Et ensuite ?

Nous n'en dirons pas davantage sur l'intranet parce qu'il n'existe pas de réelle différence entre l'Internet et l'intranet. Ces techniques sont comme le téléphone : bien plus efficaces lorsque tout le monde peut en bénéficier.

Vous aussi, vous pouvez devenir un consultant intranet

On a coutume de dire dans l'industrie informatique qu'un consultant est quelqu'un qui exerce son activité à plus de 100 kilomètres de son domicile. Nous ne pouvons pas vous offrir de moyen de transport mais voici quelques mots à connaître si vous voulez vous faire passer pour un expert en intranet. (Essayez de les utiliser tous dans une seule et même phrase.)

Client/serveur. Type de système informatique dans lequel un programme, le client, tourne sur votre ordinateur de façon que vous puissiez l'utiliser directement. Un autre programme, le serveur, tourne sur une autre machine où il gère d'importantes informations. Les deux sont connectés par un réseau. L'Internet n'a jamais travaillé autrement.

Publication de base de données. C'est une méthode qui permet d'extraire les informations concernant une entreprise, généralement enterrées dans de gigantesques bases de données auxquelles seuls les spécialistes de l'informatique de l'entreprise peuvent accéder, pour les rendre accessibles par tout un chacun. Bien que ça facilite grandement le travail de la collectivité, ça ne laisse pas d'inquiéter certains directeurs : "Si tout le monde sait ce que je sais, comment vais-je pouvoir conserver ma place ?"

Epuration, synthèse. Procédé consistant à ne retenir que l'essentiel d'un ensemble d'informations de façon à les mettre à la portée de n'importe quel client.

Middleware. Néologisme à peu près dépourvu de sens comme il en fleurit régulièrement sous la plume des journalistes de la presse informatique, soucieux de faire croire à leur compétence technique. Il pourrait s'agir de logiciel servant à relier un module de programme à un autre avec lequel personne ne croyait le mariage possible.

Plate-forme. Autre expression *in* qui signifie un système informatique particulier ou, plus spécialement, un matériel particulier. Ou encore les deux. "Nous sommes en train de réaliser une plate-forme Netscape sur une plate-forme Windows 95 à base de plate-forme Pentium."

Solution. Package d'applications ou association de logiciels et de matériel effectuant (ou censé effectuer) un certain travail. De préférence onéreux.

Deuxième partie

Embarquez sur l'Internet

Dans cette partie...

Nous allons parler des connaissances de base qui vous sont nécessaires pour devenir un internaute reconnu. Nous vous dirons tout sur le World Wide Web, comment trouver des renseignements sur n'importe quel sujet, comment envoyer et lire du courrier électronique, comment participer à des échanges au moyen de listes de diffusion (*mailing lists*), comment participer aux débats qui agitent les forums de Usenet et comment télécharger des fichiers sur le Net.

Chapitre 4

Le monde merveilleux et farfelu du Web

Dans ce chapitre :

L'hypertexte.

Les URL.

Introduction à Netscape Navigator et à Internet Explorer.

L'art de surfer sur le Web.

Comment surfer sur le Web si vous êtes "handicapé du graphique", ou "vivre avec Lynx".

De nos jours, les gens ont tendance à mélanger le Web et l'Internet. Mais il ne s'agit pas du tout de la même chose puisque le World Wide Web (que nous appelons familièrement le Web, par goût inné du raccourci) n'a d'existence réelle qu'à cause de l'Internet qui est la couche logicielle et matérielle lui servant de support. L'Internet est le coeur du Web mais l'Internet existait bien avant le Web et la disparition de ce dernier ne perturberait l'Internet en aucune façon.

Bon, alors, en définitive, qu'est-ce que le Web ? On pourrait peut-être le définir comme le produit d'un croisement entre des bibliothèques, des chaînes de télévision, des réseaux d'ordinateurs et des téléphones. C'est tout ça à la fois et c'en est foncièrement différent.

Le Web, c'est une collection de pages contenant des informations, pages reliées logiquement les unes aux autres et réparties sur toute la surface du globe. Chaque page peut elle-même renfermer du texte, des images, des sons, des animations... (Nous ne pouvons pas terminer cette énumération autrement qu'avec des points de suspension car presque chaque jour il naît de nouveaux "objets" susceptibles d'être véhiculés sur le Web.) Ce sont ces liens entre les pages qui rendent le Web si plein d'intérêt. Techniquement on parle de liens hypertextes, expression que les Américains raccourcissent en *hyperlinks*. Chacun de ces liens référence une autre page et, quand on clique dessus, cette page vient s'afficher sur votre écran, quel que soit l'endroit où elle se trouve physiquement. Pour voir ces pages, on se sert d'un programme spécialisé appelé *browser*. Pas de panique, nous allons très bientôt reparler de ce type de programme particulier.

Les liens que peut renfermer chaque page affichée sous vos yeux peuvent vous conduire vers Sydney, Hong Kong, Johannesburg, Darmstadt ou Oslo (ou même tout près de chez vous) presque instantanément. Théoriquement, ce transport est instantané mais, dans la réalité, la vitesse de ce déplacement virtuel dépend d'un tas de facteurs dont nous reparlerons.

C'est ce système de documents pointant les uns vers les autres qu'on appelle *hypertexte*. La Figure 4.1 montre comment se présente une page Web.

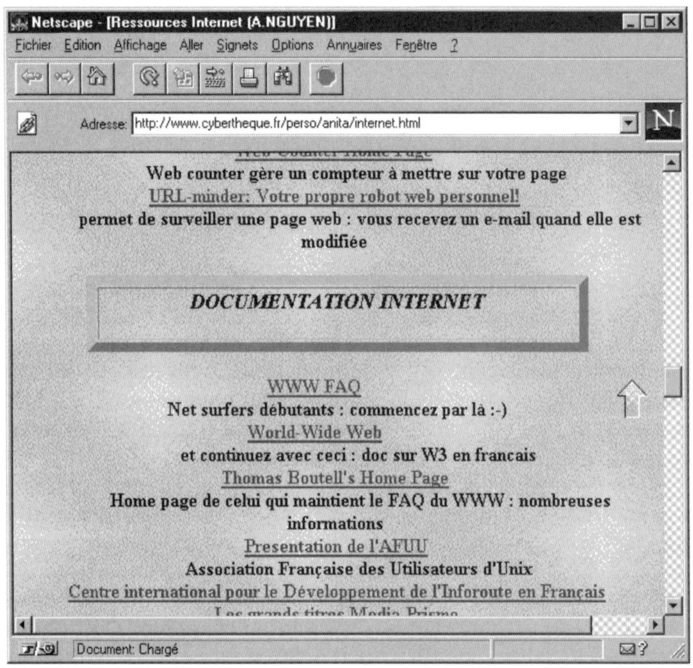

Figure 4.1 : Sur cette page, les mots ou expressions soulignés sont des appels de liens pouvant conduire vers d'autres pages.

D'où vient le Web ?

Le Web a été inventé en 1989 au CERN (Centre Européen de Recherche Nucléaire) à Genève par une équipe dirigée par un anglais, Tim Berners-Lee, actuellement directeur du consortium W3 chargé de l'élaboration des standards du Web. C'est à cet endroit qu'a été créé le protocole HTTP (HyperText Transport Protocol) utilisé pour échanger des informations entre clients et serveurs Web. C'est là, également, qu'a été défini HTML (HyperText Markup Language) qui n'est pas réellement un langage au sens informatique du terme mais plutôt un ensemble de commandes de description de page. Enfin, c'est là qu'a été définie l'URL (Uniform Resource Locator), sorte d'adresse banalisée servant à identifier les ressources accessibles par le Web. Le Web a été conçu comme un moyen universel d'échange d'informations indépendant des matériels et systèmes d'exploitation utilisés.

Si vous voulez en savoir davantage sur le développement du Web et le travail du consortium W3, pointez votre browser sur son site Web à l'URL http://www.w3.org.

Hypertexte : souvenirs, souvenirs...

John écrit :

Le mot et le concept ont été inventés par un visionnaire de l'ordinateur, Ted Nelson, aux alentours de 1969. A cette époque, Ted me disait que nous devrions tous avoir des petits ordinateurs pourvus d'écrans bon marché sur nos bureaux et dotés de systèmes d'hypertexte graphique. Ça me paraissait incroyable car, pour moi, cette idée évoquait plutôt les gros ordinateurs auxquels on était habitués alors et des écrans à haute résolution.

Nous avions tous deux raison puisque la puissance de nos micros de bureau est supérieure à celle des gros systèmes des années 70 et que la résolution de leur écran est suffisante pour l'hypertexte.

Différents projets se sont succédé au fil des années. Le projet de Ted, Project Xanadu, a été en chantier pendant 15 ans, bénéficiant de sources de financement très diverses, sous des autorités changeantes mais avec à peu près la même équipe. Ce projet s'intéressait à des aspects souvent négligés de l'hypertexte. Par exemple, Ted s'était posé la question de savoir comment rémunérer les auteurs des documents consultés dans un système hypertexte.

Margy ajoute :

Maintenant que le World Wide Web a permis la diffusion massive d'un hypertexte moins ambitieux, Ted espère pouvoir réaliser sur le Web un système conçu sur le principe de Xanadu.

Que faut-il pour démarrer sur le Web ?

Si vous avez compris comment était organisée la structure de base du Web, vous serez mieux à même de l'utiliser. L'hypertexte est un moyen de relier des informations de façon à faciliter leur découverte. En théorie, du moins.

Dans les bibliothèques traditionnelles (celles avec des étagères surchargées de livres), les informations sont classées de façon arbitraire, souvent par ordre alphabétique d'auteurs, parfois par sujets. Ce type de classement ne reflète pas nécessairement l'existence d'un lien logique d'un ouvrage à son voisin. Dans le monde de l'hypertexte, au contraire, les informations sont organisées selon les liens logiques qu'elles présentent entre elles, ce qui semble une façon beaucoup plus cohérente de les rassembler.

Mais l'hypertexte permet aussi d'associer les mêmes éléments d'informations de plusieurs façons différentes. Dans une bibliothèque traditionnelle, un livre se trouve sur un seul rayon à la fois. Par exemple, un ouvrage sur la santé mentale va se trouver classé soit sur l'étagère "médecine", soit sur l'étagère "psychologie". Mais pas aux deux endroits (à moins, bien sûr, que la bibliothèque n'ait les moyens de se payer plusieurs exemplaires du même ouvrage, ce qui est souvent le cas pour ce qu'on appelle les "usuels"). L'hypertexte ne souffre pas de telles limites : un même document peut être référencé à partir de plusieurs autres documents traitant de sujets parfois fort différents.

Supposons que vous vous intéressiez aux influences subies par un certain personnage de l'Histoire. Vous pouvez commencer par vous attaquer à sa biographie, ce qui vous apprendra où et quand il est né, les noms de ses parents, sa religion, etc. Vous pouvez ensuite élargir votre champ de recherches sur chaque détail en cherchant à savoir ce qui se passait dans sa ville, dans son pays ou dans le monde, à cette époque. En réunissant tous ces éléments, vous aurez une perception plus aiguë de sa personnalité que si vous vous étiez contenté de dates et de faits historiques.

Un système hypertexte crée les connexions nécessaires entre diverses bribes d'informations, de façon à vous permettre d'y cheminer facilement. Au fur et à mesure que vous établissez ces liens logiques, vous voyez se tisser cette toile d'araignée d'où le Web tire son nom. Ce qu'il y a de remarquable, ici, c'est que ces documents ne sont pas nécessairement situés au même endroit mais qu'ils peuvent fort bien être disséminés un peu partout dans le monde et que l'ensemble des liens est (quasiment) transparent pour vous. Vous pouvez vous représenter le Web sous forme d'un système d'informations analogue à un mille-pattes gigantesque mais amical.

En outre, toutes ces informations peuvent être consultées de façon automatisée par des logiciels appelés *moteurs de recherche*, qui vous permettent d'obtenir en peu de temps toutes les références concernant un argument de recherche formé par l'association de mots clés.

Quel est le nom de cette page ?

Encore faut-il pouvoir désigner une page par son nom comme on désigne un livre par son titre. C'est là qu'intervient la notion d'URL qui est un système d'adressage universel permettant une identification unique donc non ambiguë d'une page donnée. Concrètement, une URL c'est cet assemblage, *a priori* hétéroclite, de mots imprononçables commençant par `http://` et continuant souvent par `www`.

Au royaume des URL

L'une des raisons d'être du Web, c'est de vous permettre d'aller ça et là, d'un serveur à l'autre. C'est pourquoi la notion de lien est si importante. Mais, encore faut-il savoir où aller.

Pour cela, le plus simple est de donner une adresse à tout ce qui peut être considéré comme une ressource du Web. Dans la vie quotidienne, c'est par une adresse que vous allez pouvoir localiser la boutique où vous voulez faire quelques emplettes. Voyons comment se présente une adresse Web ordinaire :

```
http://monserveur.fr/pub/monfichier.html
```

La première chose qu'on repère, dans une URL, c'est son préfixe (ici : http://) qui indique le type de ressource auquel on a affaire. http signifie HyperText Transfer Protocol (protocole de transfert hypertexte), ce qui est le protocole utilisé sur le Web. Attention à ne pas confondre "http" avec "html" (ou "htm"). Nous verrons au Chapitre 5 ce que représente ce dernier raccourci.

La suite de l'URL va dépendre du serveur et du type de ressource. Pour le Web, ce sera en général deux ou trois mots séparés par un point, un slash normal (à droite), puis une autre suite de mots séparés par des points et/ou des slashes, voire des tirets avec, parfois, un tilde (~) en tête. Le dernier mot avant le premier slash ("fr", dans notre exemple) est différent selon qu'il s'agit d'un serveur américain ou d'un serveur du reste du monde. Pour les Américains, ce mot représente le type d'organisation qui régit le serveur : `com` (commercial), `edu` (éducation), `mil` (militaire), etc. Pour le reste de la planète, ça représente la nationalité : `fr` (France), `ca`, (Canada), `uk` (Royaume-Uni = Grande-Bretagne), `ch` (Suisse), etc.

Tout ce qui vient ensuite représente un chemin d'accès suivi d'un nom de fichier. Ici, c'est pub/monfichier.html et ça désigne le fichier `monfichier.html` situé dans le répertoire `/pub`. Attention, dans une URL il n'y a pas d'antislash. Tous les slashes sont penchés du "bon" côté ; ce sont des slashes normaux. Même sur les machines MS-DOS. La seule chose qui va différer selon que le serveur est constitué par une machine MS-DOS ou une autre, c'est l'extension du nom de fichier. Ce sera "`html`" pour tout ce qui n'est pas MS-DOS et "`htm`" pour ce dernier système. Pour quelle raison ? A cause de la limitation à trois caractères de l'extension du nom de fichier. Si le serveur est un PC tournant sous Windows NT (il y en a plus que vous ne croyez), ça pourra très bien être "`html`" puisque là, les noms de fichier longs sont admis.

On peut aussi trouver, dans une URL, un numéro de port précédé d'un caractère ":" comme dans `http://www.toto.fr:80/machin.html`. Grosso modo, cela indique le type de programme du serveur qui doit gérer l'adresse. Pour http, c'est 80, qui est la valeur par défaut. C'est pourquoi il est inutile de l'indiquer.

Outre le préfixe `http://`, on peut trouver `ftp://`, `mailto:`, `file:///`, etc. Une URL avec `mailto` indique qu'il s'agit d'une ressource "courrier électronique" et elle se présente ainsi :

```
mailto:jack.martain@empire.wagram.fr
```

Dans ce cas, une fenêtre spéciale est affichée dans laquelle on peut taper d'autres renseignements et, bien entendu, le texte du message à envoyer au destinataire indiqué par l'URL. Il est généralement utilisé de façon indirecte par le webmaster (c'est-à-dire le responsable de la page Web) pour que le lecteur puisse lui faire part de ses commentaires. Le préfixe `file` permet de visionner un document HTML local, c'est-à-dire situé sur la même machine. Dans ce cas, on ne passe pas par l'Internet. C'est le moyen couramment utilisé pour tester localement un document HTML. En voici un exemple :

```
file:///c|/web/index.htm
```

Pour un ordinateur tournant sous MS-DOS, cela signifie qu'on va traiter le document HTML `index.htm` situé dans le répertoire `\web` du disque C:. On notera que le caractère ":" a été ici remplacé par un caractère "|" (barre verticale) puisque le caractère ":", comme nous venons de le voir, a une autre signification (il précède le numéro éventuel de port). Enfin, une URL dont le préfixe est `ftp://` signale un serveur de fichiers accessible au moyen du protocole FTP (que nous étudierons au Chapitre 11). En voici un exemple :

```
ftp://ftp.univ.lille-1.fr/pc/coast/wulist.zip
```

Pour explorer le Web

Maintenant que vous savez tout (ou presque) sur le Web, vous avez certainement envie de partir à la découverte afin de vérifier tout ce que nous venons de vous expliquer. Pour cela, il vous faut un programme spécial appelé *browser*. Si vous avez déjà un accès à l'Internet, vous en avez probablement un, peut-être sans le savoir, que vous a procuré votre fournisseur d'accès avec la dotation de base (sur disquettes ou sur CD-ROM) qu'il vous a remise. Si ce n'est pas le cas, voyez la section "Installation de Netscape Navigator ou de Internet Explorer", plus loin, dans ce même chapitre.

Le browser a-t-il quelque chose à voir avec Big Brother ?

Plusieurs traductions ont été proposées pour le mot browser : navigateur, butineur, explorateur, papillonneur, interface de navigation[1]. Pourquoi ne pas conserver ce mot tel quel ? On trouve bien une foule de mots français sur la carte des restaurants américains. Chaque civilisation donne au monde ce qu'elle a de plus riche dans sa culture. (N.d.T.)

1. Lorsque quelqu'un propose une expression inélégante formée par l'association de plusieurs mots pour en traduire un seul, c'est presque toujours parce qu'il n'a pas compris à quoi servait l'objet dont il parle (N.d.T.).

Le marché des browsers attire beaucoup de développeurs, aussi ne faut-il pas s'étonner d'y trouver un grand nombre de ces logiciels. Miroir aux alouettes, sans doute, car les plus récentes statistiques montrent que la répartition des logiciels s'effectue approximativement ainsi :

- Netscape Navigator : 70 % (décroissant)
- Internet Explorer de Microsoft : 20 à 25 % (croissant)
- Le reste : 5 à 10 % (stable)

A ces browsers graphiques (c'est-à-dire les browsers normaux, capables d'afficher des images et autorisant le plein emploi de toutes les facilités qu'apporte l'utilisation d'une souris), vient s'ajouter un dinosaure, curieuse survivance des premiers temps du Web : Lynx (ainsi appelé à cause de l'assonance du nom de ce félin avec *links*, mot anglais qui signifie liens).

Quelques utilisateurs attachés aux premiers âges du Web continuent aussi à utiliser le premier browser graphique ayant existé, Mosaic (sans tréma sur le i), créé par le NCSA mais, ce faisant, ils se privent de la plupart des possibilités actuelles de HTML car ce browser n'a pratiquement pas évolué. Le NCSA a d'ailleurs annoncé au début de l'année qu'il cessait tout développement sur ce produit. On notera néanmoins pour la petite histoire que Marc Andreessen, le fondateur de Netscape, faisait partie de l'équipe de développement de Mosaic.

La guerre des browsers

Avez-vous entendu parler de la guerre fratricide à laquelle se livrent Netscape et Microsoft au sujet de la conquête du marché du Web ? Dans ce chapitre, nous allons vous expliquer comment utiliser les deux. Nous ne prendrons parti ni pour l'un ni pour l'autre, car ce sont tous deux d'excellents produits dont le comportement est très semblable.

TRUC

Si vous possédez déjà une connexion à l'Internet via un fournisseur d'accès ou si vous utilisez un service en ligne tel que CompuServe, AOL ou autre, vous pouvez utiliser un browser moderne comme l'un de nos deux ténors, Netscape Navigator et Internet Explorer.

Si vous avez un accès de type shell (peu probable, comme nous vous l'avons dit plus haut), tant pis pour vous car ces deux (excellents) browsers vous sont interdits. Vous devrez vous contenter d'autres produits tels que Lynx qui ne connaît que le mode texte. Sautez alors à la section "La vie avec Lynx", plus loin dans ce même chapitre ou, meilleure solution, changez de fournisseur d'accès et prenez un accès de type PPP (à la rigueur SLIP) comme (presque) tout le monde.

La vie avec Netscape ou Internet Explorer

Lorsque vous lancez Netscape, vous voyez un écran ressemblant à celui que montre la Figure 4.1. Si c'est Internet Explorer que vous utilisez, alors ce que vous voyez se présente comme ce que montre la Figure 4.2. Ce qui s'affiche initialement dépend de la façon dont ont été définis certains paramètres du browser.

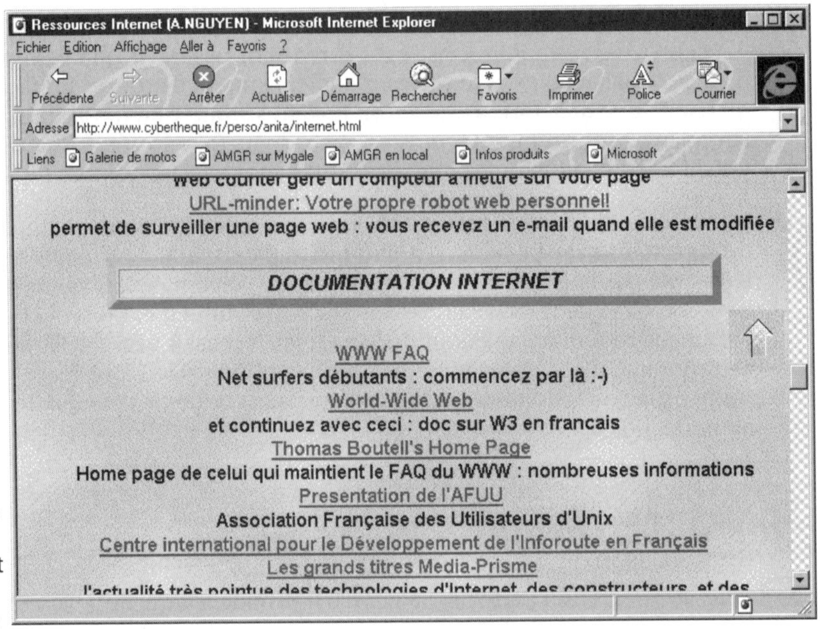

Figure 4.2 : Comment s'affiche une page Web avec Internet Explorer.

Certains fournisseurs d'accès modifient certains paramètres du browser qu'ils vous ont remis afin que ce soit **leur** page d'accueil qui vous soit présentée en premier.

En haut de l'écran, vous pouvez voir une rangée de boutons, une fenêtre dans laquelle s'affiche l'URL (ce que Netscape et Internet Explorer appellent *adresse* dans leur version française) de la page couramment affichée.

TRUC

Vous remarquerez que les dimensions des deux fenêtres (celle de la Figure 4.1 et celle de la Figure 4.2) sont différentes. Cela vous prouve que l'utilisateur a le droit de fixer la dimension de la fenêtre du browser comme il l'entend.

Petite exploration

La première chose que vous devez savoir, c'est comment aller d'une page à l'autre sur le Web. C'est facile. Il vous suffit de cliquer sur un lien qui vous paraisse intéressant. Mais, qu'est-ce qu'un *lien* ? A l'œil, c'est un mot ou une suite de mots affichés d'une autre couleur que le texte *normal* (en bleu, le plus souvent) et soulignés. Si vous n'êtes pas certain que ce soit bien un lien, observez le pointeur de la souris : de flèche il se transforme en main lorsqu'il est placé sur un lien. Si vraiment vous êtes dans le doute, alors cliquez dessus, ça ne va pas vous mordre. Si ce n'est pas un lien, il ne se passera rien et c'est tout le mal que ça risque de vous faire.

Arrière toute !

TRUC

Les browsers ont de la mémoire : ils se souviennent du chemin qu'ils ont parcouru et, en particulier, de la dernière page affichée. Si celle que vous venez d'afficher ne vous plaît pas et que vous souhaitiez revenir à la précédente, cliquez tout simplement sur l'icône la plus à gauche de la rangée supérieure, celle qui porte une flèche tournée vers la gauche et (avec Internet Explorer) le mot "Précédente". Vous pouvez aussi taper sur le bouton "flèche vers la gauche" du clavier tout en maintenant enfoncée la touche <Alt>.

Sachons lire la carte

WORLD WIDE WEB

Certaines images ont une curieuse propriété : telles des fleurs fragiles, elles sont sensibles au toucher. On aurait pu les appeler *images sensitives*, comme ces fleurs que j'évoquais mais, hélas, ni les informaticiens suisses (n'oubliez pas que le Web a été créé au CERN, situé sur le territoire helvétique mais dont la population est plutôt internationale), américains ou français, ne connaissent quoi que ce soit en botanique. Alors, leur nom anglais, c'est *image map* (*carte image* ou *carte graphique*) et leur nom français, *image réactive*. Je ne vais pas les affubler d'un autre nom qui risquerait de vous déconcerter le jour où vous ouvrirez un autre livre que celui que vous avez présentement entre les mains.

Vous pouvez voir sur la Figure 4.3 comment se présente une image réactive découpée en *zones sensibles*. Lorsque vous cliquez sur une de ces zones, c'est comme si vous aviez cliqué sur un lien fait d'une chaîne de caractères : vous voilà transporté sur un autre serveur Web. Ici, ces zones sont comme les éléments d'un sommaire présentés de façon plus agréable sous forme de dessin réalisé avec un éditeur d'image.

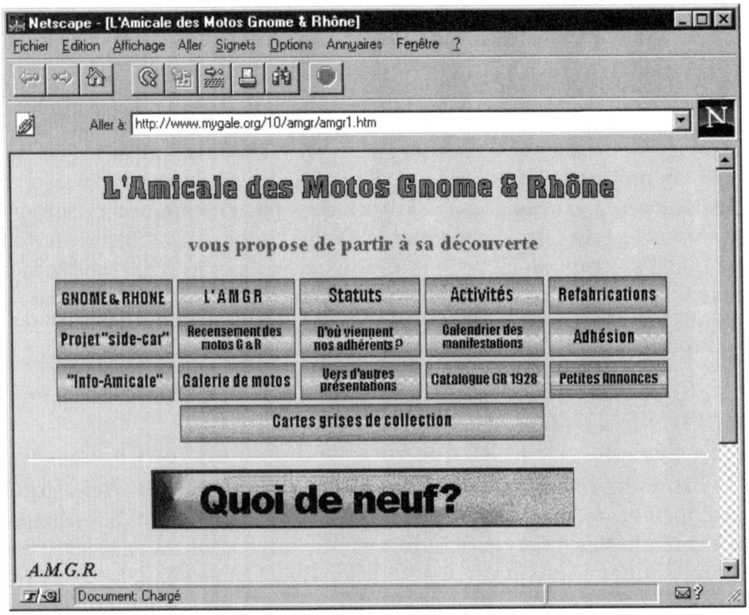

Figure 4.3 : Page Web comportant des zones sensibles pour la navigation.

Lorsque le pointeur de la souris est sur un lien (désigné par du texte ou une image réactive), non seulement sa forme change (de flèche, il se transforme en main), mais en même temps, sur la ligne d'état (celle qui est au bas de la fenêtre), vous voyez s'afficher l'URL de la page à laquelle correspond le lien. Dans certains cas, ce nom peut être suivi d'un point d'interrogation puis des coordonnées du pointeur de la souris.

Où aller ?

De nos jours, qui n'a pas sa page Web ? Les Anglais ont pour dire ça une expression très imagée : "N'importe qui et son chien." Mais on sait quel culte ils portent aux animaux domestiques. Ne disent-ils pas : "Il pleut des chats et des chiens", là où, plus prosaïques, mais sans doute plus fins observateurs, nous disons : "Il pleut comme vache qui pisse."

A toute occasion vous verrez paraître, dans un message, dans une revue, dans les pages de votre journal quotidien, même[2], une chaîne de mots plus abscons les uns que les autres, précédés du fatidique `http://` qui signale l'adresse d'une page Web.

2. Le supplément multimédia du vendredi de *Libé*, par exemple (N.d.T.).

Voici la façon normale d'aller à une page dont vous connaissez l'URL :

1. **Cliquez dans la boîte de saisie marquée Adresse.**
2. **Tapez l'URL de la page que vous voulez atteindre.**
3. **Appuyez sur <Entrée>.**

TRUC

Si l'URL de la page que vous voulez charger figure dans un courrier électronique, un message lu sur Usenet ou une page de traitement de texte, vous pouvez la transférer dans la boîte de saisie Adresse au moyen d'un classique couper/coller, ce qui vous évitera de la retaper avec les risques de fautes que ça implique.

Sous Windows, voici comment procéder :

1. **Sélectionnez l'URL que vous voulez copier** (en général en le balayant du pointeur de votre souris, tout en maintenant enfoncée la touche <Maj>).
2. **Appuyez sur <Ctrl> + C pour copier la chaîne de caractères dans le presse-papiers.**
3. **Cliquez dans la fenêtre Adresse du browser.**
4. **Pressez <Ctrl> + V, ce qui va y recopier le contenu du presse-papiers.**
5. **Il ne vous reste plus qu'à appuyer sur <Entrée>.**

Les récentes versions d'Eudora (le logiciel de courrier électronique dont nous aurons l'occasion de reparler) font mieux encore : lorsqu'une URL se trouve dans le corps d'un message que vous avez reçu, passez le pointeur de la souris dessus. Il se change en main. Double-cliquez et votre browser est automatiquement appelé pour charger la page correspondante.

TRUC

Vous pouvez omettre le préfixe `http://` devant l'URL lorsque vous le tapez dans la boîte de saisie Adresse. Avec Netscape, vous pouvez même omettre `www.` et `.com`. Ce qui donne, par exemple, pour `http://www.dummies.com` le raccourci suivant : `dummies`.

Par où commencer ?

Nous en apprendrons davantage sur l'art de rechercher différentes choses sur le Web mais, pour l'instant, voici un bon moyen d'avoir le pied à l'étrier : allez à la page de Yahoo! (mais oui, ce nom comporte bien un point d'exclamation accolé à la fin). Pratiquement, cela revient à taper ce qui suit dans la boîte de saisie Adresse du browser :

```
http://www.yahoo.com
```

ATTENTION !

Le *nom* de ce moteur de recherche est bien Yahoo! avec un point d'exclamation mais, dans l'URL qui pointe sur sa page d'accueil, le point d'exclamation ne doit surtout pas figurer.

Vous êtes aussitôt (enfin, presque, car il faut tenir compte de la charge de l'Internet et le temps d'attente peut être très variable selon l'heure de la journée où vous faites l'expérience) transporté sur Yahoo! où se trouve un répertoire contenant des millions d'adresses de pages Web classées par sujets. En regardant ça et là, vous allez bien trouver quelque chose d'intéressant.

Cette page semble digne d'intérêt

Il est possible d'arrêter le chargement d'une page. Les façons de procéder diffèrent selon le browser que vous utilisez :

- Avec Netscape Navigator jusqu'à la version 3 : en cliquant sur le bouton rouge à droite de la barre d'outils.
- Avec Netscape Communicator version 4 : en cliquant sur l'icône représentant des feux de circulation américains au rouge, à droite de la barre d'outils. (Cette icône est remplacée par l'icône Recharger lorsque la page est complètement chargée.)
- Avec Internet Explorer : en cliquant sur l'icône représentant un X blanc sur fond rouge (la troisième à partir de la gauche de la barre d'outils).

Si, ensuite, vous avez un regret et que vous vouliez recharger la page, cliquez tout simplement sur l'icône prévue à cette fin :

- Avec Netscape Navigator jusqu'à la version 3 : cliquez sur la quatrième icône de la barre d'outils en partant de la gauche ou pressez <Ctrl>+<R>.
- Avec Netscape Communicator version 4 : cliquez sur l'icône la plus à droite de la barre d'outils ou pressez <Ctrl>+<R>.
- Avec Internet Explorer : cliquez sur l'icône Actualiser (la quatrième à partir de la gauche de la barre d'outils) ou pressez <F5>.

Ni Netscape Navigator ni Internet Explorer ne sont des bêtes de course

Lorsque Netscape a annoncé la version 3.0 de son browser, il a publié des tests montrant qu'il était deux fois plus rapide que son rival, Internet Explorer. Microsoft riposta avec ses propres chiffres. Mais quoi qu'en disent les deux adversaires : le résultat, c'est qu'ils sont lents tous les deux.

Ils rencontrent en effet deux problèmes expliquant cette lenteur. L'un, c'est que l'affichage clinquant qu'ils proposent tous deux demande une grande quantité d'informations, donc un temps de transfert nécessairement long sauf avec des accès directs à l'Internet à très hauts débits. L'autre, c'est que tous deux sont ce que les Américains appellent techniquement "des *pigs*" (littéralement : cochons ; nous dirions plutôt qu'ils sont mal ficelés), c'est-à-dire assez mal construits et plutôt goinfres en mémoire. Tous deux prétendent qu'il vous suffit d'un PC équipé d'un 486 tournant à 33 MHz avec 8 Mo de mémoire pour obtenir des performances acceptables. Mais notre expérience nous a montré que, dans ces conditions, ces deux browsers passent leur temps à faire du *swapping* entre la mémoire et le disque dur. Mais, si vous avez un Pentium et 32 Mo de RAM, c'est nettement mieux, bien qu'ils ne deviennent pas des prodiges de vitesse.

Il y a plusieurs moyens d'accélérer Netscape Navigator et Internet Explorer. Nous les passerons en revue au Chapitre 5. (Admirez l'astuce destinée à vous tenir en haleine !)

Sortez-moi de là !

Tôt ou tard, il va bien falloir que vous vous arrêtiez de surfer sur le Web, ne serait-ce que pour aller manger un morceau ou satisfaire à quelque besoin naturel. Pour quitter Netscape ou Internet Explorer tournant sous Windows, vous avez le choix entre plusieurs moyens dont le plus simple est de presser <Alt>+<F4>. Si vous voulez le faire de façon plus civilisée, ça se complique :

- Avec Internet Explorer version française : cliquez sur Fichier/Fermer.
- Avec Netscape Navigator versions françaises : cliquez sur Fichier/Quitter.
- Avec Netscape Navigator versions américaines ou Netscape Communicator, cliquez sur File/Exit.

Attention, cela n'interrompt pas votre connexion à l'Internet et le compteur de France Télécom continue à tourner !

Installation de Netscape Navigator ou de Internet Explorer

Avec un peu de chance, l'un, l'autre ou les deux sont déjà installés sur votre machine. Ils se ressemblent tellement que nous vous suggérons de garder celui qui s'y trouve, quel qu'il soit. Si vous avez moins de chance, il va falloir aller à la pêche sur l'Internet.

Netscape Navigator existe sous plusieurs formes : des versions 16 bits convenant à Windows 3.x, des versions 32 bits pour Windows 95 et Windows NT, des versions pour Macintosh et même des versions pour UNIX. La dernière version a pris le nom de Netscape Communicator et nous en reparlerons plus loin (en particulier aux Chapitres 7 et 10). Elle porte le numéro de version 4.0.

A l'origine, Internet Explorer n'était disponible qu'en version destinée à Windows 95 et Windows NT, mais il en existe maintenant des versions pour Windows 3.x et pour Macintosh.

TRUC

Même si vous avez déjà une version de Netscape Navigator ou de Internet Explorer, il n'est pas mauvais de voir s'il n'en existe pas de version plus récente (il en naît une nouvelle presque toutes les demi-heures !). Les versions récentes corrigent les bugs des précédentes et n'en introduisent pas toujours de nouveaux.

Comment se procurer un browser ?

D'une part, votre fournisseur d'accès vous a presque certainement remis une dotation de base sous forme de disquette(s) ou de CD-ROM. Vous allez très probablement y trouver soit Netscape Navigator, soit Internet Explorer. D'autre part, si vous utilisez Windows 95, vous avez Internet Explorer sur le CD-ROM d'installation. Seulement, c'est probablement une ancienne version. De toute façon, ça peut suffire pour démarrer et vous pourrez toujours vous procurer ensuite une version plus récente. A peu de frais puisque Microsoft les distribue gratuitement.

Vous pouvez aussi télécharger Netscape et Internet Explorer à partir de l'un des sites suivants :

- **TUCOWS (The Ultimate Collection of Internet Software)** `http://www.tucows.com` ou le site miroir français : `http://tucows.via.ecp.fr/`.
- **The Consummate WinSock Applications** `http://www.cswapps.com`.

- **Le site de Netscape** `http://home.netscape.com` (Netscape Navigator seulement, évidemment !).
- **Le site de Microsoft** `http://www.microsoft.com` (Internet Explorer seulement, évidemment !).

Tout cela suppose, comme nous venons de le dire, que vous ayez déjà un browser et que vous ayez souscrit un abonnement auprès d'un fournisseur d'accès. Pointez alors votre browser sur l'une des adresses ci-dessus et suivez les instructions qui vous seront données pour télécharger celui que vous souhaitez utiliser. Vous trouverez d'autres informations à ce sujet au Chapitre 11.

Si vous n'ayez aucun browser mais que vous ayez au moins un client FTP (programme permettant de télécharger des fichiers à partir d'un serveur de fichiers selon le protocole FTP), vous pouvez l'utiliser sans difficulté. Vous trouverez tous les détails utiles au Chapitre 11.

- Netscape Navigator peut être téléchargé à partir de l'une des adresses FTP suivantes : `ftp.netscape.com`, `ftp1.netscape.com`, `ftp2.netscape.com`... `ftp15.netscape.com`. Ces serveurs sont généralement très chargés. En France, la meilleure heure se situe aux petites heures du jour (à partir de 5 heures du matin). Une fois le site atteint, placez-vous dans le répertoire `navigator` puis dans le répertoire correspondant à la version qui vous intéresse (3.01 ou 4.0). Ensuite, placez-vous dans le répertoire correspondant au matériel dont vous disposez (`mac`, `UNIX`, `Windows`). Enfin, choisissez le fichier proprement dit. Les noms de ces fichiers se présentent ainsi : `n16e301.exe` (Windows 3.x) ou `n32e301.exe`, pour la version destinée à Windows 95 et Windows NT. Il existe souvent des versions francisées qui se distinguent alors des versions "normales" par la présence d'un "`f`" dans leur nom, juste avant le point.
- Vous pouvez télécharger Internet Explorer à partir du serveur de fichiers de Microsoft : `ftp.microsoft.com`, répertoire `msdownload`. Choisissez ensuite le répertoire `ie3` pour Windows ou `iemac` si vous avez un Macintosh. Notez que ces noms peuvent être modifiés lorsque Microsoft sort de nouvelles versions. Avec un peu de flair, vous n'aurez pas de mal à les retrouver. Le nom actuel (mars 1997) de la version 3.0 francisée pour Windows 95 est `frmsie30.exe`. Pour les Macintosh, vous trouverez des noms comme `IE21_68K.exe` (Macintosh 68K) ou `IE21_PPC.exe` (PowerPc).

Enfin, il vous reste la possibilité d'acquérir une version commerciale de Netscape dans un magasin d'informatique. (Vous n'y trouverez pas Internet Explorer puisqu'il n'est pas vendu, au sens strict du terme.)

Il faut maintenant déballer et installer

Une fois que vous êtes en possession du browser par l'un quelconque des moyens que nous venons de passer en revue, il vous reste à l'installer. Il est très peu probable que vous l'ayez obtenu sous forme de disquettes (sa taille interdit ce mode de diffusion). Il sera donc sur un CD-ROM ou sous forme de fichiers dans un des répertoires de votre disque dur. Nous avons vu qu'il s'agissait de fichiers auto-extractibles. Il suffit donc de lancer leur exécution et de suivre les instructions qui vous seront données.

TRUC

Microsoft a récemment modifié son vocabulaire. Ce que tout le monde, en France, appelle un *répertoire* (*directory*) est maintenant désigné sous le nom de *dossier* (*folder*).

ATTENTION !

A l'attention des utilisateurs de Macintosh. Le processus d'installation est pratiquement le même puisqu'il s'agit, là aussi, de fichiers auto-extractibles. Une fois leur exécution lancée, suivez les instructions qui vous seront données.

TRUC

Si vous faites une mise à jour, c'est-à-dire que vous possédiez déjà une version de Netscape plus ancienne, vous pouvez installer la plus récente dans le même répertoire que l'ancienne. Lorsque le programme vous demandera s'il doit remplacer votre fichier `netscape.ini`, répondez non afin de conserver vos habitudes d'utilisation.

La vie avec Lynx

Nous avons bien précisé que l'utilisation de Netscape Navigator et Internet Explorer demandait que vous ayez une connexion de type PPP (à la rigueur, SLIP) sur votre fournisseur d'accès. Si, pour quelque obscure raison (sentimentale, peut-être) vous n'avez qu'une connexion en mode terminal sur une machine UNIX, vous devrez vous contenter de Lynx. C'est le moment de faire ce qu'on appelle un "choix de société" :

- Ou conserver votre connexion et accepter de vivre dans l'inconfort du mode texte lors de vos explorations de l'Internet.
- Ou prendre un abonnement sur un fournisseur d'accès moderne afin de pouvoir bénéficier de tout le confort et de tout l'agrément des interfaces graphiques.

Si vous décidez malgré tout d'adopter la première option (masochiste, peut-être ?), vous allez commencer par vous procurer une version de Lynx. Tous les fournisseurs d'accès UNIX vous en donneront une sans difficulté (c'est un produit gratuit). Vous pouvez aussi en télécharger une version depuis le serveur `lynx.xx.ukans.edu` (en vous identifiant sous le nom de *lynx*) ou depuis `sailor.lib.md.us` (en vous identifiant sous le nom de *guest*).

Il existe également une version MS-DOS que vous pouvez trouver sur le serveur FTP de l'université du Kansas à l'adresse `ftp2.cc.ukans.edu`, répertoire `/pub/WWW/DosLynx/`, fichier `DLX0_8A.EXE` (version alpha 08) ou sur celui d'Oleane : `frp.oleane.net`, répertoire `/pub/.disks/.3/www.lynx/DosLynx/0_71A`, fichier `DLX0_71A.EXE` (version alpha 0.7). Dans le même répertoire, vous trouverez aussi deux fichiers `readme`, l'un en format HTML (`;htm`), l'autre en format texte (`.txt`). Vous y découvrirez en particulier la date de dernière modification qui vous convaincra immédiatement du peu d'adéquation de ce browser avec l'état de l'art HTML actuel :

```
Last Modified: 05-24-94 by Garrett Arch Blythe
```

Placez le fichier `DLX0_71A.EXE` ou `DLX0_8A.EXE` dans un répertoire que vous appellerez, par exemple, `LYNX`, lancez l'exécution et vous obtiendrez un décompactage automatique qui vous livrera, entre autres, le programme Lynx lui-même (`doslynx.exe`). Nous vous rappelons qu'il s'agit d'un programme tournant sous MS-DOS. La Figure 4.4 vous donne une idée de la façon dont se présente l'écran en mode texte affiché par Lynx.

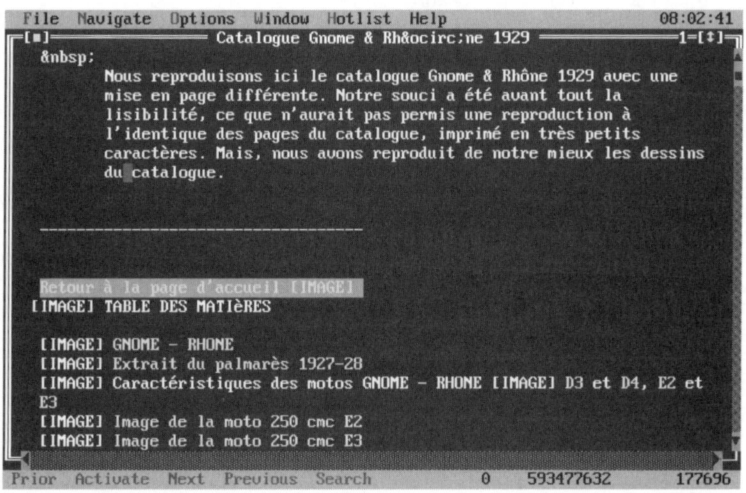

Figure 4.4 : La pauvreté de l'affichage que procure Lynx.

Pour lancer Lynx, tapez **lynx**, si vous êtes sous UNIX ; **DOSLYNX**, si vous êtes sous MS-DOS. Comme toutes les visus ne sont pas capables d'afficher du texte souligné, les liens apparaissent en vidéo inverse. Du texte entre crochets ou le mot `[IMAGE]` sont affichés aux endroits où devrait normalement apparaître une image. Quelques informations figurent en bas de l'écran et une aide rudimentaire en ligne est disponible (version pour UNIX seulement).

La version MS-DOS supporte un petit usage de la souris. Par exemple, en double-cliquant sur un lien, vous chargez la page correspondante. Pour faire défiler l'écran, vous pouvez utiliser l'ascenseur du bord droit de l'écran avec le pointeur de la souris ou les touches flèches de direction. Sous MS-DOS, les touches <Page préc.> et <Page suiv.> vous permettent d'aller d'une page à l'autre. Sous UNIX, ce sont les touches <+> et <->.

Un des liens affichés sur l'écran est appelé *lien courant* et apparaît généralement avec une couleur différente (si votre terminal en est capable), par exemple en jaune au lieu de blanc.

Presque toutes les commandes consistent en frappe d'un caractère unique. Les flèches vers le haut et vers le bas permettent de se déplacer de lien en lien dans la page courante. Si cette page ne tient pas entièrement sur l'écran, appuyez sur la barre d'espace ou sur les touches + ou - pour aller vers l'avant ou vers l'arrière, d'un écran à la fois.

Sous UNIX, les flèches vers le bas et vers le haut vous permettent d'aller de lien en lien, quelle que soit la position de ces liens, même s'ils sont sur la même ligne, comme dans l'exemple ci-dessous :

```
Philosophes bien connus :
[Aristote] [Socrate] [Heideger] [Kant]
```

Une fois que vous êtes sur un lien qui vous convient, il vous suffit d'appuyer sur la touche flèche vers la droite ou sur <Entrée> pour aller à l'endroit qu'il désigne. Vous pouvez aller vers les pages précédentes en appuyant autant de fois qu'il le faut sur la touche flèche à gauche.

Naturellement, Lynx est bien incapable de gérer des images réactives. Parfois, vous trouverez dans votre document un avertissement du genre : "Cliquez ici pour un affichage en mode texte seul." De moins en moins car, avec la mode du multimédia, de plus en plus rares sont ceux qui utilisent Lynx.

Pour quitter Lynx

Version MS-DOS : cliquez sur File/Exit ou tapez <Alt>+<F> suivi de <X>. Version UNIX : tapez <q>.

Chapitre 5

A la découverte du Web

Dans ce chapitre :

Conservez les adresses de vos sites favoris.

Voyagez plus vite sur le Web.

Faites un peu de place sur votre écran.

Remplissez les formulaires du Web.

Sauvegardez des pages pour la postérité.

Faites plusieurs choses à la fois.

Imprimez quelques pages du Web.

Branchez-vous sur les plug-ins.

Ecrivez vos propres page Web.

Maintenant que vous voilà un peu à l'aise sur le Web, nous allons vous montrer quelques fonctionnalités avancées qui vous donneront l'air d'un pro en peu de temps. Souvenez-vous que Netscape Navigator (qu'on appelle habituellement Netscape tout court), Internet Explorer et Lynx ne sont pas les seuls browsers existant sur le Web. Si vous en utilisez un autre, vous pourrez également accéder à tout ce que nous allons vous présenter ici. Au besoin, avec quelques tâtonnements. La meilleure façon de découvrir ce que vous pouvez faire est d'essayer. S'il existe une aide en ligne, tant mieux. Mais pourquoi se priver du plaisir d'essayer ?

TRUC

A l'heure de la rédaction de cet ouvrage, il existe (depuis longtemps) une version francisée de Netscape 3.0 mais il n'y a qu'une version en langue anglaise de Netscape 4.0 (les mauvaises langues expliquent cela en disant que Netscape préfère avoir terminé la correction de tous les bugs avant de l'internationaliser). C'est la raison pour laquelle les noms des entrées de menus seront donnés en français pour Netscape 3.0 et en anglais pour Netscape 4.0, généralement en indiquant le nom de l'entrée de menu de Netscape 3.0 suivi de celui de l'entrée de Netscape 4.0 placé entre parenthèses. Pour Internet Explorer, la question ne se pose pas car la version distribuée par Microsoft est entièrement francisée (N.d.T.).

Ce que je préfère

Il y a réellement des tas d'endroits passionnants à visiter sur le Web, parmi lesquels certains que vous aimerez voir et revoir. Par bonheur, les petits malins qui ont conçu les browsers ont pensé à vous procurer un moyen de mémoriser les bonnes adresses afin que vous n'ayez pas besoin d'écrire ces sacrées URL sur un bout de papier. Ce sont les *bookmarks*. Qu'on les appelle en français "signets" (Netscape Navigator), ou "favoris" (Internet Explorer) c'est la même chose.

Le nom peut changer mais l'idée reste simple. Votre browser vous permet d'enrichir votre "carnet d'adresses" en y ajoutant l'URL de la page qu'il affiche. Plus tard, quand vous voudrez y revenir, vous n'aurez qu'à feuilleter ce carnet et à y rechercher l'URL qui vous intéresse.

Il y a deux façons d'utiliser les signets. L'une consiste à se les représenter comme les entrées d'un menu qui viendrait s'ajouter aux menus de votre browser. L'autre est de les considérer comme une page de liens. Netscape vous permet de choisir l'une ou l'autre de ces représentations mentales. Internet Explorer en fait un dossier que vous pouvez consulter.

L'approche de Netscape

Les signets de Netscape sont accessibles par le menu Signets (étonnant, n'est-il pas ?). Pour ajouter un signet correspondant à la page actuellement affichée dans la fenêtre de votre browser, cliquez sur Signets/Ajouter un signet ou tapez <Ctrl>+<D>. Les signets se présentent comme des entrées du menu correspondant (avec Netscape 3.0) ou sur le menu qui apparaît lorsque vous cliquez sur le bouton en forme de carnet ouvert placé à gauche de la boîte de saisie marquée Location (avec Netscape 4.0). Pour atteindre une des pages de la liste, il suffit de cliquer sur l'entrée correspondante.

Si vous êtes comme la plupart des surfeurs du Net, votre liste de signets va s'allonger de plus en plus et bientôt votre écran en sera plus assez grand pour l'afficher en entier, ce qui est peu commode pour la consulter facilement. Heureusement, il est facile de raccourcir cette liste. Pour cela, cliquez sur Signets/Aller aux signets (Netscape 3.0) ou Window/Bookmarks/Edit Bookmarks (Netscape 4.0) ou encore tapez <Ctrl>+<B> dans l'une ou l'autre des versions pour afficher la fenêtre des signets sous la forme que montre la Figure 5.1.

Comme tous ces signets sont bel et bien "vivants", vous pouvez atteindre la page qu'ils représentent en double-cliquant simplement dessus. Leur fenêtre peut même rester ouverte tandis que vous naviguez sur le Web. Vous pouvez compartimenter la liste par des traits horizontaux et des sous-menus pour mieux vous y retrouver. Dans la fenêtre des signets, ces sous-menus apparaissent comme autant de dossiers.

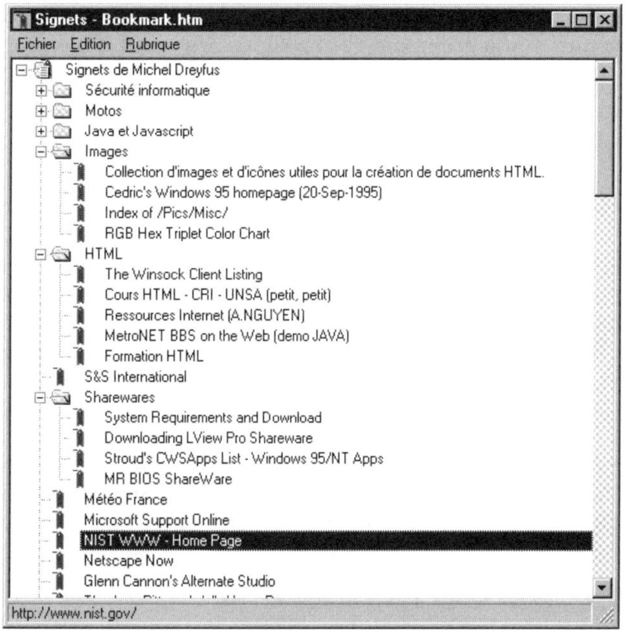

Figure 5.1 : Comment se présente la fenêtre des signets avec Netscape 3.0.

Dans la fenêtre des signets, cliquez sur Rubrique/Insérer un séparateur pour ajouter un de ces séparateurs et sur Rubrique /Insérer un dossier pour ajouter un nouveau sous-menu. Netscape vous demandera alors de lui donner un nom. Vous pouvez aussi faire glisser les menus, sous-menus et séparateurs à votre guise pour réorganiser vos signets. Pour déplacer un signet dans un dossier, attrapez-le du bout de votre souris et faites-le glisser dans le dossier. Cliquez sur le signe + affiché à gauche du nom d'un dossier pour en afficher le contenu. Comme toutes les modifications que vous effectuez dans la fenêtre des signets sont immédiatement reportées dans le menu Signets, il est facile de jongler avec les signets jusqu'à ce que vous y trouviez ce que vous recherchez.

Lorsque vous avez fini de consulter votre "carnet de signets", cliquez sur Fichier/Fermer ou tapez <Ctrl>+<W> pour refermer la fenêtre des signets.

TRUC

Netscape possède un truc qui vous permet de savoir quels sont les signets qui ont été mis à jour depuis la dernière fois que vous les avez regardés. Ouvrez la fenêtre des signets en cliquant sur signets/Aller aux signets puis cliquez sur Fichier/Nouveautés. Une petite boîte de dialogue s'affiche, vous proposant de chercher les documents qui ont été modifiés dans l'une des deux catégories : "Tous les signets", ou "Signets sélectionnés". Cliquez ensuite sur le bouton Commencer la vérification. Il faut être connecté pour effectuer cette vérification et, une fois que Netscape aura exploré tous les liens (ce qui peut demander un temps... certain), il vous affichera une seconde boîte de message qui vous dira combien ont été modifiés. Ceux dont les noms sont précédés par une petite étoile ont été modifiés. Un point d'interrogation signifie que Netscape n'en est pas sûr et ceux devant lesquels il n'y a rien sont inchangés.

L'approche d'Internet Explorer

Internet Explorer utilise une méthodologie proche de celle de Netscape. Vous pouvez enrichir votre liste de "favoris" avec l'URL de la page couramment affichée. Vous pouvez voir le dossier des favoris et les réorganiser. Sous Windows 95, le dossier des favoris est partagé avec d'autres programmes qui peuvent, eux aussi, y ajouter des éléments. C'est pourquoi vous pouvez y trouver un peu n'importe quoi et pas seulement des éléments touchant au Web.

Pour ajouter la page courante à la liste des favoris, cliquez sur l'entrée Ajouter aux favoris du bouton de menu Favoris. Pour voir la liste des favoris, cliquez sur Organiser les favoris dans le même menu.

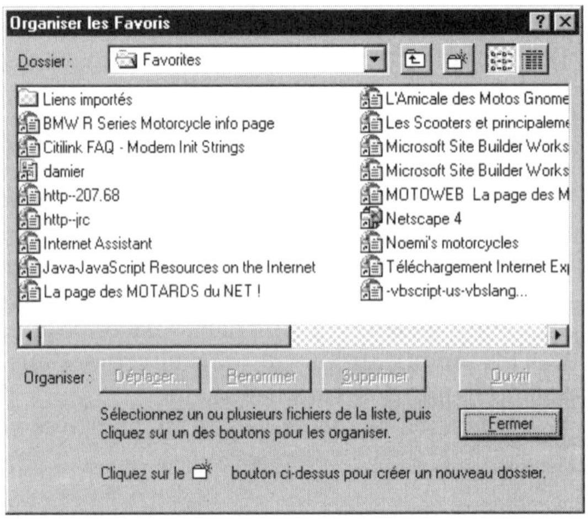

Figure 5.2 : Comment se présente la liste des favoris sous Internet Explorer 3.0 (version pour Windows 95).

La façon dont est exploité ce dossier des favoris dépend de la version d'Internet Explorer utilisée. La Figure 5.2 montre comment se présente la liste sous Windows 95. Vous pouvez créer des sous-dossiers pour y ranger différentes catégories de liens. Pour créer un dossier, cliquez sur le bouton Créer un nouveau dossier (le deuxième à droite de la boîte de saisie Dossier, en haut de la fenêtre). Pour déplacer une entrée, sélectionnez-la en cliquant dessus puis cliquez sur le bouton Déplacer. Dans la fenêtre qui s'ouvre, cliquez sur son nouvel emplacement puis sur le bouton OK. Pour voir le contenu d'un dossier, double-cliquez sur son nom. Une fois que vous avez fini d'organiser vos favoris, cliquez sur le bouton Fermer.

Les dossiers que vous créez ainsi apparaissent dans le menu des favoris. Pour atteindre la destination d'un de ces liens, cliquez sur son nom.

Sous Windows 95, le dossier des favoris apparaît dans l'entrée Documents du menu Démarrer. Vous pouvez alors double-cliquer sur une des entrées pour charger la page correspondante.

L'approche de Lynx

Avec Lynx, nous revenons à l'âge de la pierre taillée, dans la plus pure tradition UNIX. L'organisation des signets est contrôlée par deux lettres.

Pour ajouter la page courante à la liste des signets, tapez **a**. Lynx vous donne le choix entre ajouter un lien vers la page affichée (en tapant **d**, comme *document*) ou recopier le lien en vidéo inverse (en tapant **c**, comme *courant*).

Pour voir la liste de vos signets, tapez **v** (comme *voir*). Vous pouvez alors vous y déplacer de la même façon que sur n'importe quelle autre page Web. Vous pouvez supprimer des liens de cette page en tapant **r** (comme *remove*).

Si vous utilisez Lynx sous un compte UNIX, vos signets sont sauvegardés dans un fichier entre deux sessions Lynx. Mais si vous vous connectez sur un site UNIX en Telnet, les signets n'existent que pour la session courante et sont perdus quand vous y mettez fin.

Un peu plus vite

A moins de bénéficier d'une connexion directe à l'Internet par une ligne à haut débit, vous allez passer une grande partie de votre temps à attendre que vos pages se chargent. Et même dans ce cas, tout particulièrement pour les liaisons transatlantiques, les temps d'attente risquent d'être importants en cours de journée. Voici quelques astuces pour gagner un peu de temps.

Au tout début

Avec Netscape Navigator : Lorsque Netscape est lancé, par défaut il va charger la page d'accueil de (devinez...) Netscape, vous avez gagné ! Vous finirez très vite par vous en lasser. Aussi le mieux est-il de supprimer ce chargement inutile une fois pour toutes. Pour cela :

1. **Dans le menu Options, cliquez sur Préférences générales (avec Netscape 3.0) ou sur Preferences dans le menu Edit, s'il s'agit de Netscape 4.0.** La fenêtre des préférences s'affiche. Cliquez alors sur l'onglet Aspect (Appearence).

2. **Dans le volet qui s'ouvre, repérez la zone Démarrage (Startup).**

3. **Si vous voulez que Netscape s'ouvre sur une page blanche, cliquez sur le bouton radio placé à côté de Page blanche (Blank Page). Vous pouvez aussi spécifier une page quelconque en cliquant sur le bouton radio à côté de Page d'accueil (Home Page Location). Indiquez alors dans la boîte de saisie placée en dessous le nom de la page que vous voulez charger (un fichier local, par exemple).**

4. **Cliquez sur OK.**

Avec Internet Explorer : Internet Explorer commence par afficher par défaut la page d'accueil de Microsoft ou une page Web conservée sur votre disque dur, selon la version que vous utilisez. Pour changer cet amorçage, vous pouvez spécifier le nom d'une autre page, mais il n'est pas prévu que vous puissiez démarrer avec une page blanche. A moins d'utiliser une petite ruse que nous vous indiquerons.

Pour modifier la page chargée au lancement d'Internet Explorer, voici ce que vous devez faire :

1. **Cliquez sur Affichage/Options.**

2. **Dans la fenêtre qui s'ouvre, cliquez sur l'onglet Exploration.**

3. **Dans la boîte de saisie en face de Page, choisissez Page de démarrage.**

4. **Dans la boîte de saisie Adresse, tapez le nom du document HTML que vous voulez afficher avec son chemin d'accès complet, précédé de file:///.**

5. **Cliquez sur OK pour refermer la fenêtre.**

Vous pouvez aussi procéder d'une autre façon :

1. **Chargez la page que vous voulez afficher au démarrage** (document HTML local ou page d'un serveur Web externe).

2. **Exécutez ensuite les étapes 1 à 3 énumérées ci-dessus.**

3. **Cliquez sur le bouton Page courante.**

4. **Cliquez sur OK pour refermer la fenêtre.**

Pour démarrer sur une page blanche, il suffit de créer avec un éditeur de textes quelconque un mini-document HTML qui contiendra :

```
<HTML></HTML>
```

puis de désigner ce fichier comme document à charger au démarrage.

Privez-vous des attraits du Web

Vous pouvez gagner beaucoup de temps lorsque vous surfez sur le Web en refusant de charger les images. Le spectacle va y perdre en qualité mais vous verrez que ça ira beaucoup plus vite.

Avec Netscape Navigator : Dans le menu des options de Netscape 3.0, supprimez la coche placée devant l'entrée Autochargement des images. S'il s'agit de Netscape 4.0, supprimez la coche placée devant Auto Load images dans le menu Edit/Preferences. A la place de l'image, vous verrez s'afficher une petite icône carrée dans le coin supérieur droit. Si vous voulez quand même voir l'image, cliquez du bouton droit sur cette icône, puis, dans le menu contextuel qui surgit, sur l'entrée Afficher l'image (View Image).

Avec Internet Explorer : Cliquez sur Affichage/Options. Dans le volet Général de la fenêtre qui s'affiche, supprimez la coche placée devant Afficher les images puis cliquez sur OK.

Jouez à cache-cache

TRUC

Lorsque Netscape Navigator ou Internet Explorer affichent une page, ils la sauvegardent sur votre disque dur. Si vous redemandez la même page cinq minutes après, ils n'iront pas la recharger sur le serveur mais la récupéreront depuis le disque dur. C'est la raison pour laquelle l'interdiction de chargement des images peut sembler ne pas avoir d'effet : les images ne sont effectivement pas rechargées mais récupérées localement.

Cette zone de disque dur est appelée *cache*. Plus vous lui allouez de place, plus vous pourrez y conserver d'images. Voici la marche à suivre pour fixer sa taille :

Avec **Netscape Navigator :**

1. **A partir de la barre de menus, cliquez sur Options/Préférences du réseau (Edit/Preferences/Network Preferences).** La boîte de dialogue des préférences s'affiche.

2. **Cliquez sur l'onglet Cache (Cache) de cette boîte de dialogue.** La boîte de saisie Cache sur disque (Disk cache) affiche la taille maximale du cache exprimée en kilo-octets (K). Nous estimons que cette taille ne doit pas être inférieure à 1 Mo (1 024 K) mais vous pouvez la fixer à une taille plus élevée si vous avez suffisamment de place sur votre disque dur, économisant ainsi davantage de rechargements sur l'Internet.

3. **Cliquez sur OK.**

Avec **Internet Explorer :**

1. **Cliquez sur Affichage/Options à partir de la barre de menus.** La boîte de dialogue Options s'affiche.

2. **Cliquez sur l'onglet Avancées.**

3. **Cliquez sur le bouton Paramètres dans la zone Fichiers Internet temporaires.** Cela affiche la boîte de dialogue Paramètres qui contient des informations sur le cache.

4. **Cliquez sur le curseur Espace disque à utiliser pour modifier sa taille dans le sens désiré pour atteindre une valeur de l'ordre de 10 %. Si vous avez un disque dur réellement gros, rien ne vous empêche d'aller jusqu'à 20 %.**

5. **Cliquez deux fois sur OK.**

Le problème avec les caches, c'est bien sûr de charger la dernière version de certaines pages et non pas d'aller chercher une version plus ancienne conservée dans le cache. En principe, le browser est censé tester la validité des copies qu'il détient dans son cache. Mais il n'est pas certain que ce test donne toujours un résultat correct. En cliquant sur le bouton Recharger (Reload), vous serez sûr d'afficher une page réellement chargée à partir du serveur.

Ouvrez la fenêtre en grand

Netscape et Internet Explorer possèdent tellement de boutons, icônes et boîtes diverses au voisinage de leur barre de menus, qu'il ne reste pas toujours suffisamment de place dans la fenêtre d'affichage. Mais on peut en gagner. Pour cela :

Avec Netscape Navigator : servez-vous des commandes disponibles dans le menu des options ou dans le menu View/Toolbars (Netscape 4.0).

- Pour éliminer les boutons d'accès rapide (directory) qui constituent la rangée des gros boutons, en bas, juste au-dessus de la zone d'affichage, supprimez la coche placée devant Options/Afficher les boutons d'accès rapide. Netscape 4.0 ne les affiche plus, ce qui, à notre avis, est une bonne chose.

- Pour supprimer l'affichage de la boîte de saisie des URL, cliquez sur Options/Afficher l'adresse ou View/Toolbars/Hide Location Toolbar (Netscape 4.0). Ce n'est pas une option à conseiller car il est souvent utile d'avoir sous les yeux l'URL exacte et complète de la page affichée.

- Pour dire adieu à la barre d'outils (celle qui est placée juste au-dessous du menu), agissez sur Options/Afficher la barre de boutons ou View/

Toolbars/Hide Command Toolbar (Netscape 4.0). La plupart des gens utilisent tout le temps le bouton Précédent (Back), mais ça ne devrait pas vous manquer si vous vous souvenez que vous pouvez obtenir le même effet en tapant <Alt>+flèche vers la gauche.

TRUC

Pour supprimer l'affichage de la barre d'état au bas de la fenêtre, tapez <Ctrl>+<Alt>+<S>. (N.d.T.).

Avec **Internet Explorer,** vous pouvez récupérer de la place de la façon suivante :

- Pour supprimer la barre d'outils (la rangée de boutons placée juste en dessous de la barre de menus), cliquez sur Affichage/Barre d'outils pour faire disparaître la coche. La plupart des boutons de la barre d'outils ont des équivalents clavier.
- Pour ne plus afficher la barre d'état (au bas de l'écran), cliquez sur Affichage/Barre d'état pour faire disparaître la coche.

Pour ces deux browsers, si vous voulez restaurer les options que vous avez supprimées, effectuez les mêmes commandes puisque ces options fonctionnent en bascule.

Renseignez les formulaires

Loin, très loin, dans les brumes du passé du Web (c'est-à-dire en 1993), les pages Web n'étaient que des pages à regarder. Mais ce n'était ni amusant ni assez compliqué. Alors, on a inventé les formulaires. Un *formulaire* ressemble à un formulaire imprimé comportant des champs que vous devez renseigner. La Figure 5.3 montre comment se présente un formulaire ordinaire.

Les deux boîtes de saisie du haut sont des zones de texte à renseigner avec les informations demandées (ici votre nom et votre adresse *e-mail*). Puis vous trouvez une zone rectangulaire comportant une colonne de cases à cocher et une colonne de boutons radio. Dans la première, vous devriez trouver une ou plusieurs options qui vous conviennent. Dans la seconde, vous ne pouvez cocher qu'une seule case car il s'agit de choix mutuellement exclusifs. En dessous, il y a une boîte à liste déroulante qui vous propose différents choix parmi lesquels vous pouvez sélectionner celui qui vous plaît. Généralement, ces boîtes contiennent davantage de choix qu'il n'en pourrait tenir dans l'écran, c'est pourquoi il est prévu un moyen de les faire défiler (le petit bouton en forme de flèche vers le bas, à droite de la petite zone d'affichage). En général (mais pas toujours), un seul choix est autorisé.

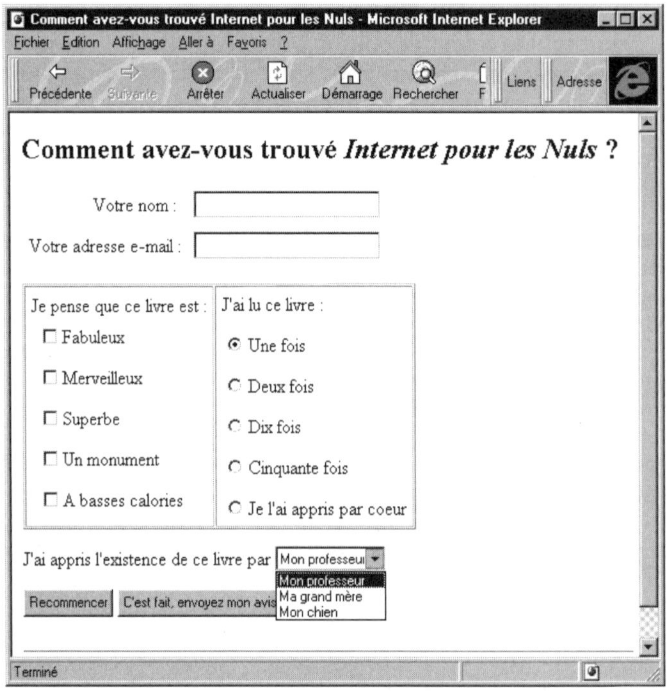

Figure 5.3 : Exemple de formulaire ordinaire.

Au bas du formulaire, vous voyez deux boutons : celui de gauche vous permet d'effacer tout et de recommencer ; celui de droite (*Submit*, dans la littérature de langue anglaise) envoie les renseignements que vous venez de fournir au serveur qui en fera ce que l'auteur de la présentation Web a prévu.

Lynx manipule les formulaires de la même façon que Netscape et Internet Explorer, comme on peut le voir sur la Figure 5.4. Vous allez de champ en champ au moyen des touches flèches (vers le bas ou vers le haut). Pour envoyer les informations que vous venez de spécifier, placez le curseur sur le bouton Submit et tapez <Entrée>.

Certaines pages Web contiennent des rubriques de recherche qui sont en réalité des formulaires simplifiés vous permettant d'indiquer des mots clés de recherche. Selon le browser que vous utilisez, vous pouvez cliquer sur le bouton d'envoi ou simplement taper <Entrée>.

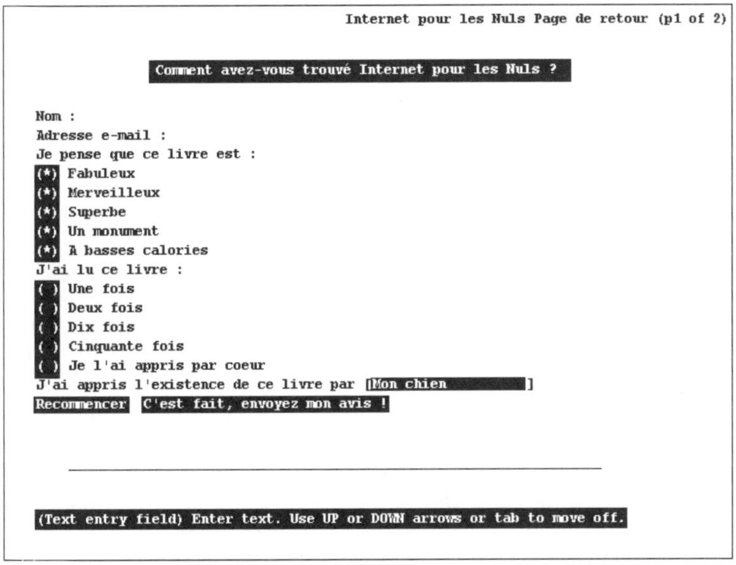

Figure 5.4 : Un bien triste formulaire avec Lynx.

A garder !

Il arrive fréquemment que vous affichiez sur votre écran une page que vous auriez envie de conserver. Il peut s'agir d'une page riche de précieuses informations ou d'une image particulièrement plaisante. Par bonheur, les sauvegarder est chose facile.

Puis-je avoir votre numéro de carte de crédit ?

Le commerce électronique commence à se répandre sur le Net. Pas encore autant en France qu'aux Etats-Unis mais ça va venir. Les fournisseurs d'accès à l'Internet le font déjà, eux. Et ils ne se privent pas de vous demander de leur indiquer votre numéro de carte de crédit dans leur formulaire d'inscription. Certains sites utilisent pour cela une procédure dite "sécurisée" en ce que ce numéro est codé de façon impossible (enfin, disons... difficile) à décrypter. D'autres vous proposent de les appeler au téléphone pour leur indiquer ce numéro. Beaucoup vérifient le code que vous leur avez envoyé pendant que vous êtes encore connecté. Nous pensons que ce sont là des pratiques suffisamment sûres. Nous avons acheté ainsi des tas de choses sur le Web et nous n'avons pas le sentiment d'avoir couru de risques, que ce soit par l'Internet ou par téléphone. Mais si vous avez une certaine tendance à la paranoïa, limitez vos transactions aux serveurs sécurisés. Aux Etats-Unis, le plus que vous puissiez perdre à cause d'une fraude à la carte de crédit est limité à 50 dollars.

> Des systèmes de sécurisation sont en cours d'étude en Europe. En particulier, le procédé C-SET est en cours d'étude par la Commission européenne de Bruxelles et va faire l'objet d'expérimentations par divers organismes bancaires en France courant 1997.

Lorsque vous sauvegardez une page Web, il faut faire un choix : sauvegarder le texte pur ou le texte accompagné de ses balises de mise en forme (langage HTML). Et décider si vous voulez aussi sauvegarder les images.

Avec Netscape ou Internet Explorer, cliquez alors sur Fichier/Enregistrer en tant que fichier pour recopier le fichier sur votre disque dur. Dans la boîte de sélection de fichier, vous indiquez le nom que vous allez donner à ce fichier. Parfois, un nom vous est déjà proposé. Dans la boîte de saisie Type, vous avez le choix entre HTML (*.htm, *.html) ou texte brut (*.txt). La première option sauvegardera le document sous sa forme originelle (document HTML) ; la seconde vous donnera un texte dépourvu de tous ses enrichissements. Pour effectuer la sauvegarde, cliquez sur OK.

Pour sauvegarder une image placée dans une page Web, cliquez du bouton droit de la souris sur l'image puis, dans le menu contextuel qui s'affiche, cliquez sur Enregistrer l'image sous... Dans la boîte de sélection qui s'affiche, vous avez le choix (boîte de saisie Type) entre une image au format GIF ou une image au format BMP (Windows). Si le nom qui vous est proposé ne vous convient pas, vous pouvez le changer. Cliquez ensuite sur OK pour effectuer la sauvegarde.

TRUC

Attention au copyright ! Contrairement à certaines idées reçues, presque tout ce qui est diffusé sur le Net est la propriété de l'auteur. En effectuer une sauvegarde ne vous donne pas pour autant le droit de le reproduire pour votre usage personnel. Avant de réemployer de tels "matériaux" dans des pages personnelles, le moins que vous puissiez faire est d'envoyer un courrier électronique à l'auteur pour lui en demander l'autorisation. Si aucune adresse *e-mail* n'apparaît sur la page, essayez d'envoyer votre message à `webmaster@domaine` où `domaine` représente quelque chose comme `monserveur.fr`. Ainsi, si vous avez chargé la page de l'UREC (`http://www.urec.fr`), envoyez votre message à `webmaster@urec.fr`.

Sauvegarde sous Lynx

Comme il fallait s'y attendre, faire une sauvegarde sous Lynx n'est pas une mince affaire. La façon d'opérer dépend de ce qu'on veut sauvegarder : une page que Lynx sait afficher ou quelque chose d'autre.

Lorsque Lynx sauvegarde quelque chose sur le disque dur, il le fait sur le disque de *votre fournisseur d'accès*. Si vous voulez le récupérer sur votre propre disque dur, vous devrez le télécharger.

Pour sauvegarder une page que Lynx est capable d'afficher, placez-vous d'abord sur cette page afin qu'elle apparaisse sur l'écran. Appuyez sur **d** (pour *download*). Lynx vous propose alors diverses façons de faire la sauvegarde. La seule qui vous conviendra sera généralement la sauvegarde sur disque, pour laquelle vous indiquerez sous quel nom elle doit s'effectuer (sur le disque de votre fournisseur d'accès, bien sûr). Vous pouvez également taper **p** (pour *print*), ce qui vous amènera à choisir parmi trois options :

- Sauvegarde sur disque (comme avec **d**).
- Sauvegarde sous forme de courrier électronique à vous adressé, ce qui est souvent le moyen le plus pratique.
- Capture d'écran, ce qui vous permet de faire la sauvegarde directement sur votre disque.

Sauvegarde d'autre chose sous Lynx

Si vous voulez sauvegarder quelque chose que Lynx ne sait pas manipuler, il s'arrête et vous informe qu'il ne peut pas afficher ce vers quoi pointe le lien que vous lui avez indiqué. En tapant **d**, vous le sauvegarderez alors sur un disque local en précisant sous quel nom faire cette opération. Vous pouvez aussi renoncer en tapant **c**.

Faire plusieurs choses à la fois

Tant Netscape qu'Internet Explorer sont capables de profiter des avantages du multitraitement, c'est-à-dire faire plusieurs choses à la fois.

TRUC

Si vous demandez à Netscape ou à Internet Explorer de commencer à télécharger un gros fichier, il vous afficheront généralement une petite fenêtre dans un coin de votre écran. La version Netscape de cette petite fenêtre comprend un "thermomètre" illustrant la progression du transfert. Internet Explorer, lui, affiche des petites pages voletant de la gauche vers la droite, d'un dossier à un autre. Il y a des gens qui trouvent ça amusant ! Mais, pendant ce temps-là, vous pouvez revenir à la fenêtre principale de votre browser et continuer votre promenade sur le Web. Vous pouvez aussi dédoubler votre browser en lui faisant ouvrir plusieurs fenêtres à la fois. Pour cela, tapez <Ctrl>+<N> ou cliquez sur Fichier/Nouveau Navigateur Web (File/New Browser Window) si vous utilisez Netscape. Avec Internet Explorer, cliquez sur Fichier/Nouvelle fenêtre. La façon la plus pratique d'afficher ces deux fenêtres est sans doute de leur faire occuper chacune une moitié d'écran.

ATTENTION !

Faire deux ou trois choses à la fois lorsque vous êtes connecté à l'Internet par une ligne téléphonique, c'est un peu comme vouloir tirer du sang d'un navet. Trop c'est trop, et vous ne dépasserez pas le débit maximal dont votre fournisseur d'accès est capable. Ce qui signifie que la vitesse de transfert - toutes choses égales par ailleurs - sera divisée par le nombre de fenêtres de browser actives.

Si une tâche consiste en un téléchargement de gros fichier et que l'autre est une promenade sur le Web, tout se passe généralement bien parce que vous passez pas mal de temps à contempler la page que vous venez de charger, ce qui permet au fichier de se transférer tranquillement. D'un autre côté, ce n'est pas parce que Netscape Navigator et Internet Explorer vous permettent de télécharger plusieurs fichiers en même temps que vous allez y gagner quoi que ce soit. Il n'y a pas de raison d'en traiter plus d'un seul à la fois ; cela n'ira pas plus vite que si vous les téléchargiez les uns à la suite des autres et, en plus, vous risquez de vous tromper.

Les utilisateurs de Lynx se trouvent dans une situation différente parce que ce browser n'affiche qu'une seule fenêtre à la fois. Théoriquement, rien ne vous empêche de lancer deux copies de Lynx simultanément et de passer de l'une à l'autre mais, pratiquement, ça n'en vaut pas la peine. Comme Lynx travaille sur les disques de votre fournisseur d'accès, il peut tirer parti de la plus grande rapidité de connexion à l'Internet de ce dernier et même de gros fichiers peuvent ainsi être rapidement téléchargés.

La chose à tuer les arbres (l'impression)

Pendant la première année d'existence des browsers, leurs commandes d'impression ne fonctionnaient pas correctement, mais maintenant tout est OK.

Pour imprimer une page à partir de Netscape ou Internet Explorer, cliquez sur le bouton d'impression ou tapez <Ctrl>+<P>. Vous pouvez également cliquer sur Fichier/Impression (ou ce qui y ressemble dans le browser que vous utilisez). Le formatage de la page pour impression peut demander un peu de temps, aussi ne soyez pas trop pressé. Netscape et Internet Explorer affichent une petite fenêtre vous indiquant la progression de l'opération.

Avec Lynx, imprimer est en principe simple : il vous suffit de taper **p**. Cependant, si vous êtes relié à votre fournisseur d'accès par ligne téléphonique, sortir vos feuilles de papier chez lui ne vous apportera pas grand-chose, aussi Lynx vous donne-t-il quand même quelques options, la plus utile étant de faire une sauvegarde sur disque (toujours chez votre fournisseur d'accès, bien sûr !). Pratique, hein ?

Soyez branché : dansez, chantez et bavardez avec votre browser

Au fur et à mesure que Netscape est sorti de l'anonymat pour occuper la position dominante que l'on sait, il s'est enrichi de nouvelles fonctionnalités de plus en plus nombreuses. Il en avait déjà tellement qu'un être humain comme vous et moi avait bien du mal à les retenir. Mais sans doute n'était-ce pas suffisant puisque maintenant, grâce aux *plug-ins*, vous pouvez en ajouter tant et plus. Ces plug-ins sont des petits programmes (des *assistants*) qui viennent suppléer Netscape pour l'exécution de certaines fonctions, particulièrement dans le domaine du multimédia.

Chaque nouvelle version d'Internet Explorer s'efforce de rattraper Netscape dans ce secteur. C'est ainsi que, outre les plug-ins, Internet Explorer vous offre les contrôles *ActiveX*, autre forme de programmes ajoutés.

Les pages Web avec des images, c'est maintenant dépassé ! Actuellement, les pages Web vous offrent des images qui chantent et qui dansent ou des messages qui se promènent à travers les pages. Chaque mois, de nouveaux types d'information apparaissent sur le Web.

Que peut faire un browser avec toutes ces informations ? Les ignorer (ou vous proposer de sauvegarder leurs fichiers sur disque), à moins que vous n'ayez le plug-in approprié. Ou que vous le téléchargiez si ce n'est pas le cas.

Au palmarès des plug-ins

Voici quelques-uns des plug-ins les plus courants :

- **RealAudio :** reproduction de fichiers audio au fur et à mesure de leur téléchargement (normalement, on aurait attendu que le fichier audio soit complètement chargé avant de lancer sa reproduction).
- **QuickTime :** reproduction d'animations permettant de les "jouer" au fur et à mesure de leur chargement.
- **Shockwave :** reproduction de sons et d'animations de types divers.
- **CyberSpell :** vérificateur d'orthographe venant s'ajouter à Netscape[1].
- **ichat :** permet d'utiliser un browser pour participer à des conversations (par écrit) entre plusieurs participants.

1. La version française de FrontPage, un puissant éditeur de pages Web que vient de sortir Microsoft, propose un tel vérificateur, très semblable à celui qui est utilisé par Word pour Windows. (N.d.T.)

- **Netscape Live3D, WIRL, Liquid Reality et autres plug-ins "VR" (virtual reality) :** simulation de mondes virtuels en 3D.

NOTE TECHNIQUE

Qu'y a-t-il à l'intérieur d'une page Web ?

Les pages Web sont constituées par des fichiers texte contenant un mélange de textes proprement dits et de balises HTML. En voici un petit exemple, tiré de la page de présentation d'un excellent logiciel shareware (français) de mesure de la dépense téléphonique :

```
<HTML>
<BODY BGCOLOR="#ffffff">
<TABLE BORDER WIDTH=100%>
<TR ALIGN=CENTER>
<TD ALIGN=CENTER>Icône de TarifCom<br><IMG SRC="tfcicon.gif"><TD>
</TR>
<TR ALIGN=CENTER>
<TD ALIGN=CENTER><br>Tableau de bord.
Sous Windows 3.1 ou 3.11, c'est à partir de cet écran que vous pilotez TarifCom.
Chaque élément de cet écran dispose d'une aide immédiate.
Vous approchez le pointeur de la zone à identifier et une aide
s'inscrit dans la zone inférieure de TarifCom.<br>
<IMG SRC="tfcom.gif"><br> <br></TD><br>
</TR>
 .. .. ..
```

Comment utiliser des plug-ins avec un browser

Vous pouvez trouver des plug-ins pour Netscape et des contrôles ActiveX pour Internet Explorer aux URL suivantes :

- `http://www.tucows.com` (Tucows est un important distributeur de shareware).

- `http://www.stroud.com` (Stroud's Consumate Winsock Applications est un autre distributeur de shareware).

Vous trouverez d'autres sources au Chapitre 20.

Une fois que vous vous êtes procuré un plug-in, il faut le lancer, c'est-à-dire double-cliquer sur son nom de fichier dans l'explorateur de Windows ou dans le gestionnaire de fichiers (selon que vous utilisez Windows 95 ou Windows 3.x) afin de l'installer. Suivant ce qu'il fait, vous avez différents moyens de le tester. En voici quelques exemples :

- **RealAudio :** Allez à l'URL `http://www.realaudio.com` où vous trouverez une liste des sites renfermant des fichiers audio de type RealAudio. Notre site favori est le National Public Radio Web (`http://www.npr.org`) et le site de John à l'URL `http://iecc.com` où vous pouvez entendre son show radio.
- **CyperSpell :** Voyez au Chapitre 7 comment composer un message pour courrier électronique avec Netscape. Une fois CyberSpell installé, vous trouverez dans le menu un commentaire vous indiquant de tester l'orthographe de votre message. Ce renseignement ne vous sera utile que si vous envoyez fréquemment des messages en anglais, ce qui est très probable, étant donné que l'anglais est la *lingua franca* de l'Internet.
- **ichat :** Allez au site Web de ichat à l'URL `http://www.ichat.com` pour vous joindre aux discussions IRC en cours avec d'autres participants. Vous trouverez d'autres informations sur l'IRC au Chapitre 21.

Quelques tuyaux pour réaliser votre propre page Web

Au bout d'un moment, tout surfeur éprouve l'envie de passer de l'autre côté de la barrière et d'avoir à son tour sa propre page Web. Bien que ça ne présente pas de difficultés insurmontables, nous pensons que c'est un peu délicat pour un nouveau venu à l'informatique. Toutefois, si vous avez déjà quelque expérience avec les ordinateurs et que vous avez fait un peu de programmation, les paragraphes qui suivent peuvent vous aider à prendre votre essor. A la place de la référence (`http://net.dummies.net/webpage` originale donnée par les auteurs, le traducteur pense que vous préférerez consulter un texte rédigé en français et vous incite à pointer votre browser sur le site de Gilles Maire, UMGI, à l'URL `http://www.imaginet.fr/ime/toc.htm`. Vous pouvez aussi consulter le Chapitre 21 du présent ouvrage.

Sauvegardez vos pages Web directement sur votre disque dur pendant que vous procédez à sa mise au point. Créez chaque page sous forme d'un fichier séparé au moyen d'un éditeur de texte ordinaire (si vous aimez plonger vos mains dans le cambouis) ou avec un éditeur spécialisé HTML (si vous êtes moins masochiste). Netscape Navigator Gold 3.0 et Netscape Communicator 4.0 ont un éditeur incorporé qui est de bonne facture. Certains traitements de texte peuvent aussi être utilisés pour créer des pages Web, comme WordPerfect 7 pour Windows et Word pour Windows de Microsoft (avec Internet Assistant que vous pouvez télécharger à partir du site Web de Microsoft). Ces pages sont composées de texte ordinaire entremêlé de commandes HTML qui indiquent au browser comment mettre en forme la page, quelle partie du texte constitue un appel de lien et à quelle URL il correspond.

Pour les images, vous pouvez en télécharger sur le Web mais attention au copyright ! N'oubliez pas de demander à l'auteur de la page l'autorisation de réutiliser ses illustrations. Reste la solution de scanner vos propres images ou dessins ou d'en créer avec un éditeur d'images comme Paint Shop Pro. Chaque fichier d'image doit être au format GIF ou JPEG.

Testez ensuite vos pages avec Netscape et d'autres browsers pour être raisonnablement sûr qu'elles s'affichent bien comme vous l'espérez. Ce n'est pas parce qu'une page semble formidable avec Netscape qu'elle le sera aussi avec n'importe quel autre browser. Pendant que vous y êtes, vérifiez aussi les liens.

La plupart des fournisseurs d'accès vous offrent un peu d'espace disque pour installer vos pages à condition qu'elles ne soient pas commerciales. Cela va couramment de 100 Ko (vous ne pourrez pas y mettre grand-chose) à 5 Mo, ce qui commence à devenir confortable pour peu que vous ne comptiez pas y mettre des fichiers audio ou des animations. Pour un usage professionnel, le problème se pose différemment et ce n'est généralement plus gratuit. En outre, si votre site est très visité, vous risquez d'avoir à payer un surcoût.

Une fois vos pages au point sur votre ordinateur, vous devrez les installer sur le disque dur de votre fournisseur d'accès. Pour cela, vous utiliserez une transmission de fichiers par FTP.

N'oubliez pas de procéder à des mises à jour afin de conserver de l'intérêt à vos pages. Si elles ne changent jamais, les gens n'auront aucune raison d'y revenir.

Chapitre 6

Aiguilles et bottes de foin : trouver quelque chose sur le Net

Dans ce chapitre :

Trouver quelque chose sur le Web.

Trouver quelque chose par *e-mail.*

Trouver quelque chose dans les forums de Usenet.

"OK, j'ai bien compris que le Net était plein de trésors de toutes sortes. Comment est-ce que je les trouve ?" "Voilà une excellente question. Je vous remercie de me l'avoir posée. C'est ce genre de questions qui rend notre pays si grand et si fort. Je vous en félicite. Continuez à poser des questions. Question suivante, s'il vous plaît ?"

Oh, vous voulez que je *réponde* à votre question ? Par chance, il existe sur le Net un tas de machins pour ça (nous emploierons un terme plus technique dans ce qui va suivre). Plus particulièrement des index et des répertoires référençant tout ce qui est intéressant.

Le Net a trois types d'index et de répertoires différents pour tout ce que vous pouvez chercher. Malheureusement, les index tendent à être organisés en fonction du type de service qu'ils procurent et non en fonction de la nature de ce qu'ils référencent ; vous allez trouver des ressources de type Web à un endroit, des ressources de type *e-mail* à un autre, et ainsi de suite. Vous pouvez faire vos recherches de toutes les façons que vous voudrez selon ce que vous cherchez et selon la manière dont vous aimez procéder. (John a remarqué que son restaurant préféré ne présente qu'un plat sur son menu mais que c'est précisément celui qu'il préfère. L'Internet est aussi éloigné de cet idéal que vous pouvez le craindre.)

Pour alimenter cette étude, nous avons défini plusieurs sortes de recherche :

- **Thème.** Endroits, choses, idées : tout ce que vous voulez savoir sur le sujet.
- **Entreprises.** Organisations possédant un site Web ou toute autre forme de présence sur le Net.
- **Gens.** Etres humains en chair et en os que vous voudriez contacter ou espionner.

Quelle différence y a-t-il entre index et répertoire ?

Quand nous parlons de *répertoire*, ce n'est pas au sens où on l'entend habituellement à propos d'un système d'exploitation, mais plutôt au sens de l'accessoire de bureau qu'on peut assimiler à un carnet d'adresses. Plus précisément, il s'agit d'une liste dont les entrées sont réparties par catégories, partiellement ou totalement, mais par une main humaine et non par un ordinateur. On peut dire que la table des matières de ce livre est un répertoire.

D'un autre côté, un *index* est une liste de mots clés extraits d'articles desquels ont été supprimés tous les *le, la, au, aux*, etc,. c'est-à-dire tout ce qui n'est pas vraiment significatif. La recherche s'effectue en donnant quelques mots d'apparence significative et on obtient toutes les entrées contenant ces mots. Un peu comme l'index qui se trouve à la fin de ce livre.

Chacun de ces deux systèmes a ses avantages et ses inconvénients. Les répertoires sont organisés de façon que vous y trouviez une catégorie qui vous intéresse, tous les articles à l'intérieur de celle-ci étant censés se rapporter à l'objet de votre requête. D'un autre côté, les index ne savent pas ce que signifie un mot. Si vous faites une recherche sur le mot *programme*, vous trouverez aussi bien le programme d'un spectacle qu'un programme d'ordinateur ou d'un homme politique. Mais, comme on peut créer les index plus ou moins automatiquement, ils tendent à proliférer et à être mis fréquemment à jour.

Il y a un certain degré de recoupement entre les deux méthodes, et un bon index (comme celui de ce livre, peut-être ?) se doit d'éviter de faire double emploi avec la table des matières.

Pour trouver quelque chose sur un sujet donné, nous allons utiliser l'un quelconque des nombreux index et répertoires tels que Yahoo! et AltaVista. Pour faire une recherche sur une entreprise, ce sera Whois, qui est le principal répertoire des domaines accessibles par l'Internet. Pour rechercher des gens, nous devrons utiliser des annuaires qui sont (par bonheur) différents des répertoires des pages Web.

Les frontières de la recherche sur l'Internet

Bien que ne connaissant pas les frontières puisque presque chaque pays est raccordé à l'Internet, il faut bien reconnaître que tout ce qui touche à l'Internet est fortement imprégné de culture américaine. D'abord la langue. Ensuite les sujets et les entreprises figurant dans les index et répertoires. Comme nous le verrons, on commence à y trouver des références à des mots clés français. Ensuite, certains de ces moteurs de recherche ont une implantation en France. En outre, il existe dans notre pays quelques moteurs de recherche : ECILA, Lokace... (N.d.T.)

La stratégie de base

Lorsque nous devons faire une recherche sur le Web concernant un sujet précis, nous commençons par un des guides du Web index et répertoires) que nous allons étudier dans cette section.

Ils s'utilisent à peu près de la même façon :

1. **Lancer le browser (Netscape ou Internet Explorer ou tout autre).**

2. **Le faire pointer sur le répertoire ou l'index qu'on préfère.** Nous donnerons la liste de ces moteurs de recherche plus loin, dans cette section. Une fois la page d'accueil chargée, on a le choix entre deux approches possibles :

   3a. S'il existe une boîte de saisie, y taper quelques mots clés et cliquer sur Search. C'est l'approche par index. Après un délai plus ou moins long (le Web est quelque chose d'immense), une page d'index va vous être renvoyée avec des liens vers les pages qui correspondent à vos critères de recherche.

   3b. Si vous voyez une liste de liens vers différents domaines délimitant le sujet de votre recherche, choisissez celui qui, à vos yeux, s'en rapproche le plus. Cette façon de faire vous permet de cerner votre sujet en vous en rapprochant de plus en plus au fur et à mesure que vous passez de page en "sous-page" pour aboutir à ce qui, pour vous, présente de l'intérêt.

De clic en clic, vous arriverez bien ainsi à trouver quelque chose d'intéressant.

Vous avez certainement entendu parler de ce qu'est un *moteur de recherche*. C'est le terme technique pour désigner ces machins qui fouillent dans la botte de paille de l'Internet à la recherche de votre aiguille.

Passons à la pratique

Tout ça, ce sont un peu des vues de l'esprit. Concrètement, nous allons vous expliquer comment nous procédons. Nous utiliserons pour cela nos deux moteurs de recherche favoris : Yahoo! (qui est un répertoire) et AltaVista (qui est un index).

La page de recherche du paresseux

Vous risquez de vous sentir écrasé par tous ces répertoires et index. Nous aussi, rassurez-vous !

C'est pourquoi nous nous sommes confectionné une page de recherche qui contient des pointeurs vers tous les répertoires et index que nous avons coutume d'utiliser, ce qui nous permet de rassembler commodément tous nos outils. Vous avez le droit de l'utiliser à votre gré. Son URL est `http://net.dummies.net/search/`.

Au cas où apparaîtraient un ou plusieurs nouveaux systèmes de recherche, cette page - constamment tenue à jour - vous le ferait découvrir rapidement.

En piste avec Yahoo!

Il existe deux façons de trouver quelque chose avec Yahoo!. (N'oubliez pas le point d'exclamation, il fait partie du nom.) La plus facile consiste à cliquer de catégorie en catégorie jusqu'à ce que vous trouviez votre bonheur. Yahoo! est l'un des moteurs de recherche qui a essaimé dans quelques pays européens dont la France. Outre le site américain (`http://www.Yahoo.com`), il existe une implantation française où on emploie la langue de Molière. C'est cette page que nous utiliserons pour nos exemples. Nous commencerons notre visite guidée de Yahoo! par sa page d'accueil, à l'URL `http://www.Yahoo.fr` (attention, ici, **il n'y a pas** de point d'exclamation). Elle se présente ainsi qu'on peut le voir sur la Figure 6.1. Vous pouvez y découvrir de nombreuses rubriques et sous-catégories. En cliquant sur l'une d'elles, vous pourrez affiner votre recherche de proche en proche.

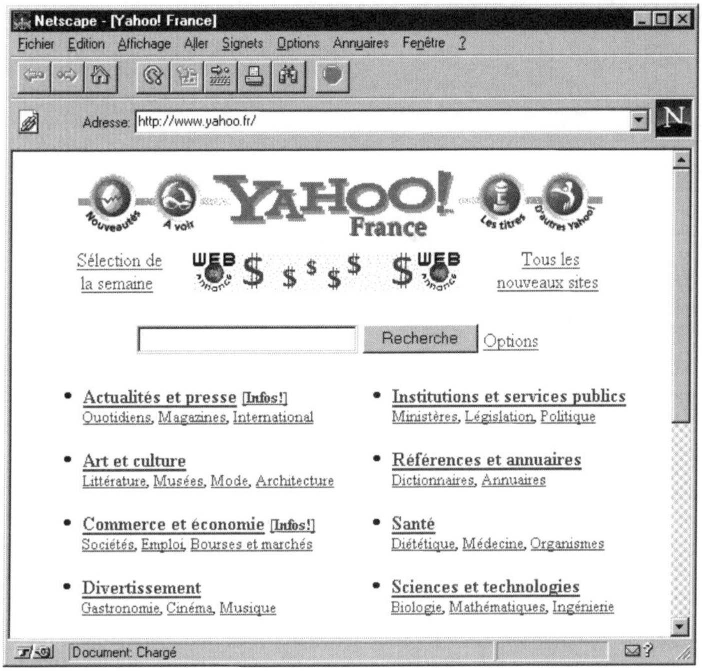

Figure 6.1 : Arrivée sur Yahoo!.

TRUC

En tête de chaque page de Yahoo!, vous trouvez la liste des catégories, sous-catégories et ainsi de suite, séparées par des points, qui mènent à cette page. Si vous voulez revenir un ou plusieurs niveaux plus haut et vous diriger vers d'autres sous-catégories, cliquez sur l'une de ces références. Avec un peu de pratique, ces manoeuvres d'ascenseur vous paraîtront toutes naturelles. Certaines pages apparaissent à plusieurs endroits dans le répertoire parce qu'elles concernent plusieurs catégories. La Figure 6.2 montre les sous-catégories qui s'affichent lorsqu'on clique sur la rubrique initiale Actualité et presse (cf. Figure 6.1).

En piste avec Yahoo! (bis)

Plutôt que de partir à la découverte en cliquant de sous-catégorie en sous-catégorie, vous pouvez aussi demander une recherche par mot clé. C'est ce que nous avons fait en utilisant comme clé de recherche le mot "informatique" que nous avons tapé dans la boîte de saisie appropriée de la page visible en haut de la Figure 6.2. Après avoir cliqué sur le bouton Recherche, nous avons obtenu ce que montre la Figure 6.3.

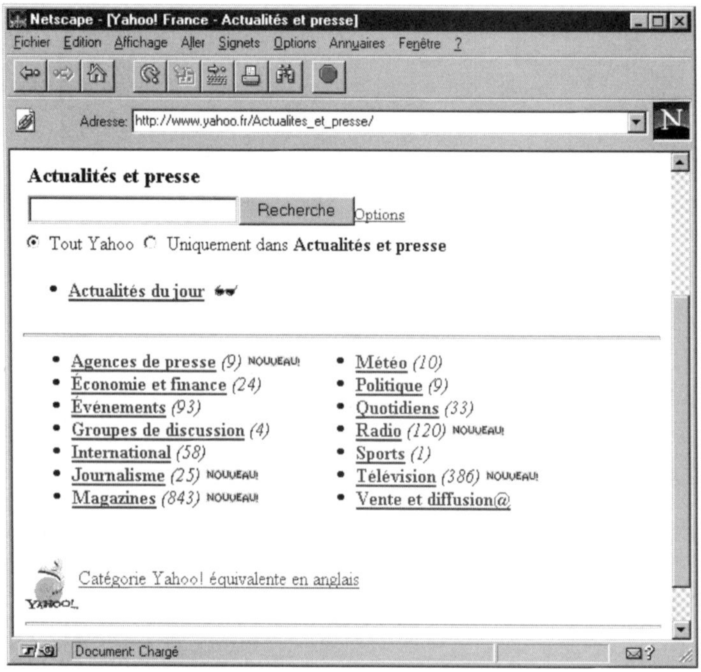

Figure 6.2 : Liste de rubriques concernant la catégorie Actualité et presse.

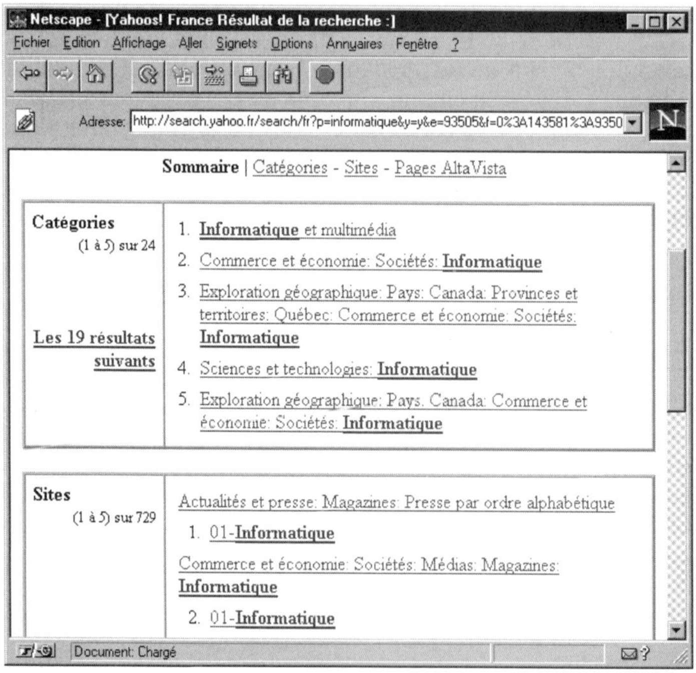

Figure 6.3 : Résultat d'une recherche avec Yahoo! sur le mot "informatique".

Yahoo! regroupe les entrées qu'il a trouvées par paquets de cinq et indique la catégorie d'où elle proviennent. Vous pouvez ainsi faire un premier choix et demander à voir les entrées suivantes de la catégorie qui vous convient. S'il y en a de trop (leur nombre est indiqué pour chaque catégorie), cela signifie qu'il faut resserrer votre recherche, peut-être en associant plusieurs mots clés ou critères de recherche.

Pour cela, cliquez sur Options, à côté du bouton Recherche. Vous allez arriver sur une page de recherche plus fouillée qui vous indiquera comment préciser davantage l'objet de votre recherche.

Autres voies de recherche avec Yahoo!

Bien que Yahoo! soit principalement un répertoire de ressources disponibles sur le Web, il contient d'autres bases de données vers lesquelles pointe un lien sur lequel vous pouvez cliquer. Sur Yahoo! France, vous voyez, par exemple, Catégories, Sites et Pages AltaVista. Sur Yahoo! Etats-Unis, vous trouveriez des rubriques n'ayant pas d'équivalent sur le site français :

- **Yellow Pages :** annuaire des entreprises.
- **People Search** : adresses et numéros de téléphone. Un peu comme notre Minitel national.
- **City Maps :** en indiquant le nom d'une rue, un plan de ville approximatif va s'afficher.
- **Today's News, Stock Quotes, Sports Scores :** actualité, la Bourse, les résultats sportifs... des Etats-Unis, bien entendu.

AltaVista

Sur la Figure 6.3, en haut, vous aurez noté un pointeur vers des "Pages AltaVista". C'est, à notre avis, le meilleur index qu'on puisse trouver sur le Net.

AltaVista possède un petit robot nommé Scooter qui passe son temps à visiter toutes les pages Web qu'il peut trouver sur le Net et à ramener toutes les nouveautés qu'il y découvre. Il en résulte un index gigantesque de tous les mots qu'il rencontre dans ces pages. C'est à partir de cet index qu'il va trouver des pages contenant les mots que vous lui avez fournis comme critère de recherche.

AltaVista est un index et non un répertoire. Il a environ dix fois plus de pages que Yahoo! mais, évidemment, il devient plus difficile d'y retrouver ce que vous recherchez. A votre premier coup de filet, vous allez probablement, quel que soit le sujet de votre recherche, ramener dix ou quinze mille articles.

D'où la nécessité d'affiner votre recherche afin d'aboutir à quelque chose de plus facile à gérer.

L'inconvénient, c'est qu'il n'existe pas (pas encore) de version française, ce qui ne va pas simplifier votre recherche. Ne serait-ce qu'en raison des accents. L'exemple que nous allons donner sera donc pris dans la langue de Shakespeare (ou plutôt celle de Woody Allen). Si, par exemple, vous êtes à la recherche d'une recette de tarte au citron (`key lime pie`), ces trois mots constituent un bon départ. Mais, si vous ne vous souvenez plus du nom de la capitale de l'Allemagne (Bonn, bien sûr !), vous trouverez difficilement quelque chose d'utile en cherchant sur `Germany capital` car vous allez découvrir tout ce qui concerne les investissements bancaires dans ce pays. En espérant que vous n'êtes pas trop découragé, nous allons vous montrer comment faire quelques recherches sur AltaVista.

Commencez par pointer votre browser sur `http://www.altavista.digital.com` (ici, "digital" signifie que ce moteur de recherche est géré par Digital Equipment, le constructeur d'ordinateurs bien connu). Vous obtenez l'écran affiché sur la Figure 6.4.

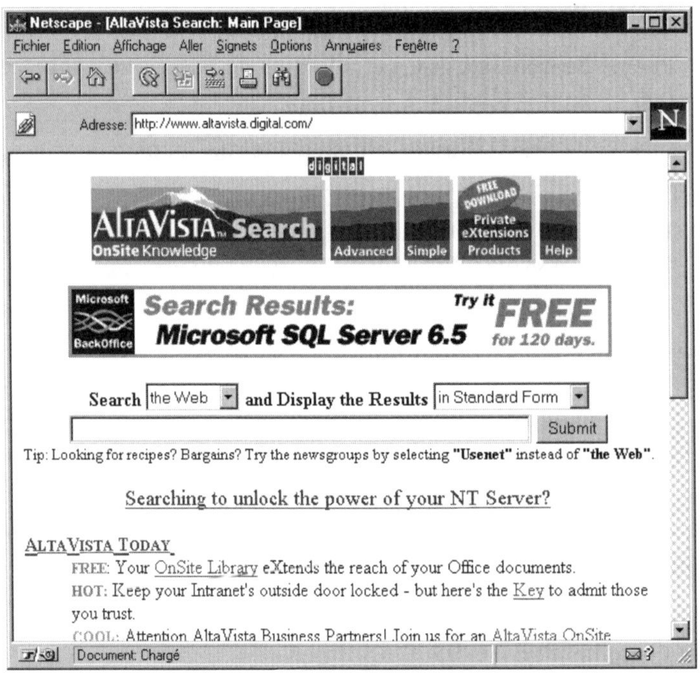

Figure 6.4 : Page d'accueil d'AltaVista.

Nous nous sommes risqués à faire une recherche sur un mot français et, pour cela, nous avons repris "informatique", ce qui nous a donné l'écran reproduit sur la Figure 6.5 qui est assez encourageant.

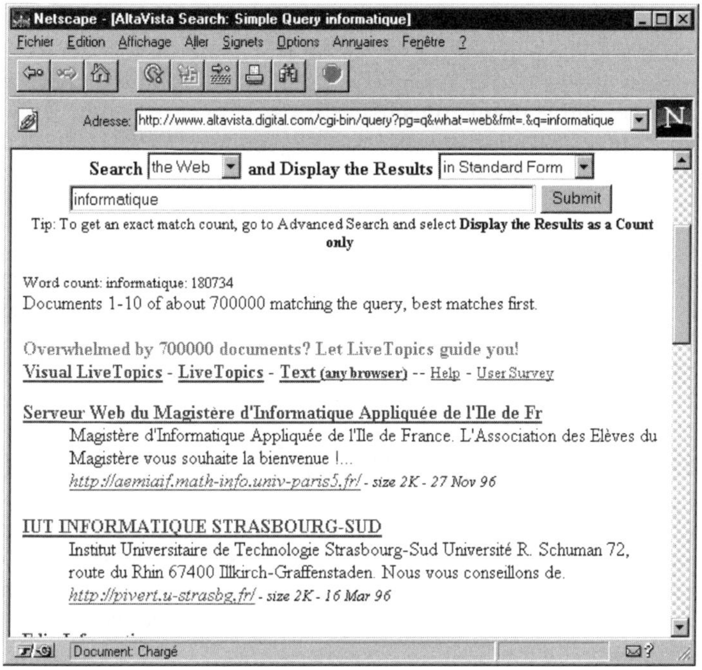

Figure 6.5 : Bien qu'américain, AltaVista connaît le mot "informatique", et les références fournies sont pertinentes.

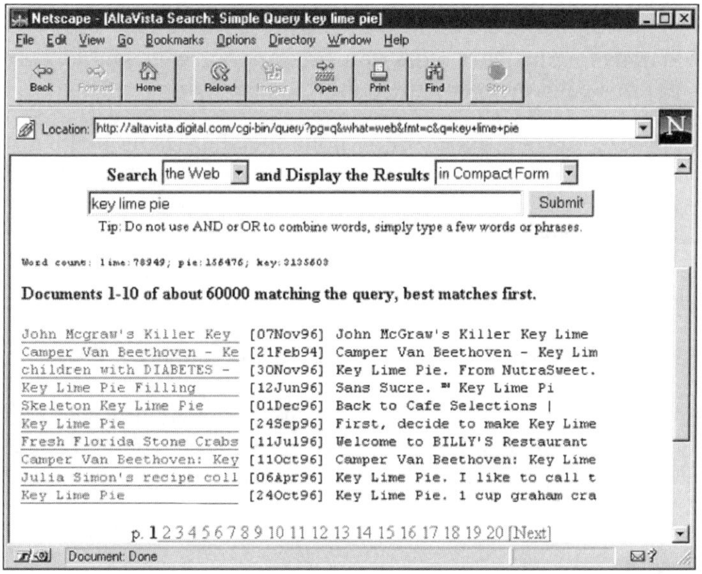

Figure 6.6 : Pour ceux qui aiment la tarte au citron...

Il a ainsi trouvé 180 734 références dont il nous présente celles qui lui semblent avoir le plus de poids. Le terme est trop générique et cet exemple montre bien que ce n'est pas ainsi qu'il faut effectuer une recherche. En reprenant l'exemple donné plus haut de `key lime pie`, nous aurions abouti à quelque chose de plus modeste puisque "seules" 60 000 références existent ! La Figure 6.6 montre les dix premières.

Ce que vous obtiendrez ne se présentera probablement pas de la même façon parce que nous avons demandé que les résultats nous soient présentés sous forme compacte (on voit que la présentation est différente de celle que montre la Figure 6.5). Pour choisir la façon de présenter les résultats, faites votre choix dans la boîte à liste déroulante placée en haut à droite de la Figure 6.6.

Astuces pratiques de recherche avec AltaVista

Il est plus facile d'affiner la recherche avec AltaVista qu'avec Yahoo. Après chaque recherche, les termes de la recherche sont réaffichés dans une boîte située en haut de la page, ce qui vous permet de les modifier commodément et de lancer une nouvelle recherche. Voici quelques indications sur la façon de faire ces modifications :

- Tapez la plupart des mots en minuscules et les noms propres avec une majuscule initiale comme dans `Elvis`. Ne tapez aucun mot uniquement en majuscules.
- Si deux ou plusieurs mots doivent apparaître ensemble, entourez-les par des guillemets comme dans `"Elvis Presley"`.
- Servez-vous des signes + et - pour spécifier les mots qui doivent apparaître ou, au contraire, ne pas apparaître, par exemple dans `+Elvis+Costello-Presley` si vous recherchez l'Elvis moderne et non le plus célèbre.

La principale raison pour laquelle vous ne trouvez rien

Ce n'est peut-être pas vraiment *la vôtre* mais, en tout cas, c'est *la nôtre*. Il nous arrive de mal épeler un des critères de recherche. Vérifiez donc soigneusement ce que vous tapez. "Interent" n'a rien à voir avec "Internet".

Le blues du 404

Plus souvent qu'à notre tour, lorsque nous cliquons sur un des liens proposés par Yahoo! ou un de ses compétiteurs, nous aboutissons à un message du genre `404 not found`. Qu'est-ce que ça signifie ? Les pages Web vont et viennent à grande vitesse et les moteurs de recherche ont bien du mal à se tenir à jour.

A cet égard, les index automatisés comme ceux d'AltaVista et de Lycos sont mieux faits que les répertoires du genre de Yahoo!. Les systèmes automatisés utilisent des robots logiciels qui visitent et revisitent périodiquement les adresses indexées et notent celles qui n'existent plus. Mais, même ainsi, il peut s'écouler plusieurs mois avant que ces disparitions soient repérées et, pendant ce temps-là, il peut se passer bien des choses sur le Web.

Yahoo! et AltaVista ensemble

Notre expérience nous a montré que, pour une recherche efficace, il fallait commencer par consulter le répertoire de Yahoo! puis, si vous n'avez rien trouvé qui vous convienne, essayer AltaVista. Si vous regardez de près les deux extrémités d'une page de recherche par Yahoo!, vous y verrez des liens vers AltaVista. En cliquant sur l'un d'eux, vous vous trouverez transporté dans une page "AltaVista dans Yahoo!" vous montrant les résultats d'une recherche par AltaVista avec les mêmes termes que celle que vous venez de faire sur Yahoo!. Les pages de liens apparaissent un peu différemment des pages "natives" de AltaVista parce qu'elles sont conçues pour se marier avec celles de Yahoo! mais les résultats de la recherche sont bien les mêmes.

Les plus d'AltaVista

AltaVista possède quelques options intéressantes. Au lieu de faire une recherche sur le Web, vous pouvez la faire sur Usenet, la gigantesque collection de forums que nous étudierons au Chapitre 10. Pour cela, cliquez sur la boîte à liste déroulante dans laquelle on voit Search the Web et sélectionnez Search Usenet. Si on a, une fois ou l'autre, discuté du sujet qui vous intéresse, c'est le meilleur moyen de trouver les messages qui s'y rapportent.

Qui paie pour tout ça ?

Peut-être vous demandez-vous qui finance ces merveilleux systèmes de recherche ? A l'exception d'un seul, la réponse est simple : la publicité. Sur chaque page d'AltaVista, de Lycos et de la plupart des autres systèmes, vous pouvez voir des tas d'annonces. Théoriquement, ces publicités suffisent à assurer le financement du système de recherche. En réalité, les systèmes comme Excite, Infoseek, Lycos et Yahoo! ont subi de lourdes pertes. Mais comme ils sont cotés en Bourse et ont vendu énormément d'actions au moment de la folie Internet de 1996, ils ont un volant de trésorerie suffisant pour continuer à fonctionner. WebCrawler est la propriété de AOL qui aurait perdu 500 millions de dollars en 1996, mais il est difficile de savoir quelle est la part de responsabilité de WebCrawler dans ce désastre.

L'exception est AltaVista, qui était à l'origine un projet de recherche pour mesurer les performances des nouvelles stations de travail Alpha de DEC. L'expérience a été tellement concluante que DEC en a fait un produit commercial dont il vend la licence à d'autres systèmes de recherche comme Yahoo! qui l'utilisent pour créer des index internes.

Vous pouvez choisir le niveau de détail des rapports de recherche. L'option Compact vous fournit une seule ligne par article trouvé. L'option Detailed vous en donne à peu près trois. AltaVista utilise normalement la forme Compact pour une recherche sur Usenet et la forme Detailed pour une recherche sur le Web.

Comme la forme Compact est plus ramassée, les pages de résultats se chargent plus vite. A retenir si vous n'avez qu'une connexion à l'Internet à faible débit.

Les suspects habituels

Lorsque vous serez bien habitué à Yahoo! et à AltaVista, vous souhaiterez sans doute essayer quelques-uns de leurs concurrents.

WebCrawler

```
http://www.webcrawler.com
```

WebCrawler est un indexeur automatisé qui barbote sur le Web comme un canard dans une marc, à la recherche de pages à indexer. Il est la propriété de AOL (America Online) et son utilisation est publique. C'est une alternative raisonnable à AltaVista.

Infoseek

`http://www.infoseek.com`

Infoseek est un index semblable à AltaVista. Vous lui indiquez quelques mots clés à rechercher et il vous fournit des pointeurs vers les pages qui y correspondent le mieux. Il possède également un répertoire des pages Web les plus utiles. Il peut faire ses recherches sur le Web, Usenet, Reuters news et quelques autres sources d'informations variées.

Excite

`http://www.excite.com`

Excite est surtout un index comme AltaVista mais il est capable de trouver des pages significatives même si vous n'avez pas orthographié correctement vos mots clés. Nous n'avons pas l'impression que ça apporte grand-chose de positif mais peut-être avons-nous tort. Excite possède des sections couvrant les pages Web, les plans de ville, les pages blanches et autres sources d'informations typiquement américaines.

HotBot

`http://www.hotbot.com`

HotBot est encore un index, tout comme AltaVista. Il appartient au même groupe de presse que le magazine *Wired* et il se présente dans le même style clinquant que celui-ci avec des couleurs brutales. Pour peu que vous preniez la précaution de porter des lunettes de soleil, vous découvrirez qu'il n'est pas si mauvais que ça.

Lycos

`http://www.lycos.com`

Lycos est un index largement automatisé, un peu comme AltaVista. Il a commencé comme un projet de recherche à l'université Carnegie-Mellon puis est devenu une entreprise commerciale. Il possède un répertoire appelé *Top*

5% of Web Sites. Lycos a été un des premiers systèmes de recherche du Web mais, honnêtement, il est maintenant surpassé par AltaVista pour les index et Yahoo! pour le répertoire. Lycos propose aussi quelques rubriques d'actualité et des pages locales pour quelques villes des Etats-Unis.

Autres guides du Web

Il existe d'autres guides du Web, dont certains très spécialisés dans un domaine particulier. Citons, par exemple, Femina, qui est un guide féministe à l'URL `http://www.femina.com`.

Yahoo! possède un répertoire des autres guides que vous pouvez consulter à la page `http://www.yahoo.com`, rubrique WWW (qui apparaît à la suite de Computers), sous-rubrique Searching on the Web.

Recherche d'entreprises

La première façon de chercher des renseignements sur des entreprises est d'utiliser leur nom comme critère de recherche. Si vous êtes à la recherche de renseignements sur la *Egg Farm Dairy*, utilisez cette suite de trois noms, que ce soit avec Yahoo! ou AltaVista ou un autre des moteurs de recherche que nous venons de voir. Mais il y a d'autres systèmes plus spécialisés pour rechercher des informations commerciales.

WhoIs

`http://www.internic.net/wp/whois.html`

Chaque *domaine* Internet possède un titulaire dont l'identité est enregistrée. Le système de recherche WhoIs (littéralement *qui est ?*) vous permet de consulter la liste des domaines et des personnes à contacter. Vous pouvez, pour cela, visiter la page Web d'Internic sur laquelle vous pourrez choisir le serveur whois à utiliser. Il existe deux serveurs : l'un pour les adresses militaires américaines, l'autre pour le reste du monde. Par défaut, les deux sont utilisés, ce qui donne généralement de bons résultats.

Dans la boîte de saisie, tapez le nom de l'entreprise, du contact ou du réseau que vous cherchez et cliquez sur Search. Avec un peu de chance, vous obtiendrez un résultat satisfaisant. Plus vraisemblablement, vous obtiendrez *plusieurs* résultats parmi lesquels il vous faudra trouver le bon. Lorsque nous avons recherché IBM.COM, voici une partie de ce que nous avons trouvé :

```
International Business Machines (IBM-DOM)   IBM.COM
International Business Machines (IBM4-HST)  IBM.COM
129.23.139.30
To single out one record, look it up with "!xxx", where xxx
is the handle, shown in parenthesis following the name, which
comes first.
```

Les deux correspondants possibles sont listés : le domaine IBM.COM et l'ordinateur unique qui a précisément pour nom IBM.COM. Pour savoir lequel est celui que nous voulions (le domaine, pour cette fois), nous avons utilisé la suggestion formulée et avons lancé une recherche sur !`IBM.COM` grâce à la boîte de recherche qui se trouve au bas de la page et au moyen d'un couper-coller. Cette fois, nous avons obtenu une réponse plus concrète avec le nom complet de la compagnie et l'adresse *e-mail* du responsable de ce domaine.

Dans une entreprise de la dimension d'IBM, le nom de la personne à contacter et sans aucun doute celui d'un technicien spécialiste des réseaux. Dans des entreprises de taille plus modeste, cependant, c'est fréquemment celui de quelqu'un qui peut répondre à des questions brèves, poliment formulées du genre : "Quelle est l'adresse *e-mail* de votre département commercial ?" ou "Est-ce que Jules Martin travaille toujours chez vous ?"

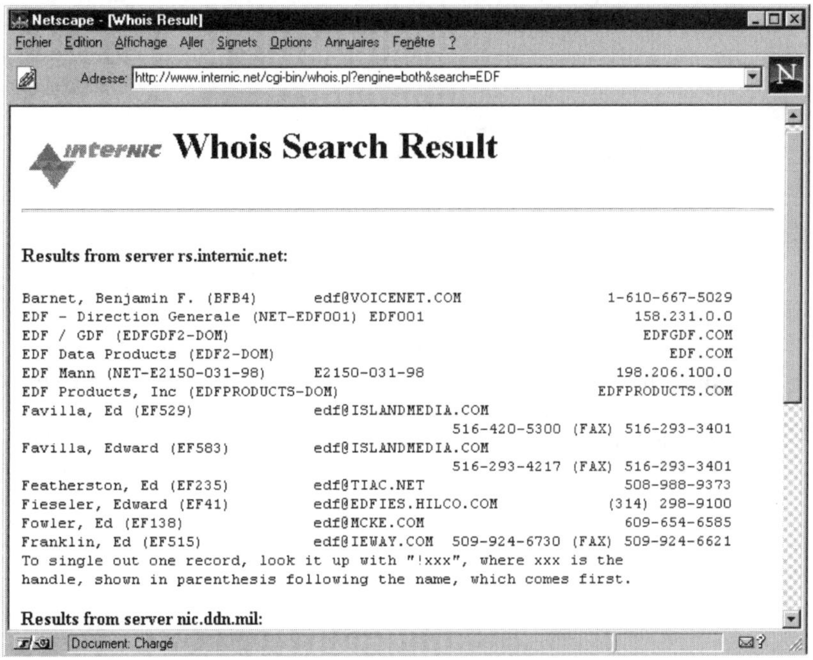

Figure 6.7 : Qui eût cru qu'une recherche sur EDF ramènerait tant de monde ?

Pour donner au lecteur français une idée de ce qu'il peut espérer trouver sur ce serveur, nous avons fait deux recherches. La première sur `SNCF` qui nous a ramené les informations suivantes qui semblent correspondre effectivement au serveur `http://www.sncf.com` (surprenant, ce `com` pour une entreprise aussi... nationale !) :

```
S.N.C.F. (NET-SNCF)   SNCF            148.169.0.0
SNCF Direction de la Recherche (SNCF2-DOM)     SNCF.COM
```

La seconde, sur EDF, dont le résultat est reproduit sur la Figure 6.7 et qui donne une juste mesure de l'intérêt de ce type de serveur.

Hoover's

```
http://www.hoovers.com
```

Si Whois vous renseigne sur les adresses Internet d'une entreprise, il ne vous dit rien sur l'entreprise elle-même. Hoover's est depuis longtemps un spécialiste de l'édition des annuaires papier qui a maintenant un pied sur le Net. Son site Web offre plusieurs services gratuits et davantage sur abonnements, mais même le peu que vous obtiendrez gratuitement vaut la peine de s'y connecter.

Demandez à EDGAR

```
http://edgar.sec.gov (gouvernement)
http:/:www.edgar.online.com (privé)
```

C'est le serveur du U.S. Securities and Exchange Commission (SEC), - l'équivalent de notre COB, la Commission des opérations de Bourse - qui collecte des informations financières officielles sur les entreprises. Bien qu'il s'agisse là de documentation plutôt aride, si vous êtes capable de la comprendre, vous y trouverez beaucoup de choses intéressantes comme, par exemple, le salaire de Bill Gates.

Encore d'autres serveurs pour les affaires

Companies Online

```
http://www.CompaniesOnline.com
```

Il s'agit d'un projet réunissant Dun & Bradstreet et Lycos. Vous tapez le nom de l'entreprise qui vous intéresse et vous apprenez tout ce que ce serveur possède comme renseignements sur elle.

Inc. magazine

```
http://www.inc.com
http://www/inw.com/500
```

Le magazine *Inc.* concentre son activité sur les petites entreprises à croissance rapide. Chaque année, Inc. établit un classement des 500 premières entreprises qu'il préfère.

Yellow Pages

```
http://www.bigyellow.com
http://www.gte.net
http://www.yellow.com
http://www.switchboard.com
http://www.abii.com  (cliquez sur American Yellow Pages)
```

Concerne presque exclusivement les entreprises américaines. Le serveur que nous préférons est Big Yellow (géré par NYNEX, qui est une entreprise de télécommunications privée).

Recherche de personnes

Trouver quelqu'un sur le Net est étonnamment facile. Tellement, même, qu'on en frissonne. Il existe deux systèmes de recherche de personnes : celles qui ont une adresse *e-mail* et/ou Web et les autres, pour lesquels on trouve leur adresse postale et leur numéro de téléphone. Pour ce dernier type de recherche, rappelons l'existence du Minitel qu'on peut fort bien atteindre, sous Windows 95 au moyen de HyperTerminal et qui, sur les adresses françaises, se révélera très supérieur aux moteurs de recherche américains.

Dans la vie réelle

Ces annuaires sont compilés à partir des annuaires papier. Ceux qui n'avaient pas le téléphone ces dernières années n'ont aucune chance de s'y trouver.

Sur le Net

Comme il n'existe pas et n'a jamais existé aucun document comparable à un annuaire papier pour les adresses Internet, une telle recherche risque souvent d'être un coup d'épée dans l'eau. Les différents serveurs de recherche utilisent chacun des sources d'informations différentes, ce qui fait que leurs résultats ne se recoupent généralement pas.

Si ce qui vous intéresse est de savoir si quelqu'un a une page Web, utilisez plutôt AltaVista pour y rechercher son nom. Si vous voulez savoir quelle est l'étendue de votre popularité, vous risquez quelques surprises, particulièrement si votre patronyme est répandu ou a une connotation historique.

Yahoo! People Search

```
http://www.yahoo.com/search/people
```

C'est l'annuaire de Yahoo! pour les personnes. Il peut vous procurer soit l'adresse postale et le numéro de téléphone de la personne cherchée, soit son ou ses adresses *e-mail*. Ayant eu la curiosité de faire une recherche sur son nom, le traducteur a obtenu 0 réponse pour son adresse postale (ce qui n'est pas surprenant) et quatre réponses pour son adresse e-mail dont trois périmées depuis un an ou plus. Voilà qui donne une juste mesure de l'intérêt de ce type de recherche.

WhoWhere

```
http://www.whowhere.com
```

Il s'agit d'un autre annuaire d'adresses *e-mail* encore moins à jour que le précédent - tout au moins pour nous autres Français - puisque sur les quatre adresses nous concernant personnellement, trois étaient périmées et la plus récente (datant de quelque huit ou neuf mois) en était absente.

Autres sources

Après tout ce déballage, ne croyez pas que tout le savoir du monde se trouve sur le Web. Dans de nombreux cas, vous aurez plus vite fait de demander à quelqu'un de votre connaissance ou de poser la question sur Usenet.

Que trouve-t-on dans les news ?

Parmi le fatras de scories que constituent les news de Usenet (que nous étudierons au Chapitre 10), on trouve cependant quelques perles dont voici trois échantillons :

- La plupart des groupes ont des FAQ (*Frequently Asked Questions* : Foire Aux Questions) qui reprennent les questions revenant le plus souvent (avec leurs réponses). Ce fichier est assez fréquemment mis à jour et on y trouve de nombreuses informations utiles. Vous trouverez la liste des FAQ dans le groupe `news.answers`. Le groupe `comp.answers` renferme des FAQ concernant la hiérarchie `comp` ; `misc.answers` renferme les FAQ de la hiérarchie `misc`, et ainsi de suite pour presque toutes les sept hiérarchies.
- Certains groupes sont archivés et possèdent des index facilitant la consultation de ces archives. C'est une bonne mine de renseignements sur certains sujets fréquemment débattus dans le groupe.
- Il existe des systèmes de recherche en ligne qui vous permettent de consulter les envois faits à certains groupes. Pointez votre browser sur l'URL `http://www.dejanews.com`. AltaVista et Infoseek vous proposent, eux aussi, de faire ce type de recherche.

Le pari des dix minutes

Notre ami Doug Hacker prétend être capable de trouver la réponse à n'importe quelle question factuelle sur le Net en moins de dix minutes. Carol a voulu vérifier et lui a demandé de retrouver une citation dont elle se souvenait vaguement au sujet d'un album de Duke Ellington dont elle ne pouvait plus se rappeler le titre. Il lui a fallu environ une heure pour retrouver la citation complète mais avec moins de cinq minutes de son temps à lui. Comment ? Il a d'abord trouvé une *mailing list* (liste de diffusion) ayant pour sujet Duke Ellington, s'y est abonné et a posé la question. En peu de temps, plusieurs abonnés avaient proposé une réponse. Plus vous passerez de temps à apprendre à vous servir du Net et à vous y retrouver, plus vous en gagnerez lorsque vous aurez besoin d'y trouver quelque chose de précis.

Le courrier électronique, une fois encore

Les listes de diffusion constituent une ressource importante. La plupart d'entre elles (mais pas toutes, regardez ce qu'il en est avant de poser votre question) accueillent avec faveur toute question formulée avec précision et politesse et concernant leur centre d'intérêt. Pour en savoir davantage, consultez le Chapitre 10.

Chapitre 7

Courrier par-ci, courrier par-là

Dans ce chapitre

L'adressage du courrier.

L'envoi du courrier.

La réception du courrier.

Les règles de bonne conduite à respecter.

Le courrier électronique est sans aucun doute le service le plus populaire de l'Internet. Chaque système raccordé au Net supporte, d'une façon ou d'une autre, un système de messagerie, ce qui signifie que, quel que soit le type d'ordinateur que vous utilisez, pour peu qu'il soit connecté au Net, vous serez à même d'envoyer et de recevoir du courrier.

Mais étant donné que le courrier, comme beaucoup de choses sur l'Internet, dessert des systèmes qui ne sont pas tous sur l'Internet, il est possible d'échanger des messages avec beaucoup de gens n'étant pas connectés à l'Internet en plus de ceux qui le sont (vous trouverez d'autres détails au Chapitre 16).

Quelle est mon adresse ?

Toute personne ayant accès au courrier électronique du Net a une *adresse électronique*. C'est l'équivalent, dans le "cyberespace" d'une adresse postale ou d'un numéro de téléphone dans la vie courante. Lorsque vous écrivez une lettre, vous mettez l'adresse de son destinataire sur l'enveloppe. Lorsque vous envoyez un message par courrier électronique, vous mettez dans son en-tête l'adresse électronique de votre correspondant. Vous pouvez même y mettre une liste d'adresses pour diffuser le même message à plusieurs destinataires.

La première chose à faire, c'est de connaître **votre** adresse électronique afin de pouvoir la communiquer à tous ceux qui souhaiteraient vous joindre sur le Net. (Sauf, bien entendu, si vous ne connaissez personne ou si vous envisagez de limiter votre correspondance électronique à des lettres anonymes.)

Les adresses électroniques de l'Internet se composent de deux parties séparées par le caractère "@". Ce qui se trouve à gauche est votre identifiant personnel (votre boîte aux lettres), et ce qui est à droite le *nom de domaine*. Pour ceux qui recourent aux prestations d'un fournisseur d'accès, c'est l'adresse électronique de ce dernier. Par exemple, l'adresse de Jean-Louis Gassée, ex-vice-président d'Apple, qui a créé la Société Be Inc, est `jlg@be.com`. L'adresse électronique de la page multimédia de *Libération* est `multimedia@libe.fr`.

L'identifiant personnel

Avec un peu de chance, votre fournisseur d'accès vous laissera choisir votre nom de boîte aux lettres. Toutefois, si vous vous appelez Pierre Martin, il a probablement déjà un Martin parmi sa clientèle; peut-être même un Paul Martin ou un autre Pierre Martin. Vous devrez alors utiliser une variante du genre `pmartin` ou `p.martin`.

Pour éviter ces inconvénients d'homonymie, les fournisseurs d'accès préfèrent souvent vous attribuer d'autorité des numéros ou des identifiants alphanumériques comme `1432665` ou `pm15506`. Ce qui fait qu'il n'est pas évident de deviner l'adresse électronique de quelqu'un à partir de son vrai nom. A la limite, et si votre fournisseur d'accès est d'accord, rien ne vous empêche d'avoir plusieurs adresses électroniques, de la même façon que rien ne vous empêche (pour peu que vous en ayez les moyens) d'avoir une résidence secondaire, voire tertiaire.

Le nom de domaine

Pour les noms de domaine, les choses se compliquent et il existe deux mondes : les Etats-Unis, d'une part, et le reste du monde, d'autre part. Pour les Etats-Unis le nom de domaine se termine par un groupe de trois lettres précédé d'un point, constituant le *nom de zone*. Le plus courant est *com* (commercial). On trouve aussi *mil*, *edu*, *gov* ou *org* dont la signification est évidente. Par exemple, pour envoyer un courrier électronique à Bil Clinton, adressez-le à `president@whitehouse.gov`[1].

1. A notre connaissance, l'Elysée n'a pas de boîte aux lettres électronique mais certains ministères (voire quelques ministres) ont la leur (N.d.T.).

En dehors des Etats-Unis, le nom de domaine ne comprend que deux lettres qui représentent le pays où est situé le domaine : *fr* pour la France, *ch* pour la Suisse, *jp* pour le Japon, etc.

En France, outre *fr*, qui est de loin le plus répandu, on trouve parfois *org* ou *com*. Depuis quelque temps, les administrations doivent utiliser des noms de sous-domaine particuliers. Ainsi, les adresses des académies doivent être de la forme `ac-nom.fr` (où `nom` est le nom de la ville), celles des conseils généraux : `cgxx.fr` (où `xx` représente le numéro du département), celles des mairies : `mairie-nom.fr` (où `nom` est le nom de la ville), etc. Pour plus de détails, vous pouvez pointer votre browser sur `http://www.nic.fr/Procedures/nommage.html`.

Rassemblons le tout

Majuscules et minuscules sont considérées comme identiques dans les adresses électroniques. Par habitude, on les écrit toutefois en minuscules.

Si vous envoyez un message à quelqu'un qui se trouve dans le même domaine que le vôtre (sur la même machine ou sur le même groupe de machines), vous pouvez omettre le nom de domaine. Par exemple, si un de vos amis et vous-même utilisez AOL, vous pouvez supprimer `@aol.com` de son adresse.

Si vous ne connaissez pas votre adresse électronique, il existe un moyen simple de la découvrir en mettant en application ce que nous venons de dire : envoyez-vous un message à vous-même en n'y mettant que votre identifiant personnel. Examinez ensuite l'adresse de retour qui figurera sur le message que vous allez recevoir[2].

Si vous accédez au Net depuis votre lieu de travail, demandez votre adresse à votre administrateur de réseau local. Si votre trou de mémoire arrive pendant un week-end, essayez d'envoyer un message à *Internet For Dummies Mail Central* (`internet4@dummies.net`) où un amical robot vous renverra une réponse contenant votre adresse. Vous trouverez d'autres suggestions au Chapitre 16 pour retrouver votre adresse perdue.

Où se trouve mon courrier ?

Vous connaissez votre adresse *e-mail*. Très bien. Maintenant, nous allons vous dire comment envoyer et recevoir du courrier et ce que vous pouvez faire avec. Toutefois, il reste à élucider un petit détail : où votre courrier se trouve-t-il stocké ? Lorsque des messages arrivent à votre intention, à moins

---

1. Ce système ne fonctionne pas avec tous les *mailers* (logiciels de courrier électronique) car certains demandent à être configurés avec votre adresse de retour *complète* (N.d.T.).

que vous ne soyez l'un de ces favorisés qui ont une connexion directe et rapide à l'Internet, ils ne vont pas arriver directement sur votre machine. Au lieu de ça, ils vont être envoyés à un *serveur de courrier* qui joue le rôle de votre bureau de poste. Pour pouvoir lire votre courrier, vous devez aller à ce bureau de poste et le retirer. En fait, plus exactement, c'est votre logiciel spécialisé (votre *mailer*) qui va s'en charger. Symétriquement, pour que votre courrier parte vers sa destination, votre *mailer* doit le faire parvenir au serveur de courrier de votre fournisseur d'accès. Tout se passe donc comme s'il n'y avait pas de facteur et que vous deviez aller vous-même déposer et recevoir votre courrier au bureau de poste local.

Si vous êtes connecté en mode SLIP ou PPP, vous devez faire connaître à votre *mailer* l'adresse du serveur de courrier dont vous dépendez. C'est depuis cet endroit qu'il va transférer à grande vitesse le courrier en attente vers votre propre disque dur. Vous pourrez ensuite vous déconnecter et le lire tout à loisir, ce qui est une bonne idée si votre fournisseur d'accès vous facture le temps de connexion. Et même si vous avez un abonnement au forfait, France Télécom se fera un plaisir d'additionner les unités téléphoniques. Une fois que votre courrier est chez vous, vous pouvez, tout tranquillement, en prenant votre temps, le lire, y réfléchir et préparer vos réponses que vous irez "poster" globalement lorsque vous vous reconnecterez, comme vous glisseriez vos missives dans la boîte aux lettres, au coin de la rue, pour du *snail mail*[3].

Il existe bien trop de logiciels de courrier

C'est maintenant que vous allez devoir affronter votre *mailer*. Il existe un grand nombre de logiciels de courrier mais l'un d'eux semble dominer les autres, peut-être parce que ça a été l'un des premiers sur le marché, peut-être aussi à cause de ses qualités et des améliorations constantes qu'il subit. Peut-être enfin parce qu'il en existe une version gratuite (oui, gratuite : c'est du *freeware*, pas du *shareware* !). Nous avons nommé Eudora.

Eudora

Il s'agit d'un logiciel prévu pour fonctionner sous Windows (3.x, Windows 95 ou NT) ou avec un Macintosh, en mode SLIP ou PPP. Il en existe deux versions : l'une, *Eudora pro*, coûte, aux Etats-Unis, 65 dollars ; l'autre, *Eudora light* est gratuite. Vous trouverez au Chapitre 20 l'adresse électronique à laquelle vous pouvez vous le procurer.

3. Littéralement "courrier escargot". C'est ainsi que les habitués de l'Internet désignent ironiquement le courrier postal par allusion à sa vitesse de transmission (N.d.T.).

Netscape Navigator

Surtout connu pour son browser, ce logiciel comprend également un *mailer* depuis sa version 2.0. Sans avoir tous les raffinements d'Eudora, c'est néanmoins un produit assez facile à utiliser et qui présente l'avantage de faire un tout avec le browser. Un seul logiciel suffit donc pour accomplir les deux fonctions (trois, en réalité parce qu'il comporte aussi un lecteur de news, comme nous le verrons au Chapitre10. Bien entendu, il ne fonctionne qu'en mode SLIP ou PPP.

Internet Explorer

Internet Explorer et Netscape Navigator continuent au coude à coude à proposer les mêmes fonctions. Puisque Netscape Navigator propose un *mailer*, Internet Explorer n'est pas en reste. Et, pour faire bonne mesure, lui aussi dispose d'un lecteur de news. Bien entendu, il ne fonctionne qu'en mode SLIP ou PPP.

Systèmes propriétaires

CompuServe et America on line, par exemple, continuent (pour combien de temps encore ?) à utiliser un logiciel qui leur est propre. De son côté, Infonie (dont nous détaillerons l'utilisation au Chapitre 13), qui a choisi Internet Explorer, propose sa propre interface pour le courrier, interface qui ressemble davantage à un jeu vidéo qu'à un véritable logiciel de courrier. Ce n'est d'ailleurs qu'un décor qui utilise en réalité les services d'Internet Explorer sans que l'utilisateur s'en aperçoive.

Comptes UNIX en mode shell

Là, vous n'avez guère de choix. Les nostalgiques ne jurent que par Mail, un logiciel qui fait partie de toutes les dotations de base unixiennes et qui possède le rare parfum de nostalgie des éditeurs ligne à ligne. Ceux qui ne craignent pas d'afficher des tendances modernistes utilisent Pine (que nous décrirons plus loin, dans ce même chapitre), qui offre l'avantage d'un éditeur plein écran. Comme Mail, il est gratuit.

Autres

Si vous travaillez au sein d'une entreprise, vous risquez d'être obligé d'utiliser un logiciel maison. Lotus Notes, par exemple. A moins que ce ne soit cc:Mail ou Microsoft Mail. Et si vous êtes dans un environnement Macintosh, ce sera Quick Mail qui n'est pas franchement compatible avec la forme normale du courrier sur l'Internet.

Envoi de courrier

Il est si facile d'envoyer du courrier électronique que, plutôt que de vous expliquer le processus théorique, nous allons vous donner quelques exemples. Nous supposerons que le *mailer* utilisé a été préalablement configuré selon les indications que son éditeur précise dans le manuel qui l'accompagne.

Avec Eudora

Voici la marche à suivre pour envoyer du courrier électronique avec Eudora :

1. **Commencez par lancer Eudora**. Sous Windows, double-cliquez sur son icône. Si elle ne se trouve pas sur votre bureau, commencez par l'y installer (en vous référant au besoin, pour cela, à l'aide en ligne de Windows). Sur Macintosh, cliquez sur son icône. Vous voyez s'afficher une fenêtre de présentation qui disparaît ensuite au bout de quelques secondes, remplacée par ce que vous montre la Figure 7.1. (Il s'agit ici de la version "pro", mais la version "light" n'en diffère que par quelques détails.)

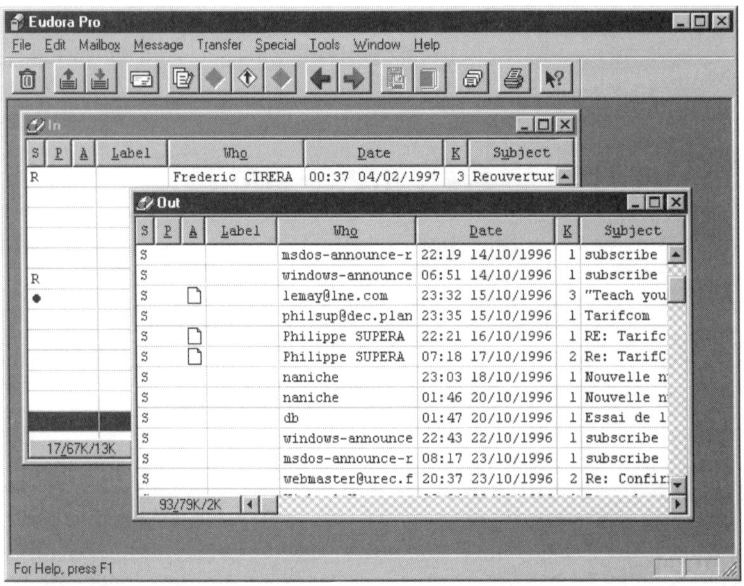

Figure 7.1 : Ecran d'accueil d'Eudora.

2. **Pour envoyer un message, cliquez sur Message/New message ou tapez <Ctrl>+<N>.** Vous pouvez aussi cliquer sur le bouton de la barre d'outils qui comporte un crayon et deux feuilles de papier (le cinquième à partir de la gauche sur la Figure 7.1). La fenêtre qui s'ouvre alors comporte des zones prévues pour diverses rubriques : destinataire, sujet, copies...

3. **Sur la ligne marquée To, tapez l'adresse *e-mail* du destinataire.** `internet4@dummies.net`, par exemple, qui est l'adresse de l'éditeur américain de ce livre. Pour un premier essai, c'est une bonne adresse car vous recevrez en retour (c'est un robot informatique qui s'en charge) un message qui vous confirmera votre adresse *e-mail*.

4. **Appuyez sur <Tab> pour passer à la ligne marquée Subject.** La ligne From a été automatiquement renseignée en partant des éléments de configuration que vous êtes censé avoir fournis préalablement, une fois pour toutes. Soyez bref. Un mot suffit en général ; plus de cinq mots, c'est déjà trop.

5. **Appuyez plusieurs fois sur <Tab> pour sauter les champs Cc: et Bcc: (à moins que vous ne souhaitiez envoyer des copies de votre message à d'autres destinataires).** "Cc:" signifie littéralement "carbon copy" et, pour ceux qui ont eu l'occasion d'utiliser des machines à écrire, ce terme est tout à fait évocateur. Il s'agit donc d'envoyer une copie de votre message à quelqu'un d'autre. Le destinataire principal saura à qui est destinée cette copie. "BCc" ajoute l'adjectif "blind" (aveugle) devant *carbon copy*, ce qui signifie que le destinataire principal ne saura pas qu'une copie a été envoyée à quelqu'un d'autre que lui.

6. **Appuyez encore une fois sur <Tab> pour parvenir à la zone vierge de grande taille qui va contenir le texte de votre message**. Il ne vous reste plus qu'à y taper votre message.

7. **Pour envoyer le message, cliquez sur le bouton Send (*envoyer*) situé vers le coin supérieur droit de la fenêtre.** Selon la façon dont a été configuré Eudora, ce bouton peut porter une autre mention que Send : Queue. Cela signifie que votre message est placé dans une file d'attente d'où il sera expédié plus tard.

8. **Si l'ordinateur n'est pas connecté à l'Internet, lancer le processus de connexion sur votre fournisseur d'accès.**

9. **Si le bouton d'envoi était marqué Queue, vous pouvez alors déclencher l'envoi des messages en cliquant sur File/Send Queued messages.** Vous pouvez aussi taper <Ctrl>+<T>.

TRUC

Même si votre ordinateur est connecté pendant que vous rédigez votre message, vous pouvez utiliser la procédure de mise en attente des messages.

Pour cela, cliquez sur Tools/Options, icône Sending Mail et supprimez la coche en face de la mention Immediate send. Vous pouvez ainsi vous donner le temps de la réflexion entre le moment où vous terminez la rédaction de votre message et celui où vous décidez de l'envoyer. Cette (sage) précaution pourra vous éviter d'envoyer sous le coup de la colère des messages que vous regretteriez plus tard.

Une fois le message parti, il n'y a plus moyen de l'arrêter.

Avec Netscape

Pour envoyer des messages avec Netscape Navigator au lieu de le faire avec Eudora, il n'y a pas tellement de différences. Voici la marche à suivre :

1. **Lancez Netscape.** Quelle que soit la version utilisée (Netscape Navigator ou Netscape Communicator), cela revient à double-cliquer sur son icône.

2. **Avec la version 3 (Netscape Navigator), cliquez sur Fenêtre/Courrier Netscape.**

3. **Avec la version 4 (Netscape Communicator), cliquez sur Window/ Inbox.** Si c'est la première fois que vous faites cela, un assistant va afficher une suite de boîtes de dialogue grâce auxquelles vous allez pouvoir configurer la partie *mailer* de Netscape.

4. **Si une boîte de dialogue vous demande votre mot de passe, tapez celui que vous utilisez lors de votre connexion sur votre fournisseur d'accès.**

5. **Un message d'erreur peut s'afficher à propos de la boîte à lettre POP3.** Cela signifie que Netscape ne connaît pas le nom de l'ordinateur sur lequel est conservé votre courrier (votre bureau de poste). Cliquez sur OK pour faire disparaître le message, puis revenez à la configuration.

   A. **Avec Netscape 3.0.** Cliquez sur Options/Préférences de courrier ou de nouvelles puis sur l'onglet Serveurs. Dans les deux premières boîtes de saisie, indiquez le nom du serveur de courrier de votre fournisseur d'accès, par exemple `mail@teaser.fr`. Dans la boîte Nom d'utilisateur POP, indiquez votre nom pour le courrier électronique seulement (tout ce qui précède "@"). Par exemple `jean.dupont` (Surtout pas `jean.dupont@teaser.fr`).

   B. **Avec Netscape 4.0**. Cliquez sur Edit/Preferences/Mail and news preferences puis sur l'onglet Mail server. Dans les deux dernières boîtes de saisie, indiquez le nom du serveur de courrier de votre fournisseur d'accès, par exemple `mail@teaser.fr`. Dans la boîte Mail server user name, indiquez votre nom pour le courrier électronique seulement (tout ce qui précède "@"). Par exemple `jean.dupont` (surtout pas `jean.dupont@teaser.fr`).

TRUC

En cas de doute sur la procédure à suivre ou sur la nature des informations à fournir, n'hésitez pas à consulter l'aide en ligne en cliquant sur le bouton Aide (Help).

6. **La fenêtre de courrier s'affiche (Figure 7.2 pour Netscape 3.0).** Pour composer un message, cliquez sur Fichier/Nouveau courrier (Compose Message) ou tapez <Ctrl>+<M>. Vous pouvez aussi cliquer sur le troisième bouton de la barre d'outils (Netscape 3.0) ou sur le deuxième (Netscape 4.0). Dans les deux cas, une fenêtre de composition de message s'affiche, dont la présentation et les champs à renseigner sont semblables à ceux d'Eudora que nous avons vus dans la section précédente.

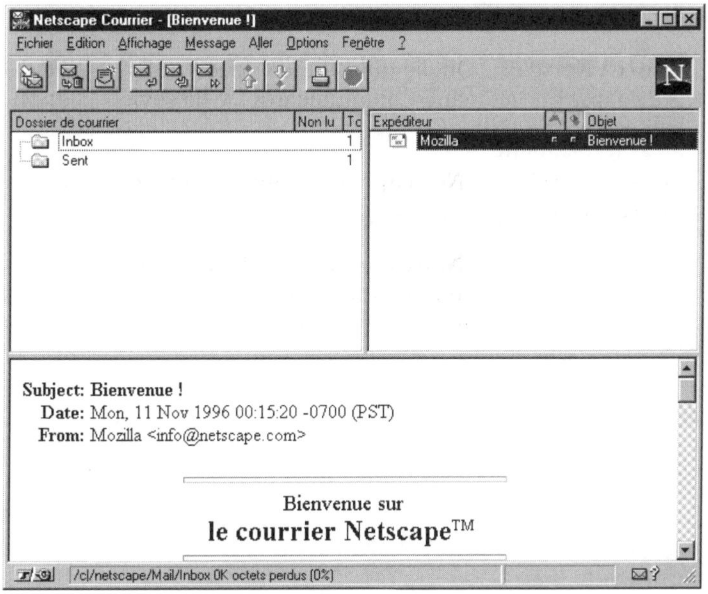

Figure 7.2 : Fenêtre de courrier affichée par Netscape Navigator.

7. **Renseignez alors les boîtes de saisie correspondant au(x) destinataire(s), sujet et corps du message.**

   A. **Avec Netscape 3.0.** Cliquez sur Fichier/Envoyer maintenant ou sur le premier bouton (à gauche) de la barre d'outils.

   B. **Avec Netscape 4.0.** Cliquez sur Message/Send now (pour un envoi immédiat) ou Message/Send later (pour un envoi différé) ou sur le premier bouton (à gauche) de la barre d'outils.

Avec Internet Mail

Internet Mail ne fait pas nécessairement partie d'Internet Explorer mais, au cas où vous n'en disposeriez pas, il est facile de le télécharger à partir du serveur de Microsoft (`http://www.microsoft.com/France/`) en même temps qu'Internet News. S'il est déjà installé, vous devez voir une icône Courrier à la deuxième position à partir de la droite de la barre d'outils dans la fenêtre d'Internet Explorer.

Voici la marche à suivre pour envoyer un courrier avec Internet Mail :

1. **Après avoir lancé Internet Explorer, cliquez sur l'icône Courrier de la barre d'outils puis sur l'entrée Lire le courrier du menu qui se déroule.** Il est inutile d'être connecté pour le moment.

2. **Dans la nouvelle fenêtre qui s'affiche (Figure 7.3), cliquez sur l'icône Nouveau message de la barre d'outils (la première à partir de la gauche).** Vous pouvez aussi taper <Ctrl>+<N>. La fenêtre Nouveau message s'affiche.

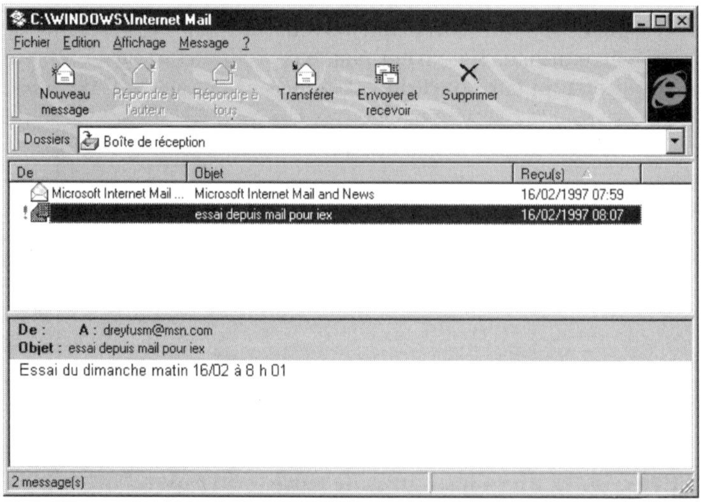

Figure 7.3 : Fenêtre de courrier affichée par Internet Explorer.

3. **Tapez l'adresse du destinataire dans la boîte de saisie à gauche de A:.** Appuyez ensuite sur <Tab>. Ou, si vous voulez ajouter l'adresse d'un second destinataire tapez <Entrée> puis l'adresse de ce destinataire.

4. **Pour envoyer copie du message à quelqu'un, utilisez la boîte de saisie en face de Cc:.** Vous remarquerez qu'aucun champ n'est prévu pour envoyer des "blind" copies. Appuyez ensuite sur <Tab>.

5. **Tapez le sujet du message dans la boîte de saisie en face de Objet.** Appuyez ensuite sur <Tab>.

6. **Tapez le texte du message dans la grande zone inférieure de la fenêtre.**

7. **Pour envoyer le message, cliquez sur le bouton Envoi (le plus à gauche de la barre d'outils).** Vous pouvez aussi taper <Alt>+<S> (Attention ! pas <Ctrl>+<S>) ou cliquer sur Fichier/Envoyer le message. Internet Mail place votre message en file d'attente, dans la boîte de sortie. Vous revenez à la fenêtre précédente.

8. **Vous pouvez alors établir la connexion avec votre fournisseur d'accès.**

9. **Une fois celle-ci établie, cliquez sur l'icône Envoyer et Recevoir (la deuxième à partir de la droite de la barre d'outils).**

Avec Pine

Nous supposerons que votre fournisseur d'accès UNIX a installé Pine et qu'il est prêt à être utilisé. Si ce n'est pas le cas, il ne vous reste plus qu'à lui téléphoner et à lui faire part de votre mécontentement. Voici la marche à suivre pour envoyer un message sous UNIX.

Si vous n'avez jamais utilisé qu'une interface graphique telle que Windows ou un Macintosh, tremblez, mortel ! Vous allez expérimenter le grand frisson précurseur de l'utilisation d'une interface en mode texte totalement dénuée d'interface souris. Si vous n'osez pas franchir le pas, courez vite prendre un abonnement auprès d'un véritable fournisseur d'accès capable de vous proposer une connexion en mode PPP (ou même, à la rigueur, SLIP). Si vous voulez vraiment souffrir, continuez à lire ce qui suit :

1. **Lancez Pine en tapant** pine **suivi de <Entrée>.** Le menu principal s'affiche, dans lequel vous pouvez voir l'entrée Compose Message.

2. **Tapez** c **pour (c)omposer un nouveau message.** Pine affiche alors un formulaire de message vide que vous allez pouvoir compléter.

3. **Sur la ligne** To**, indiquez l'adresse du destinataire et appuyez sur <Entrée>.** Pine affiche alors un écran au bas duquel vous pouvez voir une rangée d'options avec des lettres précédées d'un bel accent circonflexe. Vous devriez savoir (honte à vous si vous l'ignorez !) que ça signifie <Ctrl>. Par exemple, pour avoir de l'aide (Help), maintenez la touche <Ctrl> du clavier enfoncée et appuyez sur la touche "G" (Oui : **G** comme *Get Help*).

4. **Sur la ligne Cc:, vous pouvez indiquer l'adresse électronique d'un destinataire en copie.**

5. **Appuyez sur <Entrée> pour arriver à la ligne** Attachmnt. Cette ligne vous permet d'*attacher* un document ("pièce(s) jointe(s)", comme on dit dans le courrier papier). Vous indiquez ici le nom d'un fichier pouvant contenir n'importe quoi, même du binaire.

6. **Appuyez sur <Entrée> pour arriver au sujet du message.** Soyez bref : deux ou trois mots suffisent amplement, ici. Par exemple :

```
chiens de chasse
```

7. **Appuyez sur <Entrée> pour arriver au corps du message.** Vous pouvez maintenant taper vos profondes pensées et vos réflexions inspirées.

   Rien ne vous empêche de terminer par une formule de politesse, voire par votre nom, car il ne figure pas nécessairement dans l'en-tête du message que votre correspondant va recevoir.

   Pour la saisie du texte, Pine lance Pico, un petit éditeur de texte simplet. Avec un peu de chance, vous aurez peut-être déjà eu l'occasion de l'utiliser. Si ce n'est pas le cas mais que vous avez déjà eu la chance (!) d'utiliser un autre éditeur de texte sous UNIX, demandez à votre administrateur UNIX de vous expliquer comment procéder pour que ce soit cet éditeur qui soit utilisé par Pine. Consultez éventuellement *UNIX pour les Nuls* (Ed. Sybex) pour en savoir davantage sur les éditeurs de texte sous UNIX.

8. **Une fois le texte tapé en entier, tapez <Ctrl>X.** Vous obtenez alors le message :

```
Send message? [y]
```

9. **Tapez** y **ou <Entrée> pour envoyer le message**. Pine répond avec un rassurant :

```
[Sending mail.....]
```

Le problème des caractères accentués

La plupart des messages qu'on peut voir circuler sur l'Internet sont totalement dépourvus de ces caractères accentués qui font le charme de notre langue et la perplexité des étrangers. N'oublions pas que l'Internet et le courrier électronique ont été créés par un peuple qui ignore ce qu'est un signe diacritique. En outre, la représentation interne des caractères accentués est différente selon le code utilisé (ANSI, ASCII... ou autre).

Mais ce n'est pas pour autant qu'il est impossible d'écrire en bon français avec de bons accents en bonne place. Il faut, pour cela, que les *mailers* soient capables de gérer un procédé de codification appelé MIME et, en outre, que les utilisateurs de ces logiciels sachent les paramétrer correctement.

Alors, pour être sûrs de rester intelligibles, beaucoup de nos compatriotes ont pris la (regrettable) habitude de ne plus utiliser du tout de caractères accentués. C'est dommage !

Réception du courrier

Si vous envoyez des messages, il y a gros à parier que vous allez en recevoir. C'est toujours un moment intéressant, même lorsqu'il y en a plus d'une centaine en attente.

ANSI or not ANSI ?

Si, lorsque vous tentez de lancer Pine sur votre machine UNIX distante, vous recevez un singulier message du genre :

```
Your terminal, of type "ansi", is lacking functions needed to run pine.
```

(Il manque des fonctions à votre terminal pour pouvoir lancer Pine.), il faut proférer (au clavier) l'invocation magique suivante :

```
setenv TERM vt100
```

Si ça ne marche pas sur la machine UNIX distante, essayez :

```
TERM=vt100 ; export TERM
```

Faites bien attention à respecter les différences minuscules/majuscules : UNIX est peu accommodant sur ce genre de détails.

Avec Eudora

Un des avantages d'Eudora est que vous pouvez faire beaucoup de choses avec votre courrier sans être connecté, économisant ainsi de précieuses unités téléphoniques. Mais, si vous voulez savoir si vous avez reçu du courrier, vous devez évidemment vous connecter. Eudora est capable de se rendre compte que vous n'êtes pas connecté et de le faire à votre place mais, d'après notre expérience, ça ne marche pas toujours.

Si vous n'êtes pas connecté en permanence à l'Internet, voici la marche à suivre pour obtenir votre courrier :

1. **Connectez-vous à votre fournisseur d'accès si ce n'est déjà fait.**

2. **Lancez Eudora si ce n'est déjà fait.**

3. **Eudora affiche une petite fenêtre dans laquelle vous devez taper votre mot de passe.** Si vous voulez seulement *envoyer* du courrier, vous pouvez cliquer sur Cancel mais, pour *recevoir* du courrier, vous devez nécessairement taper votre mot de passe. Il est possible de mémoriser une fois pour toutes son mot de passe mais nous déconseillons d'utiliser cette option qui peut créer une sérieuse faille de sécurité.

   Si Eudora est lancé en permanence (et réside dans la barre des tâches sous Windows 95, par exemple), il ira voir périodiquement si du courrier est arrivé sur le serveur de votre fournisseur d'accès. Cet intervalle de temps est l'un des paramètres de configuration.

   Si vous travaillez sur un Macintosh, Eudora donne une espèce de coup de trompette lorsqu'il y a du courrier et affiche l'image d'un facteur apportant du courrier. Si rien n'est arrivé pour vous, vous n'entendez rien et vous ne voyez affichée qu'une lettre portant un grand X en rouge. Les utilisateurs de Windows ayant une carte audio peuvent entendre un petit air de musique (?) quand il y a du courrier.

   Les en-têtes de courrier (expéditeur, date, sujet) s'affichent dans la boîte d'arrivée (In) à raison d'une ligne par message.

4. **Pour lire un message, double-cliquez sur la ligne qui le signale.** Vous pouvez aussi sélectionner cette ligne (au moyen de la souris ou des touches flèches) puis appuyer sur <Entrée>.

   Pour refermer la fenêtre contenant un message, vous pouvez double-cliquer sur le bouton de fermeture ou taper <Ctrl>+<W> ou <Ctrl>+<F4>.

Une rangée de boutons placés dans la barre d'outils rappelle les commandes usuelles. Sous Windows, ces boutons sont dotés du mécanisme des info-bulles, si bien qu'en laissant le pointeur de la souris immobile pendant une seconde sur l'un d'eux, sa fonction s'affiche dans un petit rectangle sur fond jaune pâle. Pour supprimer un message, il suffit, la ligne qui signale ce message étant sélectionnée, de cliquer sur le bouton symbolisant une poubelle (le plus à gauche de la barre d'outils).

Il existe d'autres possibilités de manipulation des messages sur lesquelles nous reviendrons au Chapitre 8.

Lorsque vous avez fini de lire votre courrier, vous pouvez très bien laisser Eudora ouvert, en le ramenant dans la barre des tâches (Windows 95) ou en le réduisant en icône (Windows 3.x) pour éviter qu'il n'occupe de la place sur votre écran.

Avec Netscape

La lecture du courrier avec Netscape Navigator ressemble de près à la façon de procéder avec Eudora.

1. **Lancez Netscape Navigator et connectez-vous sur votre fournisseur d'accès.** La suite des opérations dépend de la version que vous utilisez (3.0 ou 4.0).

2. **Avec Netscape Navigator (3.0), cliquez sur Fenêtre/Courrier Netscape.** Vous pouvez aussi cliquer sur la petite enveloppe située dans le coin inférieur droit de la fenêtre, à droite de la barre d'état.

   Avec Netscape Communicator (4.0), cliquez sur Window/Inbox. Vous pouvez aussi cliquer sur la troisième icône à partir de la droite, à l'extrémité droite de la barre d'état.

   Dans les deux cas, si Netscape ne recherche pas spontanément le courrier en attente, cliquez sur le bouton Retirer les nouveaux messages (Get Mail) qui est le plus à gauche dans la barre d'outils de la fenêtre du courrier.

3. **Avec Netscape Navigator (3.0).** La partie supérieure de la fenêtre de courrier affiche les dossiers de courrier (y compris les dossiers Inbox (arrivée) et Sent (envoyé). D'autres pourront apparaître plus tard. La partie droite, en haut, donne la liste des messages du dossier sélectionné dans la partie supérieure gauche. Sélectionnez Inbox.

   Avec Netscape Communicator (4.0). La boîte à liste déroulante qui est placée sous la barre d'outils affiche le dossier courant, et le restant de la fenêtre donne la liste des messages contenus dans ce dossier. En cliquant sur la petite flèche à droite, vous pouvez choisir un des dossiers existants. Sélectionnez Inbox.

4. En cliquant (avec Netscape Navigator) ou en double-cliquant (avec Netscape Communicator) sur une ligne, on sélectionne le message concerné qui s'affiche alors dans la partie inférieure de la fenêtre ou dans une fenêtre séparée. Les troisième et quatrième boutons à partir de la droite de la barre d'outils permettent d'aller de message en message, dans un sens ou dans l'autre.

Une fois que le texte d'un message est affiché, vous pouvez l'imprimer, le supprimer ou le rediriger à l'aide de certains boutons de la barre d'outils ou du menu. Nous verrons ces possibilités au Chapitre 8.

Avec Internet Mail

Avec Internet Mail, voici comment savoir si vous avez du courrier et le lire s'il y en a :

1. **Après vous être connecté à votre fournisseur d'accès, lancez Internet Explorer puis Internet Mail en cliquant sur l'icône Courrier puis sur l'entrée Lire le courrier du menu qui se déroule.**

2. **Cliquez sur le bouton Envoyer et recevoir dans la barre d'outils.** Vous pouvez aussi taper <Ctrl>+<M> ou cliquer sur Message/Envoyer et recevoir dans la barre de menus.

   Les messages en attente sont alors transférés dans la boîte d'arrivée. Vous pouvez sélectionner une autre boîte de courrier à l'aide de la petite flèche placée à l'extrémité droite de cette fenêtre. Pour le moment, c'est la boîte d'arrivée qui nous intéresse.

   La partie inférieure de la fenêtre est divisée en deux parties (la place attribuée à chacune des zones peut être modifiée avec le pointeur de la souris). La partie inférieure affiche le contenu du message sélectionné dans la partie supérieure.

3. **Pour voir le texte d'un message, il suffit de cliquer sur l'en-tête affiché dans la partie supérieure de la zone de fenêtre.** Vous pouvez aussi l'afficher dans une nouvelle fenêtre séparée en double-cliquant sur son en-tête. Pour refermer ce type de fenêtre, cliquez sur le bouton de fermeture (avec Windows 95) ou sur Fichier/Fermer ou encore tapez <Alt>+<F4>.

Une fois que le texte d'un message est affiché, vous pouvez l'imprimer, le supprimer ou le rediriger à l'aide de certains boutons de la barre d'outils ou du menu. Nous verrons ces possibilités au Chapitre 8.

Avec Pine

Lorsque vous vous loggez sur votre terminal UNIX, une fois effectuées les formalités d'identification, vous recevez généralement un message du style "You have mail." s'il est arrivé du courrier pour vous. Il ne vous reste plus alors, si vous le souhaitez, qu'à le lire en appelant Pine (ou elm, ou mail, selon ce qui est installé ; ici, nous nous limiterons à Pine).

Voici la marche à suivre pour lire votre courrier :

1. **Lancez Pine en tapant** pine. S'il y a du courrier, le choix `L (FOLDER LIST)` est affiché en vidéo inverse.

2. **Appuyez sur <Entrée> pour voir la liste des dossiers parmi lesquels vous pouvez faire votre choix.** Pour le moment, ce sera `INBOX`. Appuyez encore une fois sur <Entrée> pour lire votre courrier. Vous voyez alors s'afficher la liste des messages en attente de lecture.

3. **Le message affiché en vidéo inverse est le message courant.** Pour en choisir un autre, utilisez les touches flèches ou tapez **P** pour le précédent (previous) ou **N** pour le suivant (next). Appuyez alors sur <Entrée>. Une fois que vous avez lu le message, plusieurs choix vous sont offerts, sur lesquels nous reviendrons au Chapitre 8.

4. **Pour lire un autre message, agissez comme indiqué ci-dessus (tapez N ou P).**

5. **Pour sortir de Pine, tapez** Q et **confirmez en tapant** Y.

Quelques règles de savoir-vivre

TRUC

Madame de Sévigné est morte et les manuels de savoir-vivre qui fleurissaient à la Belle Epoque ne sont plus réédités. Et même, dans ce cas, ils ne seraient plus à jour. Ne comptez donc pas sur eux pour vous indiquer quelques règles élémentaires du savoir-vivre sur le Net : ce qu'on appelle la *netiquette* (contraction de *Net* et *etiquette*, sans accent, bien sûr).

Le courrier électronique est un hybride qui se situe quelque part entre le style téléphonique et l'art de l'épistolier. D'un côté, c'est un moyen d'information rapide et informel, de l'autre on ne doit pas oublier que *verba volent, scripta manent* ("les paroles s'envolent, les écrits restent", pour ceux qui n'auraient pas les pages roses du NPLI sous la main).

Aussi vous trouverez-vous bien de suivre ces quelques conseils :

- Lorsque vous envoyez un message, surveillez votre langage.

- En dehors de la première lettre de chaque phrase, n'utilisez pas de majuscules ; cela donnerait l'impression que vous vous mettez à crier.
- Avant de cliquer sur Send, **relisez votre texte**. Vous corrigerez ainsi les fautes de frappe, rectifierez peut-être les fautes d'orthographe et redresserez (on peut rêver) vos fautes de syntaxe.
- Si quelqu'un vous envoie un message particulièrement agressif, voire grossier, gardez-vous bien d'y répondre sur le même ton. Regardez tout d'abord s'il ne s'agirait pas d'une forme d'ironie déguisée (rare mais possible).

Descente en flammes

L'usage d'un langage châtié n'est pas fréquent sur l'Internet et on y côtoie davantage de rustres que de gens civilisés. En outre, beaucoup de ceux qui fréquentent le Net ne savent pas manier leur langue mieux que leur clavier. Il en résulte donc trop souvent des propos peu gracieux que votre interlocuteur n'oserait probablement pas vous dire en face. Mais, le courrier électronique, c'est comme la CB (*citizen band*) ou le Minitel, il est facile de s'y comporter en anonymographe, et on a parfois l'impression de se trouver protégé par la sensation d'isolement que procure l'usage du couple clavier-écran. Pour caractériser cet état d'esprit, un mot à été créé qui, par chance, a à peu près le même sens en anglais qu'en français, c'est le mot *flame* (avec un seul "m" !). Une flame, c'est un accès de colère, être "flamé", c'est être pris à partie avec vigueur.

Lorsque la moutarde vous monte au nez à la lecture d'un message particulièrement odieux ou insultant, c'est le moment de suivre le conseil que nous vous avons donné plus haut en le laissant décanter et en vous gardant bien d'y répondre illico. Faites preuve d'indulgence. Peut-être l'expéditeur ne s'est-il pas rendu compte de la portée de ce qu'il écrivait ? Peut-être s'en est-il rendu compte trop tard et se ronge-t-il les ongles en pensant à la façon dont vous allez réagir ? Depuis une vingtaine d'années que nous pratiquons le courrier électronique, nous n'avons jamais, au grand jamais, regretté d'avoir laissé refroidir un message avant d'y répliquer (mais nous avons parfois regretté d'en avoir envoyé quelques-uns).

N'oubliez pas que lorsque le destinataire lira votre message, il n'a aucun moyen de savoir quelles étaient vos intentions et va prendre vos propos au pied de la lettre. L'art du sarcasme n'est pas donné à tout le monde et, même si vous le possédez, votre interlocuteur n'a peut-être pas l'intelligence nécessaire pour le percevoir[4].

4. Si vous avez déjà obtenu un prix littéraire, vous pouvez ignorer cette dernière remarque (N.d.T.).

Souriez !

Pour que vous puissiez mettre de l'expression dans vos missives, on a créé des *smileys* (appelés aussi *emoticons*, contraction de *emotion icons*) qui servent, en quelque sorte, à marquer l'intonation d'une phrase. On les appelle parfois, en français, des *souriards* (les Canadiens disent *souriants*) pour marquer ce côté ironique qui s'attache à leur interprétation. Ce sont de petits graphismes composés avec quelques signes de ponctuation et qu'on est censé lire en penchant la tête de côté vers la gauche. En voici un exemple :

```
Les gens ont du mal à croire que nous formons une communauté
qui ne songe qu'à s'aimer et à s'entraider :-).
```

Certes, les souriards ajoutent de l'expression au texte. Mais si une plaisanterie a besoin de l'appui d'un souriard, peut-être manque-t-elle de sel ?

Courrier électronique et intimité

Mieux vaut ne pas confier de secret d'Etat au courrier électronique. Tout destinataire peut faire suivre votre message à qui il veut. Certaines adresses sont en réalité des listes de diffusion (*mailing lists*) qui redistribuent ce qu'elles reçoivent à toute une communauté. On raconte qu'un message comportant une erreur dans son adresse fut ainsi envoyé à un millier de destinataires. Il commençait par "Chérie, enfin un moyen de communiquer en cachette !"

La règle non écrite consiste à dire qu'il ne faut jamais envoyer un message que vous ne voudriez à aucun prix voir rediffusé. On commence à utiliser des procédés de cryptage, et en particulier PGP (système à clé publique et clé privée), qui permettent d'être raisonnablement sûr que personne d'autre que le destinataire ne pourra comprendre ce que vous avez envoyé. Les "curieux" n'y verront qu'une suite de caractères absolument incohérente. Mais, en ce qui concerne la France, il convient de rappeler qu'une loi de 1992 réglemente l'emploi de la cryptologie et le soumet à une autorisation préalable du Service central de la sécurité des systèmes d'information, 18, rue du Dr. Zamenhoff, 92131 Issy-les-Moulineaux Cedex.

BTW, que signifie IMHO ? Réponse : RTFM !

Les habitués du courrier électronique aiment bien employer des abréviations. Souvent parce que moins ils tapent de caractères, mieux ils se portent. En voici quelques-unes qui ont traversé telles quelles l'océan :

Abréviation	Traduction anglaise	Traduction française
BTW	By The Way	à propos
IMHO	In My Humble Opinion	à mon humble avis
RSN	Real Soon Now	sans doute jamais
RTFM	Read The Fucked Manual	lisez le foutu manuel
TIA	Thanks In Advance	merci d'avance
TLA	Three Letter Acronym	abréviation en trois lettres

Hep, facteur !

Chaque ordinateur de l'Internet qui abrite un serveur de courrier comporte également un *postmaster* qui possède une adresse *e-mail* particulière : celle du responsable qui est souvent aussi l'administrateur du site. Si vous ne parvenez pas à envoyer un message ou si vous avez l'impression qu'il se passe de drôles de choses, n'hésitez pas à "écrire" au postmaster. A condition, évidemment, que les problèmes que vous rencontrez ne vous empêchent pas de lui envoyer un *e-mail*. Vous pouvez aussi demander à un collègue ou à un ami (parfois c'est la même personne, mais oui !) qui n'a pas de problème avec son courrier électronique de le faire pour vous. Si, par exemple, le message que vous aviez envoyé à `martin@nimporte.ou.fr` vous est retourné en vous signalant une erreur que vous ne comprenez pas, posez poliment la question à `postmaster@nimporte.ou.fr` en lui joignant copie de l'en-tête du message fautif. Le postmaster est souvent quelqu'un de très sollicité et qui n'a pas que ça à faire. Aussi considère-t-on généralement qu'il serait de mauvais goût de lui poser une autre question que : "M. Untel a-t-il une boîte aux lettres chez vous ?"

Chapitre 8

Une place pour chaque chose

Dans ce chapitre :

Supprimer du courrier.

Répondre à du courrier.

Faire suivre et classer du courrier.

Méfiez-vous des rumeurs et ne les propagez pas.

Réception et envoi de courrier exotique et de pièces jointes.

Echange de courrier avec des robots et des fax.

Maintenant que vous savez comment envoyer et recevoir du courrier électronique, nous allons pouvoir approfondir certains détails afin de vous transformer en un véritable aficionado. Nous allons parler plus longuement d'Eudora, de Netscape Navigator (3.0), de Netscape Communicator (4.0), d'Internet Mail et de Pine que nous avons abordés au Chapitre 7.

Une fois que vous avez lu un message, qu'allez-vous en faire ? Plusieurs hypothèses sont plausibles :

- Le jeter
- Y répondre
- Le faire suivre à quelqu'un d'autre
- Le classer

A la différence du courrier papier, vous pouvez faire subir plusieurs de ces traitements à chacun de vos messages. Si vous ne dites pas à votre mailer ce qu'il doit faire d'un message que vous venez de lire, en général, il le conservera. Pine, par exemple, le placera dans un dossier appelé `read-messages` (messages lus).

Si vos messages lus sont automatiquement placés dans un dossier, allez y faire un tour au moins une fois par semaine, histoire de faire un peu de rangement (et de jeter le plus de choses possible). Faute de quoi, cela va devenir un vrai capharnaüm !

Supprimer du courrier

Au tout début, le courrier électronique, c'est tellement merveilleux qu'on n'ose pas le jeter après l'avoir lu. Mais, il faut très vite se décider à prendre une attitude responsable vis-à-vis des messages lus. Commencez tôt. Jetez-en beaucoup. Il est tellement facile de supprimer des messages inutiles que vous avez sans doute déjà découvert comment le faire. Voici la marche à suivre :

- Avec Eudora pour Windows, cliquez sur un message pour le sélectionner et cliquez ensuite sur l'icône de la poubelle (la plus à gauche de la barre d'outils), ou bien tapez <Ctrl>D. Avec Eudora pour Macintosh, vous pouvez cliquer sur le message puis appuyer sur Supprimer.
- Avec Netscape Navigator, sélectionnez le message puis cliquez sur le bouton Supprimer (le deuxième de la barre d'outils à partir de la gauche) ou appuyez sur la touche <Suppr.>.
- Avec Netscape Communicator, sélectionnez le message puis cliquez sur le bouton Supprimer (le sixième de la barre d'outils à partir de la gauche) ou appuyez sur la touche <Suppr.>.
- Avec Internet Mail, sélectionnez le message puis cliquez sur le bouton Delete de la barre d'outils, tapez <Ctrl>+<D> ou cliquez sur File/Delete.
- Avec Pine, tapez D(elete).

Vous pouvez aussi supprimer des messages que vous n'avez même pas lus. Si vous êtes abonné à des listes de diffusion, rien que la vue du sujet peut vous suffire pour savoir que ça ne va pas vous intéresser. Souvent, le mailer vous signalera que ce message n'a pas été lu et vous demandera confirmation de sa suppression.

Réponse du berger à la bergère

Pour répondre à un message reçu, c'est l'enfance de l'art :

- Avec Eudora, cliquez sur Message/Reply ou cliquez sur l'icône de la barre d'outils qui ressemble à un signe de demi-tour américain (la première du groupe des trois losanges sur fond jaune).

- Avec Netscape Navigator, cliquez sur la quatrième icône de la barre d'outils ou sur Message/Répondre dans la barre de menus ou encore tapez <Ctrl>+<R>.

- Avec Netscape Communicator, cliquez sur la troisième icône de la barre d'outils ou sur Message/Reply dans la barre de menus ou encore tapez <Ctrl>+<R>.

- Avec Internet Mail, cliquez sur l'icône Répondre à l'auteur ou sur Message/Répondre à l'auteur ou encore tapez <Ctrl>+<R>.

- Avec Pine, tapez <R>(eply).

Il y a deux points importants à prendre en considération :

- **Où doit aller la réponse ?** Regardez attentivement le champ `To:` que votre mailer a renseigné pour vous. Est-ce bien à cette adresse (et à cet individu) que vous voulez répondre ? En particulier, si le message venait d'une liste de diffusion, est-ce bien à toute la communauté abonnée à la liste que vous voulez répondre ? Peut-être serait-il préférable d'envoyer la réponse au seul auteur du message ? Si le message était adressé à une petite communauté dont la liste est détaillée, vérifiez bien que vous ne voulez exclure ni ajouter personne.

- **Devez-vous réellement reproduire le texte complet du message auquel vous répondez ?** C'est souvent par paresse, manque de réflexion, sans-gêne et laisser-aller que d'aucuns collent leur réplique au bas du message original sans prendre la peine de l'élaguer de ce qui est accessoire (formules de politesse, signature, propos météorologiques ou considérations sur les causes de la grandeur des Romains et de leur décadence). Résultat, on encombre les lignes de transmission. Cela porte un nom : **pollution de la bande passante**. Si votre interlocuteur a posé plusieurs questions dans son message, insérez vos réponses entre chaque question. Mais ne tombez pas dans l'excès contraire consistant à répondre à un message sans rien reprendre du tout de son contenu original. Dites-vous bien que votre interlocuteur a sans doute envoyé depuis d'autres messages et qu'il ne se souvient sans doute pas avec précision de ce qu'il vous avait écrit.

Lorsque vous répondez à un message, votre mailer ajoute le préfixe `Re :` devant le sujet original du message.

Passer une patate chaude (faire suivre le courrier)

Vous avez la possibilité de faire suivre un message à qui vous voulez. C'est facile, ça ne coûte pas cher (et, en général, ça ne rapporte rien). Mais, comme la langue d'Esope, c'est à la fois la meilleure et la pire des choses. La meilleure, parce que vous pouvez ainsi faire facilement circuler une information vers ceux que ça peut intéresser. La pire, parce que, si chacun de vos destinataires fait de même, vous allez inonder l'Internet avec des propos qui risquent de rester lettre morte pour une bonne partie de l'auditoire. Ne vous transformez pas en agence de presse ! Réfléchissez un peu avant de décider si vous devez ou non faire suivre un message. Va-t-il améliorer la qualité de vie du nouveau destinataire ? (Et si la qualité de vie n'est pas votre (sa) tasse de thé, trouvez un autre critère de décision.)

Par "faire suivre un message", on entend l'englober à l'intérieur d'un autre message qui peut servir à le présenter en situation, une sorte de Post-it que vous colleriez sur le texte original.

- **Avec Eudora.** Sélectionnez Message/Forward dans le menu principal ou cliquez sur l'icône symbolisant une route toute droite (la deuxième du groupe des trois en forme de losange sur fond jaune). Une nouvelle fenêtre s'ouvre avec le pointeur de la souris placé sur le champ `To:`.

- **Avec Netscape Navigator.** Cliquez sur l'icône Transférer (la sixième à partir de la gauche) de la barre d'outils ou sur Message/Transférer dans la barre de menus ou encore tapez <Ctrl>+<L>.

- **Avec Netscape Communicator.** Cliquez sur l'icône Transférer (la quatrième à partir de la gauche) de la barre d'outils ou sur Message/Forward dans la barre de menus ou encore tapez <Ctrl>+<L>.

- **Avec Internet Mail.** Cliquez sur l'icône Transférer de la barre d'outils ou sur Message/Transférer dans la barre de menus ou encore tapez <Ctrl>+<F>.

- **Avec Pine.** Tapez <F>(orward).

Sauf avec Netscape, le mailer compose alors un message reprenant le texte du message reçu. Avec Eudora, chaque ligne est précédée du caractère ">". Vous pouvez obtenir le même effet avec Netscape en cliquant sur Message/Transférer inséré (Message/Forward quoted). Sinon, le message à faire suivre sera considéré comme un document attaché à *votre* message. Vous n'avez plus qu'à renseigner le champ Adresse (`To:`). Si le coeur vous en dit, rien ne vous empêche d'ajouter quelques commentaires au texte que vous faites suivre.

Gardez trace de vos amis

Une fois que vous aurez bien pris l'habitude du courrier électronique, vous allez découvrir que vous échangez souvent des messages avec les mêmes correspondants. Plutôt que de vous remémorer des adresses électroniques parfois ésotériques, placez-les dans le carnet d'adresses virtuel que chaque mailer est capable de gérer. Pour les repérer, vous leur donnerez un *alias*, sorte de raccourci facile à mémoriser. Par exemple, l'adresse *e-mail* de votre ami Jules qui est `markwyuwoch@machin.univ-2.tourcoing.fr` sera repéré tout naturellement par `jules`. Quand vous voudrez lui envoyer un message, il vous suffira de taper `jules` dans le champ Adresse du message.

Tous les mailers vous permettent de copier l'adresse d'un message que vous venez de lire pour la coller dans ce carnet d'adresses. Voici comment procéder :

Eudora. Cliquez sur Special/Make Nickname (littéralement : créer un surnom) ou tapez <Ctrl>+<K>. La Figure 8.1 montre la boîte de dialogue qui s'ouvre alors. Tapez le raccourci que vous allez affecter à l'adresse électronique de l'auteur du message sélectionné, cochez la case placée devant Put it in the recipient list et cliquez sur OK. Pour utiliser ces raccourcis à l'occasion de l'envoi d'un message, vous pouvez cliquer sur l'une des quatre entrées du deuxième groupe d'entrées dans le menu Message. Un menu déroulant vous présentera alors la liste des alias, dans laquelle vous n'aurez plus qu'à cliquer sur celui de votre destinataire.

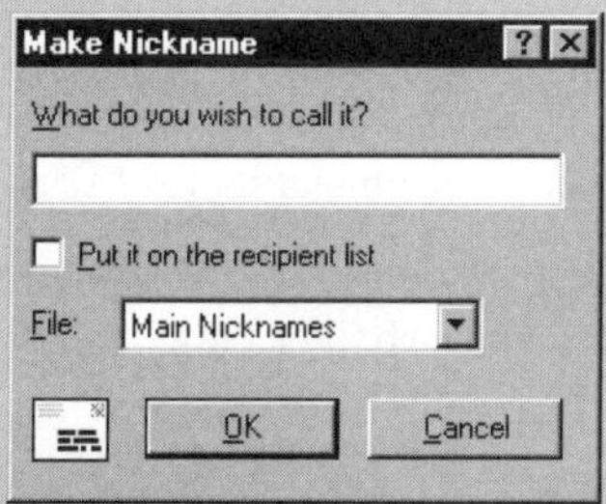

Figure 8.1 : Créer un alias avec Eudora.

Vous pouvez éditer la liste des alias en cliquant sur Tools/Nicknames ou en tapant <Ctrl>+<L>.

Netscape Navigator. Cliquez sur Message/Ajouter au carnet d'adresses. La fenêtre reproduite sur la Figure 8.2 s'affiche alors et vous n'avez plus qu'à renseigner ses rubriques et à cliquer sur OK. Pour utiliser ces raccourcis, lorsque vous créez un nouveau message, cliquez sur le bouton Envoyer à: et choisissez le destinataire dans la liste qui vous est présentée en cliquant sur son nom puis sur l'un des trois boutons de destinataires au bas de la fenêtre. Terminez en cliquant sur OK.

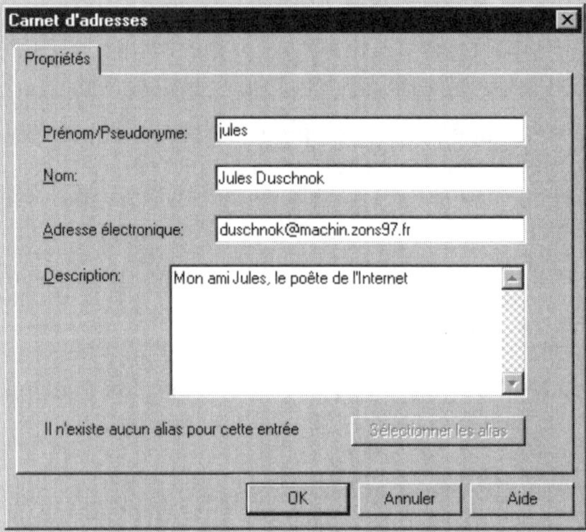

Figure 8.2 : Créer un alias avec Netscape Navigator.

Pour éditer votre carnet d'adresses, cliquez sur Fenêtre/Carnet d'adresses et, dans la fenêtre Carnet d'adresses qui s'ouvre, cliquez sur Rubrique/Ajouter un utilisateur. Renseignez les divers champs qui vous sont présentés et cliquez sur OK.

Netscape Communicator. Cliquez sur Message/Add to address book puis renseignez les rubriques de la boîte de dialogue qui s'ouvre et cliquez sur OK. Pour utiliser ces raccourcis, lorsque vous créez un nouveau message, cliquez sur le bouton To: et choisissez le destinataire dans la liste qui vous est présentée en cliquant sur son nom puis sur l'un des trois boutons de destinataires au bas de la fenêtre. Terminez en cliquant sur OK.

Pour éditer votre carnet d'adresses, cliquez sur Window/Address Book puis, dans la fenêtre Address Book qui s'ouvre, cliquez sur Item/Add Name. La boîte de dialogue reproduite sur la Figure 8.3 s'ouvre. Renseignez ses divers champs et cliquez sur OK.

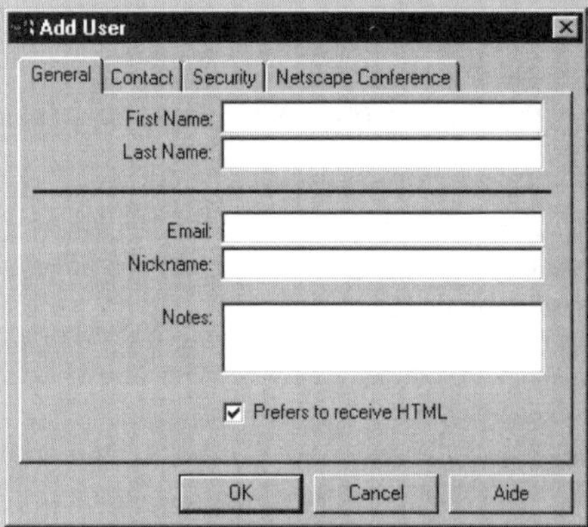

Figure 8.3 : Créer un alias avec Netscape Communicator.

Internet Mail. Seule la version pour Windows 95 gère un carnet d'adresses. Et encore le fait-elle de façon rudimentaire. Il ne semble pas y avoir moyen de constituer automatiquement un raccourci à partir d'un message reçu, comme nous venons de le voir pour les trois précédents mailers. Le mieux que vous puissiez faire est de cliquer sur l'icône Répondre à l'auteur, sélectionner le nom de la personne affiché sur la ligne et taper sur <Ctrl>+<C> pour le copier dans le presse-papiers. Refermez alors la fenêtre puis cliquez sur Fichier/Carnet d'adresses. Dans la fenêtre Carnet d'adresses de Windows qui s'ouvre alors, cliquez sur l'icône Nouveau Contact, ce qui affiche la boîte de dialogue reproduite sur la Figure 8.4. Renseignez alors les cinq premières boîtes de saisie et tapez <Ctrl>+<V> pour renseigner la zone de texte Adresses d'email. Cliquez ensuite sur OK.

Pour éditer votre carnet d'adresses, cliquez sur Fichier/Carnet d'adresses et utilisez les divers menus et boutons de commande proposés dans la fenêtre qui s'ouvre.

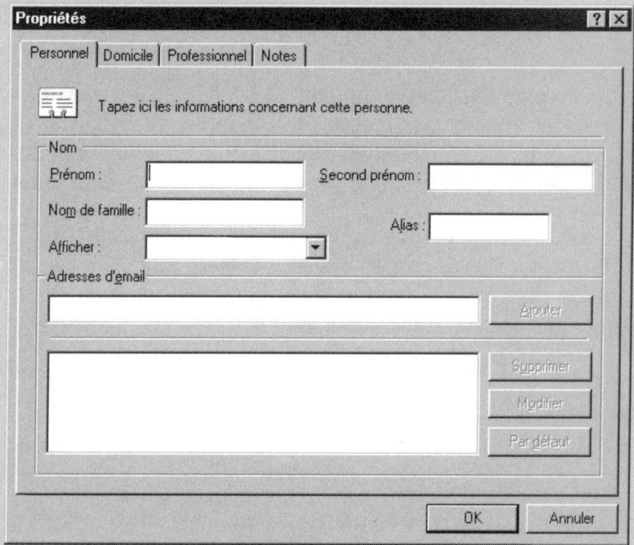

Figure 8.4 : Créer un alias avec Internet Mail.

TRUC

Parfois, le courrier que vous voulez faire suivre a été écrit à l'intention de quelqu'un d'autre et vous pourriez le lui faire parvenir sans les caractères de citation ">" placés au début de chaque ligne, en conservant l'adresse de l'émetteur original de façon que celui qui le reçoive puisse répondre directement à l'auteur et non à vous qui n'avez fait que servir d'intermédiaire. Pour Eudora, cela s'appelle une *redirection*. Vous devez alors sélectionner Message/Redirect ou cliquer sur le panneau routier de tournant à droite (le troisième du groupe des trois losanges sur fond jaune). Eudora ajoute une petite note de façon que le nouveau destinataire sache comment lui est parvenu le message. Avec Pine, il faut taper **B**(ounce).

De l'art de pratiquer des coupures

Lorsque vous voulez faire suivre un message, il est généralement bon de le débarrasser d'un certain nombre de scories comme tous les renseignements d'acheminement ajoutés dans son en-tête. Le plus délicat, c'est d'intervenir ensuite dans le corps du message lui-même. S'il est court, mieux vaut sans doute le laisser tel quel. En voici deux exemples :

```
>J'ai consulté notre Service de recherche et j'ai constaté
>que les garnitures de pizza les plus demandées par les
>clients dans la tranche d'âge 18-34 ans sont
>la saucisse, la tomate, le jambon, le pamplemousse,
>les olives, le poivron, les champignons et les brocolis.
>Je leur ai demandé d'examiner plus particulièrement le >cas des prunes et ils
m'ont répondu qu'il n'existait pas
>de réponse statistiquement significative pour cette
>catégorie
```

Si le texte est particulièrement long et qu'une partie seulement est réellement significative, vous devriez, par politesse envers votre lecteur, ne conserver que celle-ci. Notre expérience nous a montré que les gens prêtaient davantage attention à un message d'une seule ligne, qu'à une douzaine de pages dans lesquelles ils doivent séparer le bon grain de l'ivraie.

Il est même parfois bon de pratiquer des coupes plus sévères dans le texte original, histoire de mieux mettre en valeur les passages les plus intéressants. Ce faisant, gardez-vous cependant de dénaturer les propos de celui que vous citez ou de modifier le sens de ses conclusions, comme dans le raccourci ci-dessous :

```
>J'ai consulté notre Service de recherche au sujet des
>garnitures de pizza ...
>et ils m'ont répondu qu'il n'existait pas de réponse
>statistiquement significative pour cette catégorie
```

Voilà un excellent moyen de vous faire de nouveaux ennemis. Mais il peut y avoir une bonne raison de paraphraser une partie du texte. Dans ce cas, mettez votre résumé entre crochets :

```
>[Lorsque j'ai posé la question des prunes dans les
>pizzas, aux gens du Service de recherche ]
>ils m'ont répondu qu'il n'existait pas de réponse
>statistiquement significative pour cette catégorie
```

De même, vous pouvez pratiquer des coupures dans le texte mais, il est bon, dans ce cas, de les marquer par des points de suspension entre crochets :

```
        >En réponse a votre question, j'ai consulté notre Service
>de recherche [...] pour le cas des prunes et ils
>m'ont répondu qu'il n'existait pas de réponse
>statistiquement significative pour cette catégorie
```

> Tout cela est une question de bon sens et de mesure. A vous de peser le pour et le contre en fonction du sujet abordé et de la personnalité du premier expéditeur et de celle du destinataire final.

Passer une patate froide (sauvegarder le courrier)

En général, vous ne jetez pas *tout* le courrier que vous recevez une fois que vous l'avez lu. Professionnellement, s'entend. De la même façon, il est souvent bon d'archiver le courrier électronique qui vous est parvenu. Pour cela, il existe plusieurs façons de procéder :

- Sauvegarde dans le pot commun des messages sauvegardés
- Sauvegarde dans un "classeur" particulier
- Impression et classement dans un classeur de vieux papiers

La façon la plus simple est sans doute de le placer dans un classeur informatique, c'est-à-dire un répertoire dans lequel vont s'accumuler les messages que vous désirez conserver. Bien entendu, ils restent séparés les uns des autres et vous pouvez toujours retrouver celui qui vous intéresse.

Il y a deux approches de classement possibles : par auteur ou par sujet. C'est affaire de goût. A vous de décider. Certains mailers (comme Pine) ont une préférence marquée pour le classement par auteur aussi, lorsque votre ami Fred (`fred@nimporte.ou.fr`) vous envoie un message que vous voulez sauvegarder, votre mailer va-t-il vous proposer de le classer dans le dossier `fred`. Dans ce cas, pas de problème. Mais si vous recevez un message de `z921h8n@bizarre.chose.be`, ce système de classement risque de laisser à désirer. Alors, mieux vaut choisir vous-même le nom du dossier.

Pour le classement par sujet, c'est à vous de décider des sujets qui vous intéressent. Dans tous les cas, prévoyez un classeur fourre-tout appelé "divers". Choisissez des noms de dossiers en rapport avec votre activité normale : comptabilité, assurances, sécurité, banque, escroquerie, vampirisme...

TRUC

Si vous utilisez un Macintosh ou un PC sous Windows, vous pouvez sauvegarder tout ou partie d'un message en le copiant dans un fichier texte ou dans un document de traitement de texte. Sélectionnez le texte du message avec votre souris et faites un couper/coller. (<Ctrl>+<C> suivi de <Ctrl>+<V>, avec Windows, est-il vraiment besoin de vous le rappeler ?)

Classement avec Eudora

Pour classer un message avec Eudora, sélectionnez la ligne qui décrit le message dans la fenêtre In, par exemple, et cliquez sur Transfer dans la barre de menus. Un menu se déroule listant plusieurs dossiers (ou boîtes aux lettres). Les trois qui se trouvent au-dessus du séparateur, In, Out et Trash (Arrivée, Départ, Poubelle), existent toujours par défaut. Immédiatement en dessous, vous trouvez New suivi de la liste des boîtes que vous avez éventuellement déjà créées. Si le message que vous voulez ranger peut trouver place dans l'une de ces boîtes, il vous suffit de cliquer sur son nom. Si ce n'est pas le cas, en cliquant sur New, une boîte de dialogue va vous proposer de créer une nouvelle boîte aux lettres. Indiquez le nom que vous voulez lui donner (les majuscules sont différentes des minuscules) et, normalement, ne cochez pas les deux cases à cocher.

Pour voir la liste des messages contenus dans une boîte aux lettres, cliquez sur Mailboxes dans la barre de menus puis sur le nom de la boîte aux lettres qui vous intéresse dans la liste qui s'affiche.

Pour supprimer une boîte aux lettres, cliquez sur Tools/Mailboxes. Une fenêtre s'ouvre, divisée en deux parties. Sélectionnez la boîte aux lettres que vous voulez supprimer dans la fenêtre de gauche et cliquez sur le bouton Remove. Ensuite, tapez <Ctrl>+<F4> pour refermer la fenêtre. Vous remarquerez que vous pouvez aussi transférer le contenu d'une boîte aux lettres dans une autre au moyen de cette double fenêtre.

Vous pouvez aussi sauvegarder un message dans un fichier texte. Pour cela, le message étant sélectionné, cliquez sur File/Save As dans la barre de menus. Dans la boîte de sélection de fichier qui s'ouvre, choisissez le disque et le répertoire de destination et cliquez sur Enregistrer. Le fichier aura l'extension .txt.

ATTENTION !

Lorsque vous sauvegardez un message dans un fichier texte, seul le texte du message est sauvegardé. Le ou les destinataires, l'émetteur et le sujet ne le sont pas.

TRUC

La version Pro d'Eudora et la nouvelle version "light" (3.0) peuvent classer vos messages automatiquement. Pour cela, en cliquant sur Tools/Filters, vous créez des *filtres* qui indiquent à Eudora vos critères de classement, comme on le voit sur la Figure 8.5. Ces critères sont formés par l'association de deux tests par une condition qui peut être *ignore, and, or, unless* (ignorer, et, ou, sauf).

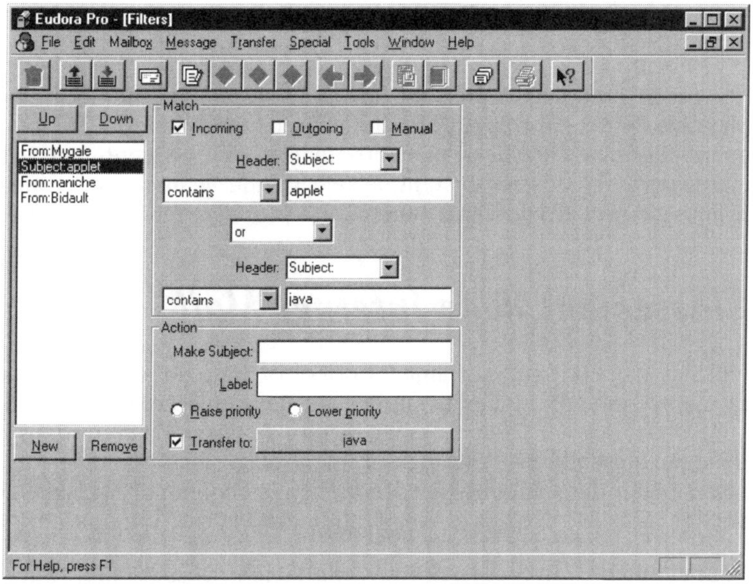

Figure 8.5 : Boîte de dialogue servant à créer des filtres de classement avec Eudora Pro.

Classement avec Netscape Navigator

Pour ranger un message dans un classeur particulier, cliquez sur le titre du message puis, dans la barre de menus, sur Message/Déplacer et choisissez la destination dans le menu qui se déroule. A l'origine, ce menu ne comprend que Inbox (Arrivée) et Sent (Envoyé). Vous pouvez aussi faire un glisser/déplacer de la liste affichée dans la fenêtre de droite dans les classeurs affichés dans la fenêtre de gauche. Pour créer un nouveau dossier, cliquez sur Fichier/Nouveau dossier et tapez le nom que vous voulez donner à ce dossier dans la boîte de dialogue qui s'ouvre.

Classement avec Netscape Communicator

Commencez par sélectionner le titre du message puis cliquez sur Message/File Message. Dans le menu qui s'affiche, cliquez sur le classeur de destination. Vous pouvez aussi cliquer sur Message/File Message, auquel cas le message est placé dans le classeur de destination mais reste dans celui d'origine. Voici la marche à suivre pour créer un nouveau dossier :

1. **Dans la boîte à liste déroulante en haut et à gauche de la fenêtre, cliquez sur mail.**

2. **Cliquez sur File/New Folder.**

3. **Dans la boîte de dialogue qui s'affiche, tapez le nom du nouveau dossier.**

Netscape Comunicator possède une nouvelle fenêtre appelée Netscape Message Center qu'on peut ouvrir en cliquant sur Window/Folders. En cliquant sur un des dossiers, une autre fenêtre s'ouvre, contenant la liste des messages de ce dossier. Il suffit de sélectionner le message à transférer et de le faire glisser sur l'un des dossiers de la première fenêtre pour le transférer.

Classement avec Internet Mail

Internet Mail contient d'origine les dossiers Boîte de réception, Boîte d'envoi, Eléments envoyés, Eléments supprimés. Pour en créer un nouveau, cliquez sur Fichier/Dossier/Créer et tapez le nom du dossier à créer dans la boîte de dialogue qui s'affiche. Pour classer un message, il faut commencer par le sélectionner dans la boîte de réception puis cliquer sur Message/Déplacer vers et choisir le dossier de destination dans la liste qui s'affiche.

Pour supprimer un dossier, cliquez sur Fichier/Dossier/Supprimer et choisissez le dossier à supprimer dans la liste qui s'affiche. Vous ne pouvez pas supprimer les quatre dossiers qui existent d'origine.

Pour sauvegarder le texte d'un message dans un fichier texte, sélectionnez le message puis cliquez sur Fichier/Enregistrer sous et choisissez le disque et le répertoire dans la boîte de sélection de fichier qui s'affiche. Le fichier aura l'extension `.eml` (*e-mail*). En plus du corps du message, l'en-tête est sauvegardé au complet, y compris les indications de routage éventuellement ajoutées.

Classement avec Pine

Tapez **s** lorsque vous avez le message sous les yeux ou que son nom est en vidéo inverse dans la liste des messages. Pour créer un nouveau dossier de classement, dites à Pine de sauvegarder le message dans un dossier qui n'existe pas (encore). Pine vous demandera de confirmer sa création et vous répondrez (devinez quoi ?) **y** ; vous avez gagné !

Courrier exotique et pièces jointes

Tôt ou tard vous découvrirez que l'envoi pur et simple d'un message ne comble pas tous vos désirs. Par exemple, si vous avez reçu d'une façon ou d'une autre un dessin (sous forme de fichier graphique) qui vous plaît particulièrement, vous aimeriez peut-être faire partager votre plaisir à un de vos amis résidant à San Francisco.

Lorsque nous parlons d'envoyer autre chose que du texte par le courrier électronique, nous voulons parler de l'utilisation de formats de fichier spéciaux et des systèmes qui permettent de les exploiter. Parfois, un message peut être lui-même dans un format spécial (comme MIME dont nous allons vous parler un peu plus loin). D'autres fois, c'est un document, une image, ou quelque chose d'autre qui est *attaché* au message proprement dit. Il existe trois formes d'attachements :

- **MIME :** signifie Multipurpose Internet Mail Extensions (extensions du courrier Internet à usages multiples).
- **Uuencodage :** méthode créée aux temps anciens pour incorporer des informations variées dans un courrier électronique envoyé par la procédure UNIX-to-UNIX.
- **Bin-Hex :** signifie binaire vers hexadécimal.

Les détails techniques de ces trois méthodes ont ici peu d'importance car ce qui compte pour vous, c'est que votre logiciel de courrier électronique soit capable d'attacher des documents au moyen d'une de ces méthodes et, symétriquement, de décoder des documents reçus codés de cette façon.

L'envoi d'une pièce jointe (*attachment*) se fait sans difficulté avec l'un quelconque des mailers que nous avons étudiés. Avec Eudora, par exemple, nous verrons qu'il suffit de cliquer sur Message/Attach File (ou de taper <Ctrl>+<H>) puis de choisir le fichier à joindre dans la boîte de sélection de fichier qui s'affiche.

Lorsque vous recevez un document attaché à un message *e-mail*, c'est votre mailer qui doit se charger de le décoder et de lui restituer son aspect normal ou alors de le sauvegarder tel qu'il l'a reçu.

Par ces méthodes, vous pouvez envoyer les types de fichiers suivants :

- Images (sous forme de fichiers image)
- Documents issus de traitements de texte
- Sons (sous forme de fichiers audio)
- Animations (sous forme de fichiers vidéo)
- Programmes (sous forme de fichiers exécutables)
- Fichiers compressés (tels que des fichiers ZIP, par exemple)

Au Chapitre 17, nous reviendrons sur les différents types de fichiers que vous pouvez trouver en pièce jointe.

Par prudence, si vous recevez un programme exécutable attaché à un document, ne le lancez pas avant de l'avoir passé au détecteur de virus.

TRUC

Si vous recevez un message contenant un pièce jointe utilisant une méthode d'encodage telle que MIME, UUENCODE ou Bin-Hex que votre mailer ne sait pas traiter, cette "pièce" se présente dans votre fenêtre de courrier comme un grand message incohérent. Le mieux est alors de demandez conseil à votre fournisseur d'accès ou à quelqu'un d'autre de compétent.

Méfiez-vous des rumeurs

Une des choses les plus odieuses qui traînent sur l'Internet (et dans la vie courante), ce sont les rumeurs : ces informations incontrôlées mais souvent alarmantes ou choquantes qu'on se transmet de bouche à oreille avec des airs de conspirateurs. En jargon Internet, on appelle cela *chaining*, pour bien indiquer ce passage de bouche à oreille. Ne propagez pas ce genre d'informations. N'hésitez pas à rompre la chaîne. Faites comme ce message publicitaire qu'on a pu voir il y a quelques années sur les écrans de télé à propos du SIDA : "Il ne passera pas par moi !"

De temps en temps, tel le monstre du Loch Ness, quelques rumeurs réapparaissent et des "innocents" se hâtent de les propager, souvent, hélas, de bonne foi. En voici quelques exemples :

Le virus Good Times

Fin décembre 94, un message est apparu sur AOL sous forme d'un avertissement signalant l'apparition d'un nouveau virus informatique capable d'effacer votre disque dur et qui se répandait par le courrier électronique. Il était censé arriver sous forme d'un message ayant pour sujet "Good Times" (les bons moments, la belle époque...). Il suffisait de le lire, c'est-à-dire de demander à votre mailer d'afficher son contenu pour qu'il s'introduise dans votre machine et commence à y exercer ses ravages. Ce message (et non pas le virus !) se répandit très rapidement tant sur les réseaux publics et privés que sur Usenet. Des gens bien intentionnés se dépêchaient de prévenir leur communauté des risques encourus par ses membres. L'enfer est pavé de bonnes intentions ! Les experts en virus furent prompts à réagir et à expliquer qu'un simple fichier texte était incapable de colporter un virus parce que, pour cela, il fallait **exécuter** un programme[1]. Ils ne furent pas crus par tous et l'inquiétude fut longue à disparaître. A peu près tous les ans, cette même rumeur réapparaît en France et continue à faire des victimes, même dans certains établissements publics à vocation scientifique.

1. Depuis, on a eu l'occasion de découvrir que, sans remettre strictement en cause cette affirmation, un virus pouvait néanmoins se transmettre par un fichier texte. Mais pas n'importe quel fichier texte. En l'occurrence, il s'agit de documents formatés sous WinWord (le traitement de texte de Microsoft) et dont l'en-tête contient, outre des indications de formatage, d'éventuelles macros pouvant s'exécuter dès l'ouverture du fichier. Or, ces macros sont écrites dans un puissant BASIC qui autorise une forte interaction avec le système d'exploitation et permet, effectivement, de causer des dégâts sur les disques durs (N.D.T.).

Les cartes de voeux pour les petits enfants mourants

Il y a plusieurs années, un petit anglais nommé Craig Shergold avait été hospitalisé, souffrant de ce qu'on considérait alors comme une tumeur au cerveau inopérable. Craig souhaitait établir un record en étant celui qui avait reçu le plus grand nombre de cartes de voeux. Son désir fut rapidement connu et il reçut des millions de cartes, au point d'entrer dans le *Livre Guinness des records*. Mais il apparut que cette tumeur n'était peut-être pas vraiment inopérable. Un richissime Américain, John Klugs, offrit à Craig le voyage aux Etats-Unis pour tenter l'opération qui réussit parfaitement. Maintenant, Craig est guéri et ne souhaite plus recevoir de cartes. Toute cette histoire a été racontée en détail à la page 24 du numéro du 29 juillet 1990 du *New York Times* et, du coup, Guinness a été tellement fâché par toute cette histoire que cette catégorie de records a disparu des éditions ultérieures du *Livre des records*. Si vous avez envie d'aider les petits enfants mourants, envoyez plutôt 10 francs à une organisation charitable comme l'UNICEF.

La taxe sur les modems

En 1987, la FCC, organisation américaine qui régit les télécommunications, émit l'idée d'imposer un changement technique aux règles relatives à la façon dont les services en ligne comme CompuServe et AOL se voyaient facturer leurs connexions téléphoniques. Si cette proposition avait été approuvée, cela aurait eu pour effet d'augmenter de façon notable le prix de l'abonnement à ces services. Aussi, leurs clients firent-ils immédiatement entendre de véhémentes protestations et plusieurs membres du Congrès interpellèrent le gouvernement. Aussi bien, la proposition ne fut-elle pas maintenue. Depuis, périodiquement, des informations alarmistes se propagent de BBS en BBS, à propos d'une taxe qui serait instituée sur les modems. Comme la FCC est un organisme gouvernemental, elle ne peut pas modifier ses règlements clandestinement et l'opinion en serait avertie de façon formelle si telle était son intention. Pas d'annonce officielle, pas de craintes à avoir.

La chaîne "boule de neige"

C'est le vieux truc de la chaîne qui, auparavant, se propageait par voie postale et qui, maintenant, s'est mise au goût du jour. Vous receviez une feuille de papier appelée "chaîne du bonheur" ou affublée de tout autre titre alléchant et comportant une liste de noms. Vous deviez commencer à envoyer 50 francs à la personne qui était en tête de la liste, puis inscrire votre nom en bas de la liste et faire parvenir ce message au plus grand nombre de naïfs que vous pouviez trouver. Quelquefois, on poussait même l'impudence jusqu'à vous dire que "ce n'est pas une chaîne". Du courrier postal, ces pratiques s'efforcent de s'introduire sur l'Internet. Outre le caractère illégal de ces lettres, il est certain que les seuls à en tirer quelque bénéfice, c'est La Poste ou France Télécom (selon le mode de transmission concerné)... et le premier auteur, bien sûr. Le mieux, dans ce cas, c'est d'abord de ne pas donner suite et, surtout, d'alerter le postmaster du lieu d'où provient le message afin qu'il ferme le robinet.

Pièce jointe avec Eudora

Pour joindre quelque chose à un message envoyé par Eudora, cliquez sur Message/Attach Document ou sur la cinquième icône de la barre d'outils à partir de la droite, ou encore tapez <Ctrl>H. Une boîte de sélection de fichier vous aide à choisir le fichier que vous voulez joindre. Ici, le mot "document" est pris au sens le plus large et ne signifie pas nécessairement un fichier texte.

Si vous faites glisser un fichier depuis le gestionnaire de fichiers jusqu'à Eudora[2], il va se trouver automatiquement traité comme une pièce jointe au message que vous êtes en train d'écrire. Si vous n'êtes pas en train d'en écrire un, cela provoquera l'ouverture d'un nouveau message.

Lorsque Eudora reçoit un message auquel est joint un fichier, celui-ci est automatiquement sauvegardé sur disque et vous êtes informé de son nom et de l'endroit où il a été stocké.

Pièce jointe avec Netscape

Avec Netscape, vous cliquez sur l'icône Joindre le(s) fichier(s) (celle qui représente une attache trombone). A la différence des autres mailers, Netscape vous permet de joindre n'importe quel fichier ou document pourvu d'une URL (forme d'adresse particulière que nous avons étudiée au Chapitre 4). Une boîte de dialogue (Figure 8.6) vous offre le choix entre les deux possibilités : indiquer le nom d'un document situé sur votre machine ou l'URL d'un document situé sur n'importe quelle machine pourvu qu'elle soit raccordée à l'Internet. Si vous choisissez de joindre un fichier local, une boîte de sélection de fichier va vous permettre de le rechercher sur votre disque dur.

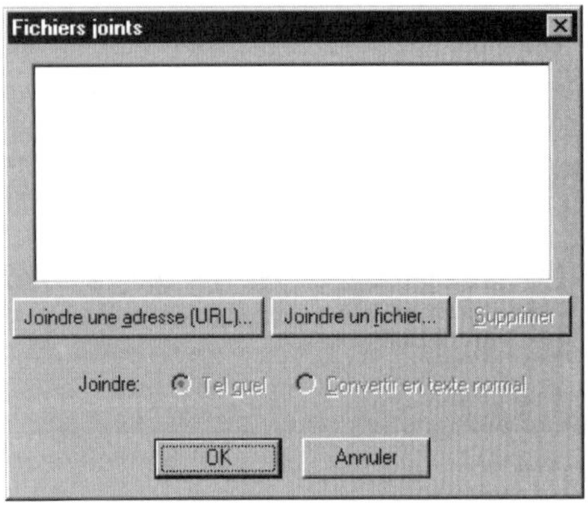

Figure 8.6 : Boîte de dialogue pour joindre un document à un message envoyé avec Netscape.

2. Ne marche pas avec Eudora Lite (version gratuite) (N.d.T.).

Quand il s'agit de courrier arrivé, Netscape affiche les pièces jointes qu'il est capable de traiter lui-même (pages Web, images GIF et JPEG). Pour les autres types de fichiers, il vous affiche une courte description de l'objet et, si vous cliquez dessus, Netscape a recours à un assistant pour vous le faire voir ou entendre. S'il n'en a pas pour ce type de fichier, il vous propose de le sauvegarder sur disque ou de lui indiquer quel programme il doit utiliser.

Pièce jointe avec Internet Mail

Avec Internet Mail, il suffit de cliquer sur Insertion/Pièce jointe puis de choisir le fichier à envoyer dans la boîte de sélection qui s'ouvre.

Lorsqu'un message contenant une pièce jointe arrive, une attache trombone s'affiche à côté du message dans la liste des messages reçus et dans le coin supérieur droit du message lorsqu'on l'affiche en entier. En cliquant sur cette attache trombone, on peut connaître le nom du fichier et, en double-cliquant dessus, en prendre connaissance.

Pièce jointe avec Pine

Indiquez le nom du ou des fichiers que vous voulez joindre, en les séparant par des virgules. Lorsque vous appuierez sur <Entrée>, Pine s'en emparera. S'il ne peut pas trouver l'un d'eux, il vous le dira.

Lorsqu'il reçoit un message accompagné de pièces jointes, Pine vous informe de leur nature et les affiche (au sens le plus large) s'il dispose pour cela des outils logiciels nécessaires. Sinon, vous pouvez, comme avec Netscape, les sauvegarder sur disque pour les reprendre plus tard, lorsque vous vous serez procuré le logiciel approprié.

Hé, Monsieur le robot !

Il n'y a pas nécessairement une personne physique derrière chaque adresse électronique. On peut y trouver des serveurs de listes (nous en parlerons au Chapitre 9) dons certains sont des *robots*, c'est-à-dire des programmes chargés de répondre automatiquement aux messages reçus. Les robots de courrier servent principalement à consulter des bases de données. Vous envoyez un message au robot (considéré comme serveur de courrier) et il entreprend telle ou telle action selon le contenu de votre message. Puis il vous renvoie la réponse qu'il a trouvée. Si, par exemple, vous envoyez un message à `internet4@dummies.net`, le message que vous recevrez en réponse contiendra votre propre adresse électronique.

Leur utilisation la plus fréquente est l'abonnement ou le désabonnement à des listes de diffusion (voir le Chapitre 9). Des entreprises les utilisent pour envoyer des réponses toutes prêtes à des demandes d'informations reçues par courrier électronique.

Gestion de votre courrier personnel

Dès que vous aurez commencé à envoyer du courrier électronique, vous allez en recevoir en retour. Tout spécialement si vous vous êtes abonné à une ou plusieurs listes de diffusion (voir le Chapitre 9). Au point d'être bientôt submergé de toute part.

Par bonheur, la plupart des systèmes de courrier électronique vous offrent des moyens d'endiguer le flot et d'éviter ainsi d'être inondé. En ce qui concerne les listes, la plupart de celles-ci sont consultables sur les news de Usenet (voir le Chapitre 10). Il est souvent plus pratique de "feuilleter" les news que d'éplucher son courrier.

Sur les PC et les Macintosh, les utilisateurs d'Eudora (version commerciale et version Light 3.0) peuvent créer des filtres qui testent automatiquement les messages entrant d'après une liste d'expéditeurs et de sujets et font un classement automatique dans les dossiers appropriés. Les autres mailers ont souvent des dispositifs analogues.

Tout cela doit vous paraître bien compliqué et fort ennuyeux. Si vous ne recevez pas plus de cinq ou dix messages par jour, vous n'avez pas à vous en préoccuper. Mais si le nombre de messages que vous recevez se chiffre par dizaines, voire par centaines, la gestion de votre courrier risque fort de vous prendre une bonne partie de votre temps. D'où l'intérêt d'utiliser des procédures automatisées pour purger les messages inintéressants ou hors de propos.

Une raison de plus de préférer Eudora

A partir de la version 3.0, lorsqu'un message contient une URL, il suffit de double-cliquer dessus pour charger la page sur laquelle elle pointe. Le pointeur de la souris se change en une main lorsqu'il passe sur une URL valide. Pour choisir le browser à utiliser, il ne semble pas qu'il y ait de commande prévue dans le menu d'Eudora, mais on peut éditer le fichier EUDORA.INI et indiquer le nom du browser précédé de son chemin d'accès à la rubrique `URLHelper=`.

Chapitre 9
Courrier, courrier, quand tu nous tiens

Dans ce chapitre :

Listes de diffusion.

Courrier ou prospectus ?

Quelques listes de diffusion intéressantes.

Serveurs de courrier.

Etes-vous sûr que ça en vaut la peine ?

Maintenant que vous savez comment envoyer et recevoir du courrier, il n'y a plus qu'un détail qui vous sépare de l'existence enrichissante d'un véritable "homme de lettres" : vous ne connaissez pas grand monde susceptible de vous envoyer du courrier électronique. Par bonheur, rien ne vous empêche de vous abonner à des listes de diffusion (*mailing lists*), grâce à quoi, chaque matin, vous allez trouver votre boîte à lettres (électronique) pleine à ras bord de centaines de missives. (Enfin, pour commencer, deux ou trois devraient vous suffir !)

Une liste de diffusion, c'est très simple : elle possède sa propre adresse électronique, et tout ce qui est envoyé à cette adresse est envoyé aux abonnés de la liste. Comme, à leur tour, ceux-ci répondent au courrier qu'ils reçoivent, il en résulte une véritable conversation.

Les listes ont chacune leur style propre. Certaines sont assez formelles, ne s'écartant pas du thème officiel de la liste. D'autres ont tendance à virevolter ça et là, abordant souvent des sujets bien étrangers au thème officiel de la liste. Pour en avoir une idée, le mieux est de lire ce qu'elles vous envoient pendant un petit moment.

Les groupes de Usenet représentent un autre moyen d'entretenir des conversations, et la différence entre ces deux moyens d'expression est assez floue. Comme, de plus, certains thèmes sont communs, ça permet à ceux qui n'ont pas accès aux news de participer néanmoins à la conversation. Nous reparlerons de Usenet au Chapitre 10.

S'abonner et se désabonner

S'abonner à une liste de diffusion est extrêmement simple. Il vous suffit d'envoyer un message par courrier électronique. Là, deux écoles s'affrontent : la gestion *manuelle* et la gestion *automatisée*. La première est la plus traditionnelle : votre message est lu par la personne qui met à jour la liste de diffusion, et elle vous ajoute à sa liste. L'avantage de cette méthode est qu'elle vous procure un service personnalisé. Son inconvénient est que le responsable de la gestion des abonnements n'est pas constamment disponible et peut se trouver occupé à un travail plus important pendant un certain temps.

De nos jours, il est plus fréquent de recourir à une gestion automatisée, réservant l'attention d'un être humain aux cas difficiles. Les plus utilisés parmi les programmes de gestion automatique d'abonnements s'appellent LISTSERV, Majordomo et Listproc. Nous étudierons chacun d'eux dans les sections suivantes.

En ce qui concerne les listes gérées à la main, il existe une convention largement respectée concernant leur adresse. Supposons que vous souhaitiez être au courant de tout ce qui concerne James Buchanan, quinzième président des Etats-Unis, le seul qui soit resté célibataire, et que le nom de la liste qui est consacrée à sa célébration soit `buchanan-lovers@dummies.net`. L'adresse électronique du gestionnaire de la liste est très probablement `buchanan-lovers-request@dummies.net`. Autrement dit, il vous suffit d'ajouter `request` précédé d'un tiret, juste avant le "@" au nom de la liste elle-même pour avoir l'adresse de son gestionnaire. Comme c'est un être doté d'intelligence qui gère la liste (du moins, on peut le supposer), point n'est besoin de respecter un formalisme étroit pour souscrire votre abonnement. Le seul détail important, c'est de rester poli. Une formule du genre :

```
Please, add me to the buchanan-lovers list[1]
```

1. Si vous lui envoyez un message disant "Voulez-vous, s'il vous plaît, m'ajouter à la liste de diffusion des adorateurs du président Buchanan", il y a gros à parier que votre demande restera incomprise. Nous aurions souhaité franciser cet exemple, mais prétendre qu'il existait une liste des adorateurs du président Fallières nous paraissait suffisamment peu crédible pour que nous ne tentions pas l'expérience (N.d.T.).

fera l'affaire. Et pour demander à être rayé du nombre des destinataires, vous enverrez le message :

```
Please, remove me from the buchanan-lovers list[2]
```

Les messages de ce genre sont lus et traités par des êtres humains à qui il arrive de manger, de boire, de dormir, parfois de travailler et souvent de faire encore d'autres choses dont la description n'a pas sa place dans un ouvrage d'une aussi haute tenue que celui que vous avez entre les mains. Tout cela pour que vous compreniez que ces gens-là n'ont pas que ça à faire, et qu'il peut s'écouler plusieurs jours avant que votre requête soit examinée et prise en considération. En particulier, lorsque vous vous désabonnez, vous pouvez continuer à recevoir plusieurs messages de la liste avant que ne cesse cette diffusion.

LISTSERV

Le réseau BITNET (réseau de gros ordinateurs maintenant à peu près complètement absorbé par Internet) avait été conçu dans un seul but : échanger des fichiers entre ordinateurs. En conséquence, les utilisateurs de BITNET ne furent pas longs à créer des tas de listes de diffusion pour pallier l'absence de tout système de courrier.

TRUC

Comment éviter d'avoir l'air idiot

Un petit truc : après vous être abonné à une liste, attendez - environ une semaine - d'avoir reçu quelques messages émanant de cette liste avant d'en envoyer vous-même. Jusqu'ici, vous avez vécu sans rien recevoir de cette liste ; aussi, huit jours de plus ou de moins, ça ne devrait pas vous perturber beaucoup.

De cette façon, vous allez pouvoir prendre connaissance des us et coutumes des habitués de la liste, savoir de quoi ils discutent et de quelle façon ils le font, repérer les fortes têtes et ceux qui savent tout sur tout (et réciproquement, aurait ajouté Pierre Dac). La gaffe classique du nouveau venu est de s'abonner à une liste et d'y envoyer immédiatement un message posant une question stupide ayant fait précisément l'objet de débats passionnés dans les jours précédents. Regardez autour de vous et évitez d'agir ainsi.

2. Ce petit cours de langue anglaise vous est offert sans supplément de prix par l'excellent éditeur français du présent ouvrage (N.d.T.).

L'autre gaffe à éviter est d'envoyer un message à la liste (au lieu de l'adresser à son gestionnaire) pour vous abonner ou vous désabonner, au lieu de l'envoyer au LISTSERV, Majordomo ou Listproc, qui en est le destinataire unique et obligé.

Pour nous résumer : le premier message à envoyer pour vous abonner doit être adressé à `nimporte-quoi-request` ou à `LISTSERV`, `Majordomo` ou `listproc` et non pas à la liste elle-même. Ce n'est qu'ensuite que vous pourrez communiquer directement avec les membres de la liste.

Comme la gestion de toutes ces listes de diffusion n'était pas une sinécure, les gens de BITNET eurent tôt fait de réaliser un programme (qu'ils appelèrent LISTSERV) destiné à tourner sur de grosses machines IBM et qui devait les suppléer dans cette tâche. Au début, seuls ceux qui se trouvaient sur des machines raccordées à BITNET avaient le droit d'utiliser ce programme, mais peu à peu, tout le monde se mit à l'utiliser. En réalité, LISTSERV avait grossi à un point tel qu'il était rempli d'options de toutes sortes que personne ne se souciait réellement d'utiliser.

Son emploi est resté plutôt lourd, mais il a le grand avantage de pouvoir gérer d'énormes quantités de listes de diffusion dont chacune contient des milliers de membres, ce que tous les programmes généralement utilisés sur l'Internet ne sont pas capables de faire. Par exemple, il peut envoyer du courrier à un millier d'adresses en quelques cinq minutes alors que `sendmail`, le programme UNIX habituellement utilisé sur l'Internet, demanderait pour cela plus d'une heure.

Pour tout ce qui touche à la prise ou à la résiliation d'un abonnement à une liste gérée par LISTSERV, vous devez envoyer un message à `LISTSERV@machin.chose.com`, où `machin.chose.com` est le nom de la machine où se trouve la liste qui vous intéresse. N'oubliez pas que LISTSERV n'est qu'un programme et qu'il faut donc lui dire les choses de façon simple et précise.

Supposons que le nom de la liste qui vous intéresse soit `LOUISXIV-L` (les noms de listes gérées par LISTSERV se terminent généralement par `-L`) et que vous vous appeliez Pierre Kiroule. Pour vous abonner, vous enverrez le message

```
SUB LOUISXIV-L Pierre Kiroule
```

Vous n'avez pas besoin d'indiquer un sujet. La ligne ci-dessus suffit amplement. `SUB` est un raccourci pour SUBSCRIBE (s'abonner), `LOUISXIV-L` est le nom de la liste et ce qui est après est censé être votre vrai nom. (En réalité, vous pouvez y mettre ce que vous voulez, mais souvenez-vous que cela figurera comme adresse de retour dans l'en-tête des messages que vous enverrez.) Peu après avoir accompli cette formalité, vous allez recevoir deux messages :

- Un message de bienvenue généré automatiquement et qui vous signale que vous avez rejoint la liste, accompagné de la description de quelques-unes des commandes que vous pouvez utiliser pour manipuler la liste. Il arrive que ce message vous demande de confirmer que vous l'avez bien reçu. Suivez alors les instructions données et ne mettez dans le corps du message que les deux lettres qui forment le mot OK. C'est un moyen pour le programme de vérifier que votre adresse est correcte. Si vous n'envoyez pas la confirmation qui vous est demandée, votre inscription ne sera pas validée.

- Un message très ennuyeux qui vous raconte que c'est un programme tournant sur une machine IBM qui va gérer votre requête et vous indique combien de millisecondes il lui a fallu pour vous inscrire, ainsi que le nombre d'entrées/sorties sur disque que cela a nécessité. Il faut croire qu'il y a des gens qui s'intéressent à ça !

TRUC

Prenez donc un comprimé de message.

Certaines listes sont condensées, c'est-à-dire que les messages reçus pendant un certain laps de temps (généralement un jour ou deux) sont rassemblés en un seul gros message précédé d'une table des matières. Beaucoup de gens trouvent ça beaucoup plus pratique que de gérer une foule de petits messages épars. Certains programmes de lecture de liste peuvent éclater le gros message en ses constituants, ce qui vous permet de les regrouper différemment. On appelle cette option *undigestifying* ou *exploding*, ce qui veut tout simplement dire *décompacter*. Consultez la notice du programme que vous utilisez pour en savoir davantage.

TRUC

A tout hasard, gardez le premier message et même imprimez-le, car vous risquez d'en avoir besoin plus tard, lorsque vous voudrez intervenir sur votre appartenance à la liste : vous désabonner, par exemple. Vous pourriez aussi le coller dans un cahier appelé "Listes de diffusion". Pour notre part, nous avons un dossier intitulé *Mailing Lists,* dans lequel nous rangeons les messages de bienvenue de toutes les mailing lists auxquelles nous nous abonnons.

Une fois que vous êtes inscrit, vous pouvez envoyer un message à la liste en l'adressant à `LOUISXIV-L@machin.chose.com`. N'oubliez pas d'indiquer un sujet précis et évocateur, de façon que tous les destinataires de la liste sachent tout de suite si ça les intéresse ou non.

Pour vous désabonner, c'est encore plus simple. Envoyez un message à `LISTSERV@machin.chose.com` dans le corps duquel vous aurez écrit :

```
SIGNOFF LOUISXIV-L
```

Attention, n'écrivez pas `UNSUB` ou `UNSUBSCRIBE`. Pour se désabonner, on *résilie* son abonnement.

Inutile de donner votre nom, cette fois. Dorénavant, LISTSERV ne vous connaît plus.

Normalement, n'importe qui peut s'abonner à une liste de diffusion. Mais, justement, certaines n'acceptent pas n'importe qui. Le responsable (humain) de la liste peut décider de ne pas accepter votre demande. La plupart du temps, il vous enverra un message pour vous exposer les raisons de son refus ou vous demander des justifications.

Pour entrer en contact avec ce responsable, vous envoyez un message à `OWNER-` (propriétaire) suivi du nom de la liste. Dans notre exemple, ce serait `OWNER-LOUISXIV-L`. Si vous avez le moindre problème, n'hésitez pas à vous adresser à lui, car il est tout puissant.

Les gadgets de LISTSERV

Ceux qui assurent la maintenance du programme LISTSERV y ont ajouté tant de gadgets qu'il faudrait un livre entier pour les décrire tous et, franchement, ce n'est pas passionnant. Mais il faut connaître quelques-unes de ces commandes bizarres de LISTSERV. Pour chacune d'elles, vous envoyez un message à `LISTSERV@machin.chose.com`. Rien ne vous empêche de glisser plusieurs commandes dans le même message.

- **Arrêt temporaire du service.** Si vous savez que vous allez vous absenter pendant une semaine ou deux, inutile de continuer à recevoir les messages de la liste. Mais, comme vous voulez recommencer à les recevoir à votre retour, vous ne voulez pas vous désabonner. Pour arrêter temporairement le service du courrier, votre message doit se présenter ainsi :

```
SET LOUISXIV-L NOMAIL
```

- **Reprise du service.** Pour recommencer à recevoir le service de la liste, envoyez ce message :

```
SET LOUISXIV-L MAIL
```

- **Compression des messages.** Si vous préférez recevoir les messages d'une journée en bloc plutôt qu'un par un, envoyez le message :

```
SET LOUISXIV-L DIGEST
```

- **Connaître les noms des autres abonnés.** Attention, il y a des listes qui comportent un très grand nombre d'abonnés. Préparez-vous, en conséquence, à recevoir un très gros message. Pour connaître les noms des abonnés, le message à envoyer s'écrit :

```
REVIEW LOUISXIV-L
```

- **Pour ne pas recevoir vos propres messages.** Normalement, la liste vous renvoie vos propres messages comme à tous les abonnés, ce qui n'est pas vraiment indispensable, sauf si vous voulez vraiment les voir tels que vont les recevoir les autres. Pour exclure vos propres messages de ce que vous recevrez, envoyez :

```
SET LOUISXIV-L NOACK
```

- Pour recevoir vos propres messages, retirez la négation :

```
SET LOUISXIV-L ACK
```

- **Pour connaître les noms des fichiers disponibles.** La plupart des serveurs LISTSERV possèdent une bibliothèque de fichiers, généralement constitués par des documents qui leur ont été envoyés par des abonnés. Pour en connaître la liste, envoyez :

```
INDEX
```

- **Pour recevoir un fichier particulier** dont le nom est *monfich* par la voie normale du courrier électronique, envoyez :

```
GET LOUISXIV-L monfich
```

- **Pour savoir quelles sont les listes qui existent** sur le serveur auquel vous vous adressez, envoyez le message :

```
LIST
```

  Rappelez-vous que ce n'est pas parce qu'une liste existe que vous pourrez automatiquement vous y abonner.

- **Demander à LISTSERV de faire autre chose.** Il existe une foule d'autres commandes. Si le cœur vous en dit, vous pouvez en prendre connaissance en envoyant le message :

```
HELP
```

C'est un très bon choix, Monsieur !

L'autre système de liste très utilisé est *Majordomo*, de Brent Chapman. Il a commencé son existence comme un ersatz de LISTSERV pour les stations de travail mais a évolué, et c'est maintenant un système à part entière qui donne généralement satisfaction. En raison de son hérédité (chargée), les commandes de Majordomo ressemblent à celles de LISTSERV mais... ce ne sont pas *tout à fait* les mêmes !

Pour savoir quelle adresse électronique employer pour "parler" à une liste gérée par Majordomo, remplacez LISTSERV par Majordomo dans l'adresse précédente qui devient alors `Majordomo@machin.chose.com`. Les listes gérées par Majordomo ont une nette tendance à avoir des noms à rallonge. L'une de nos favorites s'appelle `explosive-cargo`. C'est ce qu'on appelle aux Etats-Unis une *column*, c'est-à-dire une rubrique permanente tenue périodiquement par le même chroniqueur. Cette liste se trouve sur la machine `world.std.com` ; pour vous y abonner, envoyez le message suivant à `Majordomo@world.std.com` :

```
subscribe explosive-cargo
```

ATTENTION !

A la différence de LISTSERV, remarquez que vous n'indiquez pas, ici, votre vrai nom à la suite de la commande.

Pour vous désabonner, ce sera :

```
unsubscribe explosive-cargo
```

Pour envoyer un message à l'ensemble des abonnés à la liste, vous l'adresserez à `nom_de_la_liste@machin.truc.com`. Notez que vous ne pouvez pas envoyer de message à `explosive-cargo`, car seul son chroniqueur attitré a le droit d'y écrire quelque chose.

Les gadgets de Majordomo

Pour ne pas être en reste avec LISTSERV, Majordomo a son propre jeu de commandes, pas réellement indispensables. Là aussi, vous pouvez en grouper plusieurs dans un même message.

- Pour savoir à quelles listes vous êtes abonné :

```
which
```

- Pour connaître le nom de toutes les listes gérées par un système Majordomo :

```
lists
```

- Pour connaître le nom des fichiers relatifs à une liste particulière :

```
index nom_de_la_liste
```

- Pour demander à recevoir l'un de ces fichiers par *e-mail* :

```
get nom_de_la_liste nom_du_fichier
```

- Pour connaître les autres commandes de Majordomo :

```
help
```

- Si vous voulez joindre la personne responsable d'un système Majordomo, envoyez un message bien poli à `owner-Majordomo@machin.chose.com` et ayez la patience d'attendre sa réponse. Ici, ce n'est pas à une machine que vous vous adressez.

Listproc, l'outsider

Listproc n'est pas aussi utilisé que LISTSERV ou Majordomo, mais il gagne en popularité parce qu'il est plus facile à installer que LISTSERV, moins cher et presque aussi puissant.

Pour vous abonner à une liste gérée par Listproc, envoyez à `listproc@machin.chose.com` le message suivant :

```
subscribe nom_de_la_liste votre_nom
```

Ainsi, en supposant : premièrement, que vous vous appeliez George Washington ; deuxièmement, qu'il existe une liste appelée *chickens* (poulets) sur le serveur (réel) `dummies.net`, vous enverriez le message suivant :

```
subscribe chickens George Washington
```

Pour vous désabonner, ce serait :

```
signoff chickens
```

Vous n'aurez pas manqué de remarquer la parenté avec LISTSERV en ce qui concerne le mot clé de résiliation de l'abonnement. Là aussi, inutile d'y ajouter votre nom.

Une fois que vous êtes abonné, vous pouvez envoyer des messages aux autres abonnés à l'adresse `nom_de_la_liste@machin.chose.com`. Dans notre exemple, ce serait : `chickens@dummies.com`.

Pour savoir ce que listproc sait faire d'autre, envoyez, comme d'habitude, le message `help` à `listproc@machin.chose.com`, où `machin.chose.com` est naturellement le nom de la machine où se trouve le serveur intéressé.

LISTSERV, Listproc, Majordomo, pourquoi ces différences ?

Même ceux qui sont bien accoutumés au maniement des listes de diffusion se trompent dans les commandes adressées à ces listes.

- L'adresse de LISTSERV est `LISTSERV@ordinateur_hôte`, celle de Majordomo est `Majordomo@ordinateur_hôte` et celle de Listproc est `Listproc@ordinateur_hôte`.
- Pour souscrire un abonnement à une liste de type LISTSERV, envoyez un message `SUB` suivi du nom de la liste et de votre propre nom.
- Pour souscrire un abonnement à une liste de type Majordomo, envoyez un message ne contenant que SUBSCRIBE suivi du nom de la liste.
- Pour souscrire un abonnement à une liste de type Listproc, envoyez un message `SUBSCRIBE` suivi de votre vrai nom.

Comment envoyer des messages à des listes de diffusion

Vous voilà abonné à une liste de diffusion. Qu'allez-vous faire ? D'abord, rappelez-vous que nous vous avons recommandé, au début de ce chapitre, d'attendre une petite semaine pour voir quelle sorte de messages vous parvenaient de la liste. De cette façon, vous aurez une juste idée de ce qu'on peut lui envoyer et de ce qu'il faut éviter de lui envoyer. Lorsque vous penserez que vous en avez assez vu pour éviter de vous trouver en porte à faux, essayez de *poster* quelque chose. C'est très facile, car il n'y a qu'à utiliser votre mailer pour écrire un message. L'adresse de la liste est la même que le nom de la liste : `chickens@dummies.net`, par exemple. N'oubliez pas que des centaines, voire des milliers de gens vont lire vos perles de sagesse. Aussi, essayez au moins d'éviter les fautes d'orthographe. (Si vous croyez que c'est aussi simple à faire qu'à dire, vous commettez là une lourde erreur.) Sur les listes les plus fréquentées, vous aurez peut-être une réponse dans les minutes qui suivront l'envoi de votre message.

Dans certaines listes, il est d'usage que le nouvel abonné envoie un message pour se présenter et indiquer brièvement quels sont les domaines qui l'intéressent. Cette coutume n'est pas universelle, alors attendez d'y être invité pour y sacrifier.

Une fois que vous serez dans le bain depuis quelques temps, tout cela vous paraîtra évident.

Dans certaines listes de diffusion, il existe des règles déterminant qui a le droit d'envoyer des messages. Ce qui signifie que ce n'est pas parce que vous êtes sur la liste que les messages que vous envoyez seront diffusés à la communauté. D'autres listes sont dites *modérées*. Tout message que vous envoyez parvient d'abord à un *modérateur* qui décide souverainement si votre message peut ou non être diffusé. Cela peut paraître un peu fasciste, mais dans la pratique, ça rend la liste cinquante fois plus intéressante parce qu'un bon modérateur peut facilement en retirer ce qui n'est pas intéressant ou hors sujet. On peut d'ailleurs noter que ceux qui se plaignent de cette modération sont précisément ceux qui envoient des messages inutiles ou peu dignes d'intérêt ou encore hors propos.

Il y a une autre règle qui stipule que seuls certains membres dont l'adresse apparaît sur la liste ont le droit d'envoyer des messages. C'est gênant si, par exemple, votre *e-mail* vient à changer. Supposons que, par suite de l'arrivée dans votre entreprise d'un administrateur du courrier électronique rempli de bonnes intentions, votre adresse électronique, qui était `jd@machin.chose.fr`, devienne `joseph.dupont@machin.chose.fr`. Bien entendu, votre ancienne adresse continue d'être valable. Vous allez alors constater que certaines listes font rebondir vos messages (qui vous reviennent au lieu d'entrer dans la liste) parce qu'elles ne savent pas que `joseph.dupont@...`, c'est la même personne que `jd@...`, qui était le nom sous lequel vous vous étiez inscrit dans la liste. Pis encore, LISTSERV ne vous permet pas de retirer votre ancienne adresse de la liste pour la même raison. Il ne vous reste plus, dès lors, qu'à envoyer un message à la personne physique qui gère la liste et à lui demander de résoudre ce problème "à la main".

> **Boing !**
>
> Les comptes utilisateur et les adresses électroniques vont et viennent : il s'en crée de nouveaux ; il en disparaît quelques fois ; il s'en modifie fréquemment. Ainsi, si vous envoyez un message à une liste, il risque d'être acheminé vers une adresse électronique qui n'est plus valable, ce qui donnera lieu à un message signalant l'erreur. Normalement, les gestionnaires de listes (les personnes physiques et les ordinateurs) essaient de repérer ce type d'erreur pour pouvoir les rectifier à temps, mais il arrive néanmoins que tel ou tel système de liste, particulièrement borné, continue à vous faire parvenir ces messages d'erreur. Contentez-vous de les ignorer puisqu'ils sont hors de propos.

Les finesses de la dialectique

Il peut vous arriver de recevoir, parmi le flot d'une liste, un message spécialement intéressant auquel vous souhaitez apporter une réponse ou un commentaire. Mais, lorsque vous allez poster votre texte, devez-vous l'adresser à l'auteur ou à la communauté ? Autrement dit, à quelle adresse électronique devez-vous l'envoyer ? La moitié des "maîtres de liste" font en sorte que la réponse aille directement à l'auteur du message original ; l'autre moitié la dirige vers l'ensemble des destinataires de la liste.

Par bonheur, vous avez le choix. Lorsque vous créez une réponse, votre mailer vous indique à quelle adresse il compte l'envoyer. Vous avez toujours le droit de modifier cette adresse. Vérifiez aussi l'adresse du destinataire en copie, s'il y en a une.

Si votre message a pour objet de faire remarquer à l'auteur du message original qu'il a commis une erreur d'interprétation, il vaut mieux ne pas le vexer publiquement, ce qui pourrait avoir pour conséquence de déclencher une polémique générale dont personne ne bénéficierait et qui viendrait encombrer inutilement la liste.

Pendant que vous y êtes, si vous adressez votre commentaire directement à l'auteur, il sera peut-être bon de modifier le sujet original du message.

> **Listes de diffusion ou news de Usenet ?**
>
> Beaucoup de listes sont reproduites dans certains groupes de Usenet (voir le Chapitre 10), ce qui signifie que tous les messages que vous allez recevoir apparaîtront comme autant d'articles dans le forum correspondant et vice-versa. La plupart de ces passerelles sont

bidirectionnelles, mais ce n'est pas le cas pour toutes. Comme, de plus, certains forums sont modérés, la reproduction n'est pas fidèle.

Que devez-vous choisir ? Vous intéresser à une liste plutôt qu'à un forum ? C'est là affaire de goût personnel. Les message des listes sont en général acheminés plus rapidement que ceux des news. Vos messages stagnent le plus souvent dans votre corbeille du courrier arrivée alors que le contenu des news est (plus ou moins automatiquement) régulièrement purgé (mais rien ne vous empêche de faire une copie sur votre disque des articles qui vous intéressent le plus). L'avantage des forums, c'est que les messages qu'ils colportent vous parviennent regroupés alors qu'avec les listes, ils sont mêlés à votre courrier électronique.

Si vous êtes indécis, choisissez donc les news, car il en résultera une charge moins forte à la fois pour votre ordinateur et pour le réseau.

Quelques listes intéressantes

Des milliers de listes circulent sur l'Internet. Il y en a tellement que des livres entiers ont été écrits rien que pour les énumérer. Pour vous aider à démarrer dans la découverte des listes, en voici quelques-unes qui nous semblent particulièrement intéressantes, accompagnées d'une courte description. Ces adresses changent assez souvent, et on trouve sans cesse de nouvelles listes dignes d'intérêt. Si vous voulez connaître nos dernières découvertes, allez faire un tour sur le site http://net.dummies.net/lists. Si vous voulez une liste complète, voyez par exemple http://www.liszt.com.

Si vous n'avez pas accès au Web, envoyez un *e-mail* à `lists@dummies.net` et nous vous renverrons notre liste courante. Si une liste vous paraît bonne à faire connaître, envoyez-nous un *e-mail* à `list-suggestions@dummies.net`.

Chaque liste de l'énumération qui suit est accompagnée d'un des codes suivants qui indiquent de quel type de liste il s'agit.

Il est évident que l'intérêt d'une liste est fonction, non seulement de ce qu'on y trouve, mais aussi de ce qu'on y comprend. Si vous ne lisez pas l'anglais, inutile de vous intéresser aux listes qui vont être énumérées. Pour vous consoler, vous trouverez ensuite quelques noms de listes françaises. Par ailleurs, le présent ouvrage n'étant pas un livre de sociologie, nous nous sommes permis d'éliminer les listes qui sont par trop liées à la culture américaine.

- **Manuel** : liste gérée manuellement. Pour s'y abonner, s'en désabonner ou contacter la personne qui s'en occupe, écrivez à `nom_de_la_liste-request@nom_du_site` et indiquez dans le texte ce que vous voulez.

- **LISTSERV :** liste de type LISTSERV. Pour s'y abonner ou s'en désabonner, écrivez à `listserv@nom_du_site`. Dans le texte de votre message, ne mettez que des commandes LISTSERV comme celles que nous avons citées plus haut, dans ce même chapitre, par exemple :

```
sub nom_d'une_liste Votre_Nom
signoff nom_d'une_liste
```

Pour contacter le responsable de la liste, utilisez l'adresse électronique

```
owner-nom_de_la_liste@nom_du_site
```

- **Listproc :** liste de type `listproc`. Pour s'y abonner ou s'en désabonner, utilisez les mots clés `subscribe` et `signoff` dans le message que vous adresserez à `listproc@nom_du_site`. Par exemple :

```
subscribe nom_d'une_liste Votre_Nom
signoff nom_d'une_liste
```

- **Majordomo :** liste de type Majordomo. Pour s'y abonner ou s'en désabonner, utilisez les mots clés `subscribe` et `unsubscribe` dans le message que vous adresserez à `Majordomo@nom_du_site`. Par exemple :

```
subscribe nom_de_la_liste
unsubscribe nom_de_la_liste
```

- **Modérée :** il s'agit d'une liste modérée où les messages sont filtrés par une personne physique.
- **News :** la liste existe aussi sous forme d'un forum de Usenet, et c'est sans doute sous cette forme qu'il est préférable d'y accéder. Presque toutes les listes BITNET existent sous ces deux formes.
- **Condensée :** les messages sont regroupés par paquets au lieu de vous parvenir isolément, un par un.

Abonnement à des listes de type BITNET

Certaines listes ont des adresses à l'ancienne mode, du genre LISTSERV@gwuvm.bitnet. Ce ne sont pas des adresses valides sur l'Internet bien que la plupart des systèmes utilisés sur ce dernier soient capables de les comprendre. Si votre système n'aime pas ces types d'adresses, changez-la en LISTSERV%gwuvm.bitnet@cunyvm.cuny.edu. Ce faisant, vous indiquez à votre système de rediriger le message à la City University de New York qui est connectée à la fois à BITNET et à l'Internet et fera le relais.

Listes américaines

Risks Digest (Majordomo@csl.sri.com)

Majordomo (le nom de la liste est : risks), modérée, news, condensée

Risques apportés par les ordinateurs et la technologie moderne.

Discussions sur le tourisme (LISTSERV@trearn.bitnet)

LISTSERV (nom de la liste : TRAVEL-L)

Concerne le tourisme en général, les lignes aériennes, les guides touristiques, les lieux de résidence, etc. Accueille des participants de toutes les parties du monde (le système hôte se trouve d'ailleurs en France).

Fans de jazz (LISTSERV@brownvm.brown.edu)

LISTSERV (le nom de la liste est JAZZ-L)

Cherche à recréer une atmosphère informelle pas toujours centrée sur le sujet de la liste. Les gens de bonne volonté, intéressés par ce sujet, peuvent y établir de bonnes relations.

Gros bateaux (LISTSERV@vccscent.bitnet)

LISTSERV (le nom de la liste est TALLSHIP)

Discussions sur les anciens vaisseaux et la mer.

Listes françaises

Listes gérées par l'université de Rennes 1 (liste@univ-rennes1.fr)

LISTSERV

Voici un groupe de listes françaises, toutes abritées sur le même serveur. Leur adresse est composée du nom de la liste (à gauche et en gras, dans l'énumération ci-dessous) suivi de `@univ-rennes1.fr`.

adbs-info	ADBS : Association des professionnels de l'information et de la documentation.
biblio-fr	Bibliothécaires et documentalistes francophones.
bretagne-auto-stop	Mettre en contact des automobilistes et auto-stoppeurs bretons.
cuisine-fr	Cuisine et culture culinaire en français.
doc-ma	Documentalistes de la Mutualité agricole.
edufrancais	Echanges d'informations pédagogiques et éducatives entre les professeurs de français.
humains-fr	Art, écologie, poésie, sciences, philosophie, réseaux... (les humains associés).
loess-info	Géologie : discussions sur tous les aspects de la recherche sur le loess.
isoc-code	Une consultation menée par le chapitre français de l'ISOC sur un code de bonne conduite Internet.
isoc.commerce	Discussion sur le commerce électronique.
isoc.intranet	L'Intranet, catalyseur de l'avantage concurrentiel (*sic*).
isoc.vie.publique	Le réseau peut-il servir le développement de la démocratie et de la vie publique ?
poesie-fr	Édition de poèmes, promotion et actualité de la poésie francophone.
www-fr	Discussions diverses à propos du World Wide Web.

On trouvera une liste de listes assez fournie sur un autre serveur Web de l'université de Rennes dont l'URL est `http://sir.univ-rennes1.fr/LISTES`.

Autres listes françaises

abg-jobs@grenet.fr

Liste d'offres d'emplois collectées par l'association Bernard Gregory pour de jeunes chercheurs de niveau doctoral ou post-doctoral. Le serveur se trouve à Grenoble.

jardin-fr@freenet.fr

Liste francophone sur le jardinage et exclusivement sur le jardinage.

java@u-strasbg.fr

Java (le nouveau langage de Sun conçu pour le Web).

lacan-list@linkline.be

Psychanalyse et Internet.

list-oc@cict.fr

Culture occitane.

mac@u-strasbg.fr

Forum des utilisateurs de Macintosh.

medievale@uqam.ca

Histoire et culture du Moyen-Age.

montagne@u-psud.fr

Alpinisme, randonnée alpine, randonnée raquettes, ski, alpinisme, canyoning, expéditions (sauf escalade pure).

paradis@u-strasbg.fr

Forum sur le calcul parallèle et distribué.

pc@u-strasbg.fr

Forum des utilisateurs de PC.

pilot@univ-lyon1.fr

Point de rencontre de tous ceux qui s'intéressent au pilotage aéronautique, pilotes privés et professionnels d'avion, de planeur, d'hélicoptère et de ballon.

sator-l@bred.univ-montp3.fr

Pour les chercheurs spécialistes de fiction narrative et de langue française d'avant 1800. A été fondée en 1988 par la société internationale SATOR et est hébergée sur un serveur de l'université de Montpellier.

sec@pasteur.fr

Problèmes de sécurisation des stations de travail travaillant sous UNIX et connectées à l'Internet.

Chapitre 10

Voulez-vous des nouvelles ? En voilà !

Dans ce chapitre :

Usenet, pourquoi et pour qui ?

Comment naviguer parmi les groupes de Usenet.

Aperçu de quelques-unes des ressources de Usenet.

Que trouve-t-on dans les news ?

News, littéralement, signifie *nouvelles*. Ici, on a plutôt affaire à des conférences, des forums ou des discussions. Ces *news* (l'usage veut que le mot soit conservé dans sa langue d'origine, comme beaucoup d'éléments du vocabulaire usuel du Net), c'est Usenet. Depuis plus de quinze ans, un gigantesque BBS s'est constitué qui englobe une multitude d'ordinateurs et croît continuellement, recouvrant tout le globe. Il repose sur un système d'*articles* créés et *postés* par n'importe qui : vous et moi, par exemple, qui en sommes les *utilisateurs*. Les articles ressemblent beaucoup aux messages du courrier électronique et, d'ailleurs, ce sont parfois les mêmes programmes qui traitent le courrier électronique et les news. Les différents thèmes de discussion sont appelés des *newsgroups*, ce que l'on traduit généralement par *forums* ou *groupes de discussion* (lorsqu'on le traduit, bien sûr, ce qui n'est pas toujours le cas). Il en existe des milliers. Ce n'est pas fondamentalement différent, dans l'esprit, des listes de diffusion mais, au lieu d'être *envoyés* systématiquement aux abonnés, les articles sont ici *proposés* à la curiosité de chacun, et il faut faire l'effort d'aller lire celles qui vous intéressent. Il en résulte une charge moins forte des réseaux.

Des nouvelles comme s'il en pleuvait

Les listes de diffusion sont un excellent moyen pour envoyer des messages à un petit nombre de gens, mais sont plutôt inadaptées dès qu'il faut desservir un grand concours de peuple. D'une part, gérer une liste comprenant des milliers de noms est une charge éprouvante pour le responsable de la liste, même si une partie du travail est automatisée avec un programme tel que LISTSERV que nous venons d'étudier au chapitre précédent. En effet, sur une liste de grande taille, il y a un travail de mise à jour quotidien à effectuer, car les gens bougent, leurs adresses électroniques changent, il y a de nouveaux abonnés, et il y en a qui se désabonnent, etc. D'autre part, faire parvenir des messages à une foule d'abonnés constitue une charge énorme pour le système et pour le réseau.

Usenet a résolu ce problème en créant des sites hôtes pour les messages reçus. Le principe est simple : chaque site Usenet envoie une copie de tous les articles qu'il a reçus à tous ses voisins plusieurs fois par jour. (Pour éviter toute redondance, chaque article contient la liste des sites auxquels il a déjà été envoyé.) Ces diverses connexions s'effectuent à des vitesses variables, mais, pour la plupart, les articles parviennent à tous, sauf peut-être à ceux qui sont le plus éloignés, en un jour ou deux, au plus. Si votre machine hôte est connectée directement à l'Internet, le délai n'excède pas quelques heures.

Selon les règles édictées par votre fournisseur d'accès, la façon dont vous accédez aux news et le nombre de forums que vous avez le droit de consulter peuvent varier. Nous en reparlerons dans la troisième partie de ce livre.

Comment devenir un habitué des news

Plus de cent mille articles nouveaux représentant un Gigaoctet d'informations arrivent quotidiennement sur un serveur de news normalement connecté à l'Internet. Pour permettre d'en tirer parti, il est nécessaire de les trier en les répartissant en groupes de discussions appelés aussi forums, c'est-à-dire par thèmes. Il existe plus de vingt mille de ces groupes allant du plus technique (les communications entre ordinateurs, par exemple) aux plus farfelus (légendes urbaines, comme l'histoire des crocodiles dans les égouts de New York, par exemple) en passant par les plus... salaces, dirons-nous pudiquement. On choisit, en général, d'en lire un petit nombre et d'ignorer le reste car, sinon, une vie n'y suffirait pas, même en se privant de dormir.

Il est très facile de *s'abonner* à un quelconque des groupes que peut recevoir votre machine et de s'en *désabonner*. Ces groupes proviennent du *serveur de news* de votre fournisseur d'accès. Les détails varient selon votre logiciel de lecture (votre *newsreader*), mais c'est bien plus facile que s'il s'agissait d'une liste. Beaucoup de gens commencent à lire un groupe en jetant un coup d'œil sur les titres (la rubrique *Subject*) de quelques articles et passent à un autre lorsqu'ils s'aperçoivent qu'il ne contient rien d'intéressant. C'est à vous de déterminer le nombre de groupes auxquels vous allez vous abonner selon le temps que vous acceptez de consacrer à cette tâche de lecture. Le plus difficile est peut-être d'éviter une surdose, car l'abus des news peut mener à une intoxication, différente de celle causée par l'abus des boissons alcoolisées, mais peut-être tout aussi nuisible pour la santé (morale, s'entend).

Quelle est l'origine de Usenet ?

En 1980, deux étudiants de l'université de Caroline du Nord créèrent une première version, *A news*, d'un programme destiné à tourner sur un couple de machines UNIX et qui était capable de transférer une douzaine d'articles d'une machine à l'autre au moyen d'un protocole de réseau appelé UUCP (*UNIX to UNIX copy*), présent sur toutes les machines UNIX. Quelques années plus tard, Usenet s'était répandu sur d'autres universités et plusieurs éditeurs de logiciels l'avaient complètement réécrit. Cette nouvelle version prit le nom de *B news*. Elle était capable de transférer un millier de messages par jour. En octobre 1983, un article sur Usenet était publié dans le magazine *Byte*, dans lequel on apprenait qu'il existait plus de 500 sites distributeurs de news.

Pendant les dix années qui suivirent, Usenet s'est étendu tel une épidémie. A l'heure actuelle, on dénombre plus de cinquante mille sites qui échangent des news et sans doute autant qui se contentent d'en lire. La plupart des connexions originales par ligne téléphonique sont maintenant remplacées par des liaisons rapides directes à l'Internet au moyen d'un protocole appelé NNTP (*Net News Transfer Protocol*). Un bon nombre de sites continuent néanmoins à utiliser une liaison téléphonique via UUCP, mais l'usage de transmissions par satellite se répand peu à peu. Certains échanges s'effectuent même par bandes magnétiques. C'est le cas pour la Malaisie, où les communications à longue distance par modems sont difficilement praticables et pour le FBI, où les utilisateurs d'ordinateurs n'ont pas le droit de se connecter à des réseaux externes.

Le volume des news a encore augmenté et représente actuellement plus d'un gigaoctet de texte par jour. Et ça continue...

Certains sites continuent à utiliser *B news*, bien que ses auteurs aient officiellement annoncé sa disparition au profit de *C news*, plus rapide, plus facile à maintenir et de INN, nouvelle version conçue pour travailler dans des environnements Internet. Mais, comme par bonheur, tous fonctionnent à peu près de la même façon, l'utilisateur ne souffre pas de cette pluralité de logiciels.

Etymologie des noms de groupes

Les noms de groupes (ou de forums, si vous préférez) sont composés de plusieurs mots séparés par des points, comme dans `fr.soc.divers`, par exemple (forum français favori des forcenés). Certains fournisseurs d'accès dissimulent ces noms, qu'ils estiment trop compliqués pour leurs clients, sous des appellations qu'ils pensent plus conviviales[1]. Parfois même, ils ne vous donnent pas accès à certains groupes, par excès de prudence, de précautions, de pudibonderie ou de puritanisme. D'autres, comme Microsoft sur MSN, vous demandent de certifier que vous avez plus de 18 ans pour vous permettre d'y accéder.

Les forums sont organisés par *hiérarchies*. Le premier mot décrit la famille, le thème général du forum ; le second s'applique à un sous-groupe, le troisième à un sous-sous-groupe, et ainsi de suite. Voici la description des sept groupes principaux officiels, par ordre alphabétique. Nous verrons qu'il en existe d'autres, locaux, régionaux ou nationaux.

- **comp** (*computer*) : toutes les familles d'ordinateurs ou presque.
- **misc** (*miscellaneous*) : c'est l'équivalent de "divers" : tout ce qui ne rentre pas dans les autres classifications. Le fin du fin, c'est `misc.misc` !
- **news** : sujets ayant trait aux news elles-mêmes.
- **rec** (*recreational*) : sujets récréatifs : sports, hobbies, arts, etc.
- **sci** (*scientific*) : tout ce qui touche à la Science (avec un grand S) et aux sciences (avec un petit s).
- **soc** (*social*) : sociologie et matières connexes.
- **talk** : longues discussions, le plus souvent politiques, débats. Généralement considérées comme dénuées d'intérêt, sauf par ceux qui y participent activement.

Note : Nous verrons qu'il existe bien d'autres groupes et en particulier **alt** (*alternative*) qui est un super **misc**, sans doute le plus fourni en sous-groupes.

Groupes régionaux

Tous ces forums s'adressent théoriquement au monde entier. Tout au moins au monde entier d'expression anglaise, ce qui, géographiquement, est loin

1. Aux Etats-Unis, peut-être, puisque les auteurs le disent. En France, nous sommes sans doute moins "politiquement correct" et nous préférons appeler un chat un chat (N.d.T.).

d'être la même chose. Cela ne fait pas l'affaire de tout le monde, et il s'est créé bien d'autres groupes, certains locaux ; d'autres régionaux, d'autres, enfin, nationaux. Parmi ces derniers, citons par exemple la Finlande (**fi**), le Japon (**jp**), l'Allemagne (**de**) et la France (**fr**). Dans notre pays, il est fréquent qu'un serveur de news créée ses propres groupes, publics ou privés. Par exemple, le serveur de news de l'université parisienne de Jussieu a créé le groupe public **jussieu**, le fournisseur d'accès Infonie a créé le groupe qui porte son nom. Aux Etats-Unis, le Massachusetts Institute of Technology a son propre groupe : **mit**. Certaines importantes sociétés travaillant dans l'informatique ont le leur, etc.

Contrairement aux Etats-Unis, où existent des groupes régionaux dans presque chacun des Etats de l'Union, en France, on ne trouve rien de tel. Question de dimension du territoire, sans doute.

La guerre du *spam*

Une des pires innovations dans l'histoire récente de Usenet est le *spamming,* qui consiste à envoyer des milliers d'exemplaires du même message, généralement publicitaire, à des tas de forums. C'est le moyen garanti de vous faire des millions d'ennemis. Il existe à New Mexico un type qui se fait appeler le "Roi du Spam" et qui *spamera* pour votre compte moyennant une (grosse) poignée de dollars. Certains des adeptes de cette nuisance utilisent les services de fournisseurs d'accès comme AOL pour exercer leurs ravages. Tous les jours, AOL diffuse une liste de comptes supprimés pour cette raison.

De tout temps, il a existé sur Usenet un moyen de supprimer des articles pour le plus grand bénéfice des auteurs de messages repentants se rendant compte un peu tard qu'ils auraient dû réfléchir davantage avant de poster leur(s) message(s). Parmi ces "gardiens" du Net, il y a certains anges exterminateurs (appelez-les ainsi ou préférez le terme de "miliciens", à votre guise) qui envoient des missiles destructeurs (des *cancelbots*) chargés de purger les messages émanant d'un *spammer.* Le plus connu de ces nettoyeurs est CancelMoose (*moose* = élan - l'animal -), qui semble résider en Norvège. Ce n'est pas le seul. Vous pouvez lire le récit de leurs exploits dans `news.admin.net-abuse.announce` et `news.admin.net-abuse.announce.misc`.

Un autre de ces nettoyeurs a été surnommé le *cancelpoodle* (*poodle* = caniche). Son objectif est le forum extrêmement controversé `alt.religion.scientology`, groupe très virulent et fort décidé, qui a triomphé devant plusieurs tribunaux sous le prétexte que certains des messages postés par un ancien membre de cette communauté étaient protégés par un copyright. Là non plus, personne ne sait très bien qui se cache derrière ce caniche.

Il existe aussi une race de *spammers* qui exercent leurs coupables activités par la voie du courrier électronique, mais c'est moins fréquent parce que ça demande au moins autant de travail pour un résultat bien plus maigre. Pourquoi, en effet, envoyer un message individuellement alors qu'on peut le faire collectivement ? Un des plus connus a eu lieu mi-95 sous forme de violente diatribe néo-nazie envoyée par un courageux anonyme qui avait intoxiqué quelques séides pour faire ses envois depuis la France, l'Allemagne et l'Italie. Le message avait en réalité été écrit par un groupe situé en Virginie Ouest, mais il devint vite évident que ce n'était pas celui-ci qui bombardait la communauté. Etait-ce un moyen de discréditer les néo-nazis ? (Ne le font-ils pas mieux d'eux-mêmes ?) Etait-ce pour détourner l'attention de quelque chose d'autre ? Personne ne semble le savoir. Par malheur, ce genre de courrier est devenu de plus en plus fréquent, et on ne voit pas très bien comment s'en défendre.

Trêve de bavardages, allons lire quelques news

Il existe beaucoup de programmes destinés à lire les news (des *newsreaders*). Pour les PC sous Windows, celui que nous préférons est Free Agent parce que :

- Le programme est facile à installer.
- Il fonctionne très bien.
- Il est gratuit.

Free Agent est la version légèrement bridée d'un programme commercial appelé Agent qui fait la même chose et, en plus, gère le courrier électronique.

Netscape Navigator, Netscape Communicator et Internet Explorer (les browsers que nous avons décrits aux Chapitres 4 et 5) peuvent être utilisés comme lecteurs de news. Sans avoir la qualité de Free Agent, ils sont néanmoins dotés de suffisamment de fonctionnalités pour ne pas (trop) prêter le flanc à la critique.

- **Netscape Navigator (3.0).** Cliquez sur Fenêtre/Nouvelles Netscape pour ouvrir la fenêtre des news.

  La première fois, vous risquez de voir s'afficher un message vous disant que votre système n'est pas correctement configuré. Il lui manque, en effet, de connaître l'adresse du serveur de news de votre fournisseur d'accès. Pour le lui indiquer, cliquez sur Options/Préférences de courrier et de nouvelles puis sur le volet Serveurs. Dans la partie inférieure (Nouvelles), vous trouverez une zone de texte libellée Serveur de nouvelles (NNTP). Tapez l'adresse du serveur de news de votre fournisseur d'accès. C'est généralement quelque chose comme `news.xxx.fr`, où `xxx` est le nom du fournisseur d'accès. En principe, celui-ci a dû vous l'indiquer dans la dotation de base qu'il vous a fournie lors de votre abonnement. Si ce n'est pas le cas ou si vous l'avez égarée, téléphonez-lui. Si personne n'est capable de vous fournir ce renseignement dans les deux minutes, le mieux que vous ayez à faire est de changer de fournisseur d'accès.

- **Netscape Communicator (4.0).** Le courrier et les news ont été séparés du browser et se présentent dans un nouveau programme appelé Messenger, mais ils restent néanmoins capables de communiquer entre eux. Cliquez sur Windows/Discussions ou faites une impasse sur le browser et appelez directement Collabra pour ouvrir le Netscape Message Center qui associe courrier électronique et news. Si le programme ne peut pas se connecter à votre serveur de news, cliquez sur Edit/Mail préférences puis sur l'onglet News Server et renseignez le champ News NNTP server avec le nom du serveur de news de votre fournisseur d'accès.

- **Internet Explorer ou Internet news.** Sous Internet Explorer (le browser de Microsoft), cliquez sur l'icône marquée Courrier (l'avant-dernière de la barre d'outils) puis sur l'entrée de menu Lire les News. Vous pouvez aussi, dans la barre de menus, cliquer sur Aller à/Lire les news. Si vous n'avez pas encore indiqué l'adresse de votre serveur de news, une boîte de dialogue vous la demandera.

Installation de Free Agent

Revenons à Free Agent, notre lecteur de news favori. Il est d'une grande simplicité à installer. Vous le récupérez, vous décompactez les fichiers et vous le lancez. Bien entendu, si vous avez décidé d'utiliser Netscape ou Internet Explorer pour lire les news, sautez cette section.

1. **Pointez votre browser sur** `http://www.forteinc.com/agent/` **et cliquez sur l'icône Get Free Agent.** Parmi la liste des sites miroir proposés, le plus avantageux (et le seul en France) est `ftp.ciril.fr`. Choisissez, selon le système d'exploitation que vous utilisez, la version 16 bits (Windows 3.x) ou 32 bits (Windows 95 ou Windows NT)

   Pour en savoir davantage sur la façon d'opérer un téléchargement, vous pouvez consulter le Chapitre 11.

Ho ! Tout le monde n'utilise pas Windows !

C'est vrai. SI vous utilisez un Macintosh, il existe Nuntius, News Watcher et, naturellement, Netscape Navigator.

De toute façon, quel que soit le lecteur de news que vous utilisiez, les manipulations de départ sont pratiquement les mêmes. Aussi les exemples que vous allez trouver ici pourront-ils vous servir de guide dans presque tous les cas.

2. **Lancez l'exécution du fichier que vous venez de télécharger (`fa16-11.exe` ou `fa32-11.exe`).** Un répertoire sera éventuellement créé pour recevoir Free Agent.

3. **Lancez Free Agent pour terminer l'installation.** Il affiche, pour commencer, sa fenêtre d'avertissement légal. Vous acceptez ses conditions en cliquant sur OK. (Et si je ne veux pas les accepter ? me demanderez-vous. Eh bien, dans ce cas, vous devrez trouver - ou acheter - un autre programme ou renoncer aux news.)

4. **Communiquez à Free Agent les informations dont il a besoin pour commencer son travail.** Vous devez lui indiquer le nom de votre serveur NNTP (le serveur de news de votre fournisseur) et celui de votre serveur SMTP (le serveur de courrier). Ces deux noms peuvent être identiques, et votre fournisseur d'accès vous les aura communiqués. Sinon, il ne vous reste plus qu'à les lui demander.

   Free Agent veut aussi connaître votre adresse *e-mail* et votre nom afin de les placer dans l'en-tête des messages que vous posterez. La version 16 bits vous demandera aussi la *time zone* (l'équivalent du fuseau horaire) du lieu où vous et votre machine résidez. En France, adoptez GMT+0.

   Si un autre lecteur de news est installé, vous pouvez cliquer sur le bouton Use Information from Another Program. Free Agent ira même jusqu'à récupérer les noms des groupes de discussion auxquels vous êtes déjà abonné.

5. **Free Agent vous suggère alors de vous connecter et de récupérer la liste des groupes disponibles chez votre fournisseur d'accès.** A titre d'exemple, il faut environ deux minutes pour récupérer environ 15 000 noms de groupes avec une connexion à 28 800 bps.

Alors, cette lecture ?

On y arrive ! Maintenant que vous avez installé votre lecteur de news, ça va aller plus vite.

- **Free Agent.** La Figure 10.1 vous montre l'écran de base de Free Agent sur lequel on peut distinguer trois fenêtres. Dans celle qui est situé en haut et à gauche, vous voyez une liste de forums. En dessous est affichée une liste des sujets d'articles du forum sélectionné. Enfin, dans la fenêtre de droite, on peut lire l'article sélectionné dans la fenêtre précédente. Les positions des cloisons entre ces fenêtres sont ajustables.

TRUC

Free Agent affiche une belle rangée d'icônes dans sa barre d'outils, mais il faut bien avouer que leur interprétation n'est pas évidente. Par bonheur, il vous suffit de promener le pointeur de votre souris (sans cliquer) en le laissant immobile une seconde sur une icône pour qu'un bref résumé de sa fonction apparaisse dans un petit rectangle jaune pâle (système des info-bulles). Ainsi, l'icône la plus à gauche de la barre d'outils qui représente un éclair a pour nom Get New Headers in Subscribed Groups (récupérer les news dans les groupes auxquels vous êtes abonnés).

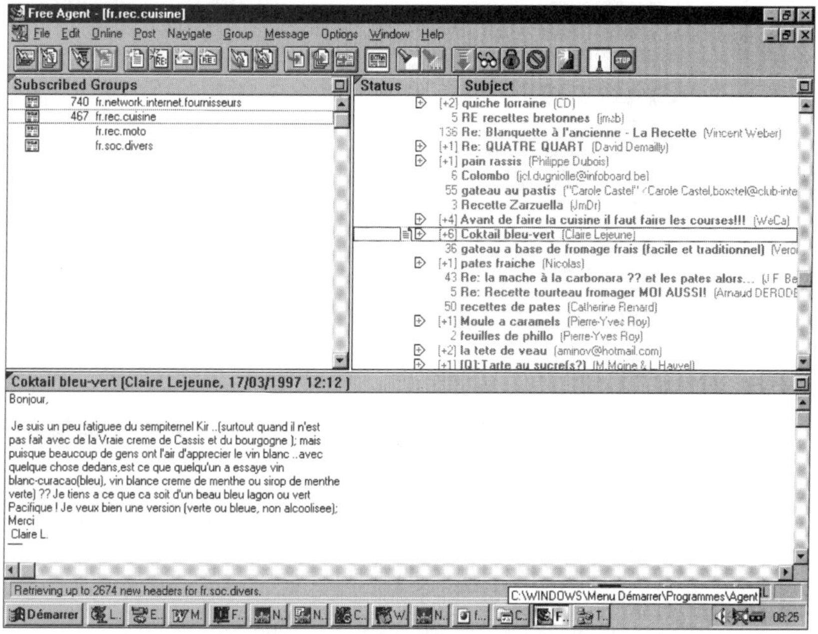

Figure 10.1 : Comment se présente la fenêtre de lecture des news avec Free Agent.

- **Netscape.** La Figure 10.2 vous montre comment se présente la fenêtre des news de Netscape 3.0. La version 4.0 utilise la fenêtre du Netscape Message Center pour afficher le courrier et les news.
- **Internet News.** La fenêtre de Internet News affiche le groupe de news courant et le contenu du message, comme le montre la Figure 10.3.

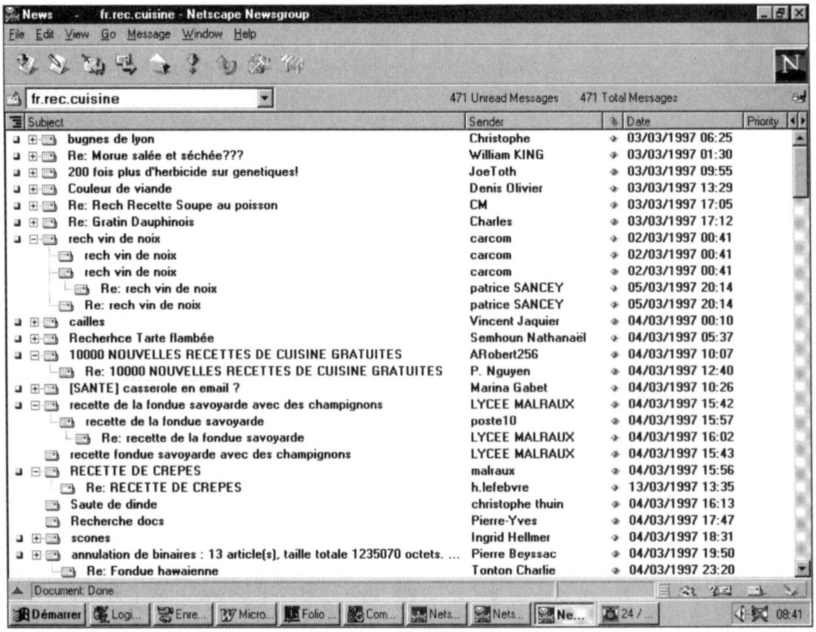

Figure 10.2 : La fenêtre de news de Netscape.

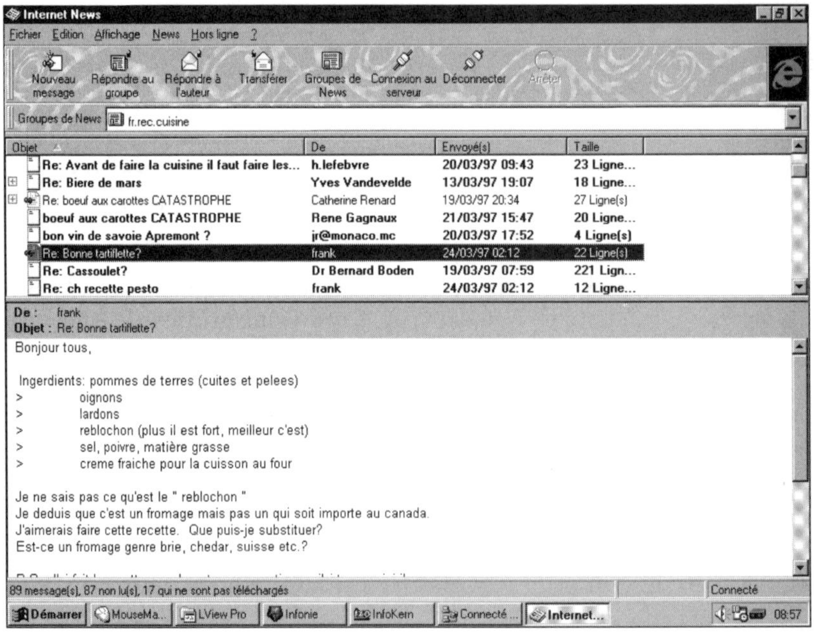

Figure 10.3 : La fenêtre de news de Internet Explorer.

Commencez par vous abonner

Il faut commencer par vous abonner à quelques groupes, parmi ceux que propose votre fournisseur d'accès.

- **Free Agent.** Vous pouvez agrandir la fenêtre d'affichage plein écran en cliquant dans la liste des groupes et en tapant **Z** (en tapant **Z** une autre fois, vous revenez à la première dimension). Pour vous abonner à un groupe, cliquez sur son nom puis cliquez sur Groupe/Subscribe ou tapez <Ctrl>+<S>. Si vous ne savez pas par lequel commencer, choisissez `news.announce.newusers`.

  Bien que la liste soit triée par ordre alphabétique, trouver des noms peut se révéler difficile. Vous pouvez faire une recherche en cliquant sur Edit/Find ou en tapant <Ctrl>+<F>.

- **Netscape Navigator (3.0).** La liste des groupes auxquels vous êtes abonné est affichée dans le quart supérieur gauche de la fenêtre. Si vous voulez la modifier, cliquez sur Options/Afficher tous les forums. Après un délai appréciable (il y a beaucoup de groupes et le programme n'est pas particulièrement rapide), les noms des groupes sont chargés, arrangés à la façon d'un dossier, tous les groupes de la hiérarchie `comp` étant regroupés dans le dossier `comp`. Vous pouvez ouvrir ou fermer les dossiers en double-cliquant sur l'icône du dossier. Lorsqu'après avoir ouvert un dossier, vous trouvez un groupe qui vous intéresse, cliquez sur la petite boîte à droite du nom du groupe et une coche apparaîtra dans la boîte, indiquant que vous êtes abonné à ce groupe. Pour vous en désabonner, cliquez une fois de plus.

  Une fois que vous aurez choisi quelques groupes (nous disons bien "quelques" et non "beaucoup de"), cliquez sur Options/Afficher les abonnements pour faire disparaître les autres.

- **Netscape Communicator (4.0).** Double-cliquez sur l'icône du dossier correspondant au serveur de news de votre fournisseur d'accès pour voir les groupes auxquels vous êtes abonné. Pour parcourir la liste des groupes disponibles, cliquez sur File/Choose Newsgroup dans la barre de menus puis double-cliquez sur une hiérarchie qui vous paraît intéressante et cliquez sur le groupe que vous voulez lire. Enfin, cliquez sur le bouton Subscribe.

  Si vous voulez ajouter un groupe et que vous connaissez son nom exact, cliquez sur le bouton Add en haut de l'écran et tapez le nom de ce groupe.

- **Internet News.** Internet Explorer vous montre le premier groupe auquel vous êtes abonné. Pour changer vos abonnements, cliquez sur l'icône Groupe de News. Une fenêtre s'affiche dans laquelle se trouve la liste complète des groupes avec, à gauche, les noms des serveurs de news que vous pouvez consulter (Figure 10.4). Trois onglets, au bas de la fenêtre centrale, vous permettent de voir les groupes auxquels vous êtes abonnés, tous les groupes ou les nouveaux (depuis votre dernière visite). Une fois que vous avez fait votre choix, cliquez sur OK pour revenir à la lecture.

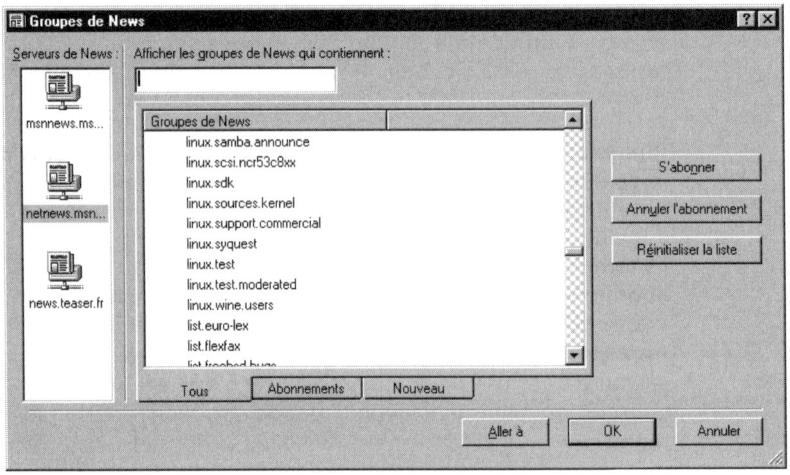

Figure 10.4 : Comment s'abonner à d'autres groupes avec Internet News.

Le groupe de news courant est affiché dans une ligne placée au-dessus de la fenêtre des news. Cliquez sur la flèche à droite de cette ligne pour dérouler la liste des groupes auxquels vous êtes abonnés et choisissez celui que vous voulez afficher.

Ensuite, affichez les en-têtes

Une fois que vous vous êtes abonné à deux ou trois groupes, vous pouvez afficher les en-têtes des articles qu'ils contiennent.

- **Free Agent.** Cliquez sur l'icône Get News Headers in Subscribed Groups (la plus à gauche de la barre d'outils pour afficher les en-têtes (titres et auteurs) des articles dans les groupes qui vous intéressent.
- **Netscape Navigator (3.0 et 4.0).** Cliquez (3.0) ou double-cliquez (4.0) sur le nom d'un groupe de news pour voir les articles contenus dans le groupe. Il s'affiche dans le quart supérieur droit de la fenêtre après un délai nécessaire pour charger les en-têtes.
- **Internet News.** Lorsque vous cliquez sur le groupe de news que vous voulez lire, les en-têtes correspondant s'affichent dans la fenêtre.

Enfin, affichez les articles

Dès qu'un titre retient votre attention, vous l'affichez dans la fenêtre appropriée en quelques clics de souris. Les articles sont regroupés par *threads* (suite logique, enfilade) traitant tous (théoriquement, du moins) du même sujet. C'est en général le message original suivi des articles qui ont été envoyés par ceux des lecteurs qui y ont répondu ou se sont joints à la discussion.

- **Free Agent.** Lorsque, dans la liste des en-têtes, vous double-cliquez sur un sujet, le contenu du message est affiché et vous pouvez le lire.

  Lorsque vous êtes dans un thread, il suffit de cliquer sur **N** pour mettre en valeur l'en-tête de l'article suivant du thread ou le thread suivant s'il n'y a plus d'article dans celui où vous étiez. Pour afficher l'article suivant, vous pouvez aussi taper directement <Ctrl>+<N>.

- **Netscape Navigator (3.0 et 4.0).** Double-cliquez sur l'en-tête de l'article que vous voulez afficher. Pour aller d'un article à l'autre, cliquez sur les icônes :

  - **3.0 :** Non lus, précédent et Non lus, suivant (septième et huitième à partir de la gauche)
  - **4.0 :** Next Unread et Backtrack (sixième et septième à partir de la gauche)

  Pour aller d'un groupe à l'autre, cliquez sur un autre nom de groupe.

- **Internet News :** La liste des articles du groupe courant est affichée dans la partie supérieure de la fenêtre. Si vous voulez lire les articles en étant connecté, cliquez d'abord sur l'icône Connecter de la barre d'outils. Chaque article sera affiché lorsque vous cliquerez sur son en-tête. Vous pouvez aller d'un article à l'autre, vers l'avant ou vers l'arrière en tapant sur l'une des touches flèches droite ou gauche en maintenant enfoncée la touche <Ctrl>.

Lecture des articles sans être connecté

Free Agent est conçu pour vous permettre de lire tranquillement vos articles sans être obligé de rester connecté (ce qui fait tourner le compteur des unités téléphoniques). La deuxième icône à partir de la droite de la barre d'outils, celle qui ressemble vaguement à une antenne de radio, est le bouton GO Online/Offline (connexion/déconnexion). Elle vous indique dans lequel de ces modes vous vous trouvez. Internet News vous permet aussi de lire ces articles à tête reposée.

TRUC

Un bon tuyau pour réaliser des économies

Si vous vous découvrez une passion dévorante pour les news, vous allez vite vous apercevoir que ce n'est pas une passion gratuite en recevant votre facture téléphonique et celle de votre fournisseur d'accès (sauf, pour ce dernier, si votre formule d'abonnement prévoit un temps de connexion illimité).

Afin de ne pas vous ruiner, il faut alors opérer en deux temps. D'abord, une fois connecté sur votre serveur de news, récupérez sur votre disque dur les articles qui vous intéressent (sélectionnés d'après leurs en-têtes). Ensuite, déconnectez-vous. Enfin, tranquillement, sans que rien ne vous presse, lisez-les à l'aide d'un éditeur de texte des plus ordinaires.

Mais il y a encore moyen d'améliorer la méthode. Lors de la première connexion, vous téléchargez les en-têtes de tous les nouveaux articles des forums auxquels vous êtes abonné. Puis vous vous déconnectez. A tête reposée, vous sélectionnez ceux qui vous intéressent. Vous vous reconnectez et vous téléchargez ceux que vous avez pointés pour les lire suite tranquillement après vous être à nouveau déconnecté.

Un mauvais tuyau pour réaliser des économies (N.d.T.)

L'expérience personnelle du traducteur lui a montré que cette tactique était une vue de l'esprit. Il est impossible de juger de l'intérêt des articles d'après leur en-tête tant les différents participants à une discussion censée être centrée sur un sujet précis (un thread) ont tendance à s'écarter du sujet, voire à se répandre en propos insignifiants ou en commentaires superflus. Surtout, bien sûr, dans les groupes non modérés.

Autre fausse idée reçue : se connecter à la demande (c'est-à-dire automatiquement lorsque, déconnecté, on clique sur un article non lu) et se déconnecter automatiquement après une minute. Sans doute est-ce un système valable aux Etats-Unis, et c'est pourquoi notre trio d'auteurs recommande de s'en servir mais en France, ce n'est en général pas un moyen de faire des économies.

D'une part en raison de la facturation par tranche pratiquée par France Télécom. Aux petites heures de la nuit (tarif bleu), se connecter trois fois de suite au cours d'une période de neuf minutes vous coûtera trois unités téléphoniques alors que rester connecté sans discontinuer pendant cette même période ne vous en coûtera qu'une seule (toute tranche de temps commencée est due en entier).

D'autre part, l'accès à un fournisseur d'accès est souvent difficile en raison du nombre insuffisant de modems ou de lignes que celui-ci met à la disposition de ses abonnés. Alors, quand on a réussi à se connecter, mieux vaut éviter de tenter le diable en se déconnectant pour tenter de se reconnecter dans les minutes qui suivent.

Le binaire masqué

Usenet n'admet qu'un seul type de message : le texte pur. Il existe quelques versions de news qui peuvent traiter des messages MIME (cf. Chapitre 8), et il y a même des versions pour les caractères russes et japonais mais, inutile d'en dire davantage : il y a déjà bien assez de nouveautés dans ce chapitre sans qu'on en rajoute dont l'utilisation paraît bien improbable. Il existe quelques conventions pour traiter d'autres types de fichiers.

Internet News vous fait faire des économies de téléphone

Le lecteur de news de Internet Explorer vous offre une possibilité raisonnable de lire vos news en étant déconnecté. Cette fonctionnalité se dissimule dans le menu Autonome/Marquer les groupes de news, grâce auquel vous pouvez télécharger les en-têtes (auteurs + titres) ou des articles entiers. Vous pouvez demander de faire ce travail pour tous les groupes auxquels vous êtes abonné ou seulement pour ceux que vous avez choisis.

Une fois ce téléchargement terminé, vous pouvez parcourir les groupes et lire les articles qui vous semblent intéressants. Pour marquer un article ou un thread à télécharger, cliquez sur le titre de l'article puis cliquez sur Autonome[2]/Marquer le message à télécharger ou Autonome/Marquer le thème à télécharger (c'est ainsi que Microsoft France a choisi de traduire *thread*). S'il s'agit d'un groupe particulièrement intéressant, vous pouvez même sélectionner tous les messages du groupe en cliquant sur Autonome/Tout marquer pour le téléchargement.

Une fois que vous avez terminé le marquage, cliquez sur Autonome/Poster et télécharger. Les articles que vous auriez pu poster seront alors envoyés au serveur de news et, dans l'autre sens, ceux que vous venez de marquer seront envoyés sur votre disque dur, d'où vous pourrez ensuite les lire tout à loisir.

Fichiers binaires

Certains forums sont partiellement ou totalement consacrés à des fichiers binaires, généralement des programmes exécutables pour PC, Macintosh ou autres types d'ordinateurs ou des fichiers d'images GIF ou JPEG (voir le Chapitre 17 au sujet des formats de fichiers) ou encore d'images... "artistiques". A propos d'images, apprenez que le forum le plus fréquenté s'appelle `alt.binaries.pictures.erotica`. C'est un groupe non sexiste, car vous y trouverez à peu près la même quantité de représentations dénudées des

2. "Hors Ligne" dans certaines versions de Internet Explorer (N.d.T.).

deux sexes dans les sous-groupes `male` et `female`. La façon de coder des fichiers binaires de quelque type que ce soit sous forme de fichiers texte est de les "uuencoder", c'est-à-dire d'utiliser un couple de programmes qui s'appellent `uuencode` et `uudecode`. Vous reconnaîtrez les messages comportant des fichiers uuencodés par la présence du mot `begin` (début) sur la ligne de tête, suivie par des lignes comportant un mélange de caractères quelconques pouvant faire croire à une erreur de transmission, comme dans l'exemple suivant :

```
beqin elvis.qif 644
M390GNM4L-REP3PT45GOOI-05[15-6
M3OML,MRMK760PISLPTMETLMKPi
MLOT39I4905ß0510PV30IfKRTL5KML
MJROJTOU,6P5;3;MRU050I4J50I4
```

Extraction des fichiers binaires

- **Free Agent.** Il est capable de venir à bout de fichiers uuencodés d'un simple clic. Pointez votre souris sur l'icône Launch Binary Application (la troisième à partir de la droite, qui ressemble à un phare) pour extraire le binaire de l'ivraie - pardon ! du fichier uuencodé - et lancer automatiquement le programme de visualisation qui l'affichera si ce fichier contient une image. Ces programmes sont les mêmes que ceux utilisés par le Gestionnaire de fichiers (Windows 3.x) ou le Poste de travail (Windows 95), c'est-à-dire ceux qui ont été déclarés à Windows au moyen d'une *association.* Certains fichiers binaires sont trop gros pour tenir dans un seul message et sont répartis sur plusieurs. Dans ce cas, une sérialisation est ajoutée au titre (0/3, 1/3, 2/3, 3/3, par exemple). Sélectionnez toute la série et cliquez sur l'icône du phare pour réunir l'ensemble. Vous trouverez fréquemment ce type de message si vous allez dans le forum `alt.binaries.pictures.fractals`.

- **Netscape Navigator et Internet News :** Eux non plus n'ont aucune difficulté à traiter les fichiers uuencodés. Il suffit de double-cliquer sur l'article contenant un fichier GIF. Netscape affiche l'image dans une fenêtre et Internet News fait surgir une icône sur laquelle vous pouvez double-cliquer pour afficher l'image dans une fenêtre Internet Explorer.

En ce qui concerne les autres fournisseurs d'accès tels que CompuServe, AOL ou autres, qui utilisent des programmes de lecteurs de news propriétaires, renseignez-vous auprès d'eux s'ils ne figurent pas dans la troisième partie de ce livre.

Qu'y a-t-il dans un nombre ?

Chaque message Usenet possède un *message* ID (identificateur de message) qui est en principe différent pour chaque message, depuis l'origine jusqu'à la consommation des temps. On constate que ceux qui ont conçu ce système ont vu grand ! Un identificateur de message se présente ainsi :

```
<1994Jul19.055259.15278@chico.iexx.com>
```

Ce qui suit @ est le nom du site d'où émane le message et ce qui est à gauche de ce caractère est l'identificateur unique proprement dit, qui comprend habituellement la date, l'heure, la phase de la lune et l'âge du capitaine.

Les messages sont en outre numérotés à l'intérieur de chaque groupe, en séquence croissante, dans leur ordre d'arrivée. Ainsi, le premier message du forum `rec.machin.chose` sera 1, le suivant, 2, et ainsi de suite.

Il existe une différence fondamentale entre les identificateurs et les numéros de série des messages. Les identificateurs sont communs à l'ensemble de Usenet alors que la numérotation s'applique à votre système local. Ne prenez donc que l'identificateur si vous voulez référencer un message particulier avec précision.

Ainsi, vous voulez faire parler de vous ?

Tôt ou tard, à moins que vous ne soyez quelqu'un de particulièrement effacé et discret - voire timide -, vous allez vouloir envoyer un message afin que le monde entier apprenne quelle suprême sagesse est la vôtre et combien vous êtes intelligent. Nous allons donc étudier, dans cette section, les us et coutumes qui sont de règle pour répondre à un article. Pour les détails concernant les systèmes propriétaires comme CompuServe, consultez la troisième partie du livre.

Je vous écris pour vous dire...

Avant de poster un article en réponse à un autre, songez à la possibilité de vous adresser directement à son auteur par *e-mail*. Un message de félicitations tel que "Bravo !" ou "Vous avez bien raison" n'intéresse pas la communauté, mais seulement une personne. Alors, faites l'effort de ne pas encombrer inutilement le réseau.

- **Free Agent.** Vous pouvez envoyer une réponse en appuyant sur la touche **R** ou en cliquant sur l'icône Post Reply Via Email (celle où on voit une petite enveloppe marquée RE, la huitième à partir de la gauche). Une nouvelle fenêtre s'ouvre alors, dans laquelle vous pouvez tout à loisir écrire votre réponse ou vos commentaires ainsi que l'en-tête. Cliquez ensuite sur Send Now (envoi immédiat) pour envoyer immédiatement le message ou sur Send Later (envoyer plus tard) si vous êtes déconnecté. Pour envoyer tous vos messages en file d'attente, après vous être connecté, cliquez sur Online/Post Articles and Emails.

- **Netscape Navigator.** Cliquez sur l'icône Répondre (la troisième de la barre d'outils à partir de la gauche) ou sur Message/Envoyer une réponse (Message/Reply/To sender avec la version 4.0). Composez votre réponse puis cliquez sur le bouton Envoi (Send).
- **Internet News.** Cliquez sur News/Répondre à l'auteur ou tapez <Ctrl>+<R>. Si une fenêtre vous demande quel profil vous voulez utiliser, contentez-vous de cliquer sur OK. Tapez alors le texte de votre réponse puis cliquez sur le bouton Envoi (l'enveloppe jaune).

Je vous suivrai partout

Si vous estimez que votre commentaire est susceptible d'intéresser la Terre entière, vous allez l'envoyer sur Usenet, c'est-à-dire le "poster".

- **Free Agent :** Appuyez sur **F** (*Followup* = faire suivre) ou cliquez sur l'icône Post Followup Article (celle où on voit une feuille de papier marquée RE, sixième à partir de la gauche). Là aussi, une fois terminée votre page d'écriture, vous avez le choix entre un envoi immédiat ou différé.
- **Netscape Navigator.** Cliquez sur Message/Publier une réponse ou sur l'icône Publier une réponse (la quatrième à partir de la gauche dans la barre d'outils).
- **Netscape Communicator.** Cliquez sur Message/Reply/To newsgroup.
- **Internet News.** Cliquez sur News/Répondre au groupe de news. Si vous voulez en même temps envoyer directement une copie de votre réponse à l'auteur, cliquez sur News/Répondre au groupe de news et à l'auteur.

Dans tous les cas, si le lecteur de news recopie le message original auquel vous répondez, prenez la précaution de l'élaguer pour ne conserver que la partie significative et, si votre réponse s'applique à plusieurs paragraphes du texte original, intercalez vos réponses derrière les paragraphes concernés. Cela ne pourra qu'améliorer l'intelligibilité de vos propos.

De nombreux systèmes de news rejettent les articles contenant davantage de texte cité (reproduit d'après le message original) que de texte nouveau. C'est une excellente mesure de salubrité publique dont on peut regretter qu'elle ne soit pas adoptée plus largement. Il est parfaitement stupide (et c'est en outre une preuve de manque de savoir-vivre) d'envoyer un commentaire de deux lignes en reproduisant un message de cent lignes. N'essayez pas de rallonger la sauce par des lignes comportant n'importe quoi : une signature exagérément ornée et/ou longue, par exemple. Vous ne feriez que vous discréditer aux yeux de la communauté. Editez le texte que vous citez : vos lecteurs vous en seront reconnaissants.

ATTENTION !

Même si votre lecteur de news vous offre la possibilité d'insérer des codes HTML dans votre réponse, **ne le faites pas !** La grande majorité des fervents de news emploient des logiciels qui ne seraient pas capables d'interpréter ces codes.

Lorsque vous envoyez votre *post*, vous ne savez pas à quel moment il va être diffusé. En outre, certains groupes sont modérés, ce qui ajoute un temps de latence incertain.

J'ai quelque chose de nouveau à vous dire

Il ne vous est pas interdit d'amorcer un débat sur un nouveau sujet ou de porter à la connaissance de tous une information que vous croyez intéressante.

- **Free Agent.** Cliquez sur l'icône Post New Usenet Message (la cinquième à partir de la gauche de la barre d'outils) ou tapez **P**. Poster un nouveau message se fait de la même façon que poster une réponse à un message existant, à ceci près qu'il faut indiquer un sujet. Quelle que soit l'intelligence de Free Agent, il ne lit pas dans votre pensée.

- **Netscape Navigator.** Cliquez sur l'icône Publier un article (la plus à gauche de la barre d'outils), remplissez l'en-tête, tapez votre texte et envoyez.

- **Internet News.** Cliquez sur l'icône Nouveau message (la plus à gauche de la barre d'outils) ou sur News/Nouveau message ou encore, tapez <Ctrl>+<N> puis composez votre texte.

N'arrosez pas la Terre entière

Bien que Usenet soit une institution mondiale, sauf (rare) exception, votre article n'intéressera pas la Terre entière. Si vous postez un article dans le forum `misc.forsale.computers` (ordinateurs à vendre), par exemple, afin de vous débarrasser du vieux disque de 10 Mo de votre premier PC, limitez volontairement votre audience aux pays où vous résidez. Ça n'intéressera vraisemblablement ni les Japonais ni les Américains. Pour cela, vous allez ajouter une ligne dans votre en-tête de message, ligne qui dira, par exemple :

```
Distribution: xxx
```

où `xxx` est une abréviation de destination convenue. Voici une liste de quelques abréviations courantes :

- **world :** le monde entier (option par défaut).
- **fr** : la France.
- **na** : l'Amérique du Nord.
- **USA :** les Etats-Unis.
- **ca :** le Canada.
- **uk :** le Royaume Uni.

Voici comment procéder selon le lecteur de news qui a votre faveur :

- **Free Agent.** Cliquez sur le bouton Group/Properties, onglet Posting. Dans la fenêtre Fields, sélectionnez Distribution et cliquez dans la case à cocher Override default Value for Distribution. Enfin, dans la zone de texte inférieure, tapez un nom de zone de distribution.

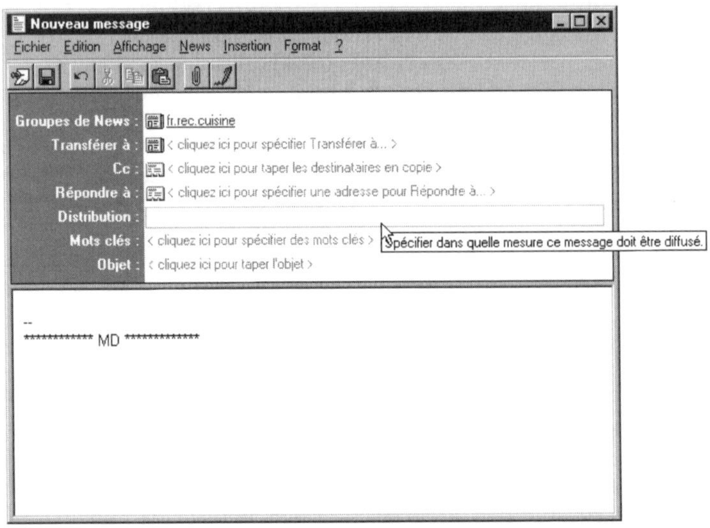

Figure 10.5 : Comment spécifier une zone de distribution avec Internet News.

- **Netscape Navigator.** Rien n'est prévu à cet effet.
- **Internet News.** Dans la fenêtre Nouveau message où vous allez composer votre message, cliquez sur Affichage/En-têtes complets et indiquez la zone de distribution dans la zone de texte Distribution (Figure 10.5).

Dans la réalité, ce système de distribution fonctionne un peu à la manière d'une passoire (ou d'un filtre crevé), car le mécanisme d'échange des serveurs de news ne respecte pas toujours les limitations géographiques. C'est sans doute la raison pour laquelle Netscape Navigator ne s'en embarrasse pas (N.d.T.).

Les petits enfants mourants envoient des messages au sujet de la taxe sur les modems

Nous vous avons signalé, au Chapitre 8, l'existence de quelques attrape-gogos qui fleurissent souvent sur les liste de diffusion. Pour les news de Usenet, c'est encore plus fréquent étant donné, sans doute, le caractère plus généraliste de leur diffusion. Alors, évitez comme la peste les sujets suivants :

- Les petits enfants mourants qui aimeraient avoir leur entrée dans le guide Guinness des records à la rubrique des cartes de Noël.
- Les menaces de taxes sur les modems que ferait peser la FCC (organisme américain de régulation des télécoms) sur la communauté des internautes.
- Le virus Good Times, qui passe les disques durs au papier de verre.
- La façon de s'enrichir vite fait avec le système de la boule de neige.

Du balai !

Songez à faire du ménage dans les news que vous recevez. Lorsque vous quittez votre lecteur de news (File/Exit ou <Alt>F4), il vous demande si vous souhaitez compacter ses bases de données, ce qui est une façon élégante de vous demander si vous avez envie de faire du nettoyage par le vide. En général, il purge les articles vieux d'une semaine à moins que vous ne souhaitiez les conserver et que vous ne l'ayez paramétré pour cela.

Petit inventaire à la Prévert

De nouveaux forums naissent presque quotidiennement, d'autres disparaissent ; et les responsables de serveurs ne se privent pas de rejeter les groupes dont ils ne veulent pas pour différentes raisons. Ce livre est déjà suffisamment épais pour que nous ne vous présentions pas ici une liste exhaustive et commentée des forums existant à la date où ces lignes sont écrites. Vous pouvez facilement demander à votre lecteur de news de vous donner la liste complète de ce que votre fournisseur d'accès vous permet de consulter. Vous y découvrirez qu'il n'existe pratiquement aucun sujet qui ne trouve sa niche dans un des groupes existants.

C'est pourquoi, dans les sections qui suivent, vous ne trouverez qu'un échantillonnage des groupes les plus significatifs dans chaque hiérarchie. Bien entendu, l'obstacle de la langue anglaise en limitera l'accès. (Pourquoi croyez-vous que ce livre ait été traduit, sinon pour vous apprendre l'essentiel sans que vous ayez besoin de connaître l'anglais ? Aussi, pour que vous ne vous sentiez pas trop frustrés, nous avons délibérément choisi de ne citer que les plus significatifs des forums de langue anglaise et d'y ajouter **tous** les groupes **fr.xxx** publics qui se rattachent à la hiérarchie en question - N.d.T.).

Pour prendre connaissance des dernières créations, abonnez-vous au forum `news.announce.newsgroups` et cherchez les articles intitulés "List of Active Newsgroups, Part I" (liste des forums actifs, 1ère partie) et "List of Active Newsgroups, Part II" (liste des forums actifs, 2e partie). Pour les articles relevant de la hiérarchie alt, recherchez un en-tête du genre "Alternative Newsgroups Hierarchies, Part I".

Pourquoi ne pas visiter notre site Web à l'URL `http://net.dummies.net/usenet`, où vous trouverez une liste des groupes de Usenet et autres informations d'usage courant ?

Voici quelques adresses de groupes que nous jugeons très fréquentables.

news.announce.newusers

Tout nouvel utilisateur des news devrait s'imbiber du contenu de ce forum, qui contient des éléments indispensables pour devenir un "bon" utilisateur.

news.newusers.questions

C'est LE groupe dans lequel vous devez, en principe, poser vos questions de néophyte. Il y règne un bruit de fond important ; aussi, regardez bien si personne ne vient de poser la question que vous avez sur le bout de la langue.

news.answers

Ce groupe contient toutes les réponses aux multiples questions posées sur le net sous forme de FAQ (*Frequently Asked Questions* ou, en français : Foire Aux Questions). Elles sont mises à jour avec une périodicité variable allant de la semaine au mois. Avant de poser une question, regardez donc ici pour voir si la réponse ne s'y trouve pas déjà.

comp.risks

Quelques histoires de risques liés aux ordinateurs. Pas très fréquenté.

comp.compilers

Pour les inconditionnels des langages compilés. John le trouve très intéressant. Il en est le modérateur.

alt.sex

Personne ne reconnaît qu'il y va, mais tous le fréquentent. (Sauf nous, bien sûr !)

Les signets de Netscape et les news

Bien que Netscape Navigator puissent employer des signets (*bookmarks*) pour marquer des groupes de news, ce n'est pas chose facile à réaliser. Voici comment procéder : cliquez sur Fenêtre/Signets (ou tapez <Ctrl>+<B>) pour ouvrir la fenêtre des signets. Dans cette fenêtre, cliquez sur Rubrique/Insérer un signet. Dans la petite fenêtre qui s'ouvre (Figure 10.6), renseignez les trois champs. Dans la zone de texte Adresse (URL), indiquez le nom du groupe qui vous intéresse sous la forme `news:fr.rec.cuisine` (en admettant que vous soyez un gourmet convaincu). Cliquez ensuite sur OK pour enregistrer le signet.

Lorsque dorénavant vous cliquerez sur ce signet, Netscape ouvrira automatiquement la fenêtre de lecture des news et sélectionnera ce forum.

Il est théoriquement possible de créer un signet pour n'importe quel message, mais ça n'est pas réellement utile étant donné la volatilité des messages (au plus une semaine dans les groupes bien gérés). Mieux vaut alors imprimer le message qui vous intéresse ou le sauvegarder dans un fichier ; ou encore vous l'envoyer à vous-même par le courrier électronique.

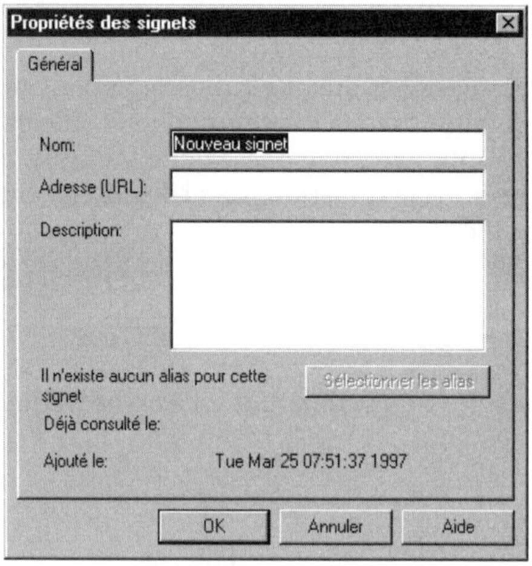

Figure 10.6 : Comment insérer un signet dans les news avec Netscape.

Par ordre hiérarchique

TRUC

Outre les hiérarchies que nous avons énumérées en tête de ce chapitre, il en existe bien d'autres, nationales, régionales, départementales, locales... A titre d'exemple, le Tableau 10.1 vous en présente quelques-unes :

Tableau 10.1 : Hiérarchies diverses.

Hiérarchie	Description
aol	AOL
aus	Australie
ba	San Francisco Bay area
be	Belgique
ca	Canada
ch	Suisse
de	Allemagne
fr	France
infonie	Infonie (fournisseur d'accès)
jp	Japon
jussieu	Université de Paris VII

microsoft	Devinez !
ny	New York
nz	Nouvelle-Zélande
uk	Royaume-Uni

En général les groupes très spécialisés (comme ici aol, infonie ou microsoft) ne sont accessibles que sur les serveurs de ces fournisseurs d'accès.

Les autres hiérarchies internationales

alt

C'est ce qu'on appelle les *autres* groupes : ceux qui n'entrent dans aucune des principales hiérarchies. Pour créer un nouveau groupe, il existe une procédure compliquée et très formelle faisant appel à plusieurs votes de la communauté. Sauf dans la hiérarchie *alt*. Il est ainsi possible d'adopter une approche expérimentale. Une fois qu'un noyau suffisant s'est constitué autour d'un sujet `alt.xxx.yyy`, il est possible de procéder au vote en ayant l'espérance raisonnable d'aboutir à un consensus permettant de transformer le groupe en un groupe "régulier".

bionet

Intéresse essentiellement les biologistes et peu le commun des mortels.

bit

Listes de diffusion (cf. Chapitre 9) rendues visibles sous forme de news Usenet.

biz

Bizness is bizness...

gnu

Le projet GNU vise à développer des logiciels UNIX gratuits, très généralement de haute qualité et fort justement renommés dans la communauté scientifique.

ieee

C'est le groupe de l'IEEE, organisation professionnelle des ingénieurs en électricité et en électronique.

relcom

Groupes intéressés par la langue russe. Inintelligible sauf à ceux qui ont un lecteur de news capable d'afficher des caractères cyrilliques (et de comprendre le russe, naturellement !).

vmsnet

Pour ceux qui utilisent le système d'exploitation VMS de DEC.

Terminons par un petit tour en France

Est-il nécessaire de préciser que cette section ne se trouve pas dans l'ouvrage original ? Cette liste n'est pas réellement exhaustive, mais représente environ 95 % des groupes français de news.

announce

fr.announce.divers : Annonces diverses

fr.announce.important : Annonces importantes concernant la hiérarchie fr

fr.announce.newgroups : Annonces et discussions sur la création de groupes nouveaux

fr.announce.newusers : Annonces pour les nouveaux utilisateurs

fr.announce.seminaires : Annonces de conférences et de séminaires

bio

fr.bio.biolmol : Biologie moléculaire, banques de données

fr.bio.canauxioniques : Recherche sur les canaux ioniques et techniques associées

fr.bio.general : Biologie en général

fr.bio.genome : Le projet Génome

fr.bio.logiciel : Logiciels concernant la biologie

fr.bio.medecine : Médecine

biz

fr.biz.d : Discussions concernant les groupes fr.biz.*

fr.biz.produits : Nouveaux produits et services

fr.biz.publicite : Annonces publicitaires

fr.biz.teletravail : Le télétravail

comp

fr.comp.divers : L'informatique en général

fr.comp.ia : L'intelligence artificielle

fr.comp.infosystemes : Les systèmes d'information réseau

fr.comp.infosystemes.www.annonces : Annonces de sites WWW

fr.comp.infosystemes.www.annonces.d : Les sites WWW

fr.comp.infosystemes.www.auteurs : DTD, HTML, scripts CGI et consorts

fr.comp.infosystemes.www.divers : Tout ce qui concerne le WWW en général

fr.comp.infosystemes.www.navigateurs : Browsers Web

fr.comp.infosystemes.www.pages-perso : Annonces de pages Web personnelles

fr.comp.infosystemes.www.serveurs : Administration de serveurs WWW

fr.comp.lang.ada : Ada

fr.comp.lang.basic : Basic et ce qui s'y rattache

fr.comp.lang.c : C et ce qui s'y rattache

fr.comp.lang.general : La programmation en général

fr.comp.lang.java : Java

fr.comp.lang.lisp : LISP

fr.comp.lang.pascal : Pascal et ce qui s'y rattache

fr.comp.lang.perl : Perl

fr.comp.lang.tcl : tcl

fr.comp.mail : *Mailers* et ce qui s'y rattache

fr.comp.objet : Langages objet

fr.comp.os.bsd : BSD, NetBSD, FreeBSD...

fr.comp.os.divers : Systèmes d'exploitation en général

fr.comp.os.linux : LINUX

fr.comp.os.linux.annonces : Annonces concernant Linux

fr.comp.os.msdos : MS-DOS

fr.comp.os.os2 : OS/2

fr.comp.os.unix : UNIX

fr.comp.os.vms : VMS (DEC)

fr.comp.pao : PAO en général

fr.comp.sys.amiga : Les Amiga

fr.comp.sys.atari : Feu les Atari

fr.comp.sys.be : La machine BeBox de Jean-Louis Gassée

fr.comp.sys.divers : Autres ordinateurs

fr.comp.sys.mac : Macintosh

fr.comp.sys.mac.communication : Communications sous MacOS

fr.comp.sys.mac.programmation : Programmation avec MacOS

fr.comp.sys.next : Ordinateurs NeXT

fr.comp.sys.parallele.sp.utilisateurs : Utilisateurs d'ordinateurs IBM SP2

fr.comp.sys.pc : PC et compatibles

fr.comp.text.tex : TeX et LaTeX

fr.comp.windows.ms : Windows (Microsoft)

fr.comp.windows.nextstep : NeXTStep

fr.comp.windows.x11 : X11

doc

fr.doc.biblio : Bibliométrie, bibliographie

fr.doc.divers : La documentation en général

fr.doc.magazines : Sommaires de magazines

emplois

fr.emplois.d : L'emploi en général

fr.emplois.demandes : Demandes d'emplois ou de stages

fr.emplois.offres : Offres d'emplois ou de stages

misc

fr.misc.divers : N'importe quoi

fr.misc.droit : Discussions juridiques

fr.misc.handicap : Handicaps et handicapés

fr.misc.transport.autostop : Auto-stop

fr.misc.transport.rail : Chemins de fer

network

fr.network.divers : Les réseaux en génhéral

fr.network.incidents.annonces : Incidents réseaux: annonces

fr.network.incidents.tickets : Incidents réseaux: tickets (?)

fr.network.internet : L'Internet et son évolution

fr.network.internet.fournisseurs : Tout ce qui concerne les fournisseurs d'accès.

fr.network.modems : Les modems

petites-annonces

fr.petites-annonces.divers : Annonces entre particuliers

fr.petites-annonces.immobilier : Annonces immobilières entre particuliers

fr.petites-annonces.informatique : Matériels informatiques

fr.petites-annonces.vehicules : Achat/vente de véhicules entre particuliers

rec

fr.rec.anime : Les DA/BD japonais

fr.rec.arts.bd : La bande dessinée en général

fr.rec.arts.litterature : La littérature

fr.rec.arts.plastiques : Les arts plastiques

fr.rec.arts.sf : La science-fiction

fr.rec.cinema.affiches : Les affiches de cinéma

fr.rec.cinema.discussion : Le cinéma en général

fr.rec.cuisine : Pour les fins gourmets

fr.rec.divers : Les loisirs en général

fr.rec.genealogie : La généalogie

fr.rec.humour : L'humour (ou prétendu tel !)

fr.rec.jeux.divers : Les jeux en général

fr.rec.jeux.jdr : Les jeux de rôles

fr.rec.jeux.video : Les jeux vidéo (consoles et ordinateurs)

fr.rec.moto : La moto (pas seulement pour les passionnés)

fr.rec.musiques : Les musiques au sens large

fr.rec.oracle : Le Grand Oracle

fr.rec.peche-chasse : La chasse et la pêche

fr.rec.philatelie : La philatélie

fr.rec.photo : La photographie

fr.rec.plongee : La plongée sous-marine

fr.rec.sport.divers : Autres sports

fr.rec.sport.football : Le foot

fr.rec.tv.satellite : La réception TV avec des paraboles

fr.rec.tv.series : Les séries dites "culte"

sci

fr.sci.astronomie : L'astronomie

fr.sci.automatique : Les automatismes

fr.sci.biometrie : La biométrie

fr.sci.cogni.discussion : Les sciences cognitives

fr.sci.cogni.publication : Articles et publications sur les sciences cognitives

fr.sci.divers : La Science et les sciences

fr.sci.jargon : Comment traduire...

fr.sci.philo : La philosophie

soc

fr.soc.divers : Le Café du Commerce

fr.soc.homosexualite : Homosexualité, bisexualité...

fr.soc.politique : La politique (annexe du Café du Commerce)

fr.soc.religion : Religion et religions

test

fr.test : Tous tests sur les news

usenet

fr.usenet.8bits : Les news et les diacritiques

fr.usenet.abus.d : Emplois abusifs des news et de l'Internet

fr.usenet.abus.rapports : Rapports sur les actions antiabus

fr.usenet.distribution : Distribution des news fr

fr.usenet.divers : Le reste de fr.usenet

fr.usenet.groups : Création de nouveaux groupes fr

fr.usenet.logiciels : *Newsreaders*

fr.usenet.reponses : La Foire Aux Questions

fr.usenet.stats : Statistiques sur les news fr

Chapitre 11

Transfert de fichiers par FTP

Dans ce chapitre :

Qu'est-ce que FTP ?

Transfert de fichiers avec un browser.

Transfert de fichiers à l'aide de WS_FTP.

Transfert de fichiers par courrier électronique.

Installation des logiciels récupérés par FTP.

FTP, ça signifie littéralement : *File Transfer Protocol*, c'est-à-dire "protocole de transfert de fichiers". C'est le moyen généralement utilisé pour transférer des fichiers de toute nature (texte, fichiers binaires, images, programmes, sons...) dans les deux sens.

L'intérêt de ces transferts de fichiers est principalement de pouvoir accéder aux tonnes de *good stuff* (bon miam-miam) que recèlent les serveurs FTP américains ou leurs *miroirs* français ou européens. Ce sont principalement des programmes où se côtoient freeware, shareware et versions bridées pour démonstration de logiciels commerciaux. C'est aussi le moyen, pour les éditeurs de logiciels, de diffuser les correctifs à leurs produits ; et pour les constructeurs de périphériques, de diffuser les nouveaux drivers.

Transfert de fichiers par le Web

Le transfert de fichiers sur le Web est d'une grande simplicité, et vous l'avez déjà probablement pratiqué depuis longtemps, peut-être même sans le savoir. Chaque icône, chaque image, chaque son, chaque papier peint d'une page Web est en soi un fichier. Chaque fois que vous cliquez sur un lien ou que vous tapez une URL pour aller charger une page Web, vous transférez au moins un fichier. Et si votre page comporte beaucoup d'images, vous transférez beaucoup de fichiers.

Transférer un fichier de programme n'est pas très différent : il vous suffit de taper l'URL du fichier ou de cliquer sur un lien qui l'appelle. Votre browser vous demandera probablement ce que vous avez l'intention de faire de ce fichier. Si c'est un programme (un exécutable sous Windows ou autre système d'exploitation) ou si c'est un fichier compacté (un .ZIP), ce que vous avez de mieux à faire, c'est de le stocker sur votre disque dur afin de vous en servir plus tard après l'avoir éventuellement décompacté. Dans le cas d'un fichier ZIP, si vous avez déjà installé WinZip (dont nous reparlerons plus loin, dans ce même chapitre), vous pouvez aussi demander à votre browser de le lancer directement. Cependant, à l'usage, cette méthode se révèle moins pratique qu'on pourrait le croire.

Pour être absolument sûr que votre browser se contente de télécharger le fichier vers lequel existe un lien et n'essaie pas de le lancer, maintenez la touche <Maj> enfoncée pendant que vous cliquez sur le lien.

Fonctionnement de FTP

Comme dans tout transfert, il faut être deux : le *serveur* et le *client*. Le serveur, c'est le logiciel installé sur la machine qui constitue le réservoir de fichiers ; le client, c'est le programme que vous allez, vous, utiliser sur votre micro ou sur votre station de travail pour *télécharger* les fichiers.

Notez à ce propos un petit problème de vocabulaire. Les Américains ont deux mots pour cette opération : *downloading* et *uploading*. Sachant que le serveur est plus haut que le client dans la hiérarchie et que *down* signifie "vers le bas" et *up*, "vers le haut", vous en déduisez immédiatement ce que signifient ces mots. Pauvres de nous qui n'avons qu'un seul terme : *télécharger* ! Il faudra donc - à moins que ça ne soit évident par le contexte - préciser dans quel sens doit s'effectuer le transfert.

Il existe un très grand nombre de serveurs de fichiers, mais leur qualité est très inégale. En effet, le problème qui se pose est celui de "la dernière version". Aller pêcher au loin la version vieille de deux ans d'un programme alors qu'il y en a eu trois nouvelles depuis n'intéressera personne de sensé (sauf peut-être les historiens ou les archéologues de l'informatique). C'est pourquoi, si le nombre de serveurs FTP est grand, celui des *bons* serveurs se compte sur les doigts d'une main ou des quatre membres, selon que vous êtes plus ou moins exigeant sur la qualité.

Intervient également le *choix*. L'épicier du coin a le mérite d'être ouvert très tôt et très tard, mais il ne vous propose pas toujours le produit que vous cherchez. L'hypermarché est moins accessible, on fait la queue à ses caisses, mais son choix est très large. Eh bien, pour les serveurs FTP, le problème est le même ! Aux heures de pleine activité (pour les Etats-Unis, principalement, c'est-à-dire avec un décalage de cinq à neuf heures par rapport à la France), vous vous ferez souvent jeter parce qu'il y a déjà trop d'utilisateurs. Heureusement, comme nous le verrons, beaucoup de serveurs américains ont des sites miroir en France ou en Europe, c'est-à-dire que leurs fichiers se trouvent dupliqués sur d'autres sites réputés plus accessibles (mais qui ne justifient pas toujours leur réputation, car eux aussi sont souvent assiégés par la meute affamée des utilisateurs).

La vertu de l'anonymat

Pour utiliser un serveur FTP, vous devez vous y *logger* comme sur tout ordinateur. Or, sauf très rare exception, vous n'avez pas de compte ouvert sur cette machine, ce qui pourrait poser problème. Par bonheur, il existe un artifice très simple pour contourner cet obstacle : le recours à l'anonymat. De même que *guest* (invité) est un nom générique vous permettant un usage limité de certains ordinateurs, *anonymous* est le Sésame qui va vous ouvrir la caverne des trésors logiciels.

Cet anonymat n'est toutefois pas total, car le serveur vous demandera votre mot de passe et là, vous devrez indiquer votre adresse *e-mail*. Le plus souvent, l'exactitude de cette adresse n'est pas contrôlée. Mais il existe des serveurs soupçonneux qui font un appel inverse au serveur de nom pour s'assurer que vous ne portez pas un masque. Beaucoup de serveurs vous préviennent en outre que tout leur trafic est enregistré en vous donnant la possibilité de vous déconnecter, si vous n'acceptez pas qu'on conserve la trace de votre passage. Si vos intentions sont pures, vous n'avez rien à redouter.

Un fichier est-il toujours un fichier ?

Oui et non, si surprenant que ça puisse paraître. Un fichier texte n'est pas (toujours) considéré comme un fichier banal. Le FTP distingue, en effet, six catégories de fichiers parmi lesquels deux seulement sont couramment utilisés : les fichiers binaires et les fichiers dits "ASCII" ou fichiers texte. Pour leur transfert, le protocole FTP possède deux modes de fonctionnement : le mode texte et le mode binaire (là aussi, on décèle la trace du passage de Monsieur de la Palisse). Les logiciels spécialisés se placent d'eux-mêmes dans le mode correct, mais ce n'est pas le cas si vous opérez directement en mode ligne de commande sur une station UNIX (cas sans doute de plus en plus rare sauf pour les utilisateurs scientifiques). Les fichiers binaires sont naturellement transmis tels quels alors que les fichiers texte ont droit à certains traitements de faveur (mais sont restitués intacts à l'autre bout de la chaîne, heureusement).

Us et coutumes du FTP anonyme

De nombreux serveurs FTP imposent une limite au nombre de clients simultanés qu'ils peuvent accueillir. Selon que la machine ne sert qu'à ça ou qu'elle est partagée par d'autres utilisateurs (pour faire du calcul, par exemple), et qu'elle est plus ou moins puissante, ce nombre pourra varier entre une dizaine et quelques centaines. Si vous arrivez trop tard, vous serez rejeté. Ce n'est d'ailleurs pas parce que vous serez admis que vous aurez droit à une bonne qualité de service. Si vous êtes le quarante-septième utilisateur alors que la limite est de cinquante, le temps de réponse se dégradera sérieusement, vous vous en doutez.

Lorsque vous voulez envoyer des fichiers vers un serveur FTP, vous n'avez pas le droit de les envoyer n'importe où (dans n'importe quel répertoire). En général, il y a un répertoire spécialement prévu pour cela : `up` ou `uploading` ou quelque chose du même genre. L'administrateur du site se réserve en effet le droit (heureusement pour ses utilisateurs !) de voir si votre fichier est légal (ce n'est pas un logiciel piraté), s'il ne contient pas de virus et (éventuellement) s'il n'est pas contraire aux bonnes moeurs.

Certains serveurs FTP ne permettent des transferts de type anonyme qu'à partir de machines ayant un nom. Autrement dit, si vous essayez de faire du FTP anonyme à partir d'un hôte qui n'a qu'un numéro (une adresse IP), ces serveurs vous en refuseront l'autorisation. Ce problème survient le plus souvent avec des comptes de type PPP auxquels aucun nom n'a été assigné parce que, généralement, ils n'offrent pas de services à autrui.

Quel programme client utiliser ?

Il n'est pas absolument nécessaire d'utiliser un logiciel spécialisé pour "faire du FTP", mais c'est tellement plus pratique. Si vous voulez opérer dans les meilleures conditions, la première chose à faire est de vous procurer un **bon** logiciel client FTP. Ce n'est pas le choix qui manque :

- D'abord, vous pouvez utiliser votre browser Web favori. Ce n'est peut-être pas ce qu'il y a de mieux, mais ça ne vous oblige pas à vous procurer un autre logiciel dont vous devrez apprendre l'utilisation. La plupart des browsers ne permettent pas le transfert *anonyme* de fichiers *vers* un serveur FTP. Mais ce n'est probablement pas ce que vous voulez faire.

- Si vous avez un compte SLIP ou PPP, vous pouvez utiliser un programme Winsock (sous Windows) ou un programme MacTCP (avec un Macintosh). Le plus populaire (et avec raison), c'est WS_FTP. C'est celui que nous avons retenu pour nos démonstrations dans ce chapitre. Sur un Macintosh, il semble que le programme le plus utilisé soit Fetch. Ces programmes fonctionnent dans les deux sens.

- Si vous êtes abonné à CompuServe ou à AOL, le transfert par FTP anonyme s'effectue sans aucune difficulté. Le mot clé, c'est alors `ftp`. Avec CompuServe, consultez le Chapitre 14.

Les grandes lignes d'un transfert de fichiers

Ou bien vous cliquez sur un appel de lien, ou bien vous tapez l'URL complète de votre fichier. Nous y reviendrons plus loin, en détail. De toutes façons, quel que soit le programme que vous utilisiez, les étapes à suivre sont les mêmes :

- Connectez-vous sur le serveur FTP que vous avez choisi.
- Placez-vous dans le répertoire où se trouvent le ou les fichiers que vous voulez télécharger.
- Placez-vous dans le mode qui convient pour les fichiers à télécharger (ASCII ou binaire).
- Téléchargez vos fichiers.
- Déloggez-vous du serveur FTP.

Si vous utilisez un fournisseur d'accès en mode shell UNIX et que vous voulez envoyer des fichiers vers un serveur FTP, vous devez commencer par transférer ces fichiers depuis votre machine vers celle de votre fournisseur d'accès.

Faire du FTP avec un browser

La quasi-totalité des browsers ne font pas qu'afficher des pages Web. Ils peuvent aussi faire bien d'autres choses et, en particulier, du FTP. La seule restriction, c'est qu'ils ne fonctionnent généralement que dans un seul sens : du serveur vers votre disque dur, ce qui est presque toujours ainsi que vous souhaitez opérer.

En outre, les browsers sont suffisamment malins pour savoir si le fichier qu'ils vont télécharger est de type binaire ou texte (ASCII). Ce n'est pas à vous de vous ennuyer avec ces détails oiseux. Laissez faire l'ordinateur. N'est-il pas votre esclave ?

D'abord, l'URL

Pour commander à votre browser de se brancher sur un serveur FTP, vous devez lui indiquer l'URL de ce dernier, c'est-à-dire son adresse électronique précédée de `ftp://` et suivie du chemin d'accès complet du fichier suivi, à son tour, du nom du fichier. Un exemple va clarifier les choses. Supposons que vous vouliez télécharger le fichier `abcd23.zip`, qui se trouve dans le répertoire `/pub/windows/image` du serveur FTP dont l'adresse électronique est `ftp.ibp.fr`. Vous devrez indiquer l'URL suivante :

```
ftp://ftp.ibp.fr/pub/windows/image/abcd23.zip
```

Mais vous pouvez aussi décomposer l'opération en indiquant d'abord une partie de l'URL :

```
ftp://ftp.ibp.fr/
```

Votre browser affichera alors le répertoire racine du serveur et, de proche en proche, par une succession de clics dans une cascade de répertoires, vous finirez par atteindre le fichier qui vous intéresse.

Certains browsers ne peuvent prendre en compte que des transferts anonymes. Si vous avez une adresse *e-mail* sur votre fournisseur d'accès, vous pouvez l'inclure dans l'URL sous la forme :

```
ftp://elvis@ftp.dummies.net
```

Lorsqu'il se logge sur le serveur, votre browser vous demandera de lui indiquer votre mot de passe, qui est généralement le même que celui que vous utilisez lors de votre connexion initiale.

Mécanisme général de transfert de fichiers avec un browser

Quel que soit le browser que vous utilisez, la marche à suivre pour transférer des fichiers est la suivante :

1. **Lancez votre browser comme à l'accoutumée.**

2. **Tapez l'URL de votre serveur FTP dans la fenêtre d'adresse du browser.** Si vous ne voyez aucune fenêtre, essayez de taper <Ctrl>+<O> ou cliquez sur Fichier (File)/Ouvrir une URL (Open URL) et tapez l'URL du serveur FTP dans la boîte de dialogue qui s'ouvrira puis cliquez sur OK.

   Le browser se logge sur le serveur FTP et affiche le répertoire d'accueil de celui-ci (Figure 11.1). Chaque fichier ou répertoire apparaît sous forme de lien. Ce que vous verrez sur votre écran peut différer quelque peu selon le browser que vous utilisez.

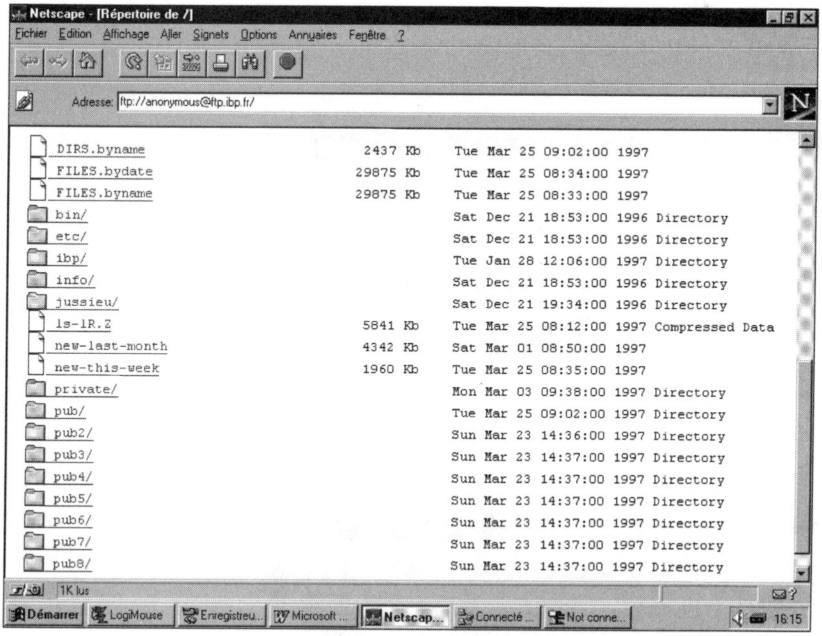

Figure 11.1 : Netscape Navigator transformé en client FTP.

3. **Placez-vous dans le répertoire contenant le fichier que vous voulez télécharger.** Pour cela, cliquez en cascade sur une succession de répertoires.

Parvenu à ce point, la suite des opérations dépend du browser que vous utilisez.

Avec Netscape Navigator ou Netscape Communicator

Lorsque vous avez trouvé le fichier que vous convoitez, voici la marche à suivre :

- **Téléchargez le fichier en cliquant sur son nom.** S'il s'agit d'un fichier texte ou d'un autre fichier que le browser sait comment traiter, il l'affichera après l'avoir téléchargé. Si, par exemple, vous cliquez sur un fichier `readme.txt`, il s'affichera sur votre écran. Si, ensuite, vous voulez le sauvegarder, cliquez sur Fichier/Enregistrer sous et choisissez le répertoire dans la boîte de sélection de fichier qui apparaît.

- **Si le browser ne sait qu'en faire**, il vous affichera la boîte de dialogue reproduite sur la Figure 11.2 (avec la version 3.0) ou 11.3 (avec la version 4.0), en vous demandant ce qu'il doit en faire. Cliquez alors sur le bouton Enregistrer le fichier (Save File).

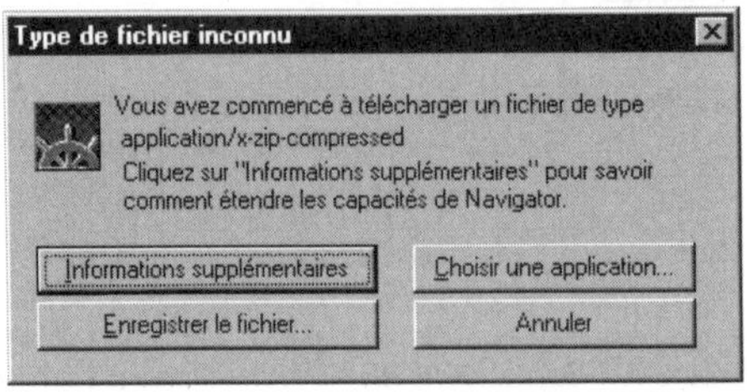

Figure 11.2 : Netscape Navigator vous demande ce qu'il doit faire de ce fichier.

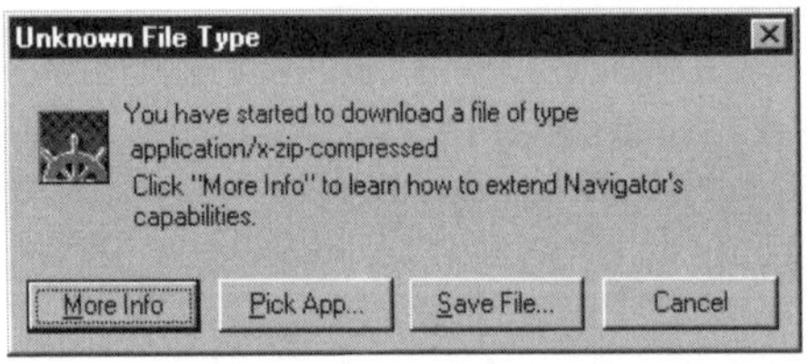

Figure 11.3 : Netscape Communicator vous demande ce qu'il doit faire de ce fichier.

Avec Internet Explorer

Même motif, même punition, mais cette fois, le browser se livrera pendant un temps appréciable à quelques recherches matérialisées par l'affichage de la Figure 11.4 puis il vous posera la question rituelle, mais en vous laissant moins de choix que les frères Netscape.

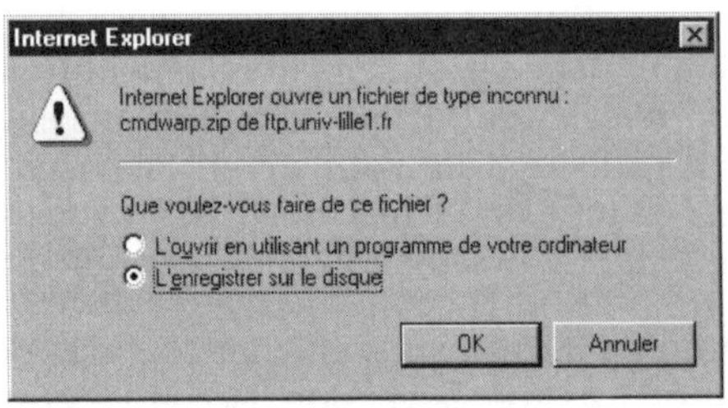

Figure 11.4 : Internet Explorer vous demande ce qu'il doit faire de ce fichier.

Avec un autre browser

Consultez la documentation qui vous a été fournie pour savoir ce que vous devez faire. Vous ne risquez rien à faire comme avec Netscape ou Internet Explorer. Des fois que ça marche... Au cas où ça ne vous donnerait pas ce que vous espérez, recommencez en maintenant enfoncée la touche <Maj>.

Faire du FTP avec WS_FTP

Que vous utilisiez Windows 3.x ou Windows 95, si vous vous connectez à votre fournisseur d'accès en mode SLIP ou PPP, vous pouvez utiliser un *client Winsock*. Et si vous utilisez un Macintosh, vous pouvez utiliser un *client MacFTP*. Il en existe un bon nombre. Nos favoris sont WS_FTP pour Windows 3.x (auteur : John A. Junod) et WS_FTP32 pour Windows 95. Si vous utilisez un Macintosh, le meilleur choix, c'est Fetch. Dans cette section, nous allons voir comment utiliser WS_FTP.

Parmi les avantages de WS_FTP, citons :

- La présence de deux fenêtres à défilement représentant l'arborescence de votre disque dur (à gauche) et celle du serveur (à droite).
- Une série de boutons à cliquer pour lancer les opérations.
- L'existence d'un carnet d'adresses comportant les noms, répertoires et mots de passe de vos sites favoris, carnet dont vous pouvez modifier le contenu à votre gré.

Comment se procurer WS_FTP ?

Une première solution consiste à l'emprunter à un collègue. C'est bien le diable si, autour de vous, personne n'en a pas un exemplaire. Mais, pour la beauté de la chose (et le plaisir de bavarder), supposons que vous soyez entourés de béotiens qui ignorent tout de l'Internet. Il va vous falloir passer à l'action. Je suppose que vous avez quand même un browser. Nous allons alors l'utiliser pour récupérer WS_FTP.

Un Américain se connecterait directement sur :

```
ftp://papa.indstate.edu/winsock-l/ftp/ws_ftp.zip
```

Un Français peut aussi le faire car, pourquoi faire simple quand on peut faire compliqué ? Mais, soyons sérieux et n'allons pas chercher midi à quatorze heures et à des milliers de kilomètres ce qui se trouve à portée de notre main, ou presque.

Nous allons nous connecter sur un serveur français d'excellente qualité et très bien pourvu en fichiers de toute sorte : le serveur FTP de l'université de Lille 1, dont l'adresse est `ftp.univ-lille1.fr`. Nous tapons l'un des deux URL suivants dans la fenêtre d'adresse du browser :

```
ftp://ftp.univ-lille1.fr/pub/pc/coast/win3/winsock/ws_ftp.zip
ftp://ftp.univ-lille1.fr/pub/pc/coast/win95/winsock/ws_ftp32.zip
```

Avec le premier, nous téléchargerons la version 16 bits (Windows 3.x) ; avec l'autre, la version 32 bits (Windows 95 et Windows NT). Une fois l'opération de transfert terminée, vous devrez décompacter le fichier que vous aurez obtenu. Faites-le avec WinZip ou, sous MS-DOS, avec PKUNZIP. Rien à voir avec l'Internet : c'est du classique ! Il ne vous reste plus qu'à lancer le programme d'installation (INST.EXE ou INST32.EXE) qui va ensuite créer une icône pour appeler le programme.

Utilisation de WS_FTP

Nous supposerons que la connexion avec votre fournisseur d'accès est déjà réalisée. Voici alors la marche à suivre pour télécharger un fichier :

1. **Lancez WS_FTP en double-cliquant sur son icône.** L'écran affiche la fenêtre Session Profile reproduite sur la Figure 11.5. C'est dans cette fenêtre que nous allons indiquer tous les renseignements nécessaires au transfert, comme nous venons de l'expliquer.

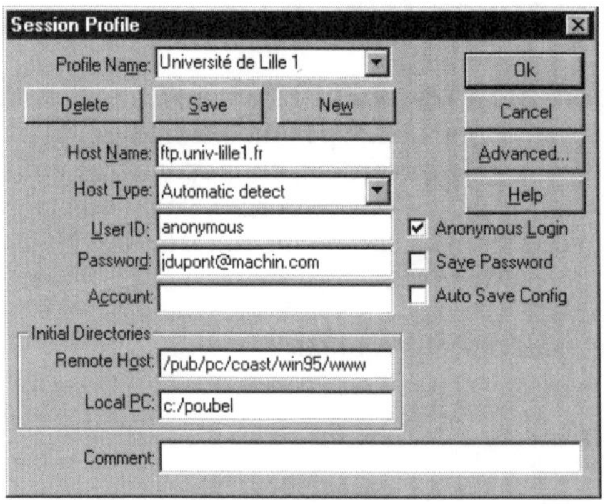

Figure 11.5 : La fenêtre Session Profile de WS_FTP.

2. **Dans la boîte de saisie marquée Profile Name**, indiquons le nom sous lequel nous repérerons notre serveur dans notre "carnet d'adresses". Ici, ce sera "Université de Lille 1 ".

3. **Dans la boîte de saisie Host Name**, nous indiquons son adresse électronique : `ftp.univ-lille1.fr`.

4. **Nous laissons la boîte de saisie Host Type telle quelle** (Automatic detect). Elle sert à indiquer à quel type de serveur nous aurons affaire. "Automatic detect" convient généralement.

5. **Nous cliquons sur Anonymous Login**, ce qui a pour effet de faire apparaître "anonymous" dans la fenêtre User ID. Si nous avions un compte ouvert sur ce serveur, nous aurions pu mettre ici notre nom d'utilisateur.

6. **Dans la boîte de saisie Password, nous devons taper notre adresse électronique** (par exemple : `jdupont@machin.fr`). Comme ce mot de passe n'est pas un véritable mot de passe, il n'y a aucun danger à le mémoriser, ce que nous allons faire en cliquant dans la case à cocher Save Password.

7. **Dans la boîte de saisie Remote Host, indiquons le répertoire où se trouve notre fichier.** Ici, c'est `/pub/pc/coast/win95/www`. Attention à bien utiliser les slashes normaux.

8. **Dans la boîte de saisie Local PC, indiquons le chemin d'accès au répertoire où doit être reçu le fichier**. Ici, ce sera `c:\poubel` (avec un slash normal ou un antislash).

9. **Cliquons sur le gros bouton Save** (vers le haut de la fenêtre) pour sauvegarder cette configuration.

10. **Enfin, cliquons sur OK pour lancer le transfert.**

Il ne veut pas me parler !

Si la connexion n'arrive pas à s'effectuer pour une raison ou pour une autre, des messages s'afficheront dans la petite fenêtre de deux lignes au bas de la fenêtre de WS_FTP. Vous pouvez faire défiler le contenu de cette boîte à l'aide des deux flèches placées à sa droite. Le serveur pourra être surchargé (ça arrive rarement à Lille, heureusement !) et dans ce cas, vous pourriez contempler un message vous informant que le nombre d'utilisateurs admis est atteint et que vous devez réessayer plus tard.

Si vous voulez lire ces messages plus commodément, double-cliquez dans cette fenêtre et une plus grande fenêtre s'ouvrira, moins étriquée, vous présentant de façon plus lisible les échanges de messages client/serveur.

Le transfert est lancé

Une fois les présentations faites entre serveur et client, le contenu du répertoire que vous avez choisi sur le serveur est affiché dans la fenêtre de droite tandis que la fenêtre de gauche présente le contenu de votre propre répertoire (Figure 11.6). Au moyen du curseur placé à droite de la fenêtre du serveur, faites défiler son contenu jusqu'à trouver le nom du programme qui vous intéresse, puis double-cliquez sur son nom.

TRUC

Pour transférer un groupe de fichiers adjacents, cliquez sur le premier, maintenez enfoncée la touche <Maj> puis cliquez sur le dernier. Relâchez la touche <Maj> et cliquez sur le bouton portant une flèche orientée vers la gauche placé entre les deux fenêtres. Pour transférer un groupe de fichiers non adjacents, c'est sur la touche <Ctrl> qu'il faut appuyer pendant que vous cliquez sur chaque nom des fichiers à transférer.

Le transfert pourra alors commencer ; et une petite fenêtre s'affichera au-dessus de la précédente, nous renseignant sur le déroulement de ce transfert en indiquant le pourcentage de la quantité d'informations transmises ainsi que la vitesse moyenne du transfert.

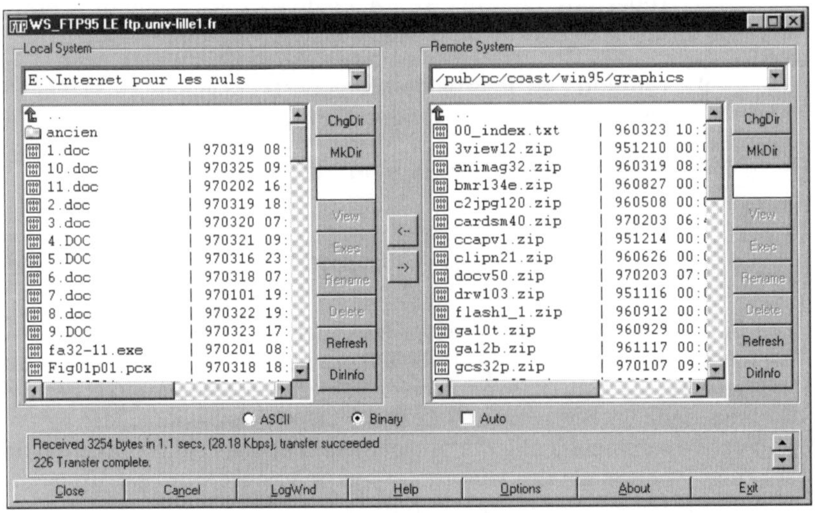

Figure 11.6 : Les deux répertoires (client et serveur) face à face, prêts pour le transfert.

Vous remarquerez plusieurs boutons à droite de chaque fenêtre. Un client FTP permet en effet de faire davantage que transférer des fichiers. Il peut créer des répertoires sur le serveur, supprimer des fichiers et changer leurs noms, pour peu, évidemment, que vous ayez les autorisations nécessaires, ce qui n'est jamais le cas lorsqu'il s'agit de serveur public. Mais, si vous aviez un compte personnel sur le serveur, vous auriez droit à un répertoire sur le disque dur, et c'est ainsi que vous pourriez manipuler vos fichiers distants.

Parmi les trois boutons-radio, Binary est généralement celui qui est activé. Prenez l'habitude de laisser faire WS_FTP, à moins que vous n'ayez des raisons précises de lui imposer un choix contraire au sien. (Cette éventualité pourrait se produire dans le cas de fichiers texte non compactés, cas fort improbable.) Au moins, vous ne risquerez pas d'avoir de pénibles surprises quand vous voudrez utiliser des fichiers qui auraient été transmis dans un mode incorrect.

C'est fini !

Pour vous déconnecter du serveur, cliquez simplement sur le bouton Close, en bas et à gauche de la fenêtre. Plus brutalement, vous pouvez aussi cliquer sur le bouton Exit, en bas et à droite de la fenêtre. Rassurez-vous, WS_FTP ne vous en voudra pas !

Garçon, remettez-nous ça !

Pour vous reconnecter sur le même serveur ou sur un autre, cliquez sur le bouton Connect (c'est l'ancien bouton Close qui a changé de nom). S'il s'agit d'un serveur que vous avez déjà utilisé et dont vous avez sauvegardé les paramètres, faites défiler la boîte à liste déroulante Profil Name jusqu'à retrouver son nom.

Et pour vous, les utilisateurs de Macintosh ?

Nous ne voudrions pas que vous vous sentiez brimés par la façon dont nous nous sommes attardés sur WS_FTP. Sur le Macintosh, c'est encore plus simple, au point que nous ne croyons pas utile d'en dire long sur le sujet.

Nous vous avons signalé l'excellent programme de Jim Mathews, Fetch, qui vous offre la possibilité de télécharger des fichiers soit sous forme d'informations brutes (*raw data*), soit sous forme binaire (*MacBinary*). Avec cette dernière, on associe les composantes (*forks*) d'un fichier Macintosh en un seul fichier afin que le tout puisse voyager dans le même emballage. A n'utiliser que pour des fichiers spécifiquement Mac (compréhensibles seulement par un Macintosh), comme des programmes pour Macintosh. Ne l'utilisez pas pour des fichiers texte ou des fichiers d'image. Les fichiers binaires ont généralement l'extension .bin.

Pour vous procurer Fetch, pointez votre browser sur l'URL `http://www.dartmouth.edu/pages/softdev/fetch.html`. Vous y trouverez toutes informations utiles pour télécharger le programme.

L'erreur la plus fréquente

L'erreur la plus fréquente, c'est d'effectuer un transfert de fichiers dans le mauvais mode. Si, par exemple, vous avez transféré, depuis une machine UNIX vers un PC ou un Macintosh un fichier texte en mode binaire, lorsque vous examinerez votre fichier, vous verrez quelque chose comme :

```
Il aurait fallu
                copier ce fichier
                                   en mode texte (ASCII).
```

Sur un Macintosh, la totalité du fichier semblera ne contenir qu'une seule (immense) ligne. Si vous regardez le fichier sous UNIX avec un éditeur de texte, vous verrez s'afficher, à la fin de chaque ligne réelle, un caractère `^M`. Il n'est pas nécessaire de recommencer le transfert, car la plupart des packages d'utilitaires réseau contiennent ce qu'il faut pour remettre les choses en ordre.

A l'inverse, si vous avez transféré un fichier binaire (programme, image...) en mode texte, il n'y a plus rien à faire, sauf recommencer le transfert en pensant à indiquer `binary` ou, mieux, en laissant faire votre client FTP si, comme WS_FTP, il a la capacité de choisir le "bon" mode.

TRUC

Si vous transférez des fichiers entre deux machines de même type (d'un système Windows à un autre, par exemple), vous pouvez - et même, vous devez - effectuer tous vos transferts en mode binaire.

Et dans l'autre sens ?

Maintenant que vous savez récupérer des fichiers à partir d'un autre ordinateur, si vous essayiez de faire le transfert dans l'autre sens : depuis votre machine vers celle de votre fournisseur d'accès, par exemple ? Si vous écrivez des pages Web, il faudra bien que vous en passiez par là pour installer vos pages sur le serveur.

Avec Netscape Navigator, vous devez commencer par vous logger sur le serveur Web sous votre propre nom au moyen d'une URL du type suivant :

```
http://utilisateur@www.monserveur.fr/
```

où `www.monserveur.fr` est le nom de votre fournisseur d'accès et `utilisateur` votre ID d'utilisateur, celui que vous utilisez lorsque vous vous connectez sur sa machine. En cas de doute, téléphonez à son assistance client pour savoir exactement ce que vous devez indiquer. Une boîte de dialogue vous demandera ensuite votre mot de passe. Ici encore, indiquez celui que vous devez donner pour vous connecter. Si tout se passe bien, vous vous trouverez dans le répertoire qui vous a été alloué sur le serveur.

Pourquoi faire simple quand on peut faire compliqué ?[1]

L'expérience montre, malheureusement, que tout ne se passe généralement pas bien. D'abord, il y a des serveurs qui n'accepteront pas `www`, mais voudront `ftp`. Et ensuite, pour une raison mystérieuse, n'accepteront pas le mot de passe que vous leur donnez, aussi exact soit-il.

Aussi, pourquoi diable vouloir faire du FTP avec un browser alors que vous avez à votre disposition l'excellent WS_FTP ? Faites comme pour un téléchargement depuis le serveur vers votre machine, mais au lieu de choisir un fichier dans la fenêtre de droite, choisissez-le dans celle de gauche et cliquez ensuite sur la flèche tournée vers la droite.

Patience et longueur de temps...

L'Internet est un réseau rapide, mais sa vitesse n'est pas infinie. Si, en France, les voies de transport de l'information sont largement dimensionnées, le *backbone* (l'interface, si vous préférez) vers les pays étrangers, et en particulier vers les Etats-Unis, est plutôt engorgé. Il en résulte des temps de transferts désespérément longs. Il y a à cela deux remèdes, et deux seulement :

- Prenez votre mal en patience et, pendant que dure le transfert, commencez la lecture des oeuvres complètes de Marguerite Duras.

1. Cette section ne figure pas dans le texte original.

- Couchez-vous très tard ou levez vous très tôt (une bonne plage horaire est située entre 3 h et 6 h du matin) pour effectuer vos transferts à partir des Etats-Unis.

Et si vous n'avez pas accès au FTP ?

Si vous n'avez accès qu'au courrier électronique, ne désespérez pas pour autant. Il y a deux solutions : la première consiste à changer de fournisseur d'accès. Les bons fournisseurs d'accès doivent vous proposer l'accès à **toutes** les ressources de l'Internet. La seconde - si vous êtes masochiste - consiste à utiliser un serveur *FTP-by-mail* (serveur de FTP par courrier). Vous envoyez par *e-mail* une requête à ce serveur, et un bienveillant robot recherchera le fichier qui vous intéresse et vous l'envoie. Ce n'est ni aussi agréable ni aussi rapide que le véritable FTP, mais à cheval donné, on ne regarde pas les dents. Ces serveurs ne sont pas nombreux, aussi devez-vous soigneusement observer leur mode d'emploi :

- **Soyez modéré dans vos requêtes.** Lorsque vous recevez un fichier binaire (programme ou image, par exemple), celui-ci est codé d'une façon telle que sa longueur est allongée d'un tiers environ. Si votre fichier original fait 100 Ko, le fichier qui vous sera envoyé fera dans les 130 Ko, ce qui représente un message de bonne taille, pour du courrier ! Si vous utilisez un prestataire de service qui vous facture la livraison du courrier arrivée[2], ça risque de vous revenir cher.

- **Prenez patience.** Presque tous les serveurs de FTP par courrier ont une tendance naturelle à se faire désirer et, pour cela, à rationner leurs prestations. Il peut en résulter un délai de plusieurs jours entre la demande et la réception. Alors, si, après avoir envoyé une requête, telle soeur Anne, vous ne voyez rien venir, surtout, ne renouvelez pas votre requête. Attendez...

Le serveur FTP par courrier le plus largement accessible s'appelle BITFTP. Conçu à l'origine pour les utilisateurs de BITNET, dinosaure de l'époque pré-Internet, il subsiste à l'université de Princeton : bitftp@pucc.princeton.edu. Mais vous aurez sans doute plus de chance avec le serveur allemand situé à bitftp@vm.gmd.de.

Le Tableau 11.1 donne une liste de quelques-uns de ces serveurs. Bon courage !

---

2. Ce que faisait CompuServe jusqu'en septembre 95. Sous la pression de la concurrence, cette (déplorable) pratique est actuellement abandonnée (N.d.T.).

Tableau 11.1 : Serveurs FTP par courrier.

Adresse e-mail	Emplacement géographique
`ftpmail@ftp.ramona.vix.com`	Etats-Unis (Californie)
`ftpmail@ieunet.ie`	Irlande
`bitftp@plearn.edu.pl`	Pologne
`ftpmail@doc.ic.ac.uk`	Angleterre

TRUC

Avant d'envoyer une requête à l'un de ces serveurs, envoyez un message ne contenant que le mot *help*. Cela pour deux raisons : d'abord pour voir si, par hasard, il n'y aurait pas quelque chose d'intéressant à savoir avant de se lancer dans l'utilisation du serveur ; ensuite : pour s'assurer que l'échange de messages est possible dans les deux sens.

Les messages à envoyer à un serveur BITFTP ressemblent beaucoup à des commandes FTP. Dans l'exemple ci-dessous, on se propose de récupérer un fichier texte qui contient l'index des notes FYI (*For Your Information*) en provenance d'InterNIC (*Internet Network Information Center*) :

```
FTP ftp.internic.net
USER anonymous
cd /fyi
get fyi-index.txt
quit
```

Dans un même message, on peut placer plusieurs commandes `cd` et `get`, mais attention au remplissage de la corbeille Arrivée de votre boîte à lettres. `cd` est la commande qui permet de changer de répertoire et `get`, celle qui commande le transfert de fichiers à partir du serveur.

Comment savoir où sont ces fichiers ?

Voilà une bonne question. Merci de nous l'avoir posée ! En effet, avec le FTP par courrier, il faut aller droit au but. Vous devez savoir a priori où est votre fichier. Avec un peu de chance, vous auriez pu récupérer ce renseignement d'un de vos amis ou dans une revue. Sinon, il vous reste deux méthodes : l'une bête, l'autre plus maligne, mais qui suppose que vous avez accès à un serveur Archie. Or, si vous n'avez pas accès au FTP, il y a gros à parier que vous n'aurez pas non plus accès à Archie. Donc rabattons-nous sur la méthode bête. Vous allez tout simplement demander à votre serveur qu'il vous renvoie le contenu de son répertoire :

```
FTP ftp.internic.net
USER anonymous
cd /fyi
dir
quit
```

TRUC

Plusieurs serveurs ont une liste du contenu de leurs répertoires toute prête dans un fichier généralement appelé `ls-lR` ou `ls-lR.Z`. (Ce nom singulier provient du nom de la commande UNIX qui a servi à le créer.) S'il existe un tel fichier, essayez de le récupérer. En son absence, voyez s'il n'y a pas de fichier `README`, dans lequel, avec un peu de chance, vous pourrez savoir si ce fichier existe et dans quel répertoire il se cache.

Codage et décodage

Jusqu'ici, nous avons surtout considéré le cas de fichiers texte. Mais, la plupart des fichiers que vous chercherez à récupérer seront probablement des fichiers binaires, qui vont donc subir un codage préalable, le même que celui utilisé par le FTP ordinaire. Un fichier binaire, une fois *uuencodé,* se présente un peu comme ça :

```
begin machin.exe 644
M390GNM4L-RE¨3PT5EVZYYSNN55555[UYEGGHJ9887POIUTV;JGR,6P5
NOETMZHSU75GZHHJDJKHBJB?SOOI9278HUEKJDKJ:.JJDH.JKKZOOP982
...
end
```

Eudora et Agent (la version payante de Free Agent, celle qui gère aussi le courrier électronique, en plus des news) sont capables de décoder automatiquement ces messages. Les utilisateurs de Windows ne rencontreront donc aucune difficulté à ce niveau.

Si ce n'est pas votre cas, il vous suffit de faire passer ce que vous avez reçu à la moulinette de `uudecode` (ou de WinCode, si vous êtes sous Windows). Si le fichier que vous avez reçu était un gros fichier, il a été réparti en plusieurs fichiers dont la taille individuelle ne dépasse pas 64 Ko. Il faudra commencer par les rassembler en un seul fichier, dans le bon ordre évidemment, avant de procéder au décodage. Agent est capable de faire automatiquement ce travail de regroupement, mais pas Eudora.

Lorsque vous voulez récupérer un fichier binaire par courrier électronique, n'oubliez pas de préciser que le transfert doit se faire en mode binaire. Par exemple, pour vous faire envoyer le fichier compacté contenant la liste des répertoires du serveur `wuarchive`, sachant qu'il se trouve dans le répertoire `/INFO`, vous enverrez la suite de messages suivante à BITFTP :

```
FTP ftp.internic.net
USER anonymous
cd /INFO
binary
get ls-lR.Z
quit
```

Une fois que vous l'aurez traité par `uudecode`, n'oubliez pas de le décompacter.

Le cas des logiciels transférés par FTP

Grâce à FTP, vous pouvez télécharger des programmes (freeware, shareware, versions limitées, etc.). Mais une fois en leur possession, tout n'est pas joué ; et deux étapes supplémentaires sont souvent nécessaires : la décompression (lorsqu'il s'agit de fichiers *zippés*) et l'installation. De plus en plus fréquemment, ces deux opérations se font au cours de la même étape. On dit qu'on a alors affaire à des fichiers autodécompactables.

La décompression des fichiers

Il existe un assez grand nombre d'algorithmes de compression et certains sont plus spécialement attachés à tel ou tel système. On les identifie par l'extension que portent les fichiers compressés. Sur les PC, c'est la plupart du temps .ZIP. Le programme de décompression s'appelle très généralement PKUNZIP[3] (plus rarement UNZIP), dans sa version pour MS-DOS. Son emploi est parfaitement possible sous Windows pour peu que vous n'hésitiez pas à ouvrir une fenêtre DOS. Mais si vous préférez rester bien au chaud à l'intérieur de Windows 3.x, 95 ou NT), il existe des programmes de décompression dont le plus connu et le plus utilisé s'appelle WinZip, écrit par Nico Mak. Ce programme peut travailler dans les deux sens : compresser ou décompresser (compacter ou décompacter, si vous préférez). Les adorateurs de la pomme disposent, pour cela, de UNZIP.

TRUC

Si vous possédez déjà WinZip, tant mieux. Sinon, téléchargez-le. Vous le trouverez sur `ftp.winzip.com`, dans le répertoire `/winzip`. La version courante s'appelle WINZIP31.EXE, (WINZIP95.EXE, pour Windows 95 et Windows NT). Rassurez-vous, ici, point d'histoire d'œuf et de poule : c'est un fichier autodécompactable. Pour installer WinZip, procédez ainsi :

3. PK représente les initiales du créateur de l'algorithme : Philippe Katz (N.d.T.).

1. **Créez un répertoire pour le programme.** De la même façon que vous le faites d'habitude, selon le système d'exploitation que vous utilisez (Windows 3.x ou Windows 95).

2. **Placez-vous dans ce répertoire** et copiez-y le fichier WINZIP31.EXE (ou WINZIP95.EXE).

3. **Lancez ce programme en tapant** `WINZIP31` **(ou** `WINZIP95`).

4. **Suivez les instructions qui vous seront données.**

Pour les utilisateurs de Macintosh, c'est StufIt

Vous trouverez un programme de décompression sur le serveur `ftp.uu.net`, dans le répertoire `/pub/archiving/zip/Mac` ou sur le serveur `ftp.doc.ic.ac.uk` (anglais, donc plus proche), dans le répertoire `/packages/zip/Mac`. C'est un fichier dont le nom se rapproche de `unz512x.hqx`.

Il existe également un programme, très populaire parmi les Macophiles, et qui s'appelle `Stuffit` (écrit par Raymond Lau). Les fichiers qu'il a traités se terminent généralement par l'extension .SIT.

Pour le décompactage, vous pouvez utiliser `UnStuffit`, `StuffitExpander` ou `Extractor`.

En avant, WinZip !

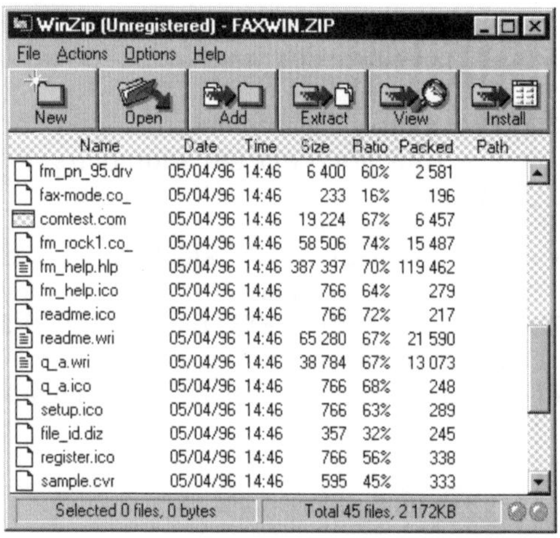

Figure 11.7 : Ecran d'ouverture de WinZip.

Double-cliquez sur l'icône du programme et vous verrez s'afficher la fenêtre reproduite sur la Figure 11.7.

Pour ouvrir une archive, cliquez sur le bouton Open et choisissez le répertoire et le nom du fichier ZIP à décompacter. WinZip affiche alors une liste des fichiers contenus dans l'archive avec leur longueur et leur date de création (comme le fait PKUNZIP avec l'option `-v`).

Dézippez-le !

Une fois ouvert le fichier zip, encore faut-il extraire le ou les fichiers intéressants. Voici la marche à suivre :

1. **Choisir le fichier à extraire dans la liste affichée.** Vous pouvez en choisir plusieurs à la fois. Pour cela, après avoir cliqué sur le premier, maintenez enfoncée la touche <Maj> et cliquez sur le dernier. Pour sélectionner des fichiers non adjacents, maintenez enfoncée la touche <Ctrl> en cliquant sur les fichiers suivants.
2. **Cliquez sur le bouton Extract.** Une boîte de dialogue vous demande dans quel répertoire vous voulez ranger les fichiers décompactés.
3. **Sélectionnez le répertoire qui vous convient**.
4. **Cliquez sur OK.**

Le fichier d'origine (.ZIP) reste inchangé après l'opération de décompactage.

Pour quitter WinZip

Comme (presque) tous les programmes tournant sous Windows, vous avez le choix entre cliquer sur File/Exit ou taper <Alt>+<F4>.

WinZip peut faire d'autres choses : ajouter de nouveaux fichiers à une archive, par exemple. Mais vous n'en aurez pas besoin pour survivre sur le Net. Aussi allons-nous en rester là.

Gare aux virus !

C'est le mal du siècle (enfin... de la décennie !). On en compte environ 7 000 sur les PC et une bonne poignée sur les Macintosh. Ils se glissent partout, et bien que les responsables des sites FTP fassent de leur mieux pour s'assurer qu'un virus ne s'est pas insidieusement glissé dans les fichiers qu'ils reçoivent, ils ne peuvent rien vous garantir. Aussi est-il bon que vous procédiez vous-même à une vérification avant d'**exécuter** des programmes reçus par FTP.

Nous disons bien "exécuter" car, hormis le cas particulier de certains fichiers .DOC de WinWord (pour des raisons qu'il serait oiseux d'exposer ici), un virus ne peut faire de dommage que si on exécute un programme. Il ne va pas sauter depuis un fichier texte ou un fichier image et se mettre à ronger votre disque dur.

Des antivirus (entendez : des programme de détection et d'éradication de virus), il y en a beaucoup. Des bons et des moins bons. Certains doivent être périodiquement être mis à jour (pour tenir compte des tout derniers virus créés). D'autres, au contraire, ont des algorithmes de détection qui les rendent auto-adaptatifs. Parmi les bons, citons McAfee ou DrSolomon. Mais il y en a d'autres. Parmi les moins réputés, citons celui qui accompagnait MS-DOS - MSAV - ou Windows 3.x (remarquez que Windows 95 ne contient aucun antivirus).

L'utilisation d'un détecteur de virus dépend fortement de ce que vous avez l'habitude d'utiliser. "L'habitude", bien sûr, car nous ne voulons pas croire que vous vivez dangereusement sans rien contrôler, n'est-ce pas ?

WORLD WIDE WEB

Pointez votre browser sur le site de McAfee, où vous pourrez télécharger VirusScan à l'URL `http://www.mcafee.com`. Ce détecteur de virus peut travailler sous Windows 3.x ou Windows 95.

Installation du programme

Une fois que vous vous êtes assuré que le programme que vous venez de récupérer par FTP est sain, il est temps de procéder à son installation.

En général, vous trouverez, dans ce que vous avez récupéré, un fichier appelé SETUP.EXE ou INSTALL.EXE. On pourrait vous dire de l'exécuter et vous détailler, une par une, les manipulations à effectuer dans ce but. Mais ça, c'est de l'empirisme. Pour être sûr de ce que vous devrez faire, il faut lire le README (ou READ.ME) qui se trouve dans l'archive. Si vous avez récupéré un programme français (tout peut arriver !), ce fichier s'appellera LISEZMOI ou LISEZ.MOI. Quel que soit le cas, n'importe quel éditeur de texte (WORDPAD ou Notepad) en viendra à bout.

Exécutez alors les instructions qui vous sont aimablement prodiguées.

Configuration du programme

Une fois le programme installé, son icône apparaît quelque part. Vous double-cliquez dessus et, si tout s'est bien passé jusqu'ici, une fenêtre s'ouvre avec éventuellement des instructions de configuration. Qu'espérez-vous de plus ? Là, on ne peut pas vous en dire davantage, sinon de les suivre si vous voulez que tout se passe bien.

Mais où sont passés tous ces fichiers ?

On comprend votre impatience. A moins (et encore !) d'avoir une boule de cristal connectée à l'Internet, vous ne pouvez pas deviner où se trouvent les fichiers que vous convoitez. Nous avons collecté des adresses qui constituent une bonne liste de ressources. Vous la trouverez au Chapitre 21.

WOOSH

Revenez éventuellement au Chapitre 7, dans lequel vous pourrez revoir comment faire une recherche sur le Net et visiter notre page consacrée au logiciel avec notre liste actualisée des meilleurs produits à l'URL :

```
http://net.dummies.net/software
```

Troisième partie

A la recherche d'un fournisseur d'accès

Dans cette partie...

Des millions d'utilisateurs du Net sont abonnés à un fournisseur d'accès à l'Internet pour pouvoir accéder aux autoroutes de l'information. Nous allons en étudier deux "grands" : un Américain : CompuServe, et un Français : Infonie. Auparavant, nous verrons quels critères il faut faire intervenir dans le choix d'un fournisseur.

Chapitre 12

Comment choisir son fournisseur d'accès ?

Dans ce chapitre :

A quoi servent SLIP et PPP ?

De quoi avez-vous besoin pour vous connecter à l'Internet ?

Connexion depuis Windows 95.

Connexion depuis Windows 3.x.

Connexion avec un Macintosh.

Pour vous connecter à l'Internet, vous avez le choix entre deux solutions, trois si vous avez de la chance :

- **Choix 1.** Abonnez-vous à un "service en ligne" comme CompuServe, AOL, MSN, Wanadoo, Havas on Line, Club-Internet, Infonie, Calvacom... Ces services semblent plus faciles à utiliser, et les informations qu'ils proposent sont présentées d'une façon plus organisée. Mais tous ne vous donnent pas un "full Internet access" (un accès à l'ensemble des ressources de l'Internet). A moins que le coût de l'abonnement ne soit forfaitaire (indépendant du temps de connexion), ils peuvent se révéler onéreux si vous les utilisez plus de quelques heures par mois. La demande étant très forte et la montée de leur configuration ayant souvent du mal à suivre, ils n'offrent trop souvent qu'un accès lent, trop souvent un signal d'occupation lors de la connexion téléphonique et un débit ralenti.

- **Choix 2.** Abonnez-vous à un fournisseur d'accès qui ne vous propose rien d'autre que l'accès à l'ensemble des ressources de l'Internet, sans aucune valeur ajoutée. De nos jours, la plupart d'entre eux vous proposent un accès en mode PPP (le mode SLIP tend à disparaître). Vous êtes ainsi à même d'utiliser les programmes les plus renommés :

Netscape Navigator, Internet Explorer, Free Agent, Eudora et tant d'autres. Quelques-uns (de plus en plus rares) vous proposent un accès en mode UNIX shell.

- **Choix 3.** Avec un peu de chance, vous pouvez avoir accès au câble. En France, on en est encore au stade expérimental et dans quelques grandes villes, seulement. Alors, n'y comptez pas trop. Dommage, car là, plus besoin de téléphone ni de modem.

Dans ce chapitre, nous allons voir ce qu'il faut rechercher chez un fournisseur d'accès "ordinaire". Dans le Chapitre 13, nous étudierons la connexion à Infonie et dans le Chapitre 14, la connexion à CompuServe.

Revenons sur PPP et SLIP

Voici les trois incompréhensibles abréviations que vous devez connaître :

- **PPP (Point to Point Protocol).** Permet à votre PC de se connecter à l'Internet non pas en mode émulation de terminal, mais comme un membre à part entière du Net, tout au moins tant que vous êtes connecté à votre fournisseur d'accès

- **SLIP (Serial Line Internet Protocol).** Ancienne version du précédent.

- **CSLIP (Compressed Slip).** Version plus rapide de SLIP.

Pour ce qui nous concerne, ces trois protocoles sont identiques. Aussi nous y référerons-nous sous le nom générique de PPP (d'ailleurs, les deux autres ne sont plus guère proposés par les fournisseurs d'accès consciencieux). Ce sont là trois versions de IP (Internet Protocol), qui est la sous-couche de TCP/IP (Transmission Control Protocol/Internet protocol), lequel est le moyen utilisé par tous les ordinateurs de l'Internet pour communiquer entre eux. Cette communication est simplifiée par rapport à ce qu'elle serait si votre ordinateur était connecté à un gros ordinateur en émulation de terminal. Tout se passe alors comme si vous disposiez d'un terminal "intelligent".

C'est vous qui fournissez les programmes

Pour utiliser PPP, vous avez besoin de deux types de programmes :

- **Un programme servant à vous connecter à votre fournisseur d'accès.** C'est ce qu'on appelle techniquement une *pile TCP/IP* ou, en raccourci, une *pile TCP* (TCP/IP Stack). Windows 95 l'appelle *l'accès réseau à distance*. Sous Windows 3.x, il est nécessaire d'ajouter un logiciel approprié, car il n'existe rien sous Windows proprement dit. En général, ce logiciel s'appelle WINSOCK.DLL. Quant aux Macintosh, leur pile TCP s'appelle MacTCP, et il fait partie du System 7. Il faut y ajouter MacPPP, MacSLIP ou InterSLIP pour gérer le connexion téléphonique. Sur les nouveaux Macintosh, tout cela est préinstallé.

- **Des programmes servant à accéder aux services de l'Internet.** Ce sont ces programmes qui vont vous ouvrir le courrier électronique, le Web et la recherche d'informations sur l'Internet. On les appelle généralement des programmes *clients* parce qu'ils constituent l'autre pôle de la paire client/serveur.

  Pour envoyer et recevoir du courrier électronique, il vous faudra un *mailer*, pour accéder au Web, un *browser* et pour participer aux forums de Usenet, un *newsreader*. Il existe des programmes qui font les trois à la fois, comme Netscape Navigator, Netscape Communicator ou Internet Explorer. Avec Windows 3.x, vous pouvez utiliser n'importe quel logiciel compatible Winsock (c'est-à-dire n'importe quel programme pouvant tourner avec WINSOCK.DLL). Avec un Macintosh, il vous faudra des programmes compatibles MacTCP.

Par ici les bons programmes

Tous ces bons programmes dont on parle tant sont compatibles Winsock ou MacTCP et certains peuvent travailler sous les deux systèmes. Voici quelques-uns des programmes les plus réputés qui existent pour Windows 95 (ou Windows NT), Windows 3.x et le Macintosh :

- **Netscape Navigator (ou Communicator[1]) et Internet Explorer.** Les deux premiers sont les plus populaires des browsers (plus de 75 % de parts de marché). Le dernier, c'est la réponse de Microsoft à Netscape. Nous avons vu aux Chapitres 4 et 5 comment les mettre en service.

- **RealAudio et ShockWave.** Ce sont des *assistants* venant à l'appui de Netscape Navigator. On les qualifie généralement de *plug-ins* (littéralement : "modules enfichables").

- **Eudora.** C'est l'un des lecteurs de courrier électronique les plus populaires. Il en existe d'autres, comme Pegasus. De leur côté, Netscape Navigator et Internet Explorer contiennent un module de lecture de courrier électronique. Certains de ces programmes existent en version *freeware* (entièrement gratuits). (Voir le Chapitre 8.)

1. Netscape Communicator est la dernière version (4.0) de Netscape Navigator. Pour simplifier, nous parlerons désormais du seul Netscape Navigator, ce qui est rendu possible par la forte compatibilité qui existe entre ces deux versions (N.d.T.).

- **Free Agent (pour Windows) et Newswatcher (pour Macintosh).** Ces logiciels servent à exploiter les forums de Usenet (les *news*). Ici encore, Netscape Navigator et Internet Explorer sont utilisables, car ils ont une troisième corde à leur arc : celle de lecteur de news. (Voir le Chapitre 10.)

- **mIRC (pour Windows) et Ircle (pour Macintosh).** Ces programmes vous permettent de participer en direct à des "salons de conversation" appelés IRC (Internet Relay Chat). La place nous manque dans ce livre pour décrire IRC. Si vous voulez en savoir davantage, pointez votre browser sur :

```
http://net.dummies.net/irc.
```

Au Chapitre 20, vous trouverez des adresses de serveurs d'où vous pourrez télécharger ces programmes.

Les connexions PPP sont assez faciles à utiliser, mais parfois délicates à paramétrer. En fait,; c'est la connexion elle-même qui se révèle la pierre d'achoppement de toute expérience de connexion à l'Internet. L'installation et le paramétrage de PPP demandent de taper des kyrielles d'adresses IP numériques, de noms d'hôtes, de ports de communication... toutes plus ésotériques les unes que les autres. C'est à ce moment que vous pourrez apprécier la qualité de l'assistance technique apportée par votre fournisseur d'accès. Ou que vous déciderez de changer de fournisseur ! Si vous pouvez convaincre un de vos amis ou de vos parents à vous aider dans cette entreprise, ce sera pain bénit. Choisissez-le dans la tranche d'âge 12-16 ans : à cet âge, ils sont souvent très astucieux et ne manquent pas (trop) de patience.

Comme il n'y a pas deux fournisseurs d'accès identiques, nous ne pouvons pas entrer dans les détails de réalisation d'une connexion. Nous vous indiquerons cependant les étapes principales, vous expliquerons les termes techniques et vous guiderons. Si vous craignez que ça ne vous suffise pas et que vous ne trouvez personne autour de vous pour vous aider, ne désespérez pas. Ayez simplement recours à l'un de ces fournisseurs de services en ligne que nous avons cités : CompuServe, AOL, MSN, Infonie, Calvacom, Wanadoo... qui vous procureront des packages tout ficelés grâce auxquels vous n'aurez pas à mettre les mains dans le cambouis.

Comment se connecter

Alors, vraiment, vous y tenez ? Eh bien, qu'à cela ne tienne, allons-y !

Avez-vous les ingrédients nécessaires ?

Question matériel, voici ce qu'il vous faut pour embarquer sur le Net :

- **Un modem connectant votre ordinateur au réseau téléphonique.** Plus rapide il sera et mieux vous vous porterez. Mais l'excès en tout est un défaut (comme disait le bon La Fontaine). Pour des raisons techniques dont l'exposé n'a pas sa place dans ce livre, ne choisissez pas un modem de type 56 Kbps et sachez que peu de fournisseurs d'accès, en France, permettent un accès **réel** à 33 600 bps. Tenez-vous en à 28 800 et tout ira bien.

- **Une ligne téléphonique.** Si vous avez souscrit un abonnement au dispositif de signal d'appel (qui vous permet d'être avisé que quelqu'un d'autre essaie de vous joindre pendant que vous êtes déjà en communication), il faudra impérativement penser à désactiver cette option quand vous vous connecterez sous peine d'avoir des problèmes constants au cours de vos connexions.

- **Un ordinateur susceptible de tourner confortablement sous Windows ou un Macintosh pas trop préhistorique.** En raison du grand nombre d'images et autres gadgets qu'on trouve un peu partout sur l'Internet, il vous faudra un disque dur avec pas mal de place libre. Quand à l'espace mémoire, si vous voulez que votre système ne "rame" pas trop, prévoyez au moins le double de mémoire RAM indiqué par Microsoft : 8 Mo pour Windows 3.x et 16 pour Windows 95. Si vous utilisez Windows NT, vous en avez déjà probablement assez, ce système d'exploitation étant en soi assez gourmand. Avant de songer à mettre à niveau une vieille machine, consultez les publicités qui fleurissent dans les revues d'informatique. Pour beaucoup moins de 10 000 francs ttc, on trouve actuellement (mars 97) des machines tout à fait honorables.

PPP, à nous deux !

Voici la marche à suivre pour installer un accès en mode PPP :

1. **Prenez un abonnement auprès d'un fournisseur d'accès "banalisé".** C'est-à-dire qui n'utilise pas de logiciel fortement personnalisé (comme c'est le cas de AOL, CompuServe, MSN... pour ne citer qu'eux). La revue *Netsurf* publie régulièrement un tableau détaillant les quelques deux cents fournisseurs d'accès de l'hexagone. Vous n'aurez que l'embarras du choix.

2. **Procurez-vous le logiciel de base nécessaire à assurer la connexion en mode PPP.** Généralement, c'est votre fournisseur d'accès qui vous le procure sur une disquette ou un CD-ROM. Si votre fournisseur

d'accès vous propose une connexion en mode UNIX pour télécharger le logiciel, fuyez, vous avez fait le mauvais choix ! Ou demandez à l'un de vos amis, déjà connecté, de vous passer une copie du logiciel qu'il utilise.

3. **Préparez-vous à taper un millier de paramètres de configuration si vous n'êtes pas chanceux.** Si vous avez affaire à un fournisseur d'accès consciencieux et compétent (Qui est-ce qui ricane, au fond de la salle ?), il aura préconfiguré le logiciel qu'il vous a remis. Suivez ses instructions **à la lettre** et tout ira bien. Sinon, que Dieu vous vienne en aide ! Un peu plus loin, dans ce chapitre, nous joindrons nos propres conseils aux siens pour vous aider.

4. **Commencez à tourner la manivelle de votre package TCP/IP jusqu'à ce qu'il démarre.** Les anciens racontent des histoires dans lesquelles on parle de démarrage dès la première tentative. Si ça ne vous arrive pas, gardez la tête froide. Si, par chance, vous avez deux lignes de téléphone, vos discussions avec l'assistance technique de votre fournisseur d'accès en seront grandement facilitées. Sinon, vous vous en sortirez quand même, mais ça sera plus douloureux.

Une fois que la connexion fonctionnera, vous pourrez utiliser les applications dont nous vous avons parlé dans la deuxième partie.

Quel fournisseur d'accès ?

Il existe - nous venons de le dire - quelque deux cent fournisseurs d'accès répartis sur notre territoire national. Il y en a de toutes tailles : certains ne sont que des antennes de fournisseurs d'accès américains installés en France (AOL, CompuServe et MSN, par exemple). D'autres sont des nationaux ambitieux (Infonie et Wanadoo - patronné par France Télécom -, Havas on Line, Club-Internet, par exemple). Certains ont une vocation nationale, d'autres régionale, voire locale. Voici ce que doit offrir le fournisseur d'accès que vous allez choisir :

- Un accès en mode PPP.
- Un numéro d'appel en circonscription locale ou un accès en mode kiosque indépendant de la distance (commençant généralement par 08).
- Une assistance technique suffisamment nombreuse, compétente et disponible. Ne confondez pas l'assistance technique et le service commercial. Ce dernier peut se révéler plus efficace et plus empressé, mais ce n'est pas une preuve de la qualité du premier.

- Un coût raisonnable. Méfiez-vous des offres à bas prix qui ne vous donnent que deux ou trois heures d'accès et vous facturent l'heure supplémentaire à un coût prohibitif.

Où trouver un fournisseur d'accès ?

Evitez de le chercher dans les petites annonces obligeamment exposées par votre boulanger aux yeux de sa clientèle. Regardez plutôt dans l'une de ces directions :

- Les revues d'informatique et plus spécialement celles qui se consacrent à l'Internet, comme *Netsurf* et *Planète Internet.*
- Vos amis déjà connectés.
- Les expositions périodiquement organisées autour de l'Internet. Malheureusement, elles ont principalement lieu dans l'agglomération parisienne, ce qui défavorise les provinciaux.

TRUC

Une fois votre choix arrêté, n'oubliez pas de demander à votre fournisseur d'accès de vous procurer sa disquette (ou son CD-ROM) de base. En principe, il doit le faire spontanément.

NOTE TECHNIQUE

Et MSN (Microsoft network) ?

Lorsque Microsoft a présenté Windows 95, celui-ci était accompagné de tous les logiciels nécessaires pour se connecter au propre réseau de Microsoft : MSN qui, comme le disait (souhaitait ?) Bill Gates, ne devait faire qu'une bouchée de CompuServe, AOL et les autres, déjà bien installés. Deux ans plus tard, c'est loin d'être fait, mais Microsoft a bien vite compris (plus vite que ses concurrents) qu'il lui fallait abandonner son architecture propriétaire au profit d'une architecture banalisée (ce qui n'est pas encore totalement réalisé fin avril 1997). Vous abonner à MSN est particulièrement facile si vous utilisez Windows 95, car (presque) tout ce qu'il vous faut se trouve déjà sur le CD-ROM d'installation. Cependant, ce logiciel a vieilli et Microsoft propose périodiquement à qui le veut un CD-ROM gratuit avec une offre d'essai de un mois. Ce CD-ROM contient des versions à jour (c'est-à-dire avec moins de bugs et davantage de fonctionnalités) des divers logiciels nécessaires. Pour en savoir plus, pointez votre browser sur `http://www.microsoft.com` et, plus spécifiquement, pour télécharger du logiciel, sur `http://www.microsoft.com/msdownload/ieplatform/iewin95/`.

Un peu de numérologie

Votre package TCP/IP utilise un certain nombre d'informations techniques plus ésotériques les unes que les autres. En principe, une fois réalisée la connexion, vous ne devriez plus en avoir besoin. Mais tant que ce n'est pas fait, mieux vaut savoir de quoi il s'agit. Nous vous suggérons de compléter le Tableau 12.1 avec les valeurs propres à votre fournisseur d'accès.

Tableau 12.1 : Informations concernant votre connexion PPP.

Information	Description	Exemple
Nom de domaine	C'est le nom de domaine de votre fournisseur d'accès. Il ressemble à une partie d'adresse *e-mail* et se termine presque toujours par .fr.	teaser.fr
Port de communication	C'est le numéro du port série de votre ordinateur auquel est raccordé votre modem, le plus souvent COM1 ou COM2. (Utilisateurs de Macintosh, vous n'avez que faire de cette information.) Même si vous utilisez un modem interne, vous devez savoir sur quel port il est connecté.	COM1
Vitesse du modem	La vitesse la plus élevée à laquelle peuvent dialoguer votre modem et votre fournisseur d'accès. Si ce dernier vous offre un accès à 28 800 bps mais que votre modem ne dépasse pas 14 400, choisissez la valeur la plus faible ; sinon, ce seraun dialogue de sourds. Si votre modem ne dépasse pas 9 600 bps, achetez-en un autre.	28 800 bps (ou 28 Kbps)
Marque et type du modem	Une même marque fabrique le plus souvent plusieurs types dont le pilotage peut se révéler très différent. Regardez ce qui est indiqué sur la façade de votre modem ou si, par bonheur, vous avez conservé sa notice, recherchez-y ces renseignements.	US Robotics Sporster
Numéro d'appel	C'est le numéro de téléphone que devra composer votre modem pour réaliser la connexion avec votre fournisseurd'accès. N'oubliez pas que depuis le 18 octobre 1996, les numéros de téléphone français ont tous 10 chiffres. Alors, n'en déplaise à Microsoft et quelques autres "attardés du téléphone", oubliez tout ce qui concerne les numéros nationaux, les préfixes régionaux ou tous autres éléments périmés. Si vous êtes un particulier, vous accédez directement au réseau téléphonique ; mais si vous êtes dans une entreprise, vous devez probablement composer un numéro spécial pour "sortir". Le mieux est alors de demander une ligne directe pour vous débarrasser de cette contingence.	01 23 45 67 89

Nom d'utilisateur	Le nom que vous a attribué votre fournisseur d'accès ou que, dans sa grande bonté (Un peu de silence, s'il vous plaît !) il vous a laissé choisir.	jdupont
Mot de passe	Le mot de passe que vous a attribué votre fournisseur d'accès ou que, peut-être, il vous a permis de choisir.	k23%uz4+
Commande de démarrage	De plus en plus rare, actuellement. La plupart des fournisseurs d'accès sont capables de reconnaître un appel d'un de leurs abonnés et de lancer spontanément SLIP ou PPP. Certains couplent cette commande à votre nom d'utilisateur, ce qui donne, pour la connexion initiale, quelque chose comme pppjdupont.	PPP
Adresse DNS du serveur	C'est *l'adresse IP*, groupe de quatre nombres séparés par des points, qui représente l'adresse de la machine de votre fournisseur d'accès vue de l'Internet. Il y a une correspondance biunivoque (oh pardon ! je ne l'ai pas fait exprès, je voulais dire "dans les deux sens") entre adresse IP et adresse de domaine. Par exemple, net.dummies.net et 205.238.207.74, c'est bonnet blanc et blanc bonnet.	123.45.67.89
Type d'interface	Le type exact de l'interface que vous devez utiliser : le choix se limite à SLIP, PPP ou CSLIP. Certains packages permettent de gérer les trois. Si votre fournisseur d'accès vous en laisse le choix, préférez PPP, à la rigueur CSLIP et essayez d'éviter SLIP.	PPP
MTU	C'est la taille limite des paquets individuels d'informations envoyés sur la liaison (*maximum transfer units*). Si votre fournisseur d'accès vous impose de donner une valeur à ce paramètre, il vous indiquera sa valeur.	
Votre propre adresse IP	En général, vous n'aurez pas d'adresse IP fixe, mais votre fournisseur d'accès vous attribuera une adresse flottante puisée dans son stock d'adresses disponibles lors de chacune de vos connexions. Dans ce cas, vous n'avez rien à indiquer.	132.54.67.28
Votre nom d'hôte	Le nom de votre ordinateur. En général, il n'y en a pas. Si votre fournisseur d'accès vous demande d'en choisir un, prenez-le court et facile à mémoriser.	jules

D'où viennent tous ces logiciels ?

Il y a de nombreuses sources pour se procurer les logiciels de connexion nécessaires, parmi lesquelles :

- **Votre fournisseur d'accès.** Normalement, c'est à lui de vous donner votre dotation de base au moment où vous souscrivez votre abonnement. Dans ce cas, si vous voulez que tout se passe bien, utilisez ce qu'il vous a donné quitte, plus tard, quand vous serez plus aguerri, à utiliser d'autres programmes. N'oubliez pas que ces logiciels seront généralement du shareware, ce qui vous impose l'obligation morale de régulariser votre situation auprès de l'auteur en lui versant la modeste obole qu'il demande.

- **Un achat chez un revendeur de matériel et logiciel informatiques.** Ce n'est pas fréquent. Faites-vous alors préciser exactement la consistance de la fourniture que vous achetez.
- **Un ami obligeant.** Touché par votre détresse, il vous a fait une copie des logiciels qu'il utilise. Attention, les paramètres de sa connexion sont très probablement différents de ceux que votre fournisseur d'accès vous demande d'utiliser. Pour le remercier, invitez-le à déjeuner.

Dans la suite de ce chapitre, nous vous préciserons quel(s) programme(s) vous devez utiliser selon le type de votre ordinateur (Windows 3.x, Windows 95 ou Windows NT ou encore Macintosh).

Préparez-vous à héberger ces logiciels

Avant de commencer à gaver votre disque dur avec les programmes que vous venez de récolter un peu partout, préparez-leur un nid douillet sous forme de dossier (de répertoire, si vous préférez). Dans ce répertoire, vous ne mettrez que les logiciels utilisés pour vous connecter ou pour exploiter les ressources de l'Internet.

Sous Windows 95, cliquez sur Démarrer (à gauche de la barre des tâches) puis sur Programmes/Explorateur Windows. Là, cliquez sur Fichier/Nouveau/Dossier. Windows 95 crée un nouveau répertoire, appelé Nouveau dossier, dont vous pouvez immédiatement modifier le nom pour qu'il soit plus significatif. Mais cela, c'est de la cuisine Windows ; et si vous ne savez pas comment faire, ce n'est pas dans ce livre que nous pouvons vous l'apprendre. Il existe un *Windows 95 pour les Nuls* dans lequel vous trouverez tout ce qui est nécessaire.

Sous Windows 3.x, appelez le Gestionnaire de Fichiers, placez-vous dans le répertoire dans lequel vous voulez créer un nouveau sous-répertoire (éventuellement dans la racine si vous voulez que ce nouveau répertoire soit un répertoire à part entière) et cliquez sur Fichier/Créer un répertoire.

Sur un Macintosh, cliquez sur Nouveau dossier à partir du menu Fichier.

Si ce n'est pas encore fait, profitez-en pour créer un répertoire qui vous servira à conserver des fichiers temporaires. Appelez-le TEMP ou POUBEL ou tout autre nom évocateur.

La connexion depuis Windows 95

Comme nous l'avons déjà dit, Windows 95 est fourni avec tout le logiciel nécessaire pour réaliser une connexion en mode PPP au moyen de l'*Accès réseau à distance*. A l'exception des toutes premières versions, vous trouverez aussi sur le CD-ROM un assistant d'installation. Lancez-le et répondez avec exactitude aux questions qu'il vous posera. Pour cela, cliquez sur Démarrer/ Programmes/Accessoires/Outils Internet/Connectez-vous à Internet. Ayez sous les yeux les informations personnalisées du Tableau 12.1.

Une fois terminée cette installation, vous voyez sur le bureau l'icône de l'Accès réseau à distance personnalisée en fonction du nom de votre fournisseur d'accès. La Figure 12.1 vous montre à quoi elle ressemble (le nom indiqué est fictif).

Figure 12.1 : En double-cliquant sur cette icône, vous pourrez vous connecter à votre fournisseur d'accès.

La connexion depuis Windows 3.x

Contrairement à son grand frère, Windows 3.x est livré nu en ce qui concerne le logiciel de connexion. La plupart des fournisseurs d'accès vous procureront donc un exemplaire d'un des shareware Trumpet Winsock ou Shiva TCP/ IP (souvent fourni avec Netscape). Le choix se porte de préférence sur Trumpet Winsock, qui est très largement disponible sur les serveurs de fichiers. En général, vous aurez également un Eudora Light (la version gratuite) et une version de Internet Explorer (rarement de Netscape Navigator, car si l'enfant de Microsoft est gratuit, Netscape Navigator ne l'est pas).

Certains fournisseurs d'accès pourront vous procurer un logiciel qu'ils ont écrits eux-mêmes pour automatiser la réalisation de votre connexion (Infonie et Club-Internet - pour ne citer qu'eux - sont de ceux-là).

Une fois que vous aurez installé Trumpet Winsock, son icône sera présente sur le bureau de Windows 3.x. Double-cliquez dessus et suivez les instructions de votre fournisseur d'accès pour définir les paramètres de connexion.

Connexion en mode UNIX

Dans les tout débuts de l'Internet, avant l'apparition de Netscape, AOL, CompuServe et du World Wide Web lui-même, UNIX régnait en maître, imposant sa dure loi à tout un peuple d'utilisateurs soumis et respectueux. C'était il y a bien longtemps, dans les années 89 (1989, pas 1889, n'exagérez pas !). UNIX, c'est un système d'exploitation cher au coeur des universitaires qui ont toujours aimé s'isoler du commun des mortels dans une tour d'ivoire inaccessible aux vilains. Pour y parvenir, UNIX fait un usage immodéré de commandes ésotériques, mystérieuses et obscures, bardées d'options toutes plus incompréhensibles les unes que les autres. C'est le chouchou des dingues d'informatique (ceux que les Américains appellent les *neirds*). La plupart des gens "ordinaires" (vous et nous, par exemple) le fuient comme la peste. Mais, principalement pour des raisons historiques, la plupart des serveurs installés sur l'Internet tournent sous UNIX.

Ce n'est pas une raison pour que leurs gestionnaires vous proposent une connexion sous UNIX. Ce sont avant tout des commerçants soucieux d'augmenter leurs bénéfices et qui ne tiennent pas à effaroucher leur clientèle. Depuis plus d'une décennie, l'informatique s'est démocratisée et son utilisation est devenue de plus en plus conviviale alors qu'UNIX est resté figé dans sa dignité. Il faut donc les supplier à deux genoux si vous voulez qu'ils vous procurent une connexion en mode UNIX. Encore la plupart des fournisseurs censés refuseront-ils, ne tenant pas à voir leur assistance technique submergée de questions inhabituelles et embarrassantes.

L'un des avantages de ce mode de connexion est qu'il ne nécessite qu'un émulateur de terminal et pratiquement aucun logiciel spécialisé. Mais cette pseudo-médaille a un cruel revers : vous êtes privé de tout ce qui fait le charme du Web : ses images, sa convivialité, son universalité. Pour vous connecter, il vous suffit de programmes standard tels que Terminal (sous Windows 3.x) ou HyperTerminal (sous Windows 95) ou encore MacTerminal sous... (devinez quoi !).

Ah ! nous allions oublier : pour utiliser une connexion en mode UNIX, vous devrez naturellement apprendre quelques rudiments des commandes d'UNIX (achetez donc *UNIX pour les Nuls*).

Vous ne direz pas qu'on ne vous a pas prévenu !

La connexion depuis un Macintosh

Adorateurs du dieu à la pomme, arrêtez-vous ici ! Vous avez déjà presque tout ce qui vous est nécessaire si vous utilisez le Système 7.5 qui est livré avec MacTCP. Si ce n'est pas votre cas, c'est l'occasion de procéder à une mise à jour. N'oubliez pas qu'il vous faudra aussi un programme de modem Mac TCP/IP, comme MacSLIP, MacPPP ou InterSlip, que votre fournisseur d'accès devrait être capable de vous fournir sans difficulté. En cas de difficultés de ce côté, mieux vaut chercher un autre fournisseur d'accès. La plupart des nouveaux Mac sont livrés avec tout le logiciel de connexion préinstallé.

Chapitre 13

L'Internet avec Infonie

Dans ce chapitre :

S'abonner à Infonie.

Installation du logiciel.

L'environnement Infonie.

L'accès à l'Internet.

Quelques-uns des services proposés par Infonie.

L'émulateur Minitel.

Ce chapitre ne figure pas dans l'édition originale en anglais.

Le mot "bouquet" est à la mode. Lancé à l'occasion des alliances dans le domaine de la télévision par satellite, il a été très vite repris par les fournisseurs d'accès à l'Internet qu'on appelle généralement "services en ligne" ou "fournisseurs de contenus" pour qualifier leur offre de "Minitel de luxe". Car ce qu'ils proposent tout d'abord, ce n'est pas tant un accès au réseau des réseaux qu'un certain nombre de services accessibles par l'Internet et qu'ils ont habillés à leur convenance. L'idée derrière cette présentation est de faciliter l'accès aux ressources de l'Internet à tous ceux qui se sentent un peu perdus devant leur immensité ou qui n'ont pas une pratique suffisante de la langue et éprouvent une sensation d'étouffement dans cet univers nouveau résolument anglophone.

A son entrée sur le marché des fournisseurs d'accès, Infonie se distinguait de ses concurrents en imposant la fourniture d'un modem dit "décrypteur", prêté au client moyennant le paiement d'une caution remboursable. Devant le peu de succès de cette offre, onéreuse et trop propriétaire, ce prestataire est revenu à une conception plus traditionnelle et propose deux formules d'abonnement accompagnées de la seule fourniture d'un CD-ROM contenant le logiciel (propriétaire) à installer. Au deuxième trimestre 1997, Infonie revendiquait 30 000 abonnés.

Dans sa publicité, Infonie se présente comme un fournisseur d'accès *aux ressources* de l'Internet : "Infonie, c'est tout Internet + 350 programmes exclusifs en français et une communauté d'Infoniens." Vous aurez donc affaire ici à un prestataire franco-français et vous ne risquerez pas comme chez d'autres tels CompuServe, MSN ou AOL (pour ne citer qu'eux) de tomber au détour d'un écran sur une page rédigée en anglais qu'on n'aura pas eu le temps ou l'envie de traduire.

D'un autre côté, le lecteur comprendra que nous n'avons pas la place ici de détailler chacun de ces 350 programmes. L'interface d'Infonie est suffisamment accueillante pour que, une fois un pied dans "l'univers infonien", il soit facile d'y trouver son chemin. Nous nous limiterons donc à tout ce qui concerne l'Internet en général et ne ferons que décrire brièvement quelques-uns de ces éléments supplémentaires.

L'offre d'Infonie

On peut se procurer le kit de connexion Infonie en se connectant sur le serveur Web d'Infonie, `http://www.infonie.fr`, où il vous sera proposé de télécharger le logiciel nécessaire pour vous connecter (Figure 13.1). Mais la meilleure solution est sans doute de profiter de certaines offres promotionnelles ou de demander téléphoniquement l'envoi du kit de connexion (01 47 26 20 00).

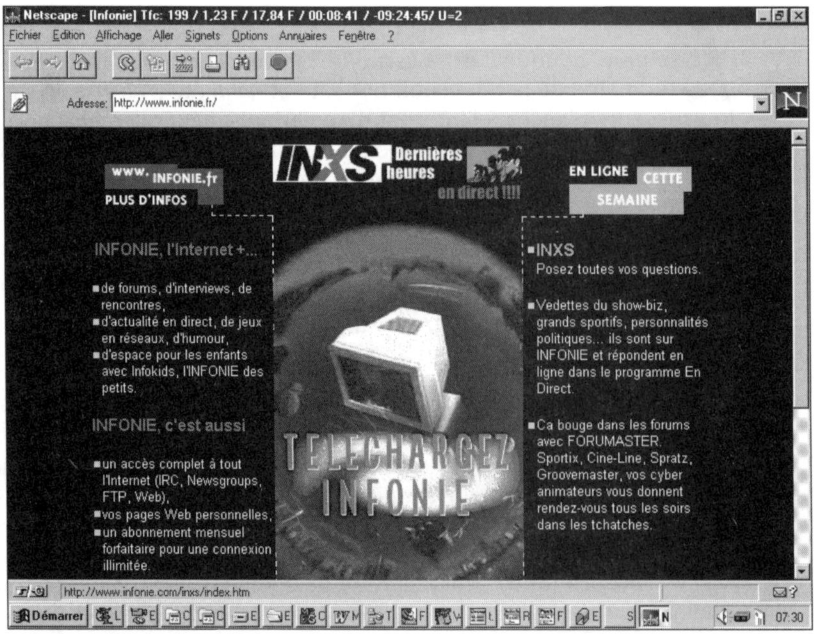

Figure 13.1 : L'écran d'accueil du serveur Web d'Infonie.

Le coût de l'abonnement est de 149 francs par mois, sans frais de dossier, qui ouvrent accès à la totalité de l'Internet. D'autres formules sont possibles, moins onéreuses, mais demandent un engagement sur une période de plusieurs mois, avec un préavis de désabonnement rallongé en proportion.

Une fois connecté, d'entrée de jeu vous sont proposés tous les services en ligne, ce qui fait que, pour atteindre l'Internet tel qu'en lui-même l'éternité le change, il faut franchir cette interface d'accueil propriétaire, ce qui demande une bonne quinzaine de secondes avant de pouvoir accéder à la commande de mise en veille d'Infonie.

Outre l'accès à toutes les ressources de l'Internet, Infonie propose cinq adresses *e-mail*, 5 Mo d'espace disque pour installer son Web, une assistance 7 jours sur 7, de 9 h à 21 h, et un certain nombre de services supplémentaires tels que des forums de discussion privés, des informations sur les spectacles, les voyages, la bourse, les sports... et même une boutique pour faire de menus achats. En prime, un émulateur de Minitel vous est offert. Nous aurons l'occasion d'en reparler plus loin dans ce même chapitre.

Infonie est un service en ligne "familial" et, à ce titre, vous permet d'activer un contrôle parental pour certaines des adresses d'utilisateur choisies parmi les cinq auxquelles vous avez droit.

L'accès à tous ces services s'effectue par le réseau téléphonique normal soit à partir de points d'accès situés dans le "voisinage" de l'abonné, soit par un numéro d'appel en 08 (facturé au tarif de la communication locale, quelle que soit la distance, soit 25 centimes la minute en période "rouge", ce qui met l'heure de connexion la plus chère à 15 francs). Le choix du numéro d'appel s'effectue automatiquement au moment de l'installation du logiciel de connexion. Pour une raison que nous ignorons, Infonie refuse de jouer la transparence comme le font tous les autres prestataires (Microsoft, CompuServe, AOL, Havas on Line... pour ne citer que les plus "gros") et ne vous donne pas accès à la liste de ses numéros d'appel répartis sur le territoire français en vous laissant le droit de choisir celui qui vous convient.

L'installation d'Infonie

Cette installation s'effectue en deux phases : d'abord l'installation proprement dite du logiciel sur le disque dur ; ensuite, le contact par modem avec le serveur spécialisé d'Infonie pour vous enregistrer. Entre les deux, vous aurez dû redémarrer votre machine pour que les modifications apportées à sa configuration soient enregistrées.

Configuration minimale

La configuration minimale conseillée est la suivante pour un PC :

- Microprocesseur 486 DX4 100 MHz
- 16 Mo de RAM
- Carte vidéo SVGA 256 couleurs en 640 x 480
- 50 Mo d'espace disque dur disponibles
- Carte audio SoundBlaster ou compatible
- Lecteur CD-ROM double vitesse
- Modem 28 800 bps
- Windows 3.10, Windows 3.11 ou Windows 95

Pour un Macintosh, c'est :

- Microprocesseur 68030 pour un (vrai) Macintosh ; 601 pour un Power Mac
- 16 Mo de RAM
- 50 Mo d'espace disque dur disponibles
- Lecteur CD-ROM double vitesse
- Système 7.1

Utilisateurs de disques amovibles IOMEGA de type JAZ, attention !

Le CD-ROM fourni par Infonie s'installe parfaitement bien sur un disque amovible Jaz IOMEGA (1 Go) mais, malheureusement, il est impossible de se connecter et il en résulte l'affichage d'une boîte de message signalant que "l'accès aux ressources Infonie est impossible". Il ne vous reste alors que la solution de changer de disque dur... ou de fournisseur d'accès.

Dans tout ce qui suit, nous supposerons que vous vous êtes procuré le CD-ROM du kit de connexion à Infonie, version 7.01 ou plus récente.

Première phase de l'installation

Elle est classique. Après avoir inséré le CD-ROM dans votre lecteur, il vous suffit de suivre les indications (très claires) qui vous seront données à la fois par l'écran et par une douce voie féminine. Pour votre première installation, choisissez l'option Installation automatique de préférence à Installation personnalisée.

Le choix du point d'accès

Pour déterminer le numéro d'appel du point d'accès qui vous sera attribué, vous devrez indiquer votre numéro d'appel et votre code postal. On peut s'en demander la raison, à partir du moment où il existe un numéro en 08 à tarification indépendante de la distance. Elle est simple. Lorsque vous êtes réellement dans la même circonscription téléphonique que le point d'accès, en période "rouge", l'unité de tarification (0,742 franc) vous donne droit à trois minutes de communication, ce qui met l'heure à 14, 80 francs, soit pratiquement le même prix que le numéro en 08. Mais ce dernier ne permet pas actuellement de bénéficier des formules Temporalis et Primaliste que propose France Télécom[1] et, de ce fait, pour un usage intensif, il revient finalement plus cher qu'un numéro local banalisé. Mais il a l'avantage de rester constant quel que soit le point d'appel et, pour un utilisateur faisant de fréquents déplacements en province, cela le dispenserait du double appel nécessaire lorsqu'il désire modifier son point d'accès. Nous détaillerons cette procédure plus loin, dans la section "Modification de votre point d'accès".

Le logiciel de base

Sous Windows 95, l'accès aux ressources de l'Internet s'opère par l'intermédiaire du browser Internet Explorer, et c'est lui qui va donc être automatiquement installé ensuite. C'est pourquoi nous étudierons l'utilisation d'Infonie sous Windows 95. Internet Explorer sera configuré pour accéder non seulement au Web mais aussi pour lire le courrier électronique et les news de Usenet. Il est possible qu'au cours de cette phase de l'installation il vous soit demandé d'insérer dans le lecteur de CD-ROM le disque de Windows 95. Si c'est le cas, après avoir recopié certains composants système, le programme d'installation vous demandera ensuite de remettre le CD-ROM Infonie.

Cette phase de l'installation s'achèvera par une boîte de message vous demandant de redémarrer l'ordinateur pour que l'installation qui vient d'être faite soit prise en compte.

1. Ce devrait être possible à partir de juin 97 (pour Primaliste) et de septembre 97 (pour Temporalis).

Seconde phase de l'installation

Pour lancer la seconde phase de l'installation, sous Windows 95, il faut cliquer sur Démarrer/Programmes/Infonie/Infonie. Mais le mieux est d'installer les icônes du groupe Infonie qui viennent d'être créées sur votre bureau pour les avoir à portée de la main. Tout au moins celles qui sont relatives au programme lui-même (\INFONIE\BIN\INFONIE.EXE), à l'aide en ligne (\INFONIE\HELP\ASSISTA.EXE) et à l'émulateur de Minitel (\INFONIE\INFMINI\MINITEL.EXE). Si l'installation s'est déroulée sans incident (et que vous n'avez pas tenté d'installer Infonie sur un disque dur amovible du type du Jaz IOMEGA), un message vous informera que la connexion est en cours avec le central d'Infonie.

Vous devrez alors indiquer les deux clés imprimées sur la pochette du CD-ROM : le numéro d'abonnement et la clé d'activation. Attention à ne pas confondre les "O" avec les "0" et à ne pas mélanger minuscules et majuscules !

Les fenêtres de l'interface propriétaire d'Infonie ne savent pas s'ajuster aux dimensions réelles de votre écran. Si vous utilisez couramment un écran 800 x 600, cela n'est pas trop gênant. Par contre, avec un écran 1024 x 768 ce qui, de nos jours, n'a rien d'extraordinaire, ces fenêtres vous paraîtront bien petites. Le seul remède serait de passer par le panneau de configuration et de revenir à une configuration 640 x 480. Malheureusement, du coup, les icônes que vous aviez éparpillées sur votre bureau risqueraient de paraître bien serrées, voire pour certaines de disparaître.

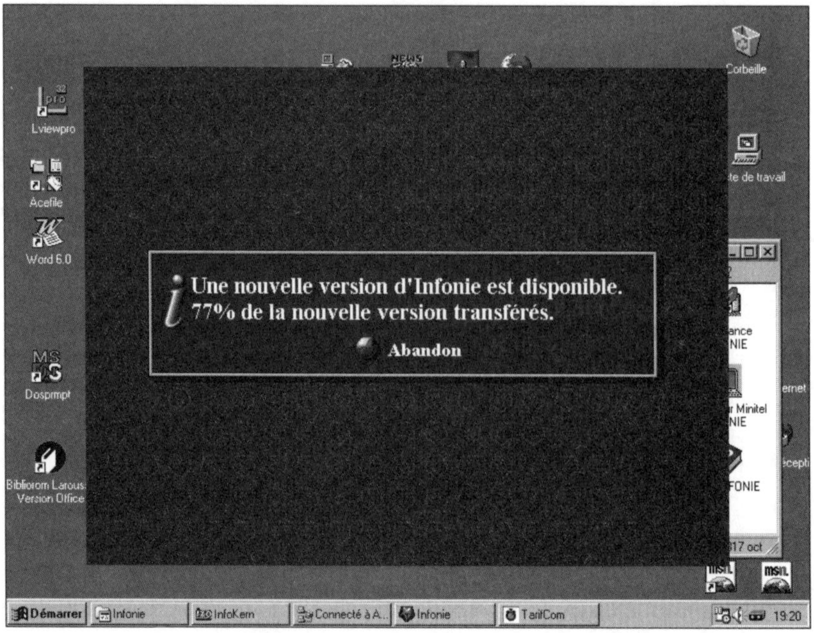

Figure 13.2 : Mise à jour en ligne du logiciel d'Infonie.

Infonie apporte constamment des améliorations à son logiciel et, lorsque c'est le cas, vous êtes averti du chargement des modifications par une boîte de message dont la Figure 13.2 montre l'aspect. Cette copie d'écran a été effectuée à partir d'un moniteur configuré en 800 x 600 afin de vous donner une idée précise de ce que vous pourrez voir. Les copies d'écran suivantes ont été faites dans les mêmes conditions, mais nous les avons ensuite rognées au format 640 x 480.

On passe ensuite aux choses sérieuses et vous allez être invité par l'écran suivant (Figure 13.3) à décliner votre identité complète avec une certaine indiscrétion. Mais rien n'empêche les coquet(te)s de se rajeunir !

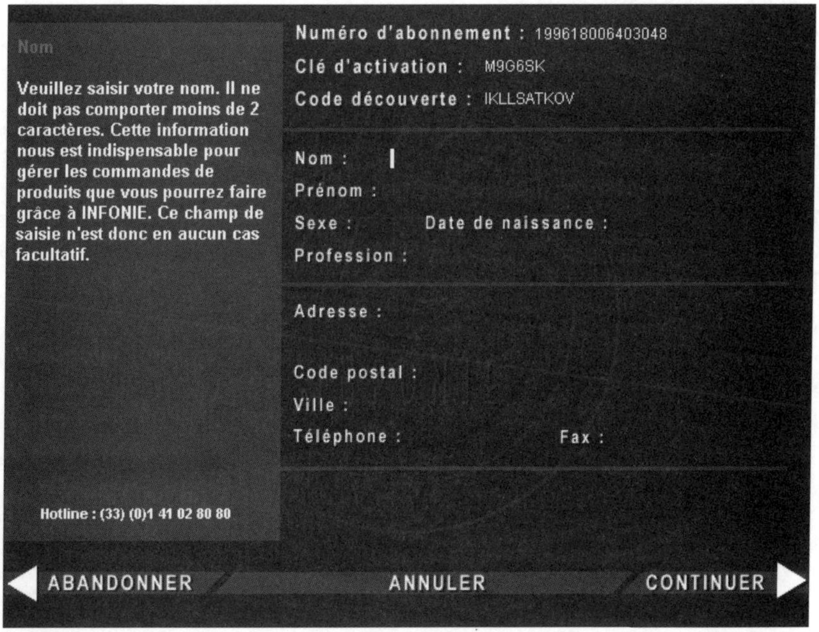

Figure 13.3 : Vous devez décliner votre identité pour vous abonner.

Continuant la saisie de votre identification, vous devez donner les références de votre carte de crédit, étant bien entendu que vous ne serez débité qu'à l'issue de votre période d'essai gratuite (de 1 à 3 mois selon l'offre). L'écran suivant vous demande de choisir un *pseudonyme* de huit caractères au plus. Pourquoi pas votre nom véritable ? Si vous vous appelez Jules Dupont, adoptez donc `jdupont` (ou `j.dupont` ou encore `j-dupont`) plutôt que `Asterix` - qui, si ça se trouve, est déjà *prix*. C'est cet identifiant qui servira à créer votre *e-mail*. Dans notre exemple, ce dernier serait `jdupont@ionfonie.fr`. Vous avez le droit (et le devoir) de choisir ensuite votre mot de passe (toujours de huit caractères).

ATTENTION !

A aucun moment il n'est précisé que la transaction au cours de laquelle votre numéro de carte de crédit va être acheminé vers Infonie est sécurisée. A notre connaissance, lors de la phase d'inscription en ligne, seul Havas on Line (HOL) prend cette précaution pourtant élémentaire et rassurante.

Et c'est fini(x) pour le moment. Vous êtes inscrit et la communication est donc interrompue. La prochaine fois que vous cliquerez sur l'icône d'Infonie pour vous connecter, vous serez directement en liaison avec les services en ligne car c'est le numéro d'appel définitif, déterminé par les informations que vous avez fournies lors de l'installation -, qui a été téléchargé dans votre logiciel sans que vous en soyez averti.

Infonie n'est pas portable

Vous ne pouvez pas installer Infonie sur une autre machine (sur votre portable, par exemple) car, lorsque vous serez en phase 2, le central d'Infonie s'apercevra que vous êtes déjà enregistré sous la même identité et refusera de vous inscrire une seconde fois. Vous pourriez être tenté de recopier les fichiers du répertoire Infonie sur le disque dur de votre autre machine mais cela ne sera pas suffisant car l'installation a créé certains fichiers dans le répertoire Windows (Infonie.ini, entre autres).

Vous devrez alors désinstaller d'abord l'ancienne version en cliquant sur l'icône Désinstaller Infonie puis contacter téléphoniquement le central Infonie pour désactiver l'abonnement. Ce n'est qu'ensuite que vous pourrez procéder de nouveau à l'installation complète comme nous l'avons expliqué plus haut.

Modification de votre point d'accès

S'il vous a été attribué un numéro local (pas un numéro commençant par 08), lorsque vous vous déplacerez, vous allez souhaiter le modifier pour bénéficier du tarif le plus bas possible. Pour cela, voici le détail de la procédure à exécuter :

1. **Cliquez sur Assistance Infonie ou sur Démarrer/Programmes/ Infonie/Assistance Infonie.**

2. **Dans le menu qui s'affiche, cliquez sur Assistance technique.** La fenêtre reproduite sur la Figure 13.4 vous propose neuf gros boutons suivis du bouton Fin de l'Assistance.

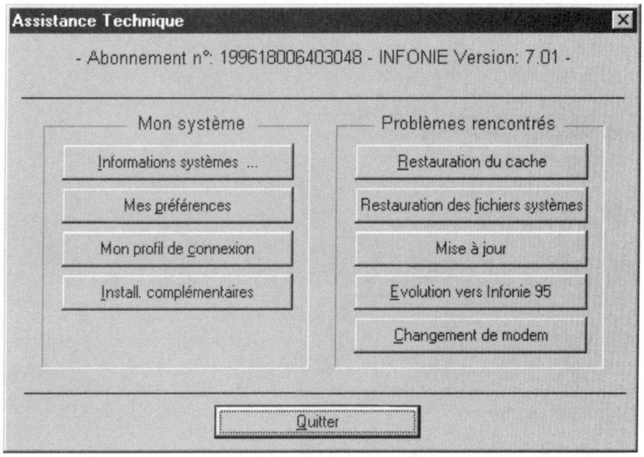

Figure 13.4 : La fenêtre d'assistance technique.

3. **Cliquez sur le bouton marqué Mon profil de connexion.** Une fenêtre s'affiche, reproduite sur la Figure 13.5, vous indiquant le numéro d'appel actuel qui vous permet de vous connecter sur Infonie. Vous noterez que votre profil porte un nom (dans la fenêtre du haut). Vous pouvez ainsi mémoriser plusieurs profils que vous utiliserez selon l'endroit d'où vous appelez si vos déplacements vous ramènent périodiquement dans les mêmes régions. Il est alors commode de donner à la connexion le nom du point d'accès choisi par le logiciel.

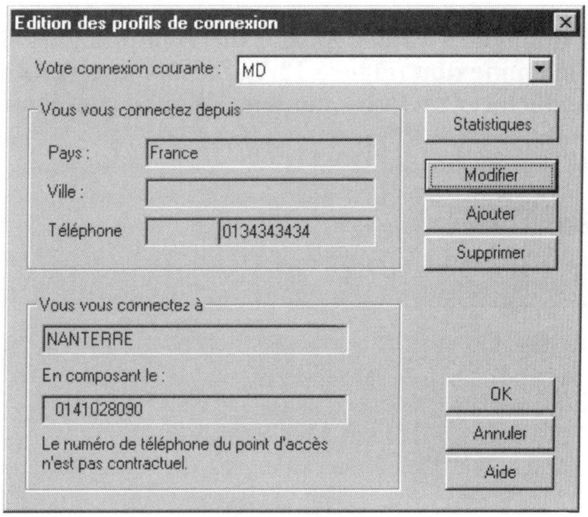

Figure 13.5 : Votre profil de connexion.

4. **Pour le modifier, cliquez sur le bouton Modifier et renseignez les diverses boîtes de saisie qui vous sont proposées.** Si vous devez

composer un préfixe pour "sortir" du réseau interne d'une entreprise, vous avez la possibilité de l'indiquer (Figure 13.6).

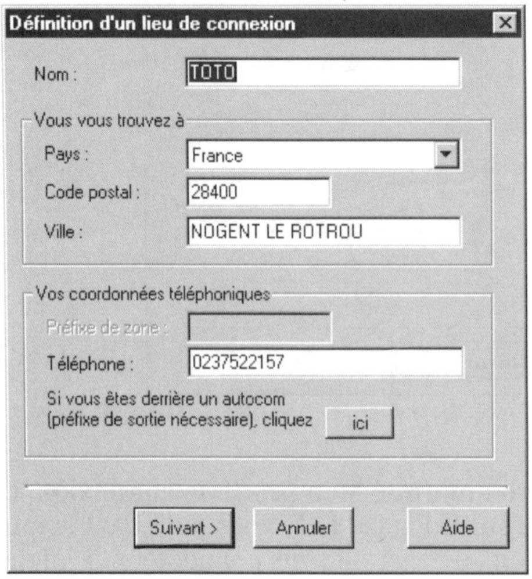

Figure 13.6 : Création d'un nouveau profil de connexion.

5. **La boîte de message suivante vous demande si vous accédez directement à Infonie ou par l'intermédiaire d'un autre fournisseur d'accès. Cliquez évidemment sur la première option puis sur le bouton Suivant.**

6. **Une boîte de dialogue s'affiche alors, vous indiquant les éléments de votre nouvelle connexion (Figure 13.7). La suivante vous offre la possibilité de déclarer un autre modem. Cliquez simplement sur le bouton Suivant.**

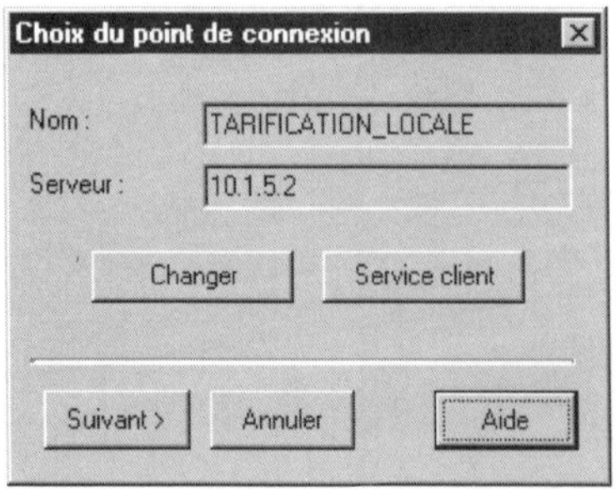

Figure 13.7 : Eléments de votre nouvelle connexion.

7. **Un écran semblable à celui que nous avons rencontré initialement (cf. Figure 13.5) s'affiche alors avec les nouveaux paramètres que**

vous venez de choisir. Nous y remarquons toujours la mention sibylline "Le numéro de téléphone du point d'accès n'est pas contractuel". Rassurez-vous, ça ne gênera absolument rien. Vous pouvez cliquer sur OK.

8. **Refermez la fenêtre Assistance en cliquant sur le bouton de fermeture en haut et à droite avec Windows 95 ou en double-cliquant sur le bouton en haut et à gauche avec Windows 3.x.**

Toute cette procédure s'est effectué *off-line*, sans être connecté. C'est lorsque vous allez vous connecter que va réellement s'effectuer le changement de votre numéro d'appel. Voici comment va se dérouler cette dernière étape :

1. Connectez-vous sur Infonie comme vous le faisiez auparavant. Cette connexion se fait à l'ancien numéro. Elle pourra donc vous coûter cher si vous l'effectuez depuis votre nouvelle résidence. Mais, heureusement, elle sera très brève.

2. Une fois la connexion établie, un message, brièvement affiché, vous avertira du changement de point d'accès.

3. Vous serez presque immédiatement déconnecté (le tout dure moins d'une minute).

4. Reconnectez-vous. Vous êtes maintenant raccordé au nouveau numéro, celui qui correspond à votre localisation actuelle.

Utilisation normale

Une fois tous ces préliminaires effectués, lorsque vous double-cliquez sur l'icône pentagonale d'Infonie, un premier écran s'affiche : "Optimisation des fichiers Infonie" (?) suivi peu après par un autre qui vous dit quel est le point d'accès que vous appelez (Figure 13.8). Puis, au son d'une musique à la fois douce et triomphante (pour peu que vous ayez une carte audio correctement configurée), le pentagone d'Infonie se dessine. Une dizaine de secondes après apparaît le véritable écran d'accueil reproduit sur la Figure 13.8. Cet accompagnement sonore, vous le retrouverez fréquemment, parfois de façon plutôt agaçante, comme le "C'est parti !" qui ponctue chaque accès aux facilités de l'Internet par le menu des accès directs que nous allons voir quelques lignes plus bas.

La page d'accueil

Les rubriques dont les titres figurent autour du cercle et le pentagone (également appelé "cristal" ou "diamant") situé dans le coin inférieur droit sont les *instruments de navigation*. Les premières correspondent aux services proposés par Infonie à ses abonnés. N'oublions pas, en effet, qu'Infonie est avant tout un fournisseur de services en ligne. Nous survolerons plus loin quelques-uns de ces services.

Figure 13.8 : Page d'accueil d'Infonie.

L'accès à l'Internet

Nous allons commencer tout de suite à utiliser ce cristal car c'est grâce à lui que nous allons pouvoir déboucher (enfin !) sur l'Internet. La Figure 13.9 illustre les fonctions qu'il commande selon l'endroit où on clique. On y retrouve les principales fonctions d'un browser : avancer, reculer, historique... Pour accéder à l'Internet, deux voies d'accès nous sont offertes : l'une par Internet Explorer (Web, courrier électronique, news) qui a été installé et configuré initialement ; l'autre en mettant Infonie en veille et en procédant comme si nous utilisions un fournisseur d'accès sans valeur ajoutée.

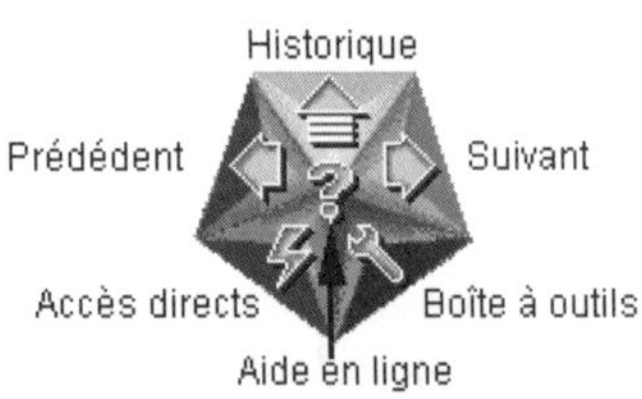

Figure 13.9 : Le cristal de navigation d'Infonie.

Par Internet Explorer

En cliquant sur "Accès directs", une bande horizontale se déroule qui est reproduite sur la Figure 13.10. Nous y avons ajouté les noms des rubriques au-dessus de chaque icône. On peut voir que celle de droite est intitulée "Internet".

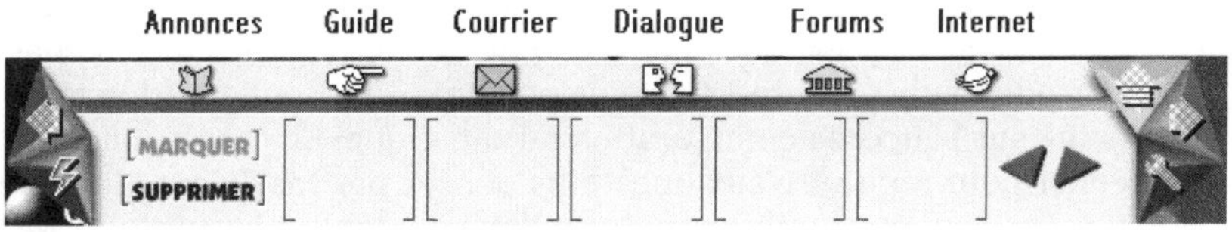

Figure 13.10 : Les rubriques des accès directs.

Si on clique sur cette icône, un nouvel écran s'affiche, que nous montre la Figure 13.11.

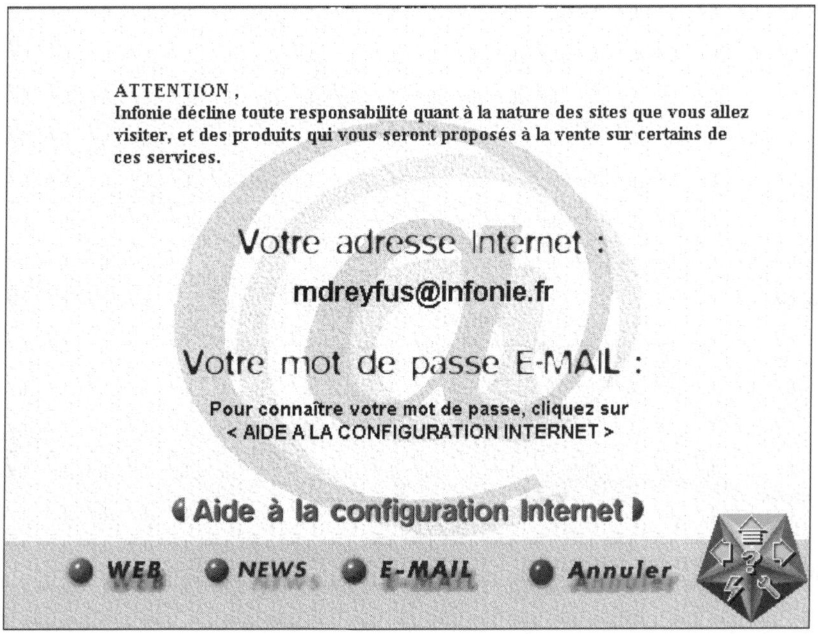

Figure 13.11 : L'écran d'accès aux ressources de l'Internet.

Ce qui est important, c'est ce qui figure au bas de l'écran : Web, News, E-mail et Annuler. Les trois premières rubriques vont nous conduire aux trois fonctions correspondantes, toutes trois accomplies par Internet Explorer.

Nous ne reviendrons pas sur leur utilisation puisque nous l'avons déjà étudiée au cours des Chapitres 4 à 10. On peut facilement aller de l'une à l'autre. Pour cela, si on était, par exemple, en train de lire son courrier électronique, il suffit de refermer la fenêtre du courrier en cliquant sur son bouton de fermeture dans le coin supérieur droit. Pour revenir à la page d'accueil d'Infonie, il faut cliquer sur Annuler.

La première fois, il faut achever de configurer Internet Explorer, ce qui se fait très simplement en cliquant sur "Aide à la configuration Internet". On note alors soigneusement les différents paramètres affichés dans le bas de l'écran reproduit sur la Figure 13.12 puis on clique sur Configuration automatique et, enfin, sur Lancer la configuration automatique. En cas de difficulté, en particulier pour répondre aux questions posées par l'assistant Microsoft d'installation, vous pouvez utiliser l'aide en ligne d'Infonie à la rubrique Web. Elle est très claire et comprend de nombreuses copies d'écran très explicites.

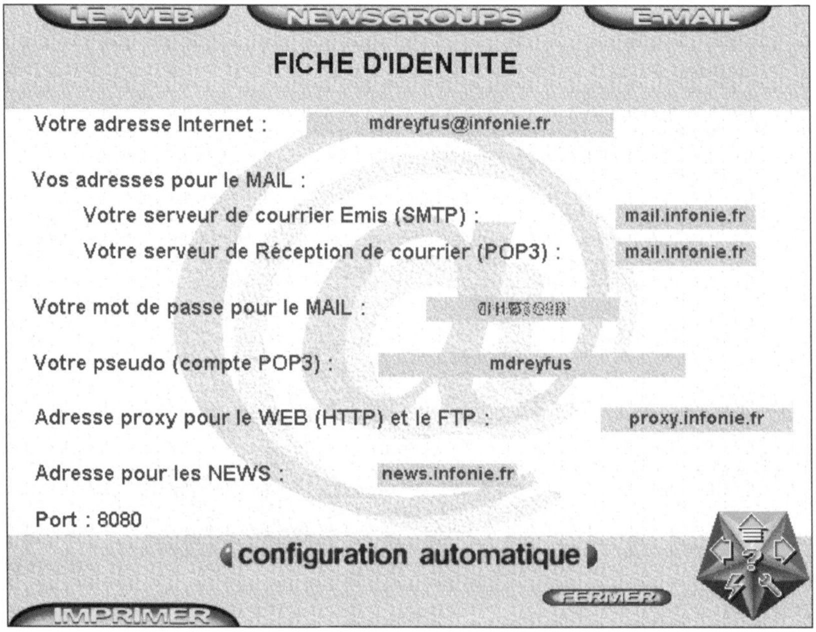

Figure 13.12 : Votre fiche d'identité (paramètres des accès à l'Internet).

ATTENTION !

Lorsque vous créez un nouveau message avec Internet Explorer, n'oubliez pas qu'il ne suffit pas de cliquer sur l'icône la plus à gauche de la barre d'outils de la fenêtre de message d'Internet Mail pour expédier votre message sur l'Internet. Cette action ne fait que mettre votre message en file d'attente. Cette fenêtre refermée, vous revenez à la fenêtre d'Internet Mail et, là, vous devez cliquer sur l'icône Envoyer et Recevoir de la barre d'outils pour déclencher l'envoi effectif. Cet inconvénient n'existe pas si vous utilisez directement le courrier Infonie dont nous parlerons un peu plus loin, dans la section intitulée "Quelques-uns des services proposés par Infonie".

Par la mise en veille d'Infonie

Il existe une autre façon, plus directe, plus simple et plus complète, de parvenir aux ressources de l'Internet qui consiste à exploiter l'historique. Il correspond au triangle supérieur du cristal de navigation de la Figure 13.9. En cliquant sur ce triangle, une banderole verticale se déroule (Figure 13.13) qui comprend, outre l'historique des rubriques d'Infonie précédemment visitées, trois commandes situées dans sa partie supérieure : Quitter, Mettre en veille et Changer d'utilisateur.

Figure 13.13 : L'historique d'Infonie vous permet aussi de le quitter ou de le mettre en veille.

Mettre Infonie en veille fait disparaître totalement son écran de la surface du bureau et vous retrouvez alors toutes vos icônes habituelles. Vous êtes alors libre d'utiliser les logiciels auxquels vous êtes habitué pour exploiter l'Internet et des ressources telles que Archie, FTP, Gopher, IRC... non prévues au menu Internet proposé par Infonie, lequel ne concerne que les trois éléments principaux : Web, courrier et news.

Pour certains logiciels comme les news et le courrier électronique, vous aurez besoin de connaître les paramètres nécessaires pour les configurer correctement. Cela est très facile, comme nous venons de le voir dans la section précédente.

Les deux mots de passe

Lorsque vous avez choisi un identifiant au début de la phase 2 de l'installation, vous avez en même temps défini un mot de passe. Mais, sur l'écran de la Figure 13.12, vous en voyez un second, non modifiable, qui, lui, vous a été attribué d'autorité par Infonie.[2] C'est ce dernier mot de passe qui est utilisé pour lire votre courrier électronique. Dans Internet Mail (le courrier électronique d'Internet Explorer), il correspond au volet Serveur de l'entrée Option du menu Message.

Pour quitter l'Internet lorsque Infonie est en veille, il faut réactiver la tâche Infonie. Le plus simple est de changer de tâche par la manoeuvre habituelle de Windows 95 au moyen d'appuis successifs sur <Alt>+<Tab>. Le fait de fermer la tâche Internet que vous aviez lancée ne vous déconnectera pas, pas plus que cela ne vous ramènera à Infonie.

Quitter Infonie

Il y a plusieurs façons de quitter Infonie. Si vous êtes sur la page d'accueil, vous remarquerez, dans le coin inférieur gauche le mot QUITTER. En cliquant sur la petite boule à sa gauche, une boîte de message s'affichera vous demandant de confirmer votre intention d'abandon. En cliquant sur Oui, le sacrifice sera consommé et Infonie retournera dans les limbes.

Vous pouvez aussi faire apparaître l'historique de la Figure 13.13 en cliquant sur le triangle supérieur du cristal de navigation. Cliquez ensuite sur la commande située tout en haut de la banderole verticale. En approchant le curseur, vous verrez s'afficher le mot Quitter.

Enfin, il existe aussi une méthode plus brutale qui consiste à cliquer sur le bouton Déconnecter de la boîte de connexion de Windows 95. Vous serez bien déconnecté physiquement, mais la tâche Infonie restera vivante. Pour vous en débarrasser, après l'avoir activée, appuyez sur <Ctrl>+<Alt>+<Suppr> puis sur Fin de tâche et confirmez cet assassinat.

---

2. Sur la figure, pour des raisons de confidentialité, nous l'avons caviardé mais il est normalement affiché en clair.

Quel que soit le cas, au bout de 20 minutes d'inactivité de votre part (ce qui est très long... et coûteux), vous serez déconnecté d'office.

Quelques-uns des services proposés par Infonie

Nous n'étudierons pas tous les services offerts par Infonie puisque ce livre est principalement consacré aux ressources traditionnelles de l'Internet. Mais, néanmoins, certaines des fonctionnalités d'Infonie méritent d'être vues de plus près.

Les adresses e-mail supplémentaires et le contrôle parental

Nous avons vu qu'Infonie vous permettait d'avoir jusqu'à cinq adresses *e-mail* différentes, ce qui confirme sa vocation familiale. Mais celui (ou celle) qui gouverne la cellule familiale (qui porte la culotte dans le ménage, si vous préférez) a la possibilité de définir les droits d'accès des autres membres de la famille et en particulier de verrouiller l'accès à certains services ou à certaines rubriques de ces services. Pour créer une autre adresse, dans la page d'accueil d'Infonie, il faut cliquer sur Votre Infonie puis sur Vos utilisateurs.

Une première fenêtre vous invite à taper votre mot de passe afin que n'importe lequel de vos utilisateurs non autorisés ne risque pas de venir modifier plus tard les autorisations d'accès que vous allez accorder. Ensuite, une autre fenêtre vous demande d'indiquer les nom, prénom, date de naissance et sexe du nouvel utilisateur. La rubrique suivante vous propose des choix de domaines visitables : achat (par carte bancaire), accès au Minitel, accès Internet... et vous devez déplacer un curseur le long d'une ligne portant les repères des tranches d'âge 4-7, 8-11, 12-15, 16-17 et Majeur.

Après avoir validé l'ensemble de ces renseignements et choisi un pseudonyme pour le nouvel utilisateur, vous obtenez l'écran reproduit sur la Figure 13.14. Vous pouvez ensuite revenir à la page d'accueil ou créer un autre utilisateur.

TRUC

Notez la présence constante du cristal de navigation dans chaque écran. Il vous permet de quitter le sujet en cours, de revenir à l'écran d'accueil, de passer sur l'Internet, etc. grâce aux commandes que nous avons détaillées plus haut.

A partir du moment où il y a plus d'un seul utilisateur, l'accès à la page d'accueil d'Infonie est précédé d'une identification de l'utilisateur qui se présente comme le montre la Figure 13.15. Vous devez double-cliquer sur la vignette qui vous symbolise (déclarée lors de l'installation des utilisateurs) puis taper le mot de passe correspondant.

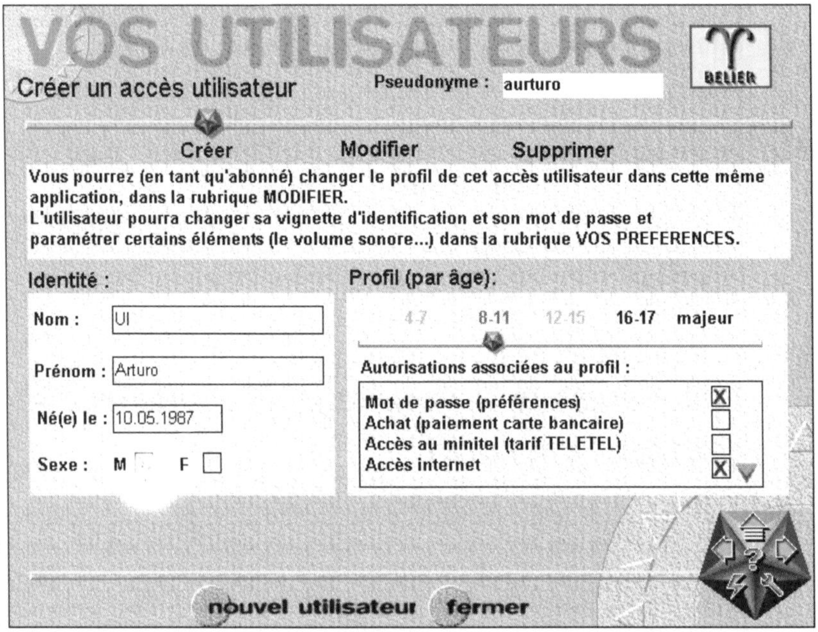

Figure 13.14 : Ecran de création d'un nouvel utilisateur.

Figure 13.15 : Identification d'un utilisateur lors de la connexion.

Il existe une autre possibilité de filtrer les accès, au niveau du Web, cette fois, grâce aux dispositions prévues dans ce but par Internet Explorer. Pour cela, cliquez sur Affichage/Options/Sécurité/Activer le contrôle d'accès. L'écran qui s'affiche alors correspond à des critères élaborés par le RSAC, organisme américain élaborant des classifications pour les serveurs de ce pays qui en font la demande. L'accès aux serveurs n'ayant pas été ainsi contrôlés sera alors systématiquement signalé comme potentiellement dangereux et une boîte de dialogue vous invitera à décider de poursuivre ou d'arrêter votre exploration à chaque chargement de page. Dans de telles conditions, l'exploitation normale d'un browser devient impossible. Ce système est donc à éviter.

Les forums

On peut comparer les forums privés d'Infonie à ceux de Usenet. Le principe en est le même (groupes et sous-groupes) mais les moyens d'accès sont différents. Par exemple, pour accéder au forum concernant l'assistance Infonie, dans la page d'accueil, il faut cliquer sur Communiquer/Forums puis, dans le nouvel écran, sur Service Clients. S'affiche alors un écran proposant cinq rubriques générales : Boîte à idées, C'est grave, docteur ?, Info ou intox ?, Les nouvelles et Trucs et astuces (Figure 13.16). En cliquant sur une de ces rubriques, on aboutit à un écran partagé horizontalement en deux : en haut, les en-têtes ; en bas, le texte des messages correspondants (Figure 13.17). Pour répondre à un de ces messages ou en créer un nouveau, il suffit de cliquer sur l'un des boutons présents dans la partie droite de l'écran.

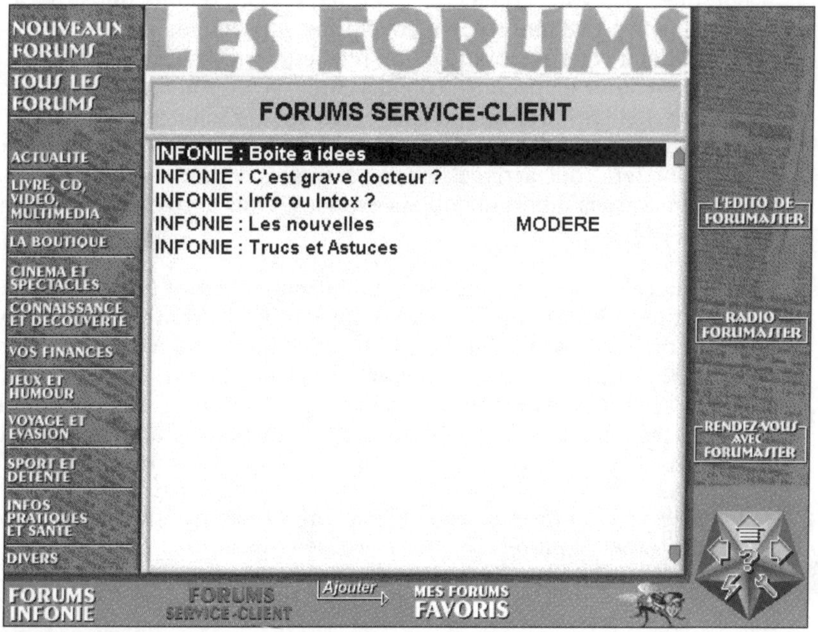

Figure 13.16 : L'écran des rubriques d'un forum.

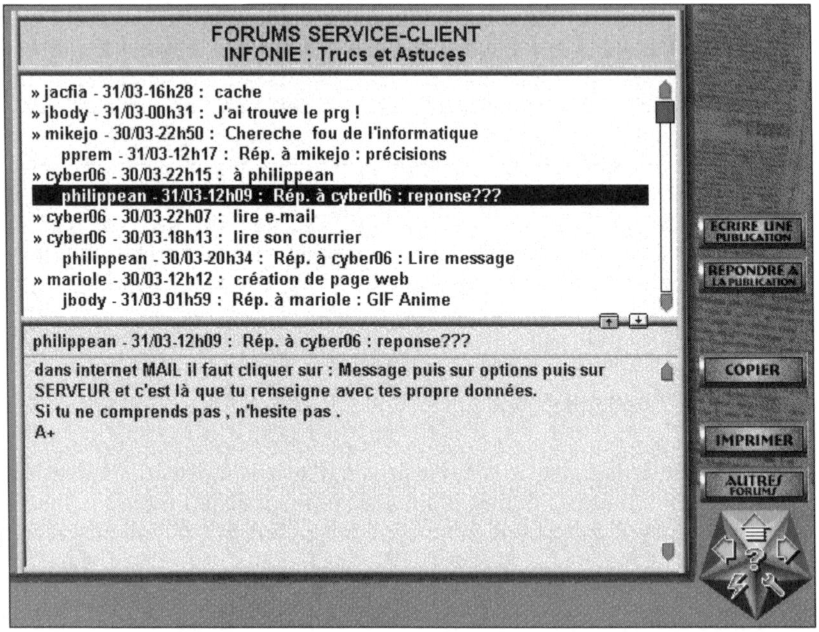

Figure 13.17 : Pour poster un message dans un forum, l'écran proposé ne diffère guère de la présentation traditionnelle des news de Usenet.

Le courrier Infonie

Lorsque vous vous connectez, l'écran d'accueil tel que nous l'avons reproduit sur la Figure 13.8 montre une enveloppe superposée en bas et à droite du cristal de navigation lorsqu'un ou plusieurs messages sont arrivés à votre intention. Pour en prendre connaissance, vous pouvez utiliser l'accès Internet par Internet Explorer que nous venons de voir mais aussi une interface personnalisée d'Infonie (plus conviviale) en cliquant sur Communiquez puis sur Courrier. Vous arrivez alors à l'écran reproduit sur la Figure 13.18. En cliquant sur les différents objets exposés, vous activez la réception ou l'envoi de messages.

Les différentes commandes sont suffisamment simples et explicites pour qu'il ne soit pas nécessaire d'épiloguer sur leur utilisation : si vous savez vous servir de Windows (qui est bien plus difficile), vous n'aurez aucune difficulté à maîtriser ces commandes qui ont été visiblement conçues pour l'utilisateur qui ne veut pas se compliquer la vie et permettent néanmoins de réaliser toutes les fonctions qu'on est en droit de demander à un logiciel de courrier électronique.

ATTENTION !

Ces messages sont exactement les mêmes que ceux que vous pouvez lire avec Internet Explorer. Un message que vous aurez lu ici ne pourra donc plus être vu sous Internet Explorer, et réciproquement.

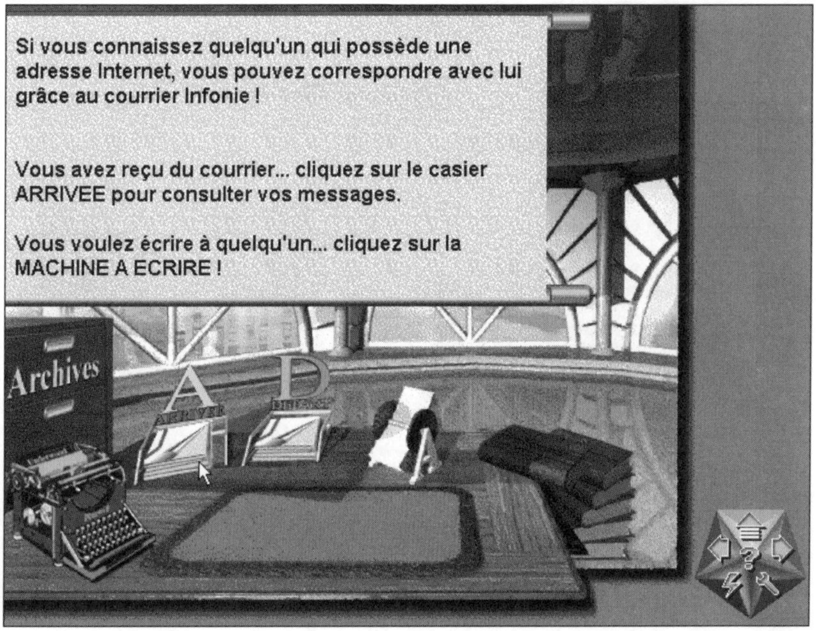

Figure 13.18 : L'écran du courrier Infonie.

La boutique Infonie

En cliquant à partir de la page d'accueil sur La boutique puis sur Livres et vidéo, vous aboutissez à un écran tel que celui qui est reproduit sur la Figure 13.19. Une fois choisi l'article qui vous intéresse, vous pourrez passer commande après avoir donné votre mot de passe.

Créer sa page Web

Infonie vous offre gratuitement 5 Mo d'espace disque pour créer votre propre présentation Web. Nous ne détaillerons pas ici la façon de créer une présentation Web - il y a, pour cela, d'excellents livres comme *HTML pour les Nuls* ou *Publiez vos pages Web pour les Nuls,* aux éditions Sybex. Une fois votre présentation écrite et testée en local, il faut obtenir la création d'un répertoire personnel sur le serveur d'Infonie ayant l'adresse `webhome.infonie.fr` et, pour cela, renseigner un formulaire dans lequel, après avoir décliné votre identité et votre mot de passe, vous prendrez l'engagement d'accepter un certain nombre de contraintes et d'endosser la responsabilité de ce que vous publiez (ce qui n'a rien que de très normal). Mais aussi d'accepter une certaine censure :

Figure 13.19 : La boutique Infonie.

```
INFONIE, en tant que site d'hébergement, se réserve un droit
de regard sur le contenu de votre site, de le suspendre ou
de le supprimer s'il contient :
- incitation à la haine raciale,
- incitation à la prostitution et à la pornographie,
- publicité ou toute démarche à caractère commercial,
- ou toute autre information interdite de diffusion par la loi.
```

Il ne vous restera plus qu'à transférer vos fichiers texte et image dans ce répertoire en utilisant pour cela un client FTP. Infonie recommande dans ce but CuteFTP, qui est un excellent logiciel qu'on pourra se procurer au moyen d'Internet Explorer. Le fichier de votre page d'accueil devra porter le nom `index.htm`.

Net Meeting

Sur le CD-ROM figure également un package Microsoft de téléconférence Net Meeting qui n'est pas sans rappeler l'IRC.

L'émulateur Minitel

Parmi les programmes du CD-ROM Infonie se trouve un émulateur Minitel. Malheureusement, sa configuration n'est pas automatique et même parfois délicate. Pour le configurer, il faut modifier avec un éditeur de textes deux fichiers de configuration :

- INFONIE.INI qui se trouve dans le répertoire \WINDOWS du disque principal (C:) dans lequel on devra préciser la chaîne d'initialisation que le modem devra utiliser pour passer en mode Minitel.
- MINITEL.CFG qui se trouve dans le répertoire \INFONIE\INFMINI du disque sur lequel on a installé Infonie (généralement C: mais ce n'est pas obligatoire) pour indiquer le port série sur lequel est connecté le modem.

En ce qui nous concerne, nous n'avons pas réussi à l'utiliser avec un modem Supra Fax 28 800 (parfaitement reconnu par Windows 95), alors que l'émulateur Minitel de HyperTerminal s'était installé sans aucun problème et fonctionnait très correctement. L'assistance technique d'Infonie a montré là ses limites, étant incapable d'intervenir efficacement. Mais il faut dire que ce modem, indépendamment de ses qualités, n'est pas courant en France.

Cet émulateur est totalement indépendant du serveur Internet d'Infonie. Vous ne pouvez donc pas l'utiliser si vous êtes déjà connecté. Fonctionnellement, il agit comme l'émulateur HyperTerminal de Windows 95 : c'est un logiciel autonome.

Une fois que vous aurez trouvé la séquence de commandes Hayes convenant à votre modem, son utilisation est aussi simple (sinon plus) que celle du Minitel proposé par France Télécom avec l'avantage supplémentaire de l'affichage en couleurs. La Figure 13.20 montre comment il se présente : imitation d'un terminal vu en perspective.

Le bouton marqué Répertoire ouvre une fenêtre dans laquelle vous sont proposés quelques-uns des 36xx habituels. Vous pouvez éditer ce répertoire en cliquant sur le bouton Répertoire puis sur Ajouter.

Pour quitter l'émulateur, cliquez sur le bouton rond situé dans le coin inférieur droit de l'émulateur. Trois choix vous sont offerts : Annuler, Infonie et Quitter.

Figure 13.20 : L' émulateur Minitel proposé par Infonie.

Chapitre 14

L'Internet avec CompuServe

Dans ce chapitre :

L'abonnement à CompuServe.
L'utilisation de CompuServe.
Choix du service à consulter.
Le courrier électronique.
Promenade sur le Web.
Lecture des news.
Transfert de fichiers par FTP.
Utilisation d'autres logiciels sous CompuServe.

CompuServe a été longtemps un des services en ligne les plus réussis et, donc, les plus fréquentés, autant pour une utilisation professionnelle que pour l'usage personnel. C'était avant que le Web ne suscite l'engouement qu'on sait pour l'Internet. En dépit des nombreux services proposés (et non pas "offerts" car beaucoup d'entre eux étaient payants), son interface résolument propriétaire qui rendait difficile, voire impossible, l'accès à de nombreuses ressources de l'Internet lui a fait perdre beaucoup d'abonnés. La conséquence directe en a été de lourdes pertes d'exploitation pour 1996.

Maintenant, la page est presque entièrement tournée avec l'apparition de la version 3.02 de WINCIM (le logiciel de connexion) dont la distribution aux utilisateurs français a commencé à s'effectuer au cours du mois d'avril 1997. Comme nous le verrons, *in fine*, il subsiste de nombreuses parties qui n'ont pas été touchées par ces améliorations et la francisation du produit est loin d'être achevée.

Nous ferons table rase de l'ancienne interface WINCIM 2.0 et ce chapitre sera entièrement consacré à la découverte de CompuServe 3.02 pour Windows, version française. La version correspondante pour Macintosh se trouve sur le même CD-ROM et porte le nom de MacCIM 2.4.3

TRUC

Dans ses récents documents en français, CompuServe a abandonné le nom de WINCIM donné jusqu'ici à son logiciel, pour celui de CompuServe.

Pour ou contre CompuServe

CompuServe existe depuis longtemps, bien avant que l'Internet ne soit l'objet de l'engouement actuel. C'est un réseau qui compte un très grand nombre d'abonnés et dont la facilité d'utilisation (en mode captif, c'est-à-dire en dehors de l'Internet) est solidement établie. Il ne s'est ouvert que récemment à l'Internet, ce qui explique peut-être la survivance d'un certain nombre de manipulations qui pourront dérouter un utilisateur habitué à l'accès direct par le moyen d'un fournisseur d'accès standard.

CompuServe a des points d'accès un peu partout dans le monde, ce qui permet à son abonné d'éviter les appels longue distance quand il se déplace, diminuant ainsi substantiellement sa note de téléphone.

Un autre avantage est que vous avez affaire à une entreprise solide, établie de longue date et compétente, ce qui est loin d'être le cas pour beaucoup de petits fournisseurs d'accès menant une politique de prix agressive mais avec des moyens techniques insuffisants.

Au passif, on doit noter que CompuServe a tendance à s'ériger en censeur moraliste, vous fermant, par exemple, l'accès à certains forums de Usenet, comme c'est arrivé en Allemagne, fin 95. Enfin, il n'existe pas, dans l'offre de ce prestataire, d'accès illimité, ce qui peut conduire à une dépense assez lourde pour les gros consommateurs.

L'abonnement à CompuServe

En France, CompuServe offre couramment la possibilité d'effectuer un essai gratuit d'une durée limitée généralement à un mois. Par téléphone (36 63 81 22, numéro Azur) ou par Fax (01 47 14 21 51), ou encore par Minitel (3615 COMPU), vous pouvez souscrire un abonnement gratuit d'une durée d'un mois comprenant 10 heures de connexion. Vous recevrez un CD-ROM avec les logiciels nécessaires ainsi qu'une brochure explicative.

L'adresse postale de CompuServe est : Rueil 2000, 15, avenue Edouard-Belin, 92556 Rueil-Malmaison Cedex.

Comme les autres prestataires, même pour une offre d'essai *gratuite*, au cours de votre inscription en ligne, vous devrez indiquer un numéro de carte de crédit. L'explication donnée est la suivante : au cas où vous dépasseriez le nombre d'heures gratuites allouées pour l'offre d'essai, ils doivent avoir un moyen de vous facturer le supplément. Cette attitude est critiquable dans la mesure où, pour un novice, il est facile de dépasser cette durée étant donné les nombreux tâtonnements et erreurs de manipulation qu'on peut être amené à commettre. Ajoutez à cela toutes les nouveautés à découvrir et le fait que la comptabilité de vos heures de connexion n'est pas accessible facilement et semble souffrir de délais importants pour sa mise à jour et vous saurez à quoi vous attendre. Il aurait été bien plus correct de prévenir l'utilisateur qu'il ne lui restait plus qu'un temps limité (une demi-heure, par exemple) avant que la connexion soit coupée. Mais cette démarche aurait sans doute été moins "commerciale".

Pas plus qu'Infonie (voir le chapitre précédent), CompuServe n'offre un accès sécurisé pour l'envoi de votre numéro de carte de crédit.

Pour installer le logiciel nécessaire, il suffit, sous Windows 95 ou avec un Macintosh, de lancer l'exécution du setup qui se trouve sur le CD-ROM et de suivre les instructions qui vous seront données. Avec Windows 3.x, il faut exécuter INSTALL.EXE à partir du CD-ROM.

En France, il existe des points d'accès à 28 800 bps (et non pas "bauds" comme le dit CompuServe dans ses documents commerciaux) dans les villes suivantes : Bordeaux, Grenoble, Lille, Lyon, Marseille, Nancy, Nantes, Nice, Paris, Rennes, Rouen, Strasbourg, Toulouse, Tours. En outre, il existe un accès de type Transpac (08 36 06 44 44, tarification indépendante de la distance, 1 unité France Télécom toutes les deux minutes) et un accès Numéris (01 55 23 23 55).

Comment utiliser CompuServe sous Windows 3.x

Sous Windows 3.x, on continue d'utiliser WinCIM 2.5, c'est-à-dire l'ancienne interface. Il faut fournir, lors de l'inscription, les mêmes renseignements qu'avec Windows 95 ou Macintosh.

Pour lancer WinCIM, on double-clique sur son icône. Vous arrivez alors sur la page d'accueil reproduite sur la Figure 14.1.

Pour accéder à votre courrier, cliquez sur Courrier/Obtenir les nouveaux messages dans la barre de menus. Vous pouvez aussi cliquer sur l'icône de la barre d'outils qui représente une enveloppe (la deuxième en partant de la droite).

- Pour atteindre un service CompuServe dont vous connaissez le nom, cliquez sur le menu Services/Aller à ou sur la cinquième icône de la barre d'outils à partir de la gauche (celle qui représente un feu vert). Ou encore tapez <Ctr>+<A>. Ensuite, dans la boîte de dialogue qui s'ouvre, tapez le nom du service suivi de <Entrée>.

- Pour découvrir le service de CompuServe relatif à un sujet donné, cliquez sur la troisième icône de la barre d'outils (celle qui représente une loupe) ou tapez <Ctr>+<F>.
- Pour obtenir des informations sur l'Internet, cliquez sur l'icône immédiatement à gauche de celle qui représente un feu vert ou sur le gros bouton qui occupe toute la largeur de la fenêtre et qui est intitulé "Explorez CompuServe".

Figure 14.1 : La page d'accueil de WinCIM.

- Pour surfer sur le Web, commencez par cliquer sur l'icône du feu vert et, dans la fenêtre qui s'ouvre, tapez l'URL de votre présentation Web.
- Pour atteindre les news, voyez plus loin dans ce même chapitre, puisque, sous Windows 3.x comme sous Windows 95, c'est le même logiciel qui va être utilisé.
- Pour vous déconnecter, cliquez sur l'icône la plus à droite de la barre d'outils.

Vous pouvez utiliser d'autres programmes compatibles Winsock. Voyez la section "D'autres programmes clients pour l'Internet", vers la fin de ce chapitre.

Identification d'un utilisateur

Lorsque vous souscrivez votre abonnement, vous recevez un numéro d'utilisateur qui se présente sous la forme d'un groupe de deux nombres octaux (à base 8) séparés par une virgule, le premier de 6 chiffres, le second de 4 chiffres. Par exemple : 101507,1762.

On remarque que cet adressage est incompatible avec celui qui est en usage sur l'Internet. Mais il existe une passerelle. Pour obtenir votre adresse électronique Internet, remplacez la virgule par un point et ajoutez ensuite `@compuserve.com`. Dans notre exemple, le numéro d'utilisateur devient donc `101507.1762@compuserve.com`.

Mais tout évolue, même CompuServe. Avec la version 3, on peut, en outre, avoir une adresse de type standard, c'est-à-dire `jdupont@compuserve.com`. Pour cela, il suffit de cliquer sur Aller à (GO)/REGISTER.

Premier contact avec CompuServe

Voici comment établir le premier contact avec CompuServe sous Windows (avec un Macintosh, c'est pratiquement la même chose) :

1. **Cliquez sur le bouton Démarrer puis sur Programmes/CompuServe/CompuServe ou double-cliquez sur l'icône de CompuServe qui se trouve éventuellement sur votre bureau.** Vous voyez alors s'afficher la page d'accueil, telle qu'elle est reproduite sur la Figure 14.2, en même temps qu'une voix féminine vous dit "Bienvenue sur CompuServe".

Figure 14.2 : La page d'accueil de CompuServe.

2. **Cliquez alors sur le bouton correspondant au service auquel vous voulez accéder.** Nous en verrons quelques-uns dans la suite de ce chapitre. Immédiatement, l'appel au point d'accès qui a été défini lors de l'installation va être lancé et vous allez être loggé.

3. **Lorsque vous voulez quitter CompuServe, cliquez sur le bouton de déconnexion (le plus à droite de la barre d'outils).** N'oubliez pas que votre temps de connexion vous est facturé à la fois par France Télécom et par CompuServe (au-delà des cinq heures de l'abonnement). Le temps de connexion sur CompuServe est affiché en permanence dans le coin inférieur gauche de votre écran. Il est inférieur d'une quinzaine de secondes au temps facturé par France Télécom (la différence représente la négociation de la connexion).

4. **Pour quitter le programme CompuServe, cliquez sur le bouton de fermeture de la fenêtre ou sur Fichier/Quitter.**

TRUC

Pour revenir au menu initial (celui de la page d'accueil), cliquez sur le bouton rectangulaire Menu principal (le premier de la rangée verticale de gauche).

Les services de CompuServe

CompuServe propose de multiples services (moins en France qu'aux Etats-Unis, mais cela représente néanmoins pas mal d'activités). En outre, vous trouvez de nombreux *forums* de discussion, des bibliothèques de fichiers utiles et un service d'assistance en ligne.

Où aller ?

Chaque service de CompuServe a un nom officiel. Pour l'atteindre, cliquez sur le bouton Aller à (le deuxième de la rangée verticale de gauche), indiquez le nom du service désiré et cliquez sur OK. Si vous n'êtes pas encore connecté, CompuServe va automatiquement lancer le processus de connexion. Si quelque chose est affiché dans la boîte marquée Page (dans le coin supérieur gauche, immédiatement au-dessous de la barre de menus), en cliquant dessus, la connexion va être lancée et vous vous retrouverez dans la page indiquée.

Un grand nombre de services ne sont pas directement accessibles mais seulement sous forme de pages Web. Parfois, après avoir tapé une commande Aller à, vous vous retrouvez dans une fenêtre spécialisée ou dans une de ces pages. Peu importe la présentation, l'essentiel étant que vous parveniez à joindre le service que vous avez demandé. Mais le temps d'attente est naturellement plus long si cette page n'est pas accessible directement.

Comment trouver où aller ?

Comment allez-vous trouver le nom du service que vous souhaitez obtenir ? Cliquez sur le bouton Chercher (le troisième de la rangée verticale de gauche) et tapez le sujet qui vous intéresse : météo, cuisine ou investissements, par exemple. Vous allez obtenir le nom du service approprié.

Une liste va s'afficher contenant le mot clé que vous avez indiqué pour votre recherche avec une description de ce qu'il fait accompagnée de son nom. Si l'un d'eux vous paraît convenir, il ne vous reste plus qu'à double-cliquer sur son nom pour y parvenir.

Certains services vous demandent une inscription préalable avant de pouvoir les exploiter. C'est le cas, en général, des forums. Indiquez alors les informations qui vous sont demandées et cliquez ensuite sur le bouton Join. Vous pourrez toujours vous en désintéresser plus tard et supprimer votre inscription. Si le service demandé n'est pas gratuit, vous en serez immédiatement avisé par un message.

Aller sur l'Internet

Au milieu de la barre d'outils, vous pouvez voir une icône marquée d'un globe terrestre. Lorsque vous cliquez dessus, CompuServe affiche sa fenêtre de bienvenue sur l'Internet (après avoir éventuellement lancé le processus de connexion si vous ne l'aviez pas fait de vous-même). Vous allez y trouver tous les services concernant l'Internet qui vous sont proposés.

Dans les sections suivantes, nous allons voir comment utiliser l'Internet à travers CompuServe.

Le courrier électronique

CompuServe a son propre service de courrier pour envoyer et recevoir des messages des autres utilisateurs de CompuServe ou de l'Internet. Pour l'utiliser, cliquez sur le bouton du Menu principal puis sur le bouton Courrier. Vous verrez alors des onglets affichés dans la partie supérieure de la fenêtre qui correspondent à la lecture des messages, à leur création, à la gestion de votre carnet d'adresses ou à la recherche de messages préalablement sauvegardés.

TRUC

Si vous avez des messages en attente de lecture, CompuServe vous en prévient par un message parlé "Vous avez du courrier" lorsque vous vous connectez. A condition que vous ayez une carte audio. En outre, dans le bas de la fenêtre, du côté gauche, vous pouvez voir affiché le nombre de messages en attente de lecture.

La façon la plus simple et la plus économique de lire votre courrier

Le mieux que vous puissiez faire pour lire votre courrier est de le lire *off-line*, c'est-à-dire une fois déconnecté. Vous pourrez ainsi tranquillement préparer d'éventuelles réponses sans que les deux compteurs (celui de CompuServe et celui de France Télécom) ne se mettent à tourner. Voici comment il faut procéder :

- Vous demandez à CompuServe de copier tout ce que vous avez reçu dans votre dossier d'archives sur votre disque dur.
- Vous vous déconnectez.
- Une fois déconnecté, vous lisez tranquillement le courrier et composez vos réponses s'il y en a. Elles sont alors placées dans la corbeille Départ, laquelle est, elle aussi, située sur votre disque dur.
- Une fois que vous avez fini de lire votre courrier, reconnectez-vous et demandez à CompuServe d'envoyer les messages placés dans la corbeille Départ et de récupérer éventuellement ceux qui seraient arrivés entre-temps.

De la sorte, votre temps de connexion est réduit au minimum. Concrètement, voici la succession des étapes à parcourir :

1. **Dans le programme CompuServe, cliquez sur le bouton Courrier.** Si vous ne le voyez pas, commencez par cliquer sur le bouton Menu Principal. Vous pouvez aussi cliquer sur le menu Courrier/Nouveaux messages dans la barre de menus.

   Si vous n'êtes pas encore connecté, la connexion sera lancée automatiquement et la récupération des messages en attente s'effectuera d'elle-même ainsi que l'envoi des messages qui pourraient se trouver dans la corbeille Départ.

2. **Une fois ces tâches effectuées, cliquez sur l'icône de déconnexion (la plus à droite de la barre d'outils).** Vous pouvez aussi taper <Ctrl>+<D>.

   CompuServe se déconnecte et les deux compteurs cessent de tourner.

3. **Pour lire un message, double-cliquez sur son en-tête ou cliquez une fois sur cet en-tête puis sur Ouvrir.**

   Le message est affiché dans la fenêtre principale de lecture des messages (Figure 14.3).

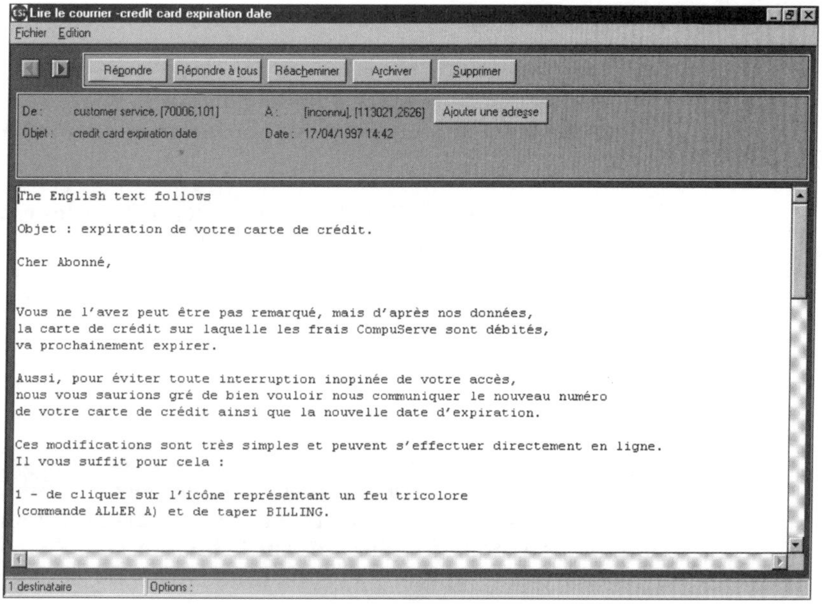

Figure 14.3 : La fenêtre principale de lecture des messages.

4. **Pour répondre à un message, cliquez sur le bouton Répondre, composez la réponse, puis cliquez sur Envoyer (si vous voulez que votre réponse soit envoyée immédiatement) ou Envoyer plus tard (pour placer le texte de la réponse dans la corbeille Départ d'où vous l'enverrez plus tard).**

   Lorsque vous répondez à un message, c'est CompuServe qui en compose l'en-tête pour vous. La seule chose que vous ayez à taper, c'est la réponse.

5. **Pour faire suivre un message à quelqu'un d'autre, cliquez sur le bouton Réacheminer, renseignez la rubrique A: et cliquez sur Envoyer ou Envoyer plus tard.**

   Consultez la section suivante pour savoir comment utiliser votre carnet d'adresses pour adresser un message.

6. **Pour lire le prochain message de la corbeille Arrivée, cliquez sur le bouton représentant un triangle pointé vers la droite dans le coin supérieur gauche de la fenêtre de lecture.**

7. **Lorsque vous avez lu tous vos messages, refermez la fenêtre de lecture en cliquant sur son bouton de fermeture ou en double-cliquant sur son coin supérieur gauche.**

Vous revenez à la liste des messages arrivés.

8. **Composez vos nouveaux messages en cliquant sur le bouton Créer situé au-dessous de la barre d'outils puis sur le bouton Nouveau ou cliquez sur le menu Courrier/Créer un courrier dans la barre de menus.**

9. **Dans la fenêtre de création de courrier, renseignez les champs Nom (nom réel), Adresse (adresse *e-mail*) et Objet.**

   Consultez la section suivante pour savoir comment utiliser votre carnet d'adresses pour adresser un message.

10. **Tapez le texte du message dans la grande fenêtre blanche puis cliquez sur Envoyer ou Envoyer plus tard.**

11. **Une fois que vous avez fini de lire votre courrier et de préparer vos réponses et vos nouveaux messages, cliquez sur le menu Courrier/ Envoyer/Récupérer tout le courrier dans la barre de menus ou cliquez sur le bouton Créer puis sur le bouton Tout Envoyer si vous ne voulez pas récupérer d'éventuels nouveaux messages.**

    Vous êtes alors reconnecté sur CompuServe et les opérations d'envoi et de lecture de courrier s'effectuent automatiquement.

Vous pouvez voir partir les messages que vous venez de composer et arriver les nouveaux, s'il y en a.

Comment utiliser votre petit carnet noir

Lorsque vous expédiez du courrier à un autre abonné de CompuServe, vous l'envoyez à son adresse CompuServe alors que, lorsque vous l'envoyez à quelqu'un qui est directement raccordé à l'Internet, vous devez employer une adresse du genre de celle-ci :

```
INTERNET:nom_d_utilisateur@nom_de_site
```

Ainsi, pour envoyer un message à l'un des auteurs de ce livre, vous pouvez utiliser l'adresse :

```
INTERNET:ninternet@dummies.com
```

Lorsque vous créez un message ou que vous en faites suivre un, vous devez indiquer l'adresse de son destinataire. Pour cela :

1. **Dans la boîte de saisie Nom, tapez le véritable nom du destinataire.**

2. **Dans la boîte de saisie Adresse, tapez l'adresse *e-mail* ou le numéro CompuServe du destinataire de la façon que nous venons d'indiquer.**

3. **Cliquez sur le bouton Destinataires pour indiquer à CompuServe de regarder l'adresse que vous venez de taper.**

   Si le nom ne figure pas déjà dans votre carnet d'adresses, la fenêtre Définir une entrée du carnet d'adresses s'affiche (Figure 14.4). Le nom que vous avez tapé apparaît dans la boîte de saisie Nom et le type d'adresse dans la boîte de saisie Type d'adresse. L'adresse *e-mail* elle-même se trouve dans la boîte de saisie Adresse.

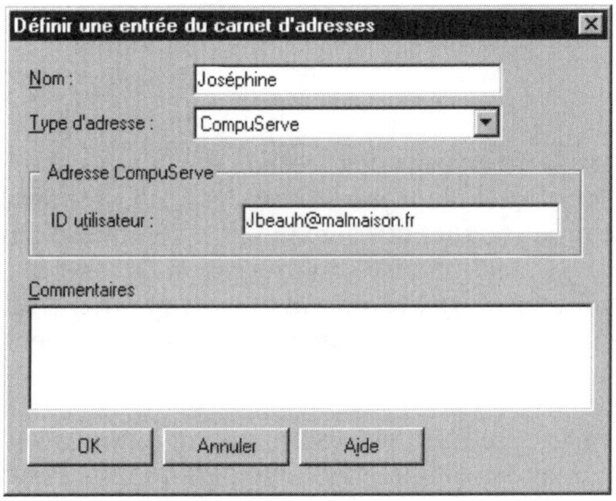

Figure 14.4 : La fenêtre de gestion de votre carnet d'adresses.

4. **Pour ajouter cette entrée à votre carnet d'adresses, cliquez sur OK.**

   S'affiche ensuite la fenêtre Destinataires de message qui donne la liste des gens auxquels votre message est adressé (Figure 14.5). Cliquez sur OK. Vous pouvez ajouter des adresses si vous désirez envoyer votre message à plusieurs personnes. Vous pouvez aussi en envoyer des copies à d'autres destinataires.

5. **Pour envoyer votre message à une autre personne, tapez son nom et son adresse dans les deux premières boîtes de saisie de la fenêtre.** (Pour un destinataire en copie, cliquez sur le bouton cc.) Cliquez ensuite sur le bouton Ajouter à la liste.

6. **Pour supprimer une entrée du carnet d'adresses, sélectionnez la victime et cliquez sur le bouton Supprimer.**

7. **Quand vous avez fini, cliquez sur OK.**

   Vous revenez alors à la fenêtre dans laquelle vous avez créé votre message et vous pouvez poursuivre sa composition.

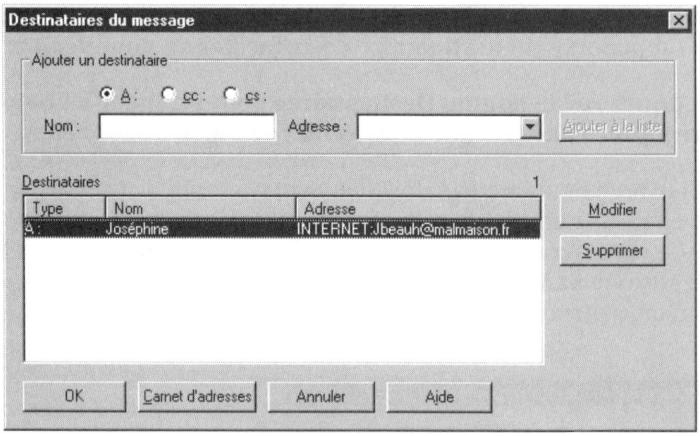

Figure 14.5 : Sélectionnez un destinataire.

Il existe une autre façon de composer des messages qui consiste à choisir une adresse à partir de votre carnet d'adresses. Pour cela, cliquez sur Destinataires (dans la fenêtre de création du courrier) puis sur le bouton Carnet d'adresses (dans la fenêtre Destinataires du message). La fenêtre Sélectionner les destinataires vous affiche alors le contenu de votre carnet d'adresses. Cliquez sur le nom de la personne à laquelle vous voulez envoyer votre message (Figure 14.5).

Pour consulter votre carnet d'adresses à tout moment, cliquez sur le bouton Courrier du menu principal dans la fenêtre CompuServe puis sur l'onglet Carnet d'adresses, le troisième à partir de la gauche, juste en dessous de la barre d'outils. Vous pouvez éditer son contenu et ajouter ou supprimer des gens dans la liste des noms qui vous est présentée.

Envoyer un fichier en pièce jointe

TRUC

Vous pouvez utiliser le presse-papiers de Windows ou du Macintosh pour recopier du texte à partir d'un autre document vers le corps de votre message. Pour cela, sélectionnez le texte dans votre traitement de texte habituel et faites un couper-coller vers la fenêtre de courrier. (<Ctrl>+<C> puis <Ctrl>+<V>, sous Windows).

Vous pouvez également *joindre* un fichier complet à votre message. Dans les temps anciens (jusqu'à fin 1996), vous ne pouviez envoyer du texte formaté qu'aux seuls abonnés à CompuServe mais pas à ceux du reste de l'Internet. Cette restriction est maintenant révolue, CompuServe ayant finalement ajouté une *passerelle MIME* (voir le Chapitre 8) à son système de courrier électronique. Maintenant, vous pouvez même envoyer des images et des fichiers binaires comme des programmes exécutables au monde entier (enfin, à ceux qui ont une adresse *e-mail*).

Pour *attacher* un fichier à un message, voici la marche à suivre :

1. **Commencez par composer votre message comme à l'accoutumée.**
2. **Dans la fenêtre de création de courrier, cliquez sur le bouton Joindre.** Une boîte de dialogue d'ouverture de fichier s'affiche alors.
3. **Si vous envoyez autre chose que du texte pur, cliquez sur la boîte à liste déroulante Type de fichier et choisissez le type du fichier à envoyer.**
4. **Placez-vous dans le répertoire contenant ce fichier et sélectionnez-le.**
5. **Cliquez sur le bouton Ouvrir.** La fenêtre Joindre un fichier s'ouvre, dans laquelle apparaît le nom du fichier que vous venez de sélectionner.
6. **Cliquez sur OK.** Vous pouvez voir que dans la fenêtre de création de courrier, il y a maintenant "1" à droite de Joindre.
7. **Achevez la composition de votre message et envoyez-le comme d'habitude.**

Lorsque vous recevez un fichier joint à un message, le message arrive en plusieurs morceaux. La première partie est le texte du message proprement dit et la seconde partie, le fichier joint. Si plusieurs fichiers ont été joints, vous verrez arriver plus de deux morceaux. Juste en dessous de la ligne d'en-tête des messages, vous pourrez voir des boutons triangulaires orientés vers la gauche et vers la droite et une ligne marquée `Partie 1 de 2`. Pour voir le contenu du fichier joint, cliquez sur le triangle pointant vers la droite. Si c'est une image que CompuServe sait comment afficher, elle apparaîtra directement dans la section Message de la fenêtre de lecture du courrier. Elle sera en outre sauvegardée dans la section message de la fenêtre de lecture du courrier qui se trouve en général être C:\Programmes\Compuserve\Download. Le nom exact sera affiché sur la ligne d'état, tout en bas de la fenêtre de CompuServe.

En route pour le Web !

On reprochait en particulier à CompuServe de limiter l'accès au Web par rapport à ceux de ses concurrents qui offraient un accès total à l'Internet et, en particulier, à AOL. C'est maintenant de l'histoire ancienne.

Pour aller directement à une page Web, il suffit de taper son URL dans la fenêtre *ad hoc* (celle qui est marquée Page, en haut et à gauche de la fenêtre principale de CompuServe) puis de taper sur <Entrée>. Vous pouvez aussi cliquer sur le bouton Aller à, à droite de cette fenêtre, taper l'URL de la page qui vous intéresse dans la boîte de saisie qui s'affiche puis cliquer sur OK.

Lorsque vous tapez une URL dans la boîte de saisie Page, vous pouvez laisser tomber `http://`, CompuServe l'ajoutera pour vous.

Pour lancer une recherche sur le Web, cliquez sur le bouton rectangulaire Chercher (dans la barre d'outils) puis sur le bouton rond Chercher sur l'Internet. Vous allez arriver sur la page de recherche illustrée par la Figure 14.6 qui vous présente les principaux moteurs de recherche dont bon nombre en français. Vous pouvez alors taper le mot clé ou la phrase à retrouver dans une des boîtes de saisie qui vous sont présentées. Vous pouvez également taper le nom d'un moteur de recherche (Yahoo! ou AltaVista, par exemple) dans la boîte de saisie Page.

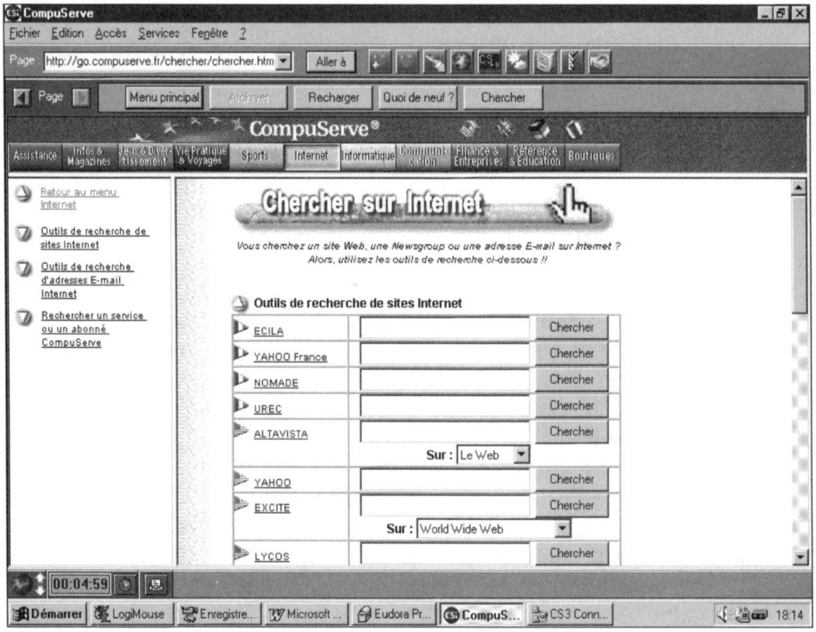

Figure 14.6 : La page de recherche de CompuServe.

Voici quelques bonnes adresses de moteurs de recherche :

```
www.yahoo.fr
altavista.digital.com
www.excite.com
www.infoseek.com
lokace.iplus.fr
www.carrefour.net
```

Pour avoir davantage d'informations sur la recherche en général sur le Web, vous pouvez revenir au Chapitre 7.

Accès aux groupes de news

CompuServe contient des centaines (peut-être des milliers ?) de forums (la plupart en anglais) qui sont des groupes de discussion en ligne sur des sujets spécifiques. Leur accès est réservé aux abonnés à CompuServe. Si vous voulez bavarder avec le monde entier (restreint, toutefois, aux gens qui utilisent l'Internet), vous devez utiliser les services de Usenet. Au Chapitre 10, nous avons fait le tour de la question.

Pour lire des groupes de Usenet, commencez par cliquer sur le bouton Internet dans la barre d'outils (ce bouton représente un petit globe terrestre). Vous pouvez également cliquer sur le bouton Aller à puis taper le mot Usenet dans la boîte de saisie et cliquer sur OK. Enfin, vous pouvez aussi cliquer dans la boîte de saisie Page, dans le coin supérieur gauche de la fenêtre CompuServe, y taper le mot Usenet, puis appuyer sur <Entrée>. Dans tous les cas, vous aboutissez à la fenêtre d'accès à l'Internet (Figure 14.7) dans laquelle vous devez double-cliquer sur la dernière ligne : USENET Newsreader (CIM). A partir de ce moment, vous entrez dans une zone de fenêtres et de boîtes de dialogue non traduites.

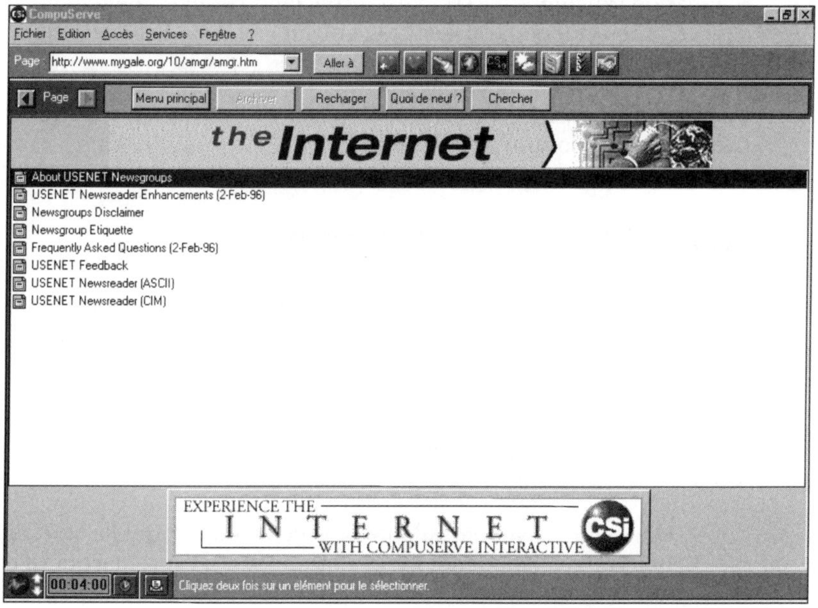

Figure 14.7 : La fenêtre d'accès à l'Internet est toujours en anglais.

Après un temps plutôt long, vous allez pouvoir contempler la fenêtre des groupes de Usenet, qui contient une liste de rubriques concernant la lecture des groupes de news. La Figure 14.8 vous montre la boîte de dialogue dans laquelle vous allez choisir la rubrique qui vous intéresse.

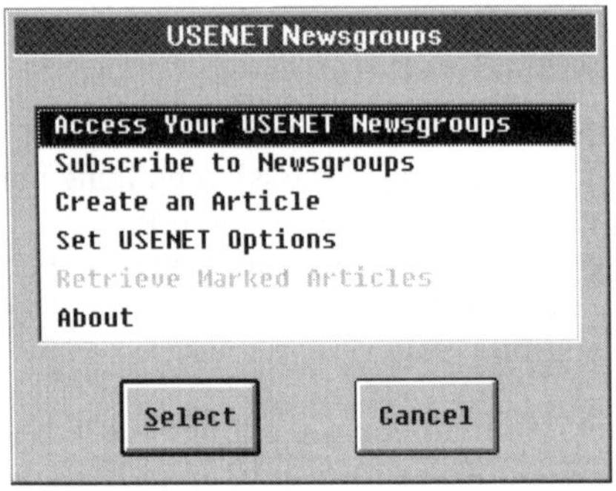

Figure 14.8 : La plaque tournante des news.

Si vous n'avez pas encore fréquenté les groupes de news, le mieux est sans doute de lire (de relire ?) le Chapitre 10 plutôt que de choisir les textes de présentation proposés par CompuServe. A moins que la lecture de textes écrits en anglais ne soit votre tasse de thé, bien sûr !

Cette fenêtre est la tour de contrôle des opérations de l'ensemble des actions que l'on peut faire avec les news : abonnement, lecture, post... C'est un reliquat de l'ancien WinCIM[1]. Les autres fenêtres éventuellement ouvertes sont réduites et n'apparaissent plus qu'au bas de la fenêtre principale lorsque ce logiciel a le contrôle.

Lorsque vous avez fini de parcourir les news, quittez ce programme en cliquant sur le bouton Annuler.

Recherche d'un groupe particulier

La première étape de la lecture des news consiste à vous abonner à quelques groupes. Nous éviterons ici d'employer le mot "forum" pour éviter toute confusion avec les forums de CompuServe qui sont tout à fait distincts de ceux de Usenet. Pour cela, double-cliquez sur Subscribe to Newsgroups dans la fenêtre Usenet Newsgroups que nous venons de voir reproduite sur la Figure 14.8. Dans la fenêtre d'abonnement (Subscribe to Newsgroups) qui s'ouvre alors (Figure 14.9), vous pouvez voir :

- Une boîte à liste déroulante, à gauche, dans laquelle sont affichées les hiérarchies de Usenet (`alt`, `comp`, `rec`...). On remarquera en particulier celle qui apparaît en vidéo inverse, "Regional Newsgroups", dans laquelle se trouve, entre autres, notre groupe franco-français `fr`. Pour faire apparaître le contenu d'une hiérarchie, après l'avoir sélectionnée,

1. Ce logiciel se révèle plutôt préhistorique par rapport à des *neswreaders* modernes tels que WinVn et FreeAgent ou ceux qu'on trouve dans les browsers Netscape ou Internet Explorer (N.d.T.).

on clique sur le gros bouton Select (ou on double-clique sur la hiérarchie choisie).

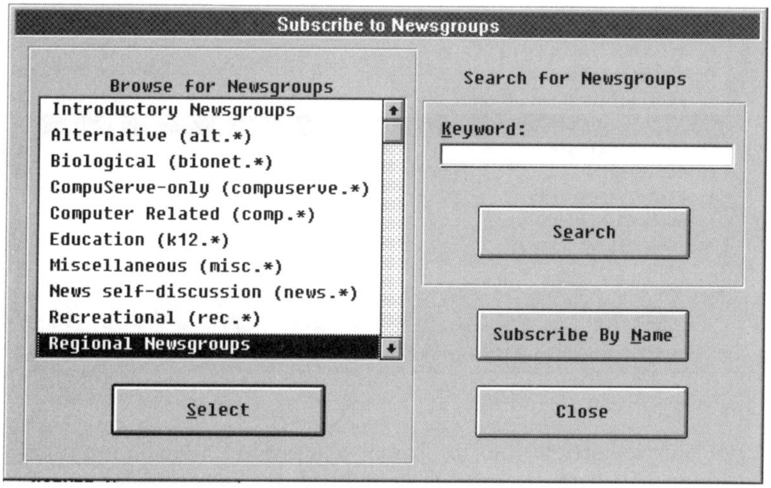

Figure 14.9 : La fenêtre d'abonnement aux groupes de news.

- Une boîte de saisie, à droite, marquée "Keyword" (mot clé) dans laquelle on peut taper le nom ou une partie seulement d'un nom de forum quand on ne sait pas très bien dans quelle hiérarchie il se trouve. En cliquant ensuite sur Search, CompuServe recherche dans les groupes ceux qui correspondent à ce critère. Il ne vous reste plus qu'à choisir dans la liste qui va vous être présentée celui qui vous intéresse.
- Vous pouvez aussi, si vous connaissez le nom exact et complet d'un forum, taper son nom dans la boîte de saisie puis cliquer sur Subscribe.

Une fois que vous avez fini, refermez la boîte en cliquant sur Close.

Lecture des messages

Pour afficher le contenu des forums auxquels vous vous êtes abonné, double-cliquez sur Access Your USENET Newsgroups. Une liste des forums auxquels vous vous êtes abonné s'affiche alors et, à droite, vous voyez le nombre d'articles contenus dans chaque groupe et que vous n'avez pas encore lus (Figure 14.10).

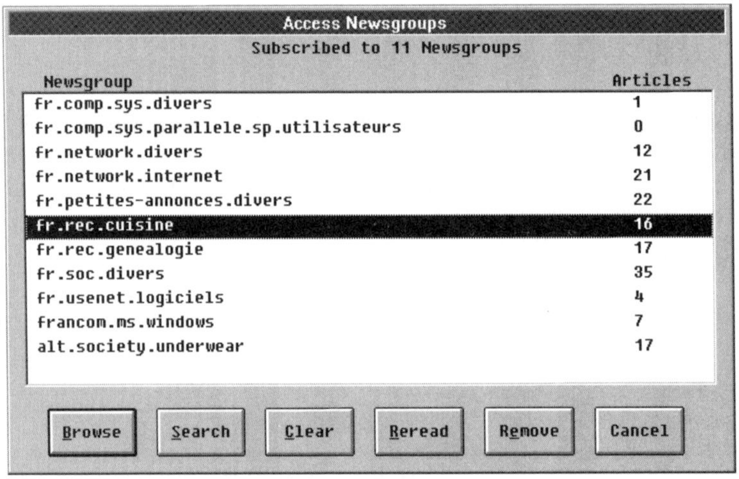

Figure 14.10 : Liste des groupes auxquels vous êtes abonné.

Pour lire les articles de l'un de ces groupes, double-cliquez sur le nom du groupe. Une liste des *threads* s'affiche alors (Figure 14.11).

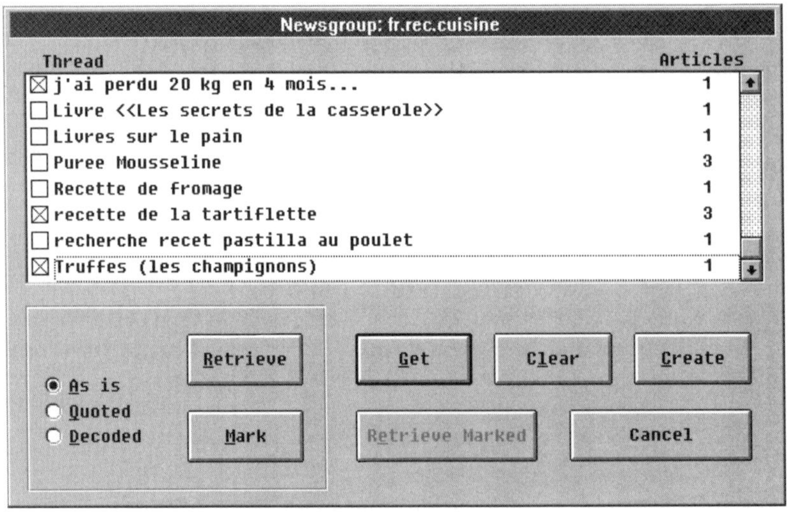

Figure 14.11 : Liste des articles contenus dans un groupe.

- Pour lire immédiatement un article, cliquez sur Get.
- Pour faire des économies, vous pouvez télécharger le contenu des articles qui vous intéressent sur votre disque dur pour les lire plus tard. Pour cela, sélectionnez-les et cliquez sur Retrieve. CompuServe vous demande alors de confirmer cette sauvegarde.

- Si vous voulez répondre à un article, soit par *e-mail,* soit en postant votre réponse, cliquez sur Reply.
- Pour composer un nouvel article destiné à ce groupe, cliquez sur Create.

Lorsque vous avez terminé de lire et/ou d'écrire des articles dans ce groupe, cliquez sur Cancel.

Déclinez votre identité au lecteur de news de CIM

Avant de pouvoir poster des articles dans les groupes de Usenet, vous devez indiquer votre identité au lecteur de news de CIM. Encore une de ces choses sans lesquelles le programme se sentirait frustré. Pour ne pas le vexer, double-cliquez sur Set Usenet Options dans la fenêtre des Usenet Newsgroups.

Dans la boîte de dialogue Options, remplissez les blancs. En ce qui concerne la "signature", n'en rajoutez pas ! On trouve trop souvent, sur Usenet, des signatures alambiquées qui, outre qu'elles révèlent souvent un ego complexé, contribuent inutilement à l'encombrement du Net. Quatre lignes c'est déjà beaucoup. Votre nom ? Oui, bien sûr. Votre adresse électronique ? Inutile, elle se trouve déjà dans l'en-tête créé automatiquement. Deux vers ? Si vous ne pouvez vraiment pas y résister... Une formule de politesse ? C'est à peu près tout ce qui est nécessaire. Une fois terminé, cliquez sur OK.

Voici deux exemples de dessins trouvés dans des signatures :

```
CATS's
  |\      _,,,---,,_   sleeping!
  /,`.-'`'    -.  ;-;;,_
 |,4-  ) )-,_; ,\ (  `'-'
 '---''(_/--'  `-'\_)
  ____      _____+======|_10  XXXXX)__
 |  |_|   |_|  _|  0||||_      XXXX}__)
 |  |        |  |+======|__5__XXXXX)
 |   \_____/   |                   Science Technology Centre
 (     _____    )                  Carleton University
  \  (S_T_C)  /
   \_________/
```

TRUC

Fermez le clapet de cet imbécile !

La proportion d'imbéciles (et nous sommes polis !) est constante dans n'importe quel groupe humain suffisamment étoffé. Usenet ne faillit pas à la règle. Inutile d'essayer de leur mettre le nez dans leur bêtise, ça ne ferait qu'augmenter leur frénésie verbale. Le mieux est de les ignorer et de les laisser discourir dans le désert. Par chance, on peut même automatiser cette attitude. Voici comment faire :

1. Double-cliquez sur Set Usenet Options dans la fenêtre Usenet Newsgroups.
2. Cliquez sur le bouton Set Ignore Options.
3. Vous voyez s'afficher la liste des groupes auxquels vous êtes abonné. Double-cliquez sur celui dans lequel sévit le crétin qui vous importune.
4. La boîte de dialogue Ignore Criteria s'affiche ; cliquez alors sur Author dans la case Ignore By (ce qui signifie que vous voulez ignorer les articles émanant de cet auteur), puis cliquez sur OK.
5. Cliquez ensuite sur Insert pour indiquer le nom de l'abominable homme des news (on ne vous l'avait pas dit jusqu'ici, mais plus de 90 % des amateurs de news sont des hommes !).
6. Indiquez ensuite l'adresse électronique de l'individu et le nombre de jours pendant lesquels vous voulez ignorer tout ce qu'il signe. Ou bien cliquez sur Non-Expiring pour signifier que vous le rejetez *ad vitam aeternam*. Terminez par un clic sur OK.
7. Cliquez sur Close, sur Cancel et enfin sur OK pour refermer toutes les boîtes de dialogue encore ouvertes.
8. Vous pouvez utiliser le même système pour ignorer tous les articles d'un même sujet. Comme cela arrive assez souvent, il y a des "conversations" qui s'éternisent sur des sujets qui n'en valent pas la peine (très souvent, la conversation dévie et ceux qui l'alimentent ont même perdu de vue l'objet initial des bavardages). Dans ce cas, cliquez sur Subject puis sur OK dans la boîte de dialogue Criteria et, au lieu d'un nom, indiquez le sujet qui vous casse les pieds.

Dites-le avec des fleurs

La meilleure façon de répondre à un article des news, c'est de le faire via le courrier électronique, directement à l'auteur. Après tout, tous ceux qui lisent les news ne s'intéressent pas nécessairement à votre réponse. Parfois, vous avez du mal à réfréner votre ardeur épistolaire mais, ce faisant, vous risquez de passer pour un de ces imbéciles que vous redoutez tant. N'oubliez pas que votre réputation risque d'en être entachée à la face du monde entier.

Lorsque vous lisez un article qui appelle une réponse, quelle que soit la voie que vous ayez choisie pour y répondre, cliquez sur Reply. Si vous décidez de poster un nouvel article et non pas de répondre à un article existant, alors double-cliquez sur Create an Article dans la fenêtre Usenet Newsgroups. Vous pouvez aussi afficher la liste des threads du groupe et cliquer sur Create.

Vous voyez alors s'afficher une des fenêtres Reply to Usenet Message ou Create Usenet Message. Voici comment vous allez créer votre article :

1. **Tapez le sujet du courrier ou de l'article dans la boîte Subject.**

2. **Si vous voulez poster un article à un groupe, cliquez sur Post to Newsgroup(s) et choisissez le ou les newsgroups dans la liste affichée. Si vous voulez seulement envoyer un *e-mail*, cliquez sur Send via E-mail.**

   La liste Newsgroups contient la liste des groupes auxquels vous êtes abonné. Poster des articles dans un groupe auquel vous n'êtes pas abonné pourrait être considéré comme un manquement aux règles de la netiquette. Comment pourriez-vous savoir de quoi on y parle ?

3. **Tapez l'article ou le message dans la boîte Message Contents (la plus grande).** Si vous voulez inclure du texte situé dans un de vos fichiers, vous pouvez l'y placer directement en cliquant sur les boutons Upload puis File. Attention, vous ne pouvez insérer que du texte non formaté. Pas d'image ni autre chose du même genre.

4. **Cliquez sur Send.** Si vous envoyez un message par *e-mail*, le programme vous demande l'adresse électronique du destinataire. Indiquez-la puis cliquez sur OK. Inutile de spécifier INTERNET avant une adresse Internet. Comme Usenet fait partie intégrante de l'Internet, les adresses qui y figurent sont toujours des adresses Internet. Pour envoyer un message à un abonné à CompuServe, indiquez son adresse Internet (changez la virgule en point et ajoutez `@compuserve.com`).

Si c'est dans un groupe de Usenet que vous postez un article, le programme vous confirme l'envoi de votre texte.

TRUC

Ne postez jamais sous l'empire de la colère ! Allez plutôt faire un tour !

Comment se débarrasser des groupes casse-pieds

Si vous ne voulez pas continuer à être informé de ce qui se dit dans un groupe, désabonnez-vous de ce groupe. Dans la fenêtre Usenet Newsgroups (Figure 14.8), double-cliquez sur Access Your USENET Newsgroups, choisissez le groupe qui vous importune et cliquez sur Remove. Le programme vous demande si vous êtes vraiment sûr de ce que vous faites. Confirmez votre décision en cliquant sur Yes. Le groupe disparaît alors comme par enchantement de la liste de ceux auxquels vous êtes abonné et n'y reviendra que si vous décidez de renouveler votre abonnement.

Pour quitter le lecteur de news de CompuServe

Une fois que vous en avez assez lu, cliquez sur Annuler dans la fenêtre Usenet Newsgroups. Au bout de quelques instants, vous voilà revenu à la première fenêtre de Usenet que vous aviez vue. Vous pouvez alors utiliser la boîte de saisie Page ou le bouton Aller à pour vous intéresser à un autre service.

La pêche aux fichiers par FTP

CompuServe possède des tas de fichiers dans lesquels vous pouvez puiser. Mais ce n'est pas une nouveauté car on sait que l'Internet en regorge. Pour vous les approprier (en partie, allez-y doucement !), vous allez utiliser, ici aussi, FTP. Nous en avons longuement parlé au Chapitre 11.

Il y a plusieurs façons de faire du FTP sous CompuServe. Vous pouvez cliquer sur le bouton Aller à du menu principal et taper FTP. Ou bien aller dans le groupe Internet et cliquer sur le bouton FTP. Enfin, rien ne vous empêche de taper FTP puis <Entrée> dans la boîte de saisie Page qui se trouve dans le coin supérieur gauche de la fenêtre principale.

Quel que soit le chemin que vous avez décidé de suivre, vous allez d'abord voir s'afficher une boîte de message vous informant (en anglais) des dangers (?) du FTP, ce qui est surtout un moyen pour CompuServe de se dédouaner d'éventuels virus ou d'entorses aux règles du copyright. Cliquez sur Proceed pour continuer. La fenêtre File Transfer Protocol s'ouvre sous vos yeux.

Voici la marche à suivre pour télécharger un fichier à partir de l'archive FTP dans laquelle il se trouve :

1. **Cliquez sur le bouton Access a Specific Site.** Une fenêtre va s'ouvrir.

2. **Dans la fenêtre Site Name, indiquez l'adresse électronique de votre serveur FTP.** Par exemple, pour accéder au serveur de l'Institut Blaise-Pascal, vous allez indiquer `ftp.ibp.fr`.

3. **Si vous connaissez le nom du répertoire où se trouve le fichier que vous convoitez, vous gagnerez du temps en indiquant le chemin**

d'accès complet dans la deuxième fenêtre. Attention à bien utiliser des slashes *normaux* et non des antislashes. Ici, vous pourriez indiquer par exemple : `/pub8/pc/SimTel/win3`.

4. **En général, vous allez vous présenter comme anonymous.** Conservez donc les indications qui suivent dans la fenêtre.

5. **Cliquez sur OK.** CompuServe contacte alors votre serveur FTP. Si la connexion peut se réaliser, l'écran d'accueil de ce serveur s'affiche alors sur votre écran.

6. **Cliquez derechef sur OK.** CompuServe va maintenant vous afficher une fenêtre à deux cases. Dans celle de gauche, vous verrez (Figure 14.12) une liste des répertoires du serveur et, dans celle de droite, une liste de fichiers dans le répertoire courant (au départ, c'est très généralement le répertoire racine).

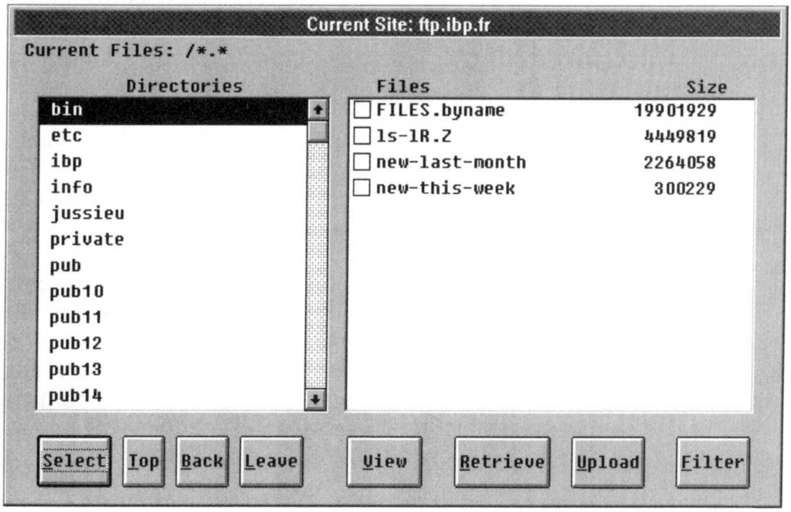

Figure 14.12 : Lorsque vous êtes connecté à votre serveur FTP, deux fenêtres vous permettent d'y naviguer.

7. **Placez-vous dans le répertoire qui vous intéresse.** Pour cela, procédez par étapes successives, en cliquant sur un nom de répertoire (à gauche) puis sur le bouton Select. Si vous allez un peu trop loin, vous pouvez remonter d'un cran dans l'arborescence en cliquant sur le bouton Back. Pour revenir au répertoire dans lequel vous étiez au début, cliquez sur le bouton Top.

8. **Dès que vous êtes dans le bon répertoire, choisissez votre fichier dans la fenêtre de droite et cliquez sur son nom.** Une croix apparaît à gauche de son nom. Vous pouvez en profiter pour sélectionner d'autres fichiers. CompuServe vous affiche alors une boîte de sélection

de fichier dans laquelle vous pouvez préciser dans quel répertoire vous avez l'intention de stocker ce fichier sur votre disque dur. Vous pouvez même changer le nom sous lequel il sera conservé (ce qui n'est pas recommandé).

9. **Cliquez ensuite sur OK**. Le transfert commence et une boîte de message vous renseigne sur son déroulement.

10. **Lorsque c'est fini, vous pouvez cliquer sur le bouton Leave pour quitter le FTP**. Vous êtes alors déconnecté de votre serveur FTP.

S'évader de CompuServe en utilisant d'autres programmes

CompuServe fournit un bon programme de courrier électronique, un excellent browser Web et un lecteur de news utilisable quoique malcommode et rébarbatif. Pouvez-vous utiliser en lieu et place de ces produits maison vos logiciels habituels ?

Que ce soit sous WinCIM 2.5 ou CompuServe 3.02, rien d'impossible : vous pouvez utiliser n'importe quel programme compatible Winsock (ou compatible MacTCP si vous avec un Macintosh). Consultez le Chapitre 12 pour avoir davantage de détails sur ces problèmes de compatibilité.

TRUC

Sous Windows 95, il suffit de mettre CompuServe en veille en renvoyant sa fenêtre en icône dans la barre des tâches. Pour cela, comme d'habitude, cliquez sur le troisième bouton à partir de la droite, dans le coin supérieur droit. Vous pouvez alors appeler n'importe quel programme client Internet : Netscape Navigator, WS_FTP, FreeAgent... Pour revenir à CompuServe, il suffira de cliquer sur son icône présente dans la barre des tâches.

Un autre browser

Vous pouvez utiliser Internet Explorer, Netscape Navigator ou tout autre browser qui vous convient. Pour cela :

1. **Cliquez sur Accès/Préférences dans la barre de menus de la fenêtre principale.** Le menu des préférences s'affiche.

2. **Cliquez sur l'onglet Généraux.** Dans la zone Options du navigateur Internet, cliquez dans la case à cocher en face de Navigateur Internet externe.

3. **Cliquez sur le bouton Sélectionner.**

Dans la boîte de sélection de fichiers qui s'ouvre, choisissez le browser que vous voulez utiliser et cliquez sur Ouvrir.

4. **Cliquez sur OK.**

Un autre mailer

CompuServe a maintenant installé, comme prévu, un serveur POP, ce qui permet une interface directe avec le courrier électronique standard de l'Internet. De ce fait, rien ne vous empêche plus d'utiliser votre Eudora ou votre Pegasus mail favori pour votre correspondance électronique. Il faut seulement savoir le nom du serveur de courrier de CompuServe qui est `mail.compuserve.com`.

Un autre lecteur de news

Pour ceux qui ont déjà eu l'occasion d'utiliser WinVn ou FreeAgent, le lecteur de news en mode texte ou semi-graphique de CompuServe a tout pour déplaire. Ces deux logiciels peuvent être utilisés sans aucun problème dès l'instant qu'on sait que le nom du serveur NNTP de CompuServe est `news.compuserve.com`.

D'autres programmes clients pour l'Internet

Et pendant que vous y êtes, pourquoi ne pas vous servir de tous les outils Internet disponibles, compatibles Winsock ou MacTCP, qui sont légion. Par exemple, WS_FTP - que nous avons étudié au Chapitre 11 - pour aller à la pêche aux fichiers par FTP.

Quel que soit l'agrément de l'utilisation de CompuServe comme simple fournisseur d'accès, n'oubliez pas que votre abonnement est souscrit pour un nombre limité d'heures de connexion (5 heures) au-delà desquelles toute heure supplémentaire vous coûtera 20 francs. Si vous êtes un acharné du Net, sans doute vaut-il mieux vous abonner à un prestataire vous proposant une utilisation sans limitation de durée.

Pour en savoir plus

Vous pouvez obtenir de plus amples renseignements sur CompuServe par CompuServe. Malheureusement, un nombre non négligeable de textes sont restés dans leur langue d'origine. En outre, la plupart demandent l'établissement d'une connexion Internet, ce qui rend le procédé peu économique. Signalons néanmoins l'existence d'une rubrique d'aide (? dans la barre de menus) assez étoffée, en français. Hormis quelques instructions d'installation, vous ne trouverez rien sur le CD-ROM.

A tout hasard, voici quelques rubriques intéressantes, les unes en français, les autres en anglais. Tentez votre chance...

- Changer son mot de passe : Aller à/PASSWORD.
- Liste des services et forums en français : Aller à/FRANCE.
- Informations comptables : Aller à/BILLING.
- Prendre un abonnement "Super Value Plan" (175 francs pour 20 heures + 13,50 francs par heure supplémentaire) : Aller à/CHOICES ; cliquez sur Add Super Value Plan et tapez AGREE.
- Rechercher le numéro CompuServe d'un abonné : Aller à/DIRECTORY.
- Aide dans l'utilisation de l'Internet : Aller à/INTERNET ou INETVIEW.
- Résilier son abonnement : Aller à/RESILIER. Vous finirez par tomber sur une page en anglais dans laquelle vous cliquerez sur Cancel your membership. Une fois que vous aurez confirmé votre intention, une boîte de message s'affichera pour confirmer votre résiliation (Figure 14.13).

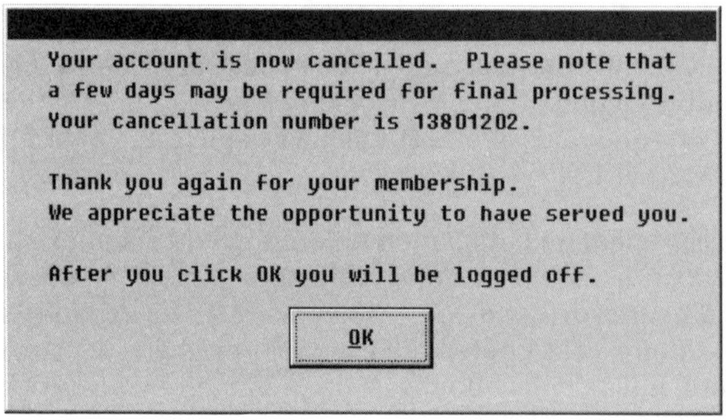

Figure 14.13 : Confirmation de résiliation envoyée par CompuServe.

Si vous préférez un contact direct, voici quelques services téléphoniques (numéros Azur : coût d'une communication locale quel que soit le point d'appel) :

- Service assistance : 08 01 68 81 31 de 8 h 30 à 19 h 30, du lundi au vendredi.

- Service clientèle : 08 01 63 81 22.
- Service administration : 08 01 63 81 31.

La France et CompuServe

En dehors de sa page d'accueil, des principaux écrans des services les plus fréquentés et de quelques forums nationaux, une grande partie de CompuServe est restée à l'heure américaine. L'effort de francisation n'a même pas été jusqu'à reconnaître un Allerà/Facture puisqu'il faut taper Aller à/Billing. Autre exemple : pour choisir une adresse *e-mail* du type standard, c'est également une succession de boîtes de dialogue américaines qui vous accueillera (Figure 14.14).

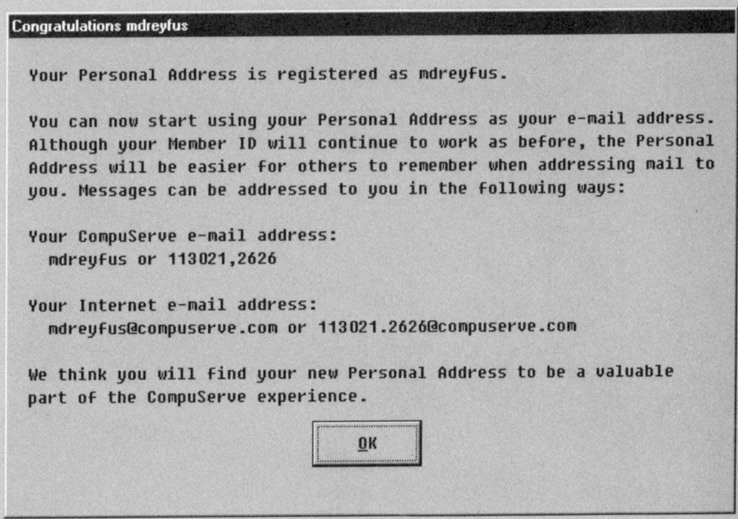

Figure 14.14 : Encore une boîte de message non traduite !

Certains services sont plutôt indigents. La météo de CompuServe, par exemple, si elle connaît l'existence de Lyon, ignore celle de Sens, et le nombre de rubriques proposées est restreint (Figure 14.15). Si vous voulez une prévision de bonne qualité, faites plutôt le 3615/Meteo. Pour un ou deux petits francs de plus, vous aurez droit à une météo plus précise et plus localisée.

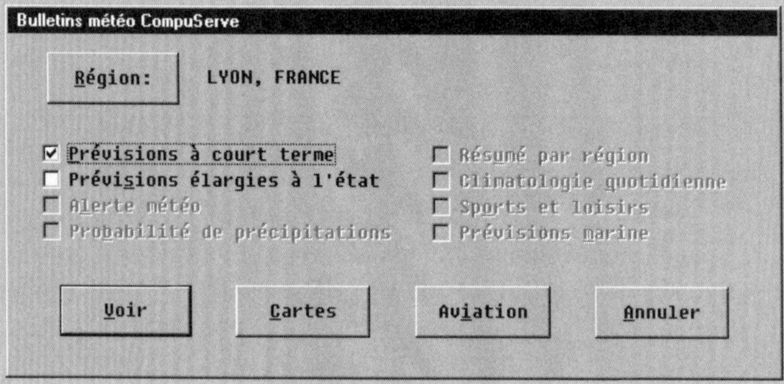

Figure 14.15: Même pour Lyon, le nombre de rubriques proposées par la météo de CompuServe est fort restreint.

Quatrième partie

Les dix commandements

"V'nez vite, les enfants ! Vot' mère est en train d'engueuler quelqu'un sur l'Internet !"

Dans cette partie...

Il y a quelques sujets importants qui n'entrent pas dans la classification adoptée pour ce livre, c'est pourquoi je les ai regroupés ici sous forme de listes. Par une étrange coïncidence, il se trouve qu'il y en a exactement dix dans chaque liste. (*Note pour les esprits tatillons :* il faudra peut-être que vous vous coupiez quelques doigts ou que vous vous en greffiez de nouveaux pour que la conception que vous avez du nombre 10 colle avec la nôtre. Peut-être vaut-il mieux nous croire sur parole...)

Chapitre 15

Les dix questions les plus fréquentes

Dans ce chapitre :

Réponses à quelques questions générales sur l'Internet.

Réponses à quelques questions générales sur le courrier électronique.

Tous les matins, nous découvrons un tas de questions dans notre *e-mail.* Nous allons en traiter quelques-unes ici, parmi celles qui reviennent le plus souvent, dans l'espoir que les réponses que nous y apporterons pourront vous être utiles.

Comme ça, quand on nous reposera une de ces questions, plutôt que d'y répondre, on invitera le questionneur à courir acheter un exemplaire de ce bouquin à la librairie la plus proche. RTFM !

Si, après avoir lu ce livre, il vous reste plus d'une dizaine de questions à poser, allez au Chapitre 21 dans lequel nous vous dirons où trouver des centaines de réponses.

Pourquoi ne pouvez-vous pas me donner des instructions détaillées, étape par étape ?

C'est une question qui revient souvent. D'autres livres ... *pour les Nuls* contiennent des listes d'opérations à effectuer, étape par étape, pour faire une chose ou une autre, mais celui-ci est plutôt frustrant à cet égard.

Deux explications me viennent à l'esprit. L'une est que nous ne savons pas quel type de système vous utilisez : Windows 3.x, Windows 95, Windows NT, un Macintosh, un Amiga... ? et que nous ne savons pas non plus quels programmes vous permettent d'accéder à l'Internet : AOL, CompuServe, Infonie, Netscape, Eudora...? Nous avons tenté de vous donner suffisamment de notions de base pour que vous compreniez la façon dont fonctionne l'Internet et même, dans certains cas, nous avons été jusqu'à vous donner des instructions propres aux systèmes les plus utilisés. Au Chapitre 21, vous trouverez des listes d'ouvrages et de serveurs Web contenant des instructions plus spécifiques pour certains systèmes et logiciels.

L'autre explication, c'est que ces programmes changent tout le temps. Depuis que nous avons commencé à remettre ce livre à jour, par exemple, plusieurs éditeurs ont sorti de nouvelles versions de certains des programmes que nous décrivons. Au moment où vous lirez ces lignes, il y aura peut-être eu des versions encore plus récentes dont le fonctionnement sera différent de ce que nous avons décrit. Nous pensons que les connaissances générales que vous aurez acquises par la lecture de ce livre vous permettront de vous débrouiller dans tous les cas.

Est-ce que l'Internet et le Web, c'est la même chose ?

Absolument pas. L'Internet est né en 1969 et c'est un réseau de réseaux. Le World Wide Web est né vingt ans après, en 1989, et c'est un système d'informations interconnectées qui réside sur l'Internet.

Quelle différence y a-t-il entre un browser et un moteur de recherche ?

Un *browser* est un programme qui permet à votre ordinateur d'afficher des pages du World Wide Web. Un *moteur de recherche* (dit aussi *répertoire* ou *index*) vous aide à trouver les pages qui concernent tel ou tel sujet qui vous intéresse. Netscape Navigator, Netscape Communicator, Internet Explorer sont des browsers. Yahoo!, Altavista, Lycos, Infoseek sont des moteurs de recherche.

Est-ce que je peux modifier mon adresse électronique ?

Ça dépend ! (Nous sommes certains que vous aimez beaucoup ce genre de réponse.)

En général, non. Mais si on veut aller au fond des choses, la réponse n'est pas aussi nette. Votre adresse électronique est normalement - mais pas toujours - composée de votre nom d'utilisateur suivi de l'adresse de votre fournisseur d'accès. Certains de ces fournisseurs d'accès ont toutefois choisi un système différent. Ainsi, CompuServe vous attribue d'office un nom d'utilisateur arbitraire formé de deux nombres octaux séparés par une virgule[1]. Rien ne vous empêche, chez les autres, de vous appeler Tartempion ou DuSchnock, sous réserve que personne d'autre n'ait eu avant vous cette lumineuse idée. Votre adresse électronique sera alors, par exemple, `DuSchnock@machin.fr`.

Plus tard, si vous avez besoin d'ajouter votre adresse *e-mail* sur votre carte de visite, ça va peut-être vous poser problème et, à ce moment, vous voudriez bien avoir choisi `JeanDupont`, comme tout le monde. Si vous avez affaire à un fournisseur d'accès de modeste envergure et que vous le lui demandiez bien poliment, il est probable qu'il accédera à votre requête. S'il refuse ou si, pour converser avec vos amis, vous voulez continuer à utiliser `DuSchnock`, vous pourrez sans doute recourir à un *alias*. Il n'y a pas de loi qui stipule qu'à une boîte aux lettres doive correspondre une adresse électronique et une seule. Il est même fréquent qu'une même personne ait plusieurs adresses électroniques correspondant à la même boîte aux lettres. Ainsi, l'auteur principal de ce livre possède-t-il les noms d'utilisateur `john`, `johnl` et `jlevine`. Et même `johnl` et `johnl` au cas où quelqu'un ferait une faute de frappe en tapant son nom. (Comme c'est aussi l'administrateur du système, il aurait tort de se gêner.) De la sorte, le nombre de messages qui n'arrivent pas à destination est très réduit. Demandez à votre fournisseur d'accès de vous donner un alias. La plupart accepteront, car c'est juste une ligne à ajouter dans le fichier des utilisateurs. Ensuite, vous pourrez, par exemple, mettre cet alias dans l'adresse de retour de votre mailer afin que le monde vous connaisse sous votre nouveau pseudonyme.

WORLD WIDE WEB

Si votre fournisseur d'accès refuse de vous donner un alias, il existe un peu partout des services de redistribution agissant à la façon d'une boîte postale. Ils reçoivent du courrier électronique à une adresse que vous avez choisie et ils le réacheminent vers votre ancienne adresse électronique contre le versement d'une modeste redevance ou même gratuitement. Vous pouvez, par exemple, contacter PoBox à l'URL `http://www.pobox.com` ou envoyer un *e-mail* à `info@pobox.com`.

America Online et Infonie autorisent leurs utilisateurs à changer de nom à leur gré. Lorsque vous vous abonnez, vous devez choisir un "nom d'écran" (*screen name*) qui sera votre nom d'utilisateur et la partie gauche de votre adresse électronique. Vous pouvez ensuite en ajouter quatre autres, pour vous-même ou pour les membres de votre famille.

1. C'est toujours vrai mais, depuis la version 3.0, il est possible de choisir en outre un nom d'utilisateur de type Internet (un seul !) du genre `pdupont`, ce qui vous donne une adresse *e-mail* `pdupont@compuserve.com` (N.d.T.).

Comment est-ce que je peux transférer un fichier de mon traitement de texte vers mon mailer ?

Ça dépend ! (Oh pardon !) Ça dépend en partie de ce que vous voulez envoyer : simplement les mots ou les mots accompagnés de leur mise en forme. Ça dépend aussi du destinataire à qui vous envoyez votre courrier et des moyens qu'il va utiliser pour le recevoir.

Tout le monde peut lire du texte pur et si vous estimez que c'est suffisant, il n'y a pas de problème. Il vous suffit de quelques opérations de couper/coller pour recopier du texte à partir de votre traitement de texte vers votre mailer.

D'un autre côté, si votre mailer et celui de votre destinataire peuvent gérer des fichiers attachés sous forme de pièces jointes et que vous utilisiez tous deux le même traitement de texte, rien ne vous empêche d'envoyer votre texte formaté en pièce jointe comme nous vous l'avons indiqué au Chapitre 8.

Est-il prudent de donner mon numéro de carte de crédit sur l'Internet ?

Chacun se fait une idée différente de la notion de "risque". Certains pensent que l'usage même d'une carte de crédit n'est pas sans risque. D'autres se représentent le Net comme une caverne de brigands où chacun essaie de voler les numéros des cartes de crédit des autres.

Maintenant, vous est-il déjà arrivé de faire un achat par correspondance et d'indiquer votre numéro de carte de crédit par téléphone ou par Minitel ? Ne vous est-il jamais arrivé de jeter distraitement sans la déchirer auparavant votre facturette (dans le cas d'emploi, devenu rare, du "fer à repasser") ? Voilà bien des occasions de se faire dérober son numéro de carte.

Bien sûr, si vous envoyez sur l'Internet votre numéro de carte de crédit sans protection par encodage, tout est théoriquement possible. Et même avec des algorithmes d'encryptage, c'est à peine mieux car la plupart d'entre eux sont assez faciles à décoder par des individus déterminés et compétents.

Des études sont actuellement en cours en Europe pour sécuriser les transactions bancaires par l'Internet, mais elles n'ont pas encore donné lieu à des applications de type grand public. Si vous vous inscrivez à CompuServe, à Infonie ou à MSN, on vous demande le numéro de votre carte de crédit sans vous donner aucune garantie quant à la sécurisation de cette transaction[2]. Devez-vous hésiter ? Entre le laisser-aller et la paranoïa, il existe toute une gamme d'attitudes possibles. Pas plus l'auteur que le traducteur ne se hasarderont à vous donner un conseil sur ce point.

C'est vous qui décidez, comme dirait quelqu'un...

L'Internet, est-ce davantage qu'un gadget ?

Et comment ! Voilà la troisième fois que nous réécrivons ce livre en moins de quatre ans. Preuve, s'il en était besoin, de l'intérêt croissant que suscite ce "gadget". L'Internet a quitté le ghetto des milieux universitaires et il est en train de devenir, en même temps que les ordinateurs personnels, un élément de notre vie quotidienne. Mais alors que ces machines ont mis beaucoup de temps à quitter l'univers professionnel pour pénétrer dans l'univers familial, l'Internet, lui, a pris un départ sur les chapeaux de roues.

Quel est le meilleur fournisseur d'accès ?

Qu'est-ce que vous voulez dire par "le meilleur" ? Pour beaucoup, ça signifie "le moins cher". Ce n'est pas forcément le plus efficace ni celui qui vous donnera la meilleure qualité de service.

Que voulez-vous faire sur l'Internet ? Si ce n'est qu'échanger du courrier électronique et surfer sur le Web, à peu près n'importe lequel sera bon, dans une gamme de prix très variable. Si vous n'avez jamais utilisé d'ordinateur de votre vie, nous vous recommandons de choisir un prestataire qui vous facilitera la vie par la convivialité de ses interfaces et la qualité de son assistance technique. Seulement, ça, vous ne vous en apercevrez peut-être que trop tard. Selon l'emplacement de votre résidence, votre choix pourra se trouver restreint. Consultez de près le mode de tarification de France Télécom et la délimitation des circonscriptions de taxation : ça vous aidera à faire un choix économique.

Essayez de savoir par vos amis ce que vaut l'assistance du fournisseur auprès duquel vous envisagez de souscrire un abonnement. De nos jours, ce n'est pas la technique qui fait la différence, mais la qualité de service. C'est pourquoi il est inutile de perdre votre temps avec un prestataire qui n'a pas compris cette notion.

2. Ce n'est pas le cas de Havas On Line. Si vous vous y inscrivez sur le Web avec Netscape Navigator, la transaction est sécurisée, et la petite clé normalement brisée, en bas et à gauche de la fenêtre, apparaît reconstituée (N.d.T.).

Comment puis-je gagner de l'argent avec l'Internet ?

Les Américains pour qui "business is business" ont depuis longtemps (enfin, tout est relatif, vu l'âge de l'Internet) trouvé le moyen de faire de l'argent avec l'Internet, au grand désespoir des Pères fondateurs. A partir du moment où on comprend que l'Internet est un moyen de communication comme les autres, on ne voit pas pourquoi il ne serait pas possible de l'utiliser pour se faire connaître, pour vendre et pour acheter.

Nous vous recommandons d'acquérir pour commencer une bonne connaissance du Net, de ses moeurs et de ses coutumes. Pour cela, la fréquentation assidue des forums est une bonne voie. Plus vous aurez ainsi d'expérience pratique et mieux vous serez à même de voir quelle utilisation commerciale vous pouvez faire de l'Internet. Suivez vos inclinations : préférez les groupes de news et les listes de diffusion traitant de sujets qui vous passionnent. Vous y découvrirez des tas de gens intéressants et ça vous donnera des idées. Ce que vous apprendrez ainsi vous guidera dans la mise sur pied de formules commerciales appropriées à votre secteur d'activité.

(Quant à nous, nous avons découvert que le meilleur moyen de faire fortune avec l'Internet était d'écrire des bouquins sur ce sujet. De toute façon, nous écrivions déjà lorsque la Terre avait deux ans et nous jouons sur l'Internet depuis plus longtemps que ça.)

Quel type d'ordinateur dois-je utiliser sur le Net ?

Devinez ce qu'on va vous dire. "Ça dépend !", évidemment. Pour certains, se connecter à l'Internet est la première bonne raison d'acquérir un ordinateur. Le type de machine que vous "devez" acheter dépend de ce que vous voulez en faire.

Si vous achetez un nouvel ordinateur principalement pour surfer sur le Net, choisissez un modèle raisonnablement rapide. Début 97, les PC équipés de 486 sont passés de mode, ce qui fait que vous devriez pouvoir trouver un 486 DX2-66 pour pas cher (entre 4 000 et 5 000 francs ttc). Mais, avec un faible supplément, vous pourriez aussi trouver un Pentium encore plus satisfaisant sous le rapport de la vitesse. Il devra naturellement posséder un écran couleur (mais qui oserait, aujourd'hui, vous proposer un écran monochrome ?). Comme vous tournerez sous Windows, il vous faudra un strict minimum de 4 Mo pour Windows 3.x ou de 8 Mo pour Windows 95 (doublez cette capacité pour être "confortable"). Enfin, pour le disque dur, 1 Go constitue maintenant le standard de départ. L'addition ne devrait pas dépasser 8 à 10 000 francs ttc.

Si vous possédez déjà un ordinateur, la question qui se pose est de savoir s'il convient pour se connecter sur le Net. Bien que, théoriquement, n'importe quelle machine puisse faire l'affaire, il faut être raisonnable et tirer un trait sur tout ce qui ne comporte pas au moins un microprocesseur 486.

Dans tous les cas, vous devrez sans doute acheter un modem. On en trouve à partir d'un millier de francs ttc. Si vos moyens vous le permettent (ça coûte, début 97, entre 800 et 1 500 francs), adoptez un modèle 28 800 bps. Vous ne le regretterez pas car il vous permettra éventuellement de vous connecter à des vitesses plus faibles et s'adaptera donc à des fournisseurs d'accès un peu en retard techniquement. Ne descendez pas au-dessous de 14 400 bps[3]. Ah, j'allais oublier ! Votre modem, comme tout ce qui se branche sur le RTC, doit être "agréé". Faute de quoi, vous seriez en infraction avec la législation. Cet agrément n'est pas un critère de qualité mais une obligation légale.

Pardonnez-nous notre étroitesse de vue, mais pour nous, le monde des ordinateurs se partage en deux parties très inégales (95 % et 5 %) : les PC et les Macintosh. Lequel préférez-vous ? La légende veut que les Macintosh soient plus faciles à utiliser. C'était peut-être vrai, en apparence, jusqu'à l'avènement de Windows 95. D'un autre côté, malgré des baisses de prix substantielles, ils restent plus chers que les PC à performances égales, cela étant dû en partie à la politique d'isolement et de protectionnisme forcené maintenue jusque mi-95 par Apple qui n'a commencé à accorder des licences de fabrication de clones qu'à cette date. De toute façon, les deux conviennent. Si un de vos amis possède déjà une machine d'un type, achetez la même que lui, ça vous aidera à démarrer.

Méfiez-vous des conseils, même désintéressés, qu'on peut vous prodiguer dans votre entourage. Les conseilleurs ne sont pas les payeurs. N'écoutez que ceux qui ont le même type d'utilisation que le vôtre. Lisez des revues d'informatique : elles sont remplies de bancs d'essai. N'en lisez pas qu'une seule : faites des recoupements entre plusieurs.

Et que faire si vous avez un Amiga ou toute autre marque peu répandue ? (Voilà le genre de remarque propre à vous faire incendier par leurs partisans les plus chauds !) Il existe certainement des logiciels vous permettant de vous raccorder à l'Internet, mais n'espérez pas que CompuServe, AOL, Microsoft ou tout autre fournisseur d'accès vous en procure.

3. Au mois de mai 1997, ces modèles sont maintenant périmés et, même en solde, vous aurez beaucoup de mal à en trouver en France (N.d.T.).

Comment envoyer du courrier électronique sur Usenet ?

Vous ne devez pas le faire. Usenet est une chose et le courrier électronique en est une autre, même si tous deux utilisent l'Internet pour écouler leur trafic. Pour entretenir une certaine confusion, certains logiciels tels qu'Agent et Netscape (que nous avons étudiés aux Chapitres 4 et 10) sont capables de gérer les deux. Mais la nature intime de ces deux systèmes de correspondance est fondamentalement différente.

Relisez le Chapitre 10 pour bien vous pénétrer de ce qui concerne les groupes de Usenet. Et puis, si vous recourez aux prestations d'un fournisseur d'accès commercial, relisez ce que nous en avons dit dans la troisième partie.

Quelle est votre page Web favorite ?

WOOSH

`http://net.dummies.net`, bien sûr ! Nous n'avons jamais prétendu jouer les modestes ! (Si vous y allez, vous trouverez aussi des liens vers *d'autres* pages.)

Chapitre 16

Dix moyens de trouver une adresse *e-mail*

Dans ce chapitre.

Comment trouver une adresse *e-mail.*

Répertoires d'adresses en ligne.

Quelques systèmes de messagerie différents.

Où sont-ils passés dans le Cyberspace ?

Comme vous avez déjà dû vous en rendre compte, il y a un tout petit détail qui vous empêche d'envoyer du courrier électronique à vos amis : vous ne connaissez pas toujours leur adresse électronique. Dans ce chapitre, nous allons essayer de vous montrer combien il est facile de la découvrir. Mais, dans notre incommensurable bonté d'âme, nous allons immédiatement vous donner un conseil qui vous évitera de lire le reste de ce chapitre et qui est la façon la plus sûre d'apporter une réponse exacte et précise à cette angoissante question :

TRUC

Demandez-la-leur par téléphone.

Oui, je sais, ce n'est pas très *high-tech*. Curieusement, ça semble être la dernière idée qui vient à l'esprit des gens se posant cette question. Nous allons d'ailleurs y revenir dans l'encadré intitulé "Dix bonnes raisons de ne pas téléphoner à quelqu'un pour lui demander son adresse électronique". Néanmoins, essayez d'abord ce truc. Si vous connaissez leur numéro de téléphone, c'est le plus facile des moyens à employer.

Cherchez-la sur le Web

Le monde change. Peut-être votre ami(e) a-t-il (elle) une page personnelle sur le Web ? Utilisez votre moteur de recherche habituel pour y rechercher son nom en l'utilisant comme mot clé après l'avoir placé entre guillemets. Il y a de grandes chances qu'il (ou elle) ait placé son adresse *e-mail* quelque part sur sa page (voir le Chapitre 6).

Kekcekça, vous n' connaissez pas vot' adresse ?

Il n'est pas toujours possible de connaître son adresse électronique. La plupart du temps, ça vient du fait que vous utilisez un système de courrier privé qui communique avec l'Internet par une passerelle qui traduit les adresses électroniques. Si bien que votre adresse, telle que vous la connaissez, n'est peut-être pas celle qu'on voit circuler sur l'Internet. CompuServe en est l'exemple le plus frappant.

La solution est généralement simple : envoyez un message à celui qui vous demande votre adresse électronique. Tous les messages ont une adresse de retour dans leur en-tête et toutes les passerelles (sauf peut-être les plus mal faites, mais ont-elles pu survivre jusqu'à maintenant ?) y placent une adresse de retour utilisable. Ne soyez pas surpris si cette adresse comporte bon nombre de caractères de ponctuation étranges et déroutants. Après passage par plusieurs passerelles, une adresse électronique peut très bien avoir l'étrange apparence que voici :

```
"beurkh::Jean.C.Pazassai"%loin@nimportou.fr
```

Généralement, si vous arrivez à retaper sans erreur cette singulière suite de caractères, vous pourrez correspondre avec son propriétaire.

Vous pouvez découvrir votre propre adresse de cette façon en envoyant un message à notre toujours dévoué robot électronique `internet4@dummies.net` qui se fera une joie de vous renvoyer une note vous indiquant quelle est votre adresse. Les humains qui sont dans le voisinage de ce robot pouvant aussi avoir un œil sur le courrier arrivée, n'hésitez pas à leur envoyer les compliments et félicitations qu'ils méritent pour avoir écrit de si magnifiques ouvrages.

Hé, monsieur le maître de poste !

Parfois, vous avez une idée de la machine utilisée par quelqu'un mais vous ne connaissez pas son nom. Dans ce cas essayez d'envoyer un message à son "maître de poste", le *postmaster*. Chaque *domaine* (ce qui se trouve à droite du caractère @ dans l'adresse *e-mail*) susceptible de recevoir du courrier électronique possède une adresse *e-mail* valide appelée `postmaster` qui est celle de la personne responsable de cette machine. Si vous êtes à peu près certain que votre ami se trouve dans une organisation dont le nom de domaine est `my.bluesuede.org`, essayez de demander (bien poliment, naturellement) son adresse à `postmaster@my.bluesuede.org`. (Nous supposons, bien sûr, que vous avez de bonnes raisons pour ne pas demander téléphoniquement son adresse *e-mail* à votre ami.)

La plupart des *postmasters* sont des gens surchargés de travail qui n'accueillent pas toujours d'un bon oeil des questions venant les distraire de leur travail quotidien et absorbant. Mais rien ne vous empêche de tenter votre chance. N'oubliez pas que plus le domaine est étendu (traduisez : plus il y a de gens qui travaillent à cet endroit), et moins il y a de chances que le *postmaster* connaisse leurs noms. N'écrivez pas à `postmaster@ibm.com` pour trouver l'adresse *e-mail* de quelqu'un qui travaille chez IBM (dans ce cas, il existe un annuaire maison).

Le *postmaster* est la personne à qui vous devez envoyer un message lorsque quelque chose ne va pas dans le courrier électronique. Si le courrier électronique que vous envoyez à quelqu'un de l'organisation vous revient accompagné d'incompréhensibles messages d'erreur ou si vous recevez des tonnes de messages générés automatiquement par un robot de courrier devenu subitement fou (voir le Chapitre 9), le *postmaster* est votre interlocuteur privilégié.

Cherchez-la dans les groupes de Usenet

Si vos amis participent aux forums de Usenet, utilisez Altavista pour faire une recherche ou pointez votre browser sur `www.dejanews.com`. Mais souvenez-vous que votre ami utilise peut-être un pseudonyme au lieu de son véritable nom (celui de l'état civil). De toute façon, ça ne coûte rien d'essayer. Revoyez le Chapitre 6 pour vous rafraîchir la mémoire.

Dix bonnes raisons de ne pas téléphoner à quelqu'un pour lui demander son adresse électronique

- Vous voulez lui faire une surprise.
- Vous voulez causer une agréable surprise à quelqu'un de vos ex-amis qui vous doit de l'argent et qui pense vous l'avoir rendu.
- Vous et votre ami ne parlez pas la même langue.

- Vous ou votre ami êtes muets. Ce n'est pas un cas d'école car l'Internet est un des moyens les plus efficaces de sortir un handicapé de son isolement. D'où la blague bien connue : "Sur l'Internet, personne ne sait que je suis un chien !"
- Compte tenu du décalage horaire, vous ne voulez pas risquer de réveiller votre ami à 3 heures du matin.
- Vous ne savez pas son numéro de téléphone et il est sur la liste rouge.
- Vous n'avez pas de carte de téléphone sur vous et vous êtes dans la rue.
- Là où vous travaillez, on vient d'installer un nouveau réseau interne de téléphone et personne ne sait encore comment s'en servir.
- Vous venez de renverser votre bouteille de Machin-Cola sur le téléphone et les touches sont toutes collées.
- Vous l'avez appelé hier ; il vous a donné son adresse électronique et vous avez perdu le papier sur lequel vous l'aviez notée.

Annuaires en ligne

Est-ce que ce ne serait pas pratique s'il existait un annuaire électronique en ligne des "abonnés" au courrier électronique ? Une sorte de Minitel de l'Internet ? Sans doute, mais c'est irréalisable. D'abord parce qu'on ne sait généralement pas à quel nom véritable correspond une adresse *e-mail*. Ensuite, parce que tout le monde ne désire pas que son adresse électronique soit connue de tous. Ce qui n'empêche pas qu'il existe quelques annuaires officieux, tous plus incomplets les uns que les autres. Ce qui nous renforce dans notre idée que le meilleur moyen de connaître l'adresse électronique de quelqu'un, c'est encore de la lui demander. A tout hasard, voici quelques pistes à suivre, du moins si votre ami réside aux USA. Si c'est un Européen, vos chances sont moindres de découvrir son *e-mail* par ces moyens.

Four11.com

C'est le Minitel des Américains. Il est sur le Web. Pointez votre browser sur l'URL `http://www.four11.com` et essayez une recherche sur *e-mail*. Si vous voulez que vos amis puissent vous y trouver, c'est l'occasion de vous y inscrire.

WhoWhere ?

Allez à `http://www.whowhere.com`, tapez le nom de la personne cherchée et cliquez sur le bouton Search.

InterNic

Au Chapitre 6, nous vous avons déjà parlé d'InterNic. Allez à l'URL `http://www.internic.net/wp/whois.html`, tapez le nom cherché dans la boîte de saisie et cliquez sur le bouton Search. Si la personne que vous recherchez est responsable d'un ordinateur, vous la trouverez sûrement.

Annuaires en ligne

AOL et CompuServe ont un annuaire en ligne de leurs abonnés. Si vous n'êtes pas abonné à l'un de ces fournisseurs d'accès mais qu'un de vos amis l'est, demandez-lui de faire la recherche pour vous.

Annuaires d'anciens élèves

Les grandes écoles et les universités ont des sites Web chargés de leur promotion et certaines ont constitué un annuaire de leurs anciens élèves.

Comment obtenir l'adresse électronique des gens qui travaillent pour une importante entreprise aux USA ?

On croyait que vous n'alliez pas oser nous poser la question. IBM a un serveur de courrier qui peut être consulté dans ce but. Envoyez un message à `nic@vnet.ibm.com` contenant quelque chose du genre :

```
whois Watson, T
```

et vous obtiendrez en retour les adresses électroniques de toutes les personnes portant ce nom. Bien que presque tous ceux qui travaillent chez IBM aient une adresse *e-mail*, seule une petite partie d'entre eux est autorisée à recevoir du courrier de l'extérieur et la recherche se limite à eux.

Dans d'autres compagnies, on utilise un schéma d'adressage plus direct conférant à chaque employé un alias du genre `Prenom.Nompropre`. C'est le cas, par exemple, chez AT&T :

> `Theodore.Vail@att.com`
>
> Pareil, chez Sun Microsystems (`sun.com`). De toute façon, ça ne coûte rien d'essayer, la seule chose qui puisse vous arriver est de vous voir retourner votre message par le *postmaster* s'il ne peut pas le faire parvenir à son destinataire. Si plusieurs personnes ont le même nom, vous recevrez une réponse automatisée vous demandant auquel vous voulez vous adresser.

KIS

Il existe encore un autre système d'identification que vous pouvez essayer. Il s'appelle *Knowbot Information System* et se trouve à l'URL `http://info.cnri.reston.va.us/kis.html`. Tapez simplement le nom de la personne, puis cliquez sur le bouton Search et attendez. Il faut souvent patienter plusieurs minutes car la recherche s'effectue sur une grande quantité de fichiers. On accède ainsi à des répertoires qu'il n'est pas toujours facile d'atteindre, y compris celui de MCI Mail, au cas où ça vous intéresserait.

Encore mieux

Pourquoi aller chercher midi à 14 heures ? L'Unité Réseaux du CNRS (UREC) a un serveur Web accessible publiquement et disposant de plusieurs outils de recherche. Pointez votre browser sur l'URL `http://www.urec.fr` et vous trouverez dans la page d'accueil un renvoi sur la page des systèmes d'identification. Vous n'aurez plus qu'à choisir ou à en essayer plusieurs. Un système d'aide en ligne fort bien fait vous aidera dans cette tâche.

Y a-t-il des systèmes de courrier électronique compatibles ?

L'Internet est constitué par l'imbrication d'une foule de réseaux différents. La plupart des systèmes ont, d'une façon ou d'une autre, assimilé les adresses standard de l'Internet et on peut leur envoyer du courrier électronique de la même façon qu'à n'importe quelle boîte aux lettres électronique réellement présente sur l'Internet.

Mais bon nombre de réseaux continuent à faire bande à part sans que cela les empêche d'être raccordés à l'Internet. Il faut cependant triturer quelque peu leur adresse pour échanger du courrier avec eux. Dans cette section, nous allons voir comment faire pour quelques-uns des plus courants.

X.400 : Aussi convivial que son nom l'indique

Certaines organisations internationales se servent d'un système assez déplaisant d'adresses électroniques. Si vous voulez savoir comment c'est arrivé, lisez l'encadré qui suit sur les administrations officielles.

Nous sommes une administration et nous voulons vous aider

L'Internet était en service depuis plusieurs années et certains systèmes d'adressage différents existaient déjà depuis plus longtemps lorsque l'organisation internationale en charge des standards du téléphone et des télécommunications (le défunt CCITT) estima qu'il n'y avait pas de raison pour qu'elle ne propose pas, elle aussi, son propre système d'adressage.

Vous pourriez penser que la chose la plus évidente à faire était d'adopter les standards en usage sur l'Internet puisqu'ils avaient prouvé qu'ils étaient les plus simples et les plus universels. Naïf que vous êtes ! Vous n'avez vraiment aucune chance de devenir fonctionnaire international ! Le comité décida de créer quelque chose d'entièrement nouveau, de superbe, d'étincelant, de merveilleux... appelé *X.400*. Ce système devait faire tout et le reste et, en particulier, des choses que le courrier de l'Internet (*RFC822*, d'après le document qui le décrit) ne faisait pas à l'époque. Cependant, X.400 est si compliqué qu'il a fallu près de dix ans à compter de la première publication pour qu'on puisse enfin l'utiliser. Seuls les inconditionnels parmi les bureaucrates qui l'ont enfanté peuvent croire qu'il supplantera un jour l'adressage en usage sur l'Internet.

En raison de rumeurs que les gens comme vous et moi (ceux qui ne sont pas des bureaucrates) avaient colportées sur le travail du CCITT, ce dernier a été remplacé par l'ITU-T (voir le glossaire), composé, bien sûr, des mêmes bureaucrates, ayant pignon sur rue à Genève, tenant d'importantes réunions, généralement dans un but désintéressé (quoique fort onéreuses), déjeunant dans des restaurants avec vue imprenable sur le lac Léman et grassement payés par les contributions de la centaine de pays qui constituent l'ITU.

Pour plus de détails sur cette organisation, vous pouvez lire l'ouvrage de Carl Malamud *Exploring the Internet, a Technical Travelogue* (Prentice Hall, 1993). Juste un mot, pour terminer : Tout récemment encore, le quartier général de l'ITU, qui occupe quelque 900 personnes chargées de coordonner le monde des télécommunications et a droit à la gratuité des communications mondiales, ne possédait qu'un seul fax. Mais nous nous égarons...

Une adresse X.400 est formée d'un nom, d'un domaine et de pas mal d'attributs. Les spécifications officielles couvrent des douzaines sinon des centaines de pages. Il aurait été fascinant de vous en entretenir en détail si notre éditeur nous avait accordé davantage de place. Hélas, nous serons réduits à ne vous en dire que l'essentiel. Voici les principaux attributs et les codes utilisés pour les représenter :

- **S** (Surname) : nom du destinataire.
- **G** (Given name) : prénom du destinataire.
- **I** (Initials) : initiale du premier ou du second prénom.
- **GQ** ou **Q** (Generational Qualifier) : Jr., III, etc. (ils pensent vraiment à tout !).
- **ADMD** ou **A** (Administration Domain Name) : plus ou moins le nom du système de courrier.
- **PRMD** ou **P** (Private Domain Name) : plus ou moins le nom d'un système privé atteint via un ADMD public.
- **O** (Organization) : l'organisation à laquelle est affilié le destinataire. Elle peut ou non avoir quelque chose à voir avec l'ADMD ou le PRMD.
- **C** (Country) : code de nationalité à deux lettres.
- **DD** ou **DDA** (Domain Defined Attribute) : n'importe quel code magique identifiant le destinataire comme un nom d'utilisateur ou un numéro de compte.

Ces attributs sont codés dans une adresse, séparés les uns des autres au moyen d'un slash (/), sous la forme <nom d'attribut, signe égal, valeur de l'attribut>. C'est clair ? Non ? Je ne vois pas ce qui vous gêne.

Voici un exemple concret. Supposons que votre ami Samuel Tilden utilise le service Sprintmail de Sprint (autrefois dénommé Telemail, l'ADMD), lequel a une connexion de type X.400 avec l'Internet. Votre ami réside aux USA et travaille chez Tammany Hall. Ses attributs seraient les suivants :

- **G** : Samuel
- **S** : Tilden
- **O** : TammanyHall
- **C** : US

Comme le domaine Internet pour la passerelle est `sprint.com`, l'adresse complète serait :

```
/G=Samuel/S=Tilden/O=TammanyHall/C=US/ADMD=TELEMAIL/@sprint.com
```

Les attributs nécessaires varient sensiblement. Certains domaines ne sont connectés qu'à un seul pays et à un seul ADMD, auquel cas on n'utilise pas ces attributs avec ces domaines. D'autres (comme Sprintmail) sont connectés à beaucoup d'autres, aussi devez-vous les faire figurer tous deux. Quel embrouillamini ! Vous devez découvrir pour chaque système X.400 quels sont les attributs nécessaires. Théoriquement, des attributs redondants ne devraient pas se révéler gênants, mais, en pratique, qui le sait ?

On peut y apporter une simplification mineure dans le cas, heureusement fréquent, où le seul attribut nécessaire est le nom réel du destinataire. Si le nom d'utilisateur est Rutherford B. Hayes, par exemple, la forme complète s'écrirait :

```
/G=Rutherford/I=B/S=Hayes
```

Mais la simplification suivante est admise :

```
Rutherford.B.Hayes
```

Vous êtes bien avancé, hein ? Vous pouvez aussi laisser tomber le prénom et l'initiale. Si vous espérez que la plupart des adresses X.400 peuvent être écrites de cette façon, vous risquez, toutefois, d'éprouver quelques désillusions.

Dans la plupart des cas, la façon la plus simple de découvrir l'adresse X.400 de quelqu'un est de demander à votre correspondant de vous envoyer un message et de noter très soigneusement ce qui suit la rubrique `From:`.

X.500 : Nous sommes une administration officielle et nous revoilà !

Ceux-là mêmes qui nous avaient concocté X.400 ont récidivé avec X.500. Les informations y sont classées à la façon d'une étagère d'annuaires téléphoniques (ou, dans les grands systèmes X.500, comme une bibliothèque composée d'étagères organisées par pays). Pour quelqu'un en particulier, vous devez indiquer à X.500 dans quel annuaire (ou quels annuaires) il doit regarder.

Si vous vous trouvez dans un certain pays, A, et que vous voulez le numéro de téléphone de quelqu'un qui réside dans le pays B, la procédure officielle de l'ITU pour vous fournir son numéro consiste à vous relier à quelqu'un du pays A qui se trouve dans une pièce remplie de vieux annuaires de tous les pays du monde et qui va tenter de trouver l'annuaire du pays B pour y découvrir l'adresse que vous recherchez. S'il ne parvient pas à trouver ce numéro - ce qui est fréquent car les annuaires datent d'il y a quinze ans et votre ami a peut-être seulement emménagé depuis douze ans -, c'est cuit. Le processus couramment employé aux USA qui consiste à vous relier à quelqu'un du pays B qui possède des annuaires à jour de son pays est en complète violation des standards X.500. Respectons une minute de silence en témoignage de notre admiration devant des cerveaux ayant pu engendrer une telle merveille !

Note : X.500 semble néanmoins être largement utilisé, et cela pour deux raisons : il est quand même plus utilisable que X.400 et il n'y a pas d'autre candidat à sa succession. Devinez quelle est la plus importante de ces deux raisons.

Vous pouvez consulter une grande diversité d'annuaires X.500 sur le Web en pointant votre browser sur l'URL `http://www.hq.nasa.gov/x.500.html`.

Quelques systèmes de messagerie différents

Voici une liste assez courte des principaux systèmes de messagerie et de réseaux connectés à l'Internet, avec la façon d'envoyer du courrier aux gens qui y sont rattachés.

America on line

L'adresse électronique d'un abonné à AOL est son *nom d'écran* (*screen name*) qui est généralement dérivé de son véritable nom. Pour envoyer du courrier à quelqu'un qui s'appelle Aaron Burr, vous l'adresserez à :

```
aaronburr@aol.com
```

Ça, c'est bon si on ne dépasse pas 10 caractères. Mais si votre correspondant s'appelle Jean-Charles de la Rivellière, je vous laisse chercher quels sont les 10 caractères qui ont été choisis pour composer son nom.

D'autres "Américains en ligne" préfèrent former leur nom à partir d'un *nom de théâtre* ; d'autres encore le forgent de toutes pièces. Comme il est très facile à un utilisateur de changer de nom (dans son adresse électronique, bien sûr) et que tout utilisateur peut avoir jusqu'à cinq noms, tout ça ne vous mènera à rien.

AT&T Mail

Ceux-ci utilisent carrément des noms arbitraires. Pour envoyer du courrier à quelqu'un dont le nom d'utilisateur est `blivet`, tapez :

```
blivet@attmail.com
```

(Ce qui ne résout pas le problème de savoir comment trouver son nom d'utilisateur !)

Note : AT&T Mail possède des passerelles vers d'autres systèmes de courrier internes. Dans ce cas, l'adresse devient quelque chose comme :

```
argle!bargle!blivet@machin.attmail.com
```

BITNET

BITNET est un réseau comportant principalement des gros ordinateurs IBM. Chaque nom de système a 8 caractères ou moins. Les noms de systèmes contiennent souvent les lettres *VM*, nom du système d'exploitation utilisé sur la plupart des sites BITNET. Les noms d'utilisateurs sont arbitraires mais ils ont généralement, eux aussi, 8 caractères ou moins. Plusieurs sites BITNET ont aussi des noms de domaines Internet, aussi vous pouvez leur envoyer du courrier de la même façon qu'à d'autres sites Internet.

Si votre mailer est correctement configuré, il possède probablement un moyen de gérer les courriers émanant ou provenant de sites BITNET non directement connectés à l'Internet. Vous pouvez alors envoyer un courrier électronique à JSMITH à WYZVM3 en l'adressant à :

```
jsmith@wxyzvm3.bitnet
```

Si ce n'est pas le cas, vous devez alors utiliser explicitement une passerelle. En voici deux exemples :

```
jsmith%wxyzvm3.bitnet@mitvma.mit.edu
jsmith%wxyzvm3.bitnet@cunyvm.cuny.edu
```

Ces deux passerelles sont gérées respectivement par le MIT et la City University de New York (CUNY).

BIX

Il s'agit d'un réseau primitivement géré par le magazine bien connu *Byte*, mais qui a été racheté par Delphi. Les noms d'utilisateurs sont de courtes chaînes de caractères arbitraires. Pour envoyer du courrier à l'utilisateur `xxxxx`, adressez-le à :

```
xxxxx@bix.com
```

CompuServe

C'est l'un des plus importants réseaux privés. Pour des raisons historiques, les noms d'utilisateurs sont formés de deux nombres *octaux* (à base 8), séparés par une virgule et dont le premier commence généralement par 7 pour les habitants des USA et par 10 pour le reste du monde. Si un utilisateur a pour adresse CompuServe 101507,1762, son adresse Internet sera :

```
101567.1762@compuserve.com
```

Note : Vous aurez remarqué que, dans l'adresse Internet, la virgule de l'adresse CompuServe est remplacée par un point.

Vous trouverez d'autres renseignements sur CompuServe au Chapitre 14.

Delphi

Delphi est un réseau qui appartient au même propriétaire que Bix, bien que leurs services soient complètement séparés (ils ont été tous deux récemment rachetés par Rupert Murdoch, et Delphi est en train de fusionner avec le service Internet de MCI). Les noms d'utilisateurs de Delphi sont des chaînes de caractères arbitraires, le plus souvent l'initiale du prénom suivie du nom. Pour envoyer du courrier à Jules Dupont, adressez-le à :

```
jdupont@delphi.com
```

Easylink

Ce réseau était initialement la propriété de la Western Union. Il a été racheté par AT&T. Ses utilisateurs ont des adresses numériques à 7 chiffres commençant par 62. Pour envoyer du courrier à l'utilisateur `6234567`, adressez-le à :

```
6234567@eln.attmail.com
```

FIDONET

FIDONET est un système fédératif de BBS à l'échelle mondiale. Sur FIDONET, les gens sont identifiés par leur nom et chaque BBS individuel (appelé *node*) a un numéro à 3 ou 4 chiffres de la forme `1:2/3` ou `1:2/3:4`. Pour envoyer un message à Grover Cleveland sur le node `1:2/3.4`, adressez-le à :

```
grover.cleveland@p4.f3.n2.z1.fidonet.org
```

Pour les nodes à trois chiffres comme `1:2/3`, ce serait :

```
grover.cleveland@f3.n2.z1.fidonet.org
```

Note : Beaucoup de systèmes FIDO n'acceptent plus les messages en provenance de l'Internet à cause des récents afflux de courrier-poubelle.

GEnie

Comme on pouvait s'en douter, ce réseau est géré par General Electric. Son origine remonte aux années 60. Chaque utilisateur a un nom formé d'une chaîne de caractères arbitraire et absolument impossible à mémoriser, et un nom de courrier qui est généralement dérivé de son vrai nom. Si un utilisateur a pour nom de courrier J.SMITH7, vous utiliserez l'adresse :

```
J.SMITH7@genie.geis.com
```

MCI Mail

MCI Mail est un système commercial de messagerie de grande envergure où chaque utilisateur a un numéro de 7 chiffres, garanti unique, et un nom d'utilisateur qui peut, éventuellement, ne pas être unique. Vous pouvez envoyer votre courrier à l'adresse numérique ou à l'adresse nominative de l'utilisateur en utilisant des blancs soulignés à la place des espaces :

```
1234567@mcimail.com
jsmith@mcimail.com
john_smith@mcimail.com
```

Si vous envoyez un courrier à une autre adresse que l'adresse numérique et qu'il s'avère qu'il existe des homonymes, vous recevrez une réponse qui en donne la liste avec leurs adresses numériques. Il ne vous restera plus qu'à remplacer la précédente adresse de votre message par l'adresse numérique qui convient.

Microsoft Network (MSN)

C'est un service récent lancé par Microsoft en même temps que Windows 95. Vous trouverez quelques renseignements sur ce réseau au Chapitre 12. Pour envoyer un message à un utilisateur s'appelant Bill Gates (par exemple), adressez-le à :

```
BillGates@msn.com
```

Prodigy

Important réseau géré à l'origine par IBM et Sears et qui a perdu des millions de dollars. Il a, depuis, été racheté et c'est maintenant quelqu'un d'autre qui perd des millions de dollars.

Prodigy consiste maintenant en deux services indépendants. Prodigy Classic (`prodigy.com`) où les utilisateurs ont des noms d'utilisateurs arbitraires du genre `KS8GN3`. Pour envoyer un message à un abonné à ce service, adressez-le à :

```
KS8GN3@prodigy.com
```

L'autre service s'appelle Prodigy Internet (prodigy.net) et c'est un fournisseur d'accès à l'Internet comme tant d'autres. Si un utilisateur a pour nom jqadams, son adresse est :

```
jqadams@prodigy.net
```

Sprintmail (Telemail)

Le système de courrier Sprintmail est géré par Sprintnet. On l'appelle Telemail parce que, avant d'être racheté par Sprint, Telemail s'appelait Telenet. (C'est un avatar du projet original ARPANET qui conduisit à l'Internet.) Sprintmail est le plus important système de messagerie X.400 aux USA. Comme nous l'avons vu plus haut, pour envoyer un message à un certain Samuel Tilden qui réside aux USA et travaille chez Tammany Hall, vous devez l'adresser à :

```
/G=Samuel/S=Tilden/O=TammanyHall/C=US/ADMD=TELEMAIL/@sprint.com
```

Plusieurs systèmes de courrier de grosses entreprises et d'administrations officielles sont rattachés à Sprintmail. Chacun possède un nom d'organisation (O=) distinct et, parfois aussi, un nom de domaine de courrier (PRMD=) qui doivent figurer dans l'adresse.

UUCP

C'est un ancien et quelque peu barbare système de courrier qui continue d'être utilisé par beaucoup de sites UNIX, tout simplement parce qu'il est gratuit. Les adresses UUCP consistent en un nom de site et un nom d'utilisateur constitués tous deux d'une chaîne de caractères arbitraire et courte. Pour des raisons historiques, l'adresse du système que nous utilisons ici (Internet For Dummies Central) est `iecc`, qu'il faut ajouter à son adresse Internet normale, ce qui donne `iecc!idummies4`. (Le point d'exclamation se prononce *bang*.) Il existe même des adresses à multiples rebonds comme : `world!iecc!idummies`. Une telle adresse indique que le message doit d'abord être transmis au site `world` qui l'enverra à `iecc`, lequel le passera à `idummies`. Le plus souvent, les adresses UUCP sont écrites par rapport à l'hôte Internet capable de "parler" UUCP, de façon que vous puissiez adresser du courrier à :

```
world!iecc!idummies4@uunet.uu.net
```

Toutefois, le message arriverait plus vite si vous l'adressiez directement à `internet4@dummies.net` car on évite ainsi l'absurdité du passage par UUCP. Cette adresse signifie que le message doit d'abord être acheminé vers `uunet.uu.net` par la procédure Internet usuelle, puis, par UUCP, à `world`. Toujours par UUCP, à `iecc` et, de là, à la boîte aux lettres appelée `idummies`. Si vous pensez que tout ça, c'est inutilement compliqué, vous n'êtes pas le seul !

UUCP Communications est une grosse organisation à but non lucratif qui, parmi d'autres tâches, apporte le courrier aux masses unixiennes parlant l'UUCP. La plupart des clients UUCP ont aussi des adresses Internet ordinaires qu'ils transforment en interne en d'abominables adresses UUCP. Lorsque, pour un même individu, les deux systèmes d'adresses coexistent, utilisez de préférence l'adresse Internet.

Chapitre 17

Dix sortes de fichiers et ce qu'on peut en faire

Dans ce chapitre :

Fichiers graphiques.

Fichiers texte.

Fichiers compressés.

Comment les traiter.

Maintenant que vous savez comment fonctionnent le Web et le FTP et que vous savez comment faire un téléchargement, vous êtes sans doute à la tête d'un bon millier de fichiers (ou peut-être seulement de trois ou quatre). Mais vous vous êtes bien vite aperçu que ce n'était pas avec un éditeur de texte que vous pouviez voir ce qu'il y avait dedans. Dans ce chapitre, nous allons passer en revue les différentes sortes de fichiers qu'on peut rencontrer sur l'Internet, apprendre à les reconnaître et à en tirer parti.

Combien y a-t-il de sortes de fichiers ?

Des centaines, pour le moins. Heureusement, on peut les répartir en cinq catégories générales :

- Des fichiers texte (qui, curieusement, contiennent du texte).
- Des fichiers exécutables (autrement dit : des programmes).
- Des fichiers d'archive, des fichiers ZIP et d'autres formats compressés.
- Des fichiers graphiques et des fichiers vidéo.
- Des fichiers de données (tout ce qui reste).

Les Macintosh sont différents, eux aussi

Les fichiers de Macintosh, quel que soit leur contenu, se présentent généralement en deux ou trois morceaux, l'un d'eux étant le fichier de données proprement dit. Vous ne distinguez pas les morceaux sur votre écran, mais vous devez prendre conscience de leur existence si vous voulez les transférer sur une machine de type différent, par exemple sur un serveur de l'Internet qui ne soit pas un Macintosh. Dans le monde Macintosh, ces trois fichiers représentent les trois parties d'un même fichier et on les appelle *forks*. Il y a le fork de données, le fork de ressources et le fork d'informations. Lorsque vous envoyez sur le Net ce que vous pensez n'être qu'un unique fichier, vous voyez souvent apparaître trois fichiers séparés ayant respectivement les extensions .data, .resc et .info. Il existe différents moyens de recoller ces morceaux pour les faire voyager sur le Net. Nous en reparlerons plus loin dans ce chapitre.

Du texte pur

Les fichiers texte contiennent du texte (qu'est-ce que vous espériez ?). Parfois, ce texte est du texte directement lisible, comme celui d'un manuscrit, par exemple. Parfois, c'est le source d'un programme d'ordinateur (oui, ici, on dit "le" et non pas "la") écrit en C ou en Pascal ; et pourquoi pas en Fortran, en Ada, en assembleur, en Eiffel... Du texte peut aussi représenter des données pour un programme. Les fichiers destinés à être imprimés sur une imprimante PostScript constituent une espèce à part.

Sur les PC, les fichiers texte ont généralement l'extension .TXT, parfois .LST. Vous pouvez voir ce qu'ils contiennent grâce à un utilitaire Windows comme BlocNotes (NotePad) sous Windows 3.x ou WordPad sous Windows 95. Vous pouvez aussi utiliser un traitement de texte.

Il n'y a pas grand-chose d'autre à dire sur les fichiers texte. Vous les reconnaissez du premier coup d'oeil. Comme nous l'avons dit au Chapitre 11, la façon dont le texte est conservé dans un fichier varie d'un système à l'autre. Vous devez donc toujours transférer les fichiers texte par FTP en mode ASCII, de façon qu'ils soient automatiquement convertis dans la représentation interne de votre machine.

Certains fichiers texte ne sont pas réellement des fichiers texte. Voyez ce que nous avons dit au Chapitre 11 des fichiers *uuencodés*.

C'est un programme qui dessine une image

Si vous rencontrez un fichier texte ressemblant à ce qui suit, il est à peu près sûr que vous avez devant vous un document PostScript :

```
%!PS-Adobe-2.0
%%Title: N'importe quel document
%%Creation date: Thu Jul 5 1996
/pl transform 0.1 sub round 0.1 add exch
0.1 sub round 0.1 add exch itransform bind def
```

Un document PostScript est en réalité un programme écrit dans le langage PostScript qui sert à décrire des documents. A moins que vous ne soyez un expert en PostScript, la seule chose sensée que vous puissiez faire avec ce document, c'est d'exécuter le programme qu'il représente afin de voir le document lui-même. Ici, la façon normale d'exécuter un fichier PostScript, c'est de le transférer sur une imprimante PostScript. Il existe un *interpréteur* PostScript (le programme *Ghostscript* du GNU) permettant d'imprimer le fichier sur une imprimante normale (non PostScript).

Quelles sont vos dernières volontés, avant que je vous exécute ?

Les *fichiers exécutables* sont des programmes qu'on peut *exécuter* sur un ordinateur. On en trouve sur toutes les machines. Un fichier exécutable destiné à un certain type de machine ne peut pas être exécuté sur une autre machine. Un fichier exécutable pour Macintosh ne sert rigoureusement à rien sous Windows et réciproquement.

Les programmes qu'on trouve en plus grand nombre sont des programmes exécutables pour MS-DOS ou pour Windows. Ils ont des noms du genre MACHIN.EXE ou TRUC.COM. Parfois, sous Windows, on rencontre aussi des BIDULE.DLL. Pour les lancer, vous double-cliquez sur leur icône ou sur leur nom dans le Gestionnaire de fichiers de Windows 3.x ou dans la rubrique Programmes du bouton Démarrer de la barre des tâches de Windows 95.

Lorsqu'on télécharge un programme pour Mac ou pour PC, on court le risque d'attraper un virus. Sur une station de travail UNIX, ce risque est beaucoup moins grand. Les gestionnaires de sites FTP font de leur mieux pour éviter ce danger et certains sont particulièrement scrupuleux à cet égard. Si vous allez pêcher un programme sur un site peu connu, le risque augmente.

Les programmes exécutables destinés aux stations de travail sous UNIX n'ont pas d'extension facilement reconnaissable, mais tout fichier contenant un point dans son nom est probablement un programme exécutable. Bien que la plupart des stations de travail tournent sous un système d'exploitation appelé UNIX, les exécutables ne sont pas interchangeables. Le code pour une machine SPARC, par exemple, ne peut pas tourner sur un IBM RS/6000. Il existe plusieurs versions d'UNIX pour les PC, chacune avec un format différent. Généralement, les nouvelles versions d'UNIX permettent d'utiliser les anciens exécutables, mais l'inverse n'est pas vrai.

Emballage et déballage

Souvent, un *applicatif* (un programme d'application, si vous préférez) se compose de plusieurs fichiers. Pour être sûr de n'en perdre aucun lors d'un transfert, on les regroupe généralement sous la forme d'une *archive*. Lorsqu'on a récupéré une archive, il faut donc la *désarchiver* pour récupérer ses composants.

Certains fichiers sont aussi compressés, ce qui signifie qu'ils sont codés d'une façon spéciale afin d'occuper moins de place. Ils ne peuvent être *décompressés* (ou *décompactés*) que par un programme spécifique, symétrique de celui qui a été utilisé pour la compression. La plupart des fichiers disponibles par FTP sont compactés de façon à demander moins de temps pour leur transfert. Dans le monde PC, ils portent le plus souvent une extension .ZIP et peuvent être manipulés avec un programme appelé *WinZip*. Dans le monde des Macintosh, le programme de compression le plus populaire s'appelle *StuffIt*. Sur les stations de travail, compression et archivage sont effectués par des programmes différents : *tar* et *cpio* pour l'archivage, *compress, pack* et *gzip* pour la compression.

Si vous récupérez beaucoup de fichiers sur le Net, vous allez devoir apprendre comment effectuer la décompression. Les quatre principales méthodes utilisées sont, nous l'avons vu :

- Zip
- compress
- gzip
- StuffIt

Zip !

Les programmes les plus utilisés pour compresser des fichiers sont PKZIP sous MS-DOS, et WinZip sous Windows. Ce sont tous deux des sharewares. Les fichiers obtenus ont l'extension .ZIP.

Sous Windows (3.x ou 95), WinZip est très largement utilisé. Outre la compression, il peut aussi effectuer la décompression et le test d'intégrité d'une archive. Sous MS-DOS, c'est PKUNZIP qui sert à décompresser une archive.

Il existe des programmes du même genre sous UNIX. Ils s'appellent respectivement *zip* et *unzip* (si leurs auteurs font montre de créativité en programmation, ils sont moins bons quand il s'agit de trouver un nom). On peut trouver ces programmes sur le serveur `ftp.uu.net`. Il existe même une version de `unzip` pour MS-DOS, utilisée par ceux à qui leur religion (ou tout autre principe moral) interdit l'usage de shareware. Elle a l'inconvénient d'être deux fois moins rapide que PKUNZIP.

TRUC

De plus en plus de fichiers téléchargeables à partir de l'Internet sont dits *autoextractibles*, ce qui signifie qu'ils ont une extension EXE et qu'en les exécutant, ils se décompactent d'eux-mêmes sans qu'on ait besoin de recourir à un programme externe. PKZIP et WinZip sont, eux-mêmes, distribués de cette façon, sinon nous serions en face de l'angoissant problème de l'oeuf et de la poule. On peut néanmoins les décompacter en recourant à PKUNZIP, mais où est l'intérêt ? Peut-être de s'assurer que ce qu'on croyait être une archive n'est en réalité qu'un porteur de virus. Hum ! Ne sombrons pas dans la paranoïa !

Un peu d'histoire

En 1975, un certain Terry Welch publia un article sur un nouvel algorithme de compression qu'il venait d'inventer. Un couple de programmeurs UNIX l'implémentèrent sous le nom de *compress* et ce fut bientôt un standard sur tous les systèmes UNIX. De nos jours, il existe des programmes de compression plus efficaces.

Vous pouvez facilement reconnaître un programme compressé parce que, sous UNIX, son nom se termine par `.Z`. Sur les PC, les fichiers compressés ont souvent des extensions se terminant par un Z, comme MACHIN.TAZ. Il existe une version compatible UNIX de `compress` dans l'archive SimTel, à l'intérieur du répertoire `/msdos/compress`, sous le nom de COMP430D.ZIP. Mais il est préférable, pour les utilisateurs de Windows, de recourir à WinZip.

Gare aux brevets !

Ceux qui avaient écrit `compress` n'avaient pas pris garde à un détail : Terry Welch avait breveté son algorithme avant de le publier. D'un autre côté, deux personnes travaillant chez IBM, Miller et Wegman, avaient, de leur côté, au même moment, inventé le même algorithme qu'ils avaient, eux aussi, breveté. C'est là une situation qui, théoriquement, ne peut pas se produire puisque seul le premier inventeur a le droit de prendre un brevet. Mais, quoi qu'il en soit, les choses en sont là aujourd'hui. UNISYS, l'employeur actuel de Terry Welch, a dit à plusieurs reprises qu'il pourrait, un jour ou l'autre, réclamer des royalties sur `compress`. La même chose est déjà arrivée pour d'autres utilisations de cet algorithme, en particulier pour les fichiers d'image GIF.

C'est pourquoi la *Free Software Foundation*, qui est en charge du projet GNU (logiciels compatibles UNIX gratuits), écrivit `gzip` qui n'utilise que des algorithmes non brevetés. Il en est résulté deux programmes : `gzip` et `gunzip`.

Et pour les Mac ?

L'utilitaire des Macophiles est un programme shareware écrit par Raymond Lau et qui porte le doux nom de StuffIt. Il en existe diverses versions et même une version commerciale appelée StuffIt Deluxe. Les fichiers ainsi traités ont généralement une extension SIT.

Pour la décompression, on emploie UnStuffit ou Stuffit Expander, ou encore DropStuff avec Expander Enhancer, que vous n'aurez aucun mal à découvrir car ils traînent un peu partout.

Autres archiveurs

Il existe des douzaines d'autres programmes de compression/décompression connus sous les noms de ZOO, LHARC, ARC... Là encore, l'archive SimTel est le lieu idéal pour vous les procurer. Il en existe un autre, largement employé parce que totalement libre de droits, c'est LHA, dont LHA213 est la plus récente version.

Dans les archives

Il existe deux programmes UNIX d'archivage : *tar* et *cpio* (évident, non ?). Ils ont été écrits au même moment par des gens de deux établissements différents des Bell Laboratories situés tous deux dans le New Jersey. Ils font tous deux la même chose mais ils sont différents, comme est différente la structure interne des fichiers créés. Autrement dit, on ne peut pas employer l'un des deux pour extraire le contenu d'une archive créée par l'autre.

Les archives de type UNIX diffèrent des archives ZIP par le fait qu'elles contiennent généralement des sous-répertoires, ce qui est rarement le cas pour des archives ZIP. Il faut toujours regarder la table des matières d'une archive UNIX (c'est-à-dire voir ce qu'elle contient) avant de procéder à l'extraction des fichiers qu'elle renferme si on veut savoir où ceux-ci vont aboutir.

Les fichiers cpio sont difficiles à manipuler lorsqu'on n'utilise pas une machine UNIX. Si quelqu'un vous en donne un, demandez-lui de vous le transformer sous un autre format, plus courant.

Là où l'art est

L'Internet est progressivement envahi par une foultitude de fichiers d'images numérisées (digitalisées, si vous préférez). Environ 99,44 % de ces fichiers concernent des jeux, des ris ou pis encore. Mais nous sommes certains que vous appartenez au 0,56 % de gens sérieux qui ont besoin de ce type de fichiers dans leur travail quotidien. C'est pourquoi nous n'hésiterons pas à nous attarder sur ce sujet.

Les formats graphiques les plus utilisés sur le Net sont GIF et JPEG. Ces fichiers ne seront presque jamais compressés car il s'agit là de formats exploitant déjà un algorithme de compression.

Une paire de GIF

Le format sans doute le plus utilisé est le format GIF (*Graphics Interchange Format* : format d'échange de fichiers graphiques) créé par CompuServe. Il convient particulièrement aux écrans PC les plus répandus : pas plus de 256 couleurs, format égal à 640x480 ou 1024x768, par exemple. Il existe deux versions du format GIF : *GIF87* et *GIF89*. Les différences sont minimes, si bien que tout programme est généralement capable de lire indifféremment l'un ou l'autre de ces formats. Comme il s'agit d'un format tout à fait standard, vous n'aurez jamais de difficulté pour manipuler des fichiers GIF.

Il existe des douzaines de programmes commerciaux et shareware pour les Macintosh et les PC, capables de lire et d'écrire des images GIF.

PNG

Les formats GIF utilisent le même algorithme de compression que le programme UNIX `compress` et, en 1995, UNISYS commença à réclamer des royalties à CompuServe et à tous ceux qui vendaient des logiciels exploitant ce format. En conséquence, un groupe d'utilisateurs d'images proposa un format de remplacement non breveté appelé PNG. On peut s'attendre à voir disparaître d'ici un an ou deux le format GIF au profit du format PNG. Ce dernier peut traiter les mêmes images que le format GIF, et la plupart des programmes qui utilisaient le format GIF sont en cours de mise à jour pour accepter le format PNG.

La naissance du JPEG

Il y a quelques années, un groupe d'experts en images numérisées se réunit et décida qu'il était temps de créer un format standard officiel pour les photos numérisées et qu'aucun des formats existants n'était satisfaisant. Ils formèrent le *Joint Photographic Experts Group* (JPEG) et leurs travaux aboutirent à la création du format actuellement connu sous ce nom. C'est un format conçu spécialement pour les images photographiques et non pour des dessins ou des images créées par ordinateur. Il convient très bien pour les premières et se révèle moins bon pour le reste.

La taille d'un fichier JPEG contenant une photo numérisée est environ le quart de celle du fichier GIF contenant la même image. La taille d'un fichier JPEG peut varier car elle dépend du compromis qui sera adopté entre l'encombrement du fichier et la qualité de l'image. Le principal inconvénient de ce format est qu'il est nettement plus long à décoder que les autres. Mais, étant donné la réduction de taille obtenue, le jeu en vaut la chandelle. Les fichiers JPEG ont le plus souvent une extension .JPEG ou .JPG.

On a dit que les images JPEG n'étaient pas aussi belles que les images GIF. Ce qui est vrai est que, si vous prenez une photo en couleurs véritables, que vous en faites une image GIF en 256 couleurs et que vous convertissez cette image en une image JPEG, le résultat ne sera pas très beau. Alors, ne le faites pas. Les meilleurs résultats sont obtenus en numérisant directement une photo en format JPEG.

Et les animations ?

La vitesse des réseaux et la taille des disques allant en augmentant, on songe maintenant à stocker des animations vidéo complètes et non plus des petites séquences abrégées. Le format standard utilisé pour cela est le MPEG (*Movies*

Photographic Experts Group), créé par un groupe d'experts issus du comité JPEG et exploitant le résultat de leurs travaux.

Les logiciels de visualisation de fichiers MPEG voisinent généralement avec ceux qui traitent les fichiers JPEG. Il faut disposer d'une machine suffisamment rapide si on veut afficher une animation dans de bonnes conditions.

Il existe d'autres formats pour les animations, en particulier Shockwave et QuickTime d'Apple, que l'on trouve souvent dans des pages Web. On trouve des plug-ins capables de restituer ces animations (voir le Chapitre 20).

D'autres formats, encore

Bien que, sur l'Internet, les formats GIF et JPEG soient prépondérants, il existe bien d'autres formats d'images, parmi lesquels on peut citer :

- **PCX**. Il est utilisé par de nombreux programmes de dessin et convient bien à des photos à faible résolution.
- **TIFF**. C'est un format très compliqué et dont il existe de très nombreuses variantes, ce qui fait qu'une image créée par un programme peut rarement être lue par un autre.
- **TARGA** (TGA, sur les PC). C'est le format le plus utilisé pour les photos en couleurs scannées. Dans les archives Internet, le format TARGA est maintenant à peu près complètement supplanté par le format JPEG.
- **PICT**. Très répandu sur les Macintosh, qui le reconnaissent de façon native.
- **BMP**. C'est le format des images bitmap de Windows. Fort peu utilisé sur le Net en raison de la grande taille des images ainsi obtenues.

La brigade des moeurs vous parle

Sans doute vous demandez-vous s'il existe des archives publiques où l'on peut trouver des images... exotiques, mais vous n'osez pas poser la question. Eh bien, on va vous répondre : nulle part.

Pour deux raisons. La première est politique. Les entreprises et les universités qui financent les serveurs FTP ne veulent pas risquer d'être accuséeses de faire le trafic d'images pornos ou de saturer leurs disques avec des images n'ayant rien à voir avec leur raison d'être. Dans les fichiers d'archive d'une certaine université, les images extraites de *Playboy* ont été remplacées par une note disant que si vous pouviez justifier l'utilisation de ces images dans le cadre de votre recherche académique, vous pourriez y accéder.

L'autre raison est de nature pratique. De temps en temps, un généreux donateur télécharge sur un serveur FTP sa collection d'images classées X. Dans les minutes qui suivent, le serveur est littéralement assiégé par de très nombreux a"mateurs". Pour lui redonner vie, il faut donc faire disparaître au plus vite ces images, ce qui se fait en moins de temps qu'il ne faut pour le dire. Si vous ne nous croyez pas, lisez donc *Le Sexe pour les Nuls,* dans la même collection et chez le même éditeur.

Reste, pour les curieux, le recours aux news et plus particulièrement aux forums `alt.binaries.picture.erotica...` et autres `alt.sex...` Mais, là, ce sont généralement les fournisseurs d'accès qui, soucieux de votre santé morale, se posent en censeurs pour vous en priver. La dernière fois que nous y avons jeté un coup d'oeil pour nos recherches sociologiques, il nous a semblé qu'il y avait bien moins d'images mais que, par contre, on trouvait de plus en plus d'annonces pour des sites Web à accès payant. Vous pouvez aussi consulter les sites Web `www.playboy.com` et `www.penthouse.com` qui reproduisent les images les plus anodines publiées dans le numéro courant de leur revue.

Il existe une quantité de sites Web qui se feront un plaisir de vous présenter des images pornos pour peu que vous leur communiquiez le numéro de votre carte de crédit. Comme nous sommes d'un naturel plutôt radin, nous n'avons jamais voulu nous y risquer.

Rien de tout ça

Texte, programmes, images fixes ou animées, que reste-t-il d'autre ? Tout simplement le son. Les fichiers de sons (également appelés *fichiers audio*) ont le plus souvent des noms dont l'extension est WAV, AU ou AIF. Le programme MPLAYER, fourni avec Windows 3.x, peut reproduire les fichiers WAV. La plupart des serveurs FTP contiennent de nombreux programmes de reproduction de fichiers audio (voir le Chapitre 20). Enfin, les plus récents browsers possèdent des capacités natives de reproduction sonore.

On peut aussi rencontrer des fichiers contenant du texte formaté par un traitement de texte (WordPerfect ou Word pour Windows, par exemple). Sans le logiciel qui les a créés, vous ne pourrez généralement pas en tirer parti. La plupart des traitements de texte actuels sont capables d'importer des fichiers d'un autre type que le leur. Aussi, essayez à tout hasard de les lire avec votre traitement de texte favori.

Dans le cas particulier de Word pour Windows, Microsoft offre (gratuitement !) un programme permettant d'afficher et d'imprimer des documents formatés par ce traitement de texte. Vous le trouverez à l'URL :

```
http://www.microsoft.com/word/Internet/Viewer/
```

L'un des programmes de traitement de texte les plus utilisés sur le Net par ceux qui possèdent des stations de travail fonctionnant sous UNIX reste TeX. Le texte lui-même est mélangé avec des commandes de formatage et ça donne quelque chose de ce genre :

```
\begin(quote)
Que faisiez-vous aux temps chauds ?
\end(quote)
```

Il existe un groupe de news consacré à TeX : `comp.text.tex`. Des versions de TeX gratuites existent pour la plupart des types de machines. Les unixiens vous parleront aussi d'un très vieux programme appelé `troff` (et qu'ils prononcent "ti-roff") encore en usage. Si ça vous intéresse vraiment, n'hésitez pas à lire les articles du forum `comp.text.troff` et en particulier la FAQ.

Chapitre 18

Dix façons d'éviter de passer pour un éléphant dans un magasin de porcelaine

Dans ce chapitre :

Comment parvenir à une utilisation paisible quoique sophistiquée du Net.

Quelques bêtises à éviter.

Ah ! que c'est passionnant d'être sur le Net ! Et comme il est facile de perdre son self-control. Nous allons passer en revue les quelques occasions où ça pourrait vous arriver pour que vous appreniez comment devenir le parfait utilisateur du Net que vous rêvez d'être.

Lisez avant d'écrire

Dès que vous connaîtrez votre adresse électronique, vous allez être pris d'une véritable frénésie d'envoyer tout de suite des messages à tout le monde. **Ré-sis-tez !!!**

Lisez les forums de Usenet, les listes de diffusion, les pages Web et parcourez toutes les ressources que l'Internet met à votre disposition. Faites tout ça pendant quelque temps. Autrement dit, commencez par ouvrir vos yeux sur ce nouveau monde qui s'offre à vous. Pendant tout ce temps, restez bouche cousue, c'est-à-dire n'envoyez aucun message. Lorsque vous commencerez à être pénétré de cette nouvelle forme de culture (la *cyberculture*, disent les gens *in*), vous comprendrez de vous-même à quel endroit et à qui envoyer vos messages. Quels seront les gens susceptibles de s'intéresser à vos propos. Quels seraient ceux que ça ennuierait prodigieusement. Quels sont ceux auxquels il faut éviter de parler d'un sujet qui les ennuierait ou même qui pourrait déchaîner leur hostilité.

En particulier, si vous voulez poser une question, recherchez le groupe Usenet le plus approprié. Pour cela, relisez le Chapitre 10 et commencez par chercher s'il existe une FAQ pour ce groupe. Si c'est le cas, regardez si elle ne contiendrait pas déjà la réponse à la question que vous voulez poser. Dans le groupe modéré par John (un groupe assez technique appelé `comp.compilers`), il ne se passe pas de journée au cours de laquelle il ne reçoive pas deux questions de nouveaux venus auxquelles il a déjà cent fois répondu au cours des cinq dernières années. Ne venez pas grossir ce nombre.

Observez la netiquette

Netiquette : mot créé par la contraction de "net" (réseau) et "etiquette" (étiquette) : ensemble des règles de bonne compagnie à observer sur l'Internet. Sur le Net, on vous juge d'après ce que vous tapez sur votre clavier. Les messages que vous envoyez sont le seul moyen de vous connaître pour 99 % des gens que vous allez y rencontrer.

Hors taux gras feu

Trop d'utilisateurs s'imaginent que, parce que les messages qu'ils envoient sont brefs et informels, leur orthographe et leur syntaxe n'ont aucune importance. Certains font même exprès d'adopter une orthographe de fantaisie. *Noeud soie yé pa deux se ki se moke du khan d'ire raton.* C'est un peu comme si vous alliez à une réception avec une tache de graisse sur votre cravate. Vos amis vous pardonneront peut-être, mais ceux qui ne vous connaissent pas n'auront sans doute pas envie de prolonger la conversation. Pensez plutôt que faire montre d'élégance verbale et de maîtrise de la langue est un signe de culture et aussi de politesse envers ceux qui vont vous lire.

TRUC

Plusieurs mailers ont un correcteur d'orthographe. Malheureusement pas pour le français. Quant à la syntaxe, lorsqu'on voit ce que donnent les programmes commerciaux, on a plutôt envie de rire que de les utiliser.

N'ENVOYEZ PAS DE MESSAGES ENTIEREMENT ECRITS EN MAJUSCULES. C'est exactement comme si vous vous mettiez à crier. Vous risquez de vous attirer quelques commentaires peu amènes mettant en cause votre connaissance de l'emploi de la touche de verrouillage des majuscules de votre clavier. Les claviers d'ordinateur permettent d'écrire en bas de casse (minuscules) depuis les années 70.

d'un autre côté ça n'empêche pas qu'on voie ça et là des messages où on peut lire "je n'aime pas les majuscules et je ne les utilise pas". Pis encore pour nous, francais, qui cherissons tant nos caracteres accentues : nous sommes a peu pres completement empeches de les utiliser a bon escient pour conserver l'intelligibilite de nos messages.

Mon Dieu, que cet Internet peut être archaïque et combien lourde et pesante se révèle cette dictature américano-unixienne !

Si vous n'avez rien d'intéressant à dire, taisez-vous

Evitez de vouloir paraître brillant, de faire le malin. La plupart du temps, vous allez produire l'effet inverse. C'est dans la liste de diffusion `TRAVEL-L` que j'ai eu l'occasion de voir une des choses les plus stupides qu'il m'ait été donné de contempler. Quelqu'un avait posté une question tout à fait pertinente demandant des informations au sujet d'une certaine destination. Et puis, peu après, on pouvait lire cette édifiante réponse : "Désolé, Jules, je ne peux rien pour vous !" Si seulement ceux qui n'ont rien à dire pouvaient fermer leur... bouche ! Tout message que vous postez sur une liste sera lu par toute la liste. Chacun y participe sur une base de volontariat. Si d'autres membres sont comme nous, il doit leur arriver de se poser des questions sur le bien-fondé de l'abonnement à une liste. Est-ce que les informations utiles qu'on peut y trouver l'emportent sur le bruit de fond et les âneries qui s'y propagent ? Plus celles-ci prolifèrent et plus on est tenté de s'en désabonner. Par effet cumulatif, ces listes se vident et finissent par disparaître. Tous les utilisateurs de l'Internet sont ici concernés. Si vous voulez faire partie du Net, apportez votre pierre à l'édifice, mais que cette pierre soit solide.

Occupez-vous de vos propres affaires

Une autre stupidité dont nous avons été témoin est celle de quelqu'un abonnant son pire ennemi à une liste contre son gré. Eh, les gamins ! nous ne sommes pas ici au jardin d'enfants ! Si vous commencez à parasiter les listes de diffusions publiques, elles vont devenir privées et celles qui sont libres deviendront modérées, c'est-à-dire "sur invitation". Il y a sans doute des listes qui peuvent se développer en supportant un tel comportement infantile, mais elles sont très rares.

Où souscrire un abonnement ? Comment l'arrêter ?

S'abonner à une liste de diffusion est quelque chose de très simple. Nous vous avons tout dit à ce sujet au Chapitre 9. Au risque de nous répéter, rappelons que le meilleur moyen de passer pour un abruti, c'est d'envoyer sa demande d'abonnement à la liste elle-même au lieu de l'envoyer sous la forme convenue à l'automate de gestion ou au responsable (ce n'est pas la même adresse que celle de la liste).

Apprenez les règles

Lorsque vous vous abonnez à une liste de diffusion, vous recevez généralement un long message sur les modalités d'utilisation de cette liste particulière et la façon de vous en désabonner lorsque vous le voudrez. Lisez ce message. Sauvegardez-le. Imprimez-le. Enfin, faites le nécessaire pour le conserver. Avant de dire aux autres participants à la liste comment ils doivent se comporter, relisez les règles.

Relisez-vous

Lorsque vous envoyez un *post* à un forum de Usenet, souvenez-vous que vous avez le monde entier pour auditoire. Le monde, ça veut dire tous les peuples, toutes les races, tous les langages, toutes les confessions, toutes les cultures[1]. Efforcez-vous donc de représenter au mieux votre race et votre culture. Evitez les commentaires désobligeants sur d'autres gens et d'autres lieux qui risqueraient d'être compris de travers, quelle que soit la langue que vous utilisez : en français, parce que la plupart des Anglo-Saxons ne s'intéressent qu'à ce qui est écrit dans leur langue ; en anglais, parce que votre maîtrise de cette langue n'est peut-être pas aussi bonne que vous le pensez. Tournez sept fois votre pointeur de souris autour du bouton Send avant de cliquer dessus. Corrigez vos fautes d'orthographe, certaines peuvent conférer à vos propos un tour différent de celui que vous pensiez leur donner.

Soyez discret

Quelqu'un a fait une erreur comme d'envoyer un message disant "SUBSCRIBE" à une liste de diffusion au lieu de l'envoyer à son responsable ou comme de

1. Pas dans tous les cas. En particulier, il est peu probable, étant donné le comportement habituel des Américains, qu'ils prennent la peine d'aller lire ce qui peut se dire sur les forums "régionaux" tels que fr. (N.d.T.).

poster un message clamant "Je n'ai pas la solution" en réponse à une question bien posée. Ça arrive à tout le monde. Alors, n'en rajoutez pas. Avertissez gentiment l'auteur de sa gaffe par *e-mail* et non par un *post* ou un message à la liste. Ne vous posez pas en redresseur de torts, ne jouez pas au "p'tit chef", ça ne profiterait à personne et surtout ça ne contribuerait pas à améliorer votre image de marque.

Adoptez une signature claire et concise

Tous les mailers vous proposent de signer vos messages par un texte tout préparé, une *signature* (ça porte le même nom en anglais). Cette signature est supposée vous identifier. Là encore, n'en rajoutez pas. Ne profitez pas de l'occasion pour afficher un petit dessin à base de / ()* et autres #_ du genre de cet exemple :

```
     +----------------------------------------------+
     |                                              |
     |                                              |
     |          Arthur DUPONT "NET wizard"          |
    /)                                              (\
   / )                                              ( \
 _( (+----------------------------------------------+) ) /)
(((\ \)  /,)                                   / )  / //)/
(\\\\ \_/ /                                    \ \_/ ////
 \       /                                     \       /
  \     _/                                       \_  /
```

Ce genre d'ostentation vous désigne comme un personnage à l'ego exacerbé, vaniteux et donc peu fréquentable. Et en outre, vous encombrez inutilement le réseau. Alors, voici quelques conseils pratiques :

- Soyez bref (pas plus de trois lignes).
- Restez informatif (il faut que ça apporte quelque chose à ceux qui la liront).
- Soyez poli (un mot aimable fait toujours plaisir).
- N'étalez pas votre "science".

Voici un exemple de "bonne" signature :

```
Cordialement.
Frederic Hochet. Abstracteur de quintessence
Tph : 33 - 01 12 34 56 78. Fax : 33 - 01 12 43 65 87
```

Souvenez-vous, en effet, de ceci :

- Vous êtes lu dans le monde entier, ce qui vous oblige à indiquer le code international (33) de la France en plus des dix chiffres de votre numéro d'appel.
- Les caractères accentués risquent neuf fois sur dix de passer "de travers".

Voici maintenant un exemple de **mauvaise** signature :

```
Paul Auchon
Coordinateur en chef du réseau local AN4P56
Ingénieur diplômé de l'Ecole Nationale des Génies Sans Bouillir
     ============================
"C'est en forgeant qu'on devient forgeron
"Mais ce n'est pas en sciant que Léonard devint scie.
     ++++++++++++++++++++++++++++
```

A titre d'exercice, vous essaierez de dénombrer et d'expliquer les erreurs et incorrections commises ici. Vous devriez en trouver au moins cinq.

Si vous voulez contempler une collection de signatures absurdes, allez donc voir le groupe `alt.fan.warlord`.

Surtout, pas de flame !

Pour une raison ou une autre, un de ces jours, vous allez tomber sur quelque chose QUI VA VOUS METTRE HORS DE VOUS ET VOUS DONNER ENVIE DE PULVERISER SON AUTEUR. Ça nous est déjà arrivé et ça vous arrivera aussi. Vous êtes peut-être tombé sur une opinion qui vous révulse. (Le traducteur vous recommande particulièrement, si vous voulez tenter l'expérience, le forum `fr.soc.divers`. Les occasions de vous "enflamer" ne vous manqueront pas.) Ou bien quelqu'un a proféré une ânerie de première grandeur (comme, par exemple, de proclamer que le Pascal est très supérieur au langage C).

Dans ce cas, évitez de répondre (publiquement ou par *e-mail*) sous le coup de la colère. Laissez décanter. Pensez à autre chose. Faites autre chose. D'ici une heure, vous aurez compris que ça ne vaut pas la peine de "flamer" le maladroit. Sinon, que va-t-il se passer ? Votre interlocuteur va, à son tour, monter sur ses grands chevaux et vous répondre sur un ton encore moins aimable. Qu'y aurez-vous gagné tous les deux ?

Si vous connaissez un peu l'auteur et que vous le savez perméable à l'humour, répondez par un trait d'esprit (ça risque de vous demander un effort qui vous permettra d'oublier votre colère). ET N'ECRIVEZ PAS TOUT EN MAJUSCULES !

Si vous avez vraiment envie de vous défouler, il y a un moyen bien simple. Préparez votre réponse *offline* (en étant déconnecté). Et ensuite, au lieu de cliquer sur Send, cliquez sur Delete.

SPAM, chaînes et autres manifestations antisociales

Nous en avons déjà parlé aux Chapitres 7 et 9, aussi ne ferons-nous ici qu'un rappel. Il est très (trop) facile d'inonder la communauté de votre prose : il suffit de cliquer sur Forward après avoir tapé quelques noms. Jamais, au grand jamais, nous n'avons vu de lettre chaînée (en boule de neige) qui vaille la peine d'être propagée. Ne donnez pas dans l'hystérie collective. C'est encore plus gênant pour tout le monde que ces prospectus qui encombrent votre boîte aux lettres de snail-mail.

N'accaparez pas trop de ressources

Vous découvrirez en peu de temps l'incroyable diversité des ressources du Net : documents, images, sons. Mégaoctet après mégaoctet, au début, vous allez, tel un apprenti pâtissier, vous goinfrer sans vergogne. Essayer quand même de discipliner votre fringale et de ne pas télécharger à tort et à travers, au cas où...

Votre fournisseur d'accès à l'Internet a établi ses tarifs en fonction de la consommation moyenne de l'utilisateur moyen. Mais c'est là une donnée statistique, et un utilisateur particulier peut en consommer bien plus. S'il est facturé à l'heure, la facture qu'il recevra le ramènera à la raison. C'est comme le Minitel : au début, on trouve ça très amusant et puis, quand arrive la facture de France Télécom, on le met dans le placard.

Si l'utilisateur est facturé en "usage illimité", c'est-à-dire au forfait, rien ne l'arrêtera que le ralentissement du débit. Car son fournisseur d'accès a prévu une voie d'accès à l'Internet ayant un certain débit et il paie d'autant plus cher que ce débit est élevé. On ne voit pas très bien pourquoi, en commerçant avisé, il irait mettre son équilibre financier en péril parce que quelques petits affamés consomment plus de temps qu'il n'avait prévu. Résultat : tous les utilisateurs en pâtiront, même ceux qui sont raisonnables. Et, actuellement, avec la concurrence sauvage qui règne, il risquerait de perdre des clients s'il augmentait ses prix.

Commencez par raccrocher

Du côté des accès au RTC, votre fournisseur d'accès n'a qu'un nombre de voies limité. Vous en savez quelque chose lorsque, après la numérotation automatique effectuée par votre modem, vous entendez dans son haut-parleur la tonalité d'occupation. D'une part, il y a un équilibre à respecter entre le nombre de voies *entrantes* et le débit de la voie *sortante* (parfois, mais rarement, *des* voies). D'autre part, la location de voies d'accès finit par coûter cher. La généralisation progressive des modems à 28 800 bps ne fait qu'aggraver le problème. On se retrouve dans le même cas de figure que dans la section précédente.

Alors, par confraternité vis-à-vis de vos compagnons d'infortune raccordés au même fournisseur d'accès que vous-même, dès que vous avez besoin de réfléchir à ce que vous allez faire, déconnectez-vous. Vous donnerez ainsi à un "collègue" une chance d'accéder au serveur.

Beaucoup de logiciels de connexion ont une temporisation qui vous déconnecte après un certain temps d'inactivité. 15 minutes nous semble un bon choix.

Les excès des sons et images

Les fichiers audio et les fichiers d'images sont très gros, ce qui implique de longs temps de connexion. Mais il y a encore pire. Il existe maintenant des connexions audio en temps réel (RealAudio) ou des téléconférences (CU-SeeMe[2]) très exigeantes en matière de quantité d'information et de débit. Pis encore : Internet Phone, qui vous permet de téléphoner (en mode vocal) sur le Net.

Par bonheur, pour l'instant, ces moyens de communication ne sont pas encore très utilisés. Mais, pour peu que leur popularité s'accroisse, on va aboutir très rapidement à une saturation qui empêchera les utilisateurs "sérieux" de travailler et, plus que probablement, augmentera les coûts d'abonnement.

Us et coutumes des cybercafés

Les cyberscafés représentent quelque chose de nouveau et voici quelques conseils pour bien les utiliser.

2. Se prononce en anglais *Si you si mi*, c'est-à-dire : vous me voyez et je vous vois (N.d.T.).

Ne lisez pas l'écran par-dessus l'épaule de ceux qui sont connectés

Bien sûr, vous êtes curieux (c'est la raison pour laquelle vous êtes en train de lire ce livre). Mais si vous voulez savoir comment ça marche, payez pour voir et, si besoin, faites-vous assister pour le premier contact. Lire un écran par-dessus l'épaule de quelqu'un qui est connecté, c'est comme lire le journal du voisin dans le métro. ça ne se fait pas !

Laissez cet endroit aussi propre...

Avant de libérer la place, faites un peu d'ordre autour de vous. Non seulement sur la table où est installé l'ordinateur, mais aussi à l'intérieur de la machine. On a l'impression qu'un grand nombre de gens ne se rendent pas compte que la machine conserve une copie de leur courrier électronique. Si vous ne voulez pas que quelqu'un d'autre prenne connaissance des messages que vous venez d'envoyer, effacez-les. Pour cela, commencez par les placer dans la poubelle et ensuite videz la poubelle. Nous avons souvent découvert pas mal de choses que leurs auteurs n'auraient certainement pas voulu voir tomber sous des yeux indiscrets.

Quelques perles de sagesse sur le Web

De plus en plus de fournisseurs d'accès vous permettent d'installer votre propre page Web sur leur serveur. N'oubliez pas que tout ce que vous allez y mettre sera vu de tous et que vos lecteurs se feront une opinion sur vous d'après ce qu'ils y trouveront. Alors, voici quelques conseils.

Tout ce qui est petit est gentil

Tout le monde n'a pas un accès direct à l'Internet à 1 Mb/s. Ceux qui viennent y surfer par le RTC sont généralement limités à 28 800 bps. Alors, évitez les images pleine page qui demandent plus d'un quart d'heure pour se charger. On voit beaucoup trop de pages Web, concourant pour le Web d'or, et qui cherchent à vous en mettre plein la vue avec des graphismes époustouflants et des couleurs étincelantes. Sur le plan artistique, c'est peut-être beau, mais c'est plutôt rebutant pour celui qui ne dispose que d'un accès ordinaire. Préférez de petites images, des vignettes, sur lesquelles votre visiteur pourra cliquer s'il désire les voir grandeur nature.

Un autre problème est celui de la taille des pages. Il vaut mieux avoir une présentation qui tient en une ou deux pages qu'un long défilé de pages. Si vous avez besoin d'une douzaine d'écrans pour présenter votre sujet, organisez-les en plusieurs pages plus petites appelées par des liens placés dans votre page d'accueil. Une suite de pages de dimensions raisonnables se chargera plus vite et sera plus agréable à contempler.

Les créateurs du Web, qui utilisaient des machines UNIX et des écrans de grand format, recommandaient des formats d'image d'au moins 1280x1024 pixels. Ce n'est pas avec un moniteur de 15 pouces (taille qui est actuellement la plus répandue) que vous pourrez afficher de telles images tout en conservant une bonne lisibilité. Si vous voulez que le maximum de gens profitent de vos pages, mettez-vous à leur portée et concevez des pages qui puissent être vues confortablement avec un écran de 800x600 pixels. Faites alors en sorte que le contenu d'un écran soit significatif afin que l'utilisateur ne soit pas obligé de faire défiler sans cesse l'image d'avant en arrière. Elaguez impitoyablement ce qui peut l'être et concentrez-vous sur l'essentiel. Mais évitez néanmoins que ça fasse fouillis.

Browser, mon doux souci

Enfin, n'oubliez pas qu'il n'existe actuellement pas deux browsers qui affichent de la même façon un document HTML. Cela provient du concept même du Web qui s'attache au fond plus qu'à la forme, au contenu plus qu'à sa présentation. Une grande liberté d'interprétation est laissée au browser et certains en usent plus ou moins intelligemment. D'autre part, la version courante de HTML est la version 3.2. Sans attendre que les théoriciens aient doctement légiféré, Netscape a créé ses propres extensions, bien conçues et correspondant parfaitement aux besoins des utilisateurs. Internet Explorer a suivi et les deux ténors du Web sont pratiquement coude à coude. Mais les abonnés à AOL ou à CompuServe traînent souvent avec eux des versions propriétaires plutôt anciennes qui ne leur permettent pas d'apprécier toutes les finesses des nouveaux standards. Et ils sont très nombreux. Enfin, une minorité reste attachée à son bon vieux Lynx en mode texte. Alors, pensez à tous ceux-là !

Réfléchissez !

Ne mettez pas sur votre page Web quelque chose que vous ne voulez pas diffuser à tout le monde. Votre adresse personnelle et votre numéro de téléphone, par exemple. Une de nos amies en a fait l'expérience, qui a reçu un appel inattendu de quelqu'un qui avait vu sa présentation Web et voulait faire plus ample connaissance. Pour quelle raison un internaute aurait-il besoin de ce type d'information ? Ils peuvent très bien vous envoyer un message par *e-mail* !

Cinquième partie

Les ressources de l'Internet

"C'est juste en attendant que notre connexion à l'Internet soit réparée."

Dans cette partie...

Maintenant que vous voilà sacré expert de l'Internet, il ne reste plus qu'un petit détail à préciser : comment passer de la théorie à la pratique ? Ces trois derniers chapitres vont vous donner des adresses où vous pourrez trouver des fournisseurs d'accès, des logiciels et quelques références d'ouvrages qui vous aideront dans votre marche en avant vers les joies de l'Internet.

Chapitre 19

Comment trouver un bon fournisseur d'accès

Dans ce chapitre :

Comment trouver un fournisseur d'accès.

Comment faire votre choix.

Les pièges à déjouer.

Ce chapitre a été entièrement réécrit pour tenir compte de la réalité du marché français, très différente de celle du marché américain pour plusieurs raisons : ses dimensions plus ramassées, son retard technique, le prix élevé des communications, conséquence du quasi-monopole du transport d'informations détenu par France Télécom. Les renseignements qu'on trouvera ici (y compris les coûts d'abonnement) étaient exacts courant mars 1997. Comme tout ce qui touche à l'Internet, ils évoluent très rapidement et certains pourront se trouver dépassés d'ici à six mois et même moins. D'autres fournisseurs seront présents ; certains auront disparu.

Deux types de besoins

La grande diversité des ressources qu'on découvre sur l'Internet est aussi une raison pour l'utilisateur de se trouver complètement dérouté. Au début, il y a l'émerveillement devant cette caverne d'Ali Baba, et cette joie de la découverte n'est pas près de se tarir. C'est le profil de l'amateur passionné par l'informatique et ses applications et qui est principalement intéressé par l'aspect ludique de cette exploration.

D'un autre côté, on trouve celui qui, dans l'exercice de son métier, a sans cesse besoin de recourir à des sources de renseignements diversifiées. Il va y trouver un appoint considérable qu'il voudra être capable d'explorer au fur et à mesure de l'évolution de ses besoins. Mais c'est comme trouver une aiguille dans une botte de foin.

Enfin, il ne faut pas négliger l'aspect médiatique, convivial et interactif (les grands mots sont lâchés !) de l'Internet, vu par quelques prestataires de *services en ligne* comme un succédané de la télévision ou un perfectionnement du Minitel. Au point que certains n'hésitent pas à parler de *prime time* pour évaluer les périodes de charge de leurs réseaux. Misant sur la peur qu'éprouverait le débutant devant l'inconnu de l'Internet, ils s'efforcent de l'allécher en lui proposant des services à thèmes : Bourse, météo, sports, jeux, téléachat. Et les publicitaires ont l'oeil fixé sur un marché prometteur qui était évalué, il y a quelques années, par Nicholas Negroponte, directeur du Media Lab, à un milliard de dollars pour 1996. (Depuis, on est devenu un peu plus raisonnable !)

Deux types de fournitures

Ce besoin de "meubler" est ancien et c'est lui qui a suscité, aux USA, la création de serveurs d'informations comme CompuServe, AOL, Prodigy... à une époque où l'Internet paraissait réservé à un petit nombre de privilégiés comme les universitaires. D'où, par évolution naturelle, deux catégories de fournisseurs d'accès :

- Ceux qui vous ouvrent l'Internet tel qu'en lui-même l'éternité le change, sans fioritures (mais parfois avec quelques restrictions).
- Ceux qui se présentent comme des fournisseurs *à valeur ajoutée* et vous proposent des *services en ligne*. Ce sont, la plupart du temps, d'anciens réseaux privés comme CompuServe ou AOL qui avaient commencé à vous proposer une réunion de services personnalisés et se sont vus contraints de sortir de leur ghetto pour s'ouvrir à l'Internet sur le tard, pressés par la demande et la concurrence.

En France, le marché ne s'est réellement développé que courant 1995. Il existait déjà un fournisseur du second type, Calvacom, n'ayant pratiquement pas de concurrent à sa dimension. Puis CompuServe est venu s'installer. Et ce fut le tour de Microsoft qui, en même temps que Windows 95, a proposé son réseau, initialement calqué sur le modèle CompuServe mais ayant très vite évolué vers un Internet plus ouvert. Début 1996, c'était l'arrivée d'AOL qui, profitant de son retard, proposait une ouverture plus marquée vers l'Internet.

Devant cette déferlante américaine, les Français ont tardé à réagir. Matra Communication a commencé en s'alliant avec Grolier, et Club-Internet connaît un succès certain. Citons aussi Infonie (qui avait fait l'erreur initiale, rectifiée depuis, de proposer un paquet tout ficelé comprenant un modem obligé), Wanadoo (filiale de France Télécom, dont les débuts ont été plutôt maladroits), Europe Online (disparu presque aussi vite qu'arrivé), Havas (avec Havas on line, décidé à casser le marché), etc.

Où trouver les bonnes adresses ?

Tout livre traitant de l'Internet se termine obligatoirement par une liste plus ou moins inexacte de fournisseurs d'accès. S'il s'agit d'un ouvrage original, écrit directement en français, l'auteur aura presque toujours fait l'effort de proposer des fournisseurs correspondant à ce qu'attend le lecteur francophone (France, Belgique, Suisse, Luxembourg, à défaut du Canada, tributaire pour des raisons évidentes du marché américain).

S'il s'agit d'une traduction, on trouvera trop souvent des ouvrages restés fidèles au texte original, c'est-à-dire proposant une liste de fournisseurs implantés sur le territoire américain et dans les pays anglophones, donc peu susceptibles d'intéresser nos concitoyens. On voit même couramment cités les numéros de téléphone "800" (l'équivalent de nos numéros verts "08") qui sont inutilisables en dehors de leur pays d'origine. C'est là témoigner d'une grande méconnaissance des réalités techniques et économiques.

Restent les revues consacrées à l'informatique et qui abondent dans les kiosques. Il en existe deux catégories :

- Celles qui sont consacrées à la micro-informatique tous azimuts, c'est-à-dire traitant de toutes les applications, sans tenir compte d'une éventuelle connexion à un quelconque réseau.
- Celles, moins nombreuses, plus précisément consacrées à l'Internet et à ce qu'on y trouve. Parmi celles-ci, *Netsurf* et *Planète Internet* publient tous les mois une liste très complète de l'ensemble des prestataires français. A signaler aussi, le cahier multimédia que consacre tous les vendredis le quotidien *Libération* aux applications et à la vie de l'Internet.

Les services en ligne

On les appelle parfois "fournisseurs à valeur ajoutée" car ce qu'ils proposent, c'est d'abord un *bouquet* de services, forums, boutiques, nouvelles, les uns gratuits, d'autres payants et ensuite, mais seulement ensuite, l'accès à l'Internet. Encore que leur politique s'infléchisse de plus en plus vers une facilitation de l'accès à l'Internet pour répondre à la demande du public. Nous en citerons quelques-uns en ordre alphabétique, sans que cela implique de notre part un quelconque classement préférentiel.

AOL

AOL est apparu en France fin 95. C'est le premier fournisseur d'accès à valeur ajoutée de l'Amérique du Nord et il revendique environ quatre millions d'abonnés. Ce prestataire propose un accès presque complet à toutes les ressources (*e-mail*, FTP, Web, news). Si nous disons "presque", c'est parce qu'AOL, soucieux de votre santé morale, vous interdit l'accès à certains forums de Usenet tels que `alt.binaries.erotica...` et `alt.sex....` Il existe un petit logiciel de composition de pages Web, mais il est très rudimentaire et vous permet seulement d'afficher quelques lignes de présentation de votre propre personne sans aucune image.

AOL vous offre cinq adresses *e-mail* différentes et 2 Mo d'hébergement de page Web par adresse. Il existe 25 points d'accès sur le territoire national.

Coût de l'abonnement mensuel

49 francs + 19 francs l'heure au-delà de 3 heures.

Adresses

4, rue de la Bourse, 75002 Paris. Téléphone : 08 00 90 39 10 et 01 43 16 44 44. Web : `http://www.aol.com`.

CALVACOM

L'un des plus anciens prestataires français (sinon le plus ancien car il existait sous forme de BBS, du temps de l'Apple II, sous le nom de Calva-DOS). Plusieurs formules d'abonnement existent, entre autres avec ou sans assistance. En plus de 25 points d'accès, il existe un accès de type kiosque (coût de la communication indépendant de la distance).

Coût de l'abonnement mensuel

Frais de dossier (environ 180 à 240 francs) + 72 à 241 francs par mois selon la formule choisie.

Adresses

8-10, rue Nieuport, 78140 Vélizy. Téléphone : 01 34 63 19 19. Web : `http://www.calvacom.fr`.

Club Internet

Fait partie du groupe Lagardère. Propose divers services : informations, forums, clubs, boutique... Possibilité de créer ses propres pages Web moyennant un surcoût de 22 francs par mois (30 francs à compter du 1er juin 1997) pour 5 Mo. On peut interroger sa boîte aux lettres par téléphone moyennant un supplément d'abonnement de 10 francs par mois. Accès national par kiosque micro (communication semi-locale).

Coût de l'abonnement mensuel

77 francs par mois pour une durée de connexion illimitée.

Adresses

131, avenue Charles-de-Gaulle, 92200 Neuilly-sur-Seine. Téléphone : 01 46.46.46.56. Adresse *e-mail* : `info@club-internet.fr`. Web : `www.club-internet.fr`.

CompuServe

Probablement le numéro 2 des fournisseurs d'accès américains avec plus de trois millions d'abonnés. Est à l'origine du format d'image GIF. Propose un accès presque complet à l'Internet et fournit la plupart des outils nécessaires pour cela. Il existe de nombreux points d'accès tant dans la région parisienne que sur l'ensemble du territoire. Certains par Transpac, actuellement limités à 28 800 bps, mais qui devraient passer à 33 600 courant juillet 1997.

L'ancien logiciel de connexion, WinCim, n'est plus utilisé que sous Windows 3.x et a été remplacé par une nouvelle interface, complètement refondue, CompuServe 3.02, partiellement francisée, qui facilite en le simplifiant l'accès à l'ensemble des services de l'Internet. Pour plus de détails, voir le Chapitre 14.

Auparavant, il fallait payer pour recevoir du courrier en provenance d'Internet (en plus du coût de l'abonnement), mais cette facturation très impopulaire et qui n'était pratiquement jamais appliquée par les autres prestataires de services a été supprimée depuis septembre 95 tant pour les USA que pour la France.

Coût de l'abonnement mensuel

65 francs + 20 francs de l'heure au-delà de 5 heures.

Adresses

Centre Atria, Rueil 2000, 21, avenue Edouard-Belin, 92566 Rueil Malmaison Cedex. Téléphone : 08 01 63 81 31 et 01 47 14 66 52 et 01 47 14 21 57. Web : `http://www.compuserve.fr` et `http://www.sprynet.fr`.

Infonie

Infonie propose un certain nombre de services : forums, achats en ligne, nouvelles, jeux en ligne... et utilise Internet Explorer de Microsoft pour l'accès à l'Internet (courrier électronique, Usenet et Web). Pour plus de détails, se reporter au Chapitre 13. Cinquante-trois points d'accès sur le territoire national et accès possible par numéro en 08, c'est-à-dire en tarification locale (15 francs de l'heure en période rouge) mais limité à 28 800 bps. Passage à 33 600 bps prévu pour juillet 1997. Accès Numéris possible.

Coût de l'abonnement mensuel

Plusieurs formules. La plus simple coûte 149 francs par mois pour une connexion illimitée. Possibilité d'abonnements de longue durée (6 mois et un an) à tarif réduit moyennant paiement d'avance et préavis de résiliation allongé en conséquence.

Adresses

Tour Kupka B - 92906 Paris la Défense. Téléphone : 01 47 26 20 00. Web : `www.infonie.fr`.

Havas on line (HOL)

Mis en place par une filiale d'Havas : Havas Edition électronique. Accès par un numéro en 08, c'est-à-dire en tarification locale. Nombreux forums et services annexes. HOL s'honore d'héberger depuis le début d'avril 1997 le serveur Mygale, créé à l'origine sur le site de l'université Paris VIII après que RENATER en eut demandé la fermeture pour "non-respect de sa charte universitaire". Mygale propose 5 Mo de pages Web pour tout usage non commercial. HOL a 22 points d'accès sur le territoire national. Page Web gratuite jusqu'à 150 Ko (!), payante au-delà.

Coût de l'abonnement mensuel

65 francs pour une durée de connexion illimitée (149 francs par mois pour accès Numéris).

Adresses

Téléphone : 01 53 53 89 53 et 08 36 69 43 00. Web : `www.hol.fr`.

MSN

Microsoft fournit MSN (Microsoft Network) en même temps que Windows 95. L'inscription au service s'effectue *en ligne*. Les débuts du service MSN en France ont été quelque peu chaotiques, de fréquents dérangements des points d'accès venant perturber les connexions. Actuellement tout est rentré dans l'ordre et, sur le plan technique, c'est très satisfaisant. Il existe un grand nombre de forums et divers services, certains gratuits, d'autres payants comme la cote Desfossés. 48 points d'accès en province et il existe un numéro d'accès en 08 qui permet un accès au tarif de la communication locale. Accès Numéris possible.

Coût de l'abonnement mensuel

125 francs pour une durée de connexion illimitée ou 65 francs par mois pour 5 heures + 20 francs de l'heure au-delà.

Adresses

Téléphone (service commercial) : 01 69 86 46 46. Adresse Web : `http://www.microsoft.com`.

Wanadoo

C'est une filiale de France Télécom. Lancée un peu hâtivement en 1996 et, pour cette raison, ayant suscité une grogne certaine de la part de ceux qui ont essuyé les plâtres, il semble que le régime de croisière ait été maintenant atteint. Accès complet aux ressources de l'Internet. Tarification en appel local (numéro en 08) sur tout le territoire national. Hot line via numéro azur. Passerelle vers le Minitel (chère). Annuaires et guides de recherche... Courant mars 1997, l'hébergement de pages Web personnelles n'était que "prévu".

Coût de l'abonnement mensuel

Frais de dossier de 190 francs. Plusieurs formules depuis 55 francs pour 3 heures jusqu'à 145 francs en usage illimité. Accès Numéris au même prix.

Adresses

Téléphone : 08 01 63 33 14 et 08 01 63 34 34. Web : `www.wanadoo.fr`.

Prestataires sans valeur ajoutée

Par là, nous entendons les fournisseurs d'accès qui se bornent à proposer un accès à l'ensemble des ressources de l'Internet sans proposer de services annexes. Ce sont les plus nombreux. On les appelle aussi "fournisseurs de connectivité". Il s'en crée de nouveaux pratiquement chaque mois, mais on ignore combien survivront encore à la fin de l'année. Ils se livrent une guerre des prix sans merci mais ne possèdent pas toujours le matériel, la capacité des lignes et la compétence nécessaires. Il en résulte, pour l'utilisateur, un certain nombre de désagréments. Aussi conseillons-nous vivement au lecteur de prendre ses renseignements avant de souscrire un abonnement de longue durée. Pour cela, le mieux est d'aller faire un tour sur les news dans le forum `fr.network.internet.fournisseurs`. Evidemment, il faut être déjà connecté. L'occasion sera bonne de profiter de certaines offres promotionnelles qui fleurissent un peu partout. On évitera ainsi d'avoir à résoudre le problème de l'oeuf et de la poule.

Plusieurs éditeurs de livres techniques fournissent avec la plupart de leurs ouvrages traitant de l'Internet une disquette ou un CD-ROM proposant une offre d'essai gratuit auprès d'un fournisseur d'accès. On pourra ainsi faire d'une pierre deux coups : tester la qualité de ce prestataire et apprendre ce qu'on dit de lui et de ses confrères sur Usenet.

Nous restreindrons volontairement notre panorama à une dizaine de fournisseurs d'accès français. Nous n'en avons testé que deux mais, par raison d'équité, nous ne donnerons aucun commentaire qualitatif sur la valeur de leurs prestations. Comme dans la section précédente, ils sont cités ici dans l'ordre strictement alphabétique.

Raison sociale	Adresse	Téléphone	Adresse Web
DTR	27, rue Villette, 69003 Lyon	04 72 68 23 23	`http://www.dtr.fr`
Easynet France	23, rue du Renard, 75004 Paris	01 44 54 53 33	`http://www.easynet.fr`
FranceNet	28, rue Desaix, 75015 Paris	01 43 92 14 49	`http://www.francenet.fr`
ImagiNet	21, rue de la Fontaine-au-Roi, 75011 Paris	01 43 38 10 24	`http://www.imaginet.fr`
Internet Way	204, bd Bineau, 92200 Neuilly	01 41 43 21 10	`http://www.iway.fr`
MicroNet	28, rue Desaix, 75015 Paris	01 43 92 28 82	`http://www.micronet.fr`
Oleane	35, bd de la Libération, 94300 Vincennes	01 41 67 77 77	`http://www.oleane.net`
Provence Network	rue Vauban, 13200 Arles	04 90 49 80 02	`http://www.galeode.fr`
World-Net	11 et 13, rue de l'Escaut, 75019 Paris	01 40 37 90 90	`http://www.worldnet.net`

Chapitre 20

Où trouver des logiciels pour l'Internet ?

Dans ce chapitre :

Logiciels à utiliser avec les services en ligne.

Logiciels à utiliser avec un accès direct en mode SLIP ou PPP.

Logiciels compatibles Winsock et MacTCP.

Pour les accès sous UNIX.

Autres logiciels utiles.

Lorsqu'il est question d'installer des logiciels, il y a deux catégories d'individus : ceux qui n'aiment pas ça et ceux qui se refusent absolument à le faire. Si vous vous rangez dans la première catégorie, ce chapitre est pour vous. Notez qu'une grande partie des logiciels dont nous allons vous parler est gratuite.

Logiciels à utiliser avec les services en ligne

Si vous utilisez les services de CompuServe, AOL ou MSN (pour ne citer qu'eux), pas de problème : ils vont vous fournir tout ce qu'il faut *gratis pro Deo* (c'est-à-dire qu'en réalité c'est compris dans le prix de l'abonnement). Pour l'installation de ces logiciels, consultez la notice technique qui accompagne leur CD-ROM. MSN, quant à lui, est fourni d'office avec Windows 95. Et comme il ne tourne que sous ce système d'exploitation...

Logiciels à utiliser avec un accès direct en mode SLIP ou PPP

Pour ça, on trouve plus d'une douzaine de programmes, mais seuls quelques-uns d'entre eux sont largement utilisés. Parmi eux, il y a la pile TCP/IP nécessaire pour assurer la connexion, un programme de courrier électronique (un *mailer*), un lecteur de news, un browser pour le Web, un programme de FTP et, si vous aimez ça, les logiciels appropriés pour faire du telnet et exploiter des services annexes comme Archie, Gopher, WAIS... Sans oublier, pour ceux qu'un peu de technique ne rebute pas, *ping* et *finger*, voire *traceroute*.

Les utilisateurs de Windows peuvent associer ces programmes car tous (à de rares exceptions près) supportent Winsock. Quant à MS-DOS, qui ne peut pas utiliser Winsock, le mieux est de l'oublier pour accéder au Net. Il existe bien quelques rares logiciels qui feraient l'affaire, mais nous en déconseillons l'utilisation.

Plusieurs applications Internet tournant sous Windows existent en deux versions dont l'une dite "commerciale" ou "pro" qui est livrée avec sa propre pile TCP/IP.

Trumpet Winsock pour les utilisateurs de Windows 3.1

C'est, de loin, le package TCP/IP le plus utilisé sous Windows. Il est fourni accompagné de quelques applications simples. La version la plus récente est la 3.0 et elle est fournie pour une période d'évaluation gratuite d'un mois. Un grand nombre de fournisseurs d'accès la procurent à leurs nouveaux clients sur leur disquette de logiciels de base. N'oubliez pas que c'est du shareware et que vous devez donc envoyer à l'auteur la contribution qu'il demande.

Si vous-même ou un de vos amis possédez déjà un abonnement à l'Internet, vous pouvez télécharger Trumpet Winsock par le Web à l'URL `http://www.trumpet.com`. Si vous n'avez pas accès au Web (cas bien improbable, mais on ne sait jamais...), connectez-vous sur le serveur FTP `ftp.trumpet.com`, répertoire `/pub/winsock` et téléchargez le fichier `twsk30d.zip`. Si, dans ce répertoire, vous voyez un fichier README.TXT ou quelque chose d'analogue, lisez ce qu'il contient : il existe peut-être une version plus récente.

Pour installer Trumpet Winsock, lancez-le puis exécutez INSTALL.EXE.

TCP/IP-32 pour Windows for Workgroups 3.11

Microsoft fournit gracieusement un package Winsock avec Windows for Workgroups 3.11 (mais pas pour Windows 3.1). On peut le télécharger par FTP à l'adresse `ftp.microsoft.com` dans le répertoire `/peropsys/windows/Public/tcpip`. Pour plus de détails, consultez le fichier `index.txt` dans le même répertoire.

Accès réseau à distance pour Windows 95

Windows 95 est fourni avec un support natif pour l'accès à l'Internet. Vous pouvez utiliser l'assistant d'installation Internet de Windows 95 en cliquant sur le bouton Démarrer puis sur Programmes/Accessoires/Outils Internet/Connectez-vous à Internet. Attention, l'assistant d'installation était absent des tout premiers exemplaires de Windows 95. (Cette restriction ne concerne probablement que les Etats-Unis, vu le retard d'apparition de Windows 95 en France par rapport à sa date de sortie aux Etats-Unis.)

MacTCP pour les fanatiques du Mac

Presque toutes les applications Internet tournant sur Macintosh demandent la présence de MacTCP, lequel fait partie du Système 7.5. Si vous utilisez toujours une version plus ancienne de ce système d'exploitation, le mieux est de vous mettre à jour avec le 7.5 qui offre d'autres fonctionnalités intéressantes. Si vous tenez néanmoins à conserver votre ancien système, vous pouvez vous procurer MacTCP en contactant un revendeur Apple. Aux Etats-Unis, MacTCP coûte 59 dollars.

Si vous avez déjà le système 7.5, Apple propose un kit de connexion comprenant plusieurs logiciels pour l'Internet, y compris Netscape et RealAudio, au prix de 44,99 dollars. Les universités et les grandes entreprises peuvent généralement obtenir des licences d'utilisation à des prix plus favorables.

Outre MacTCP, vous aurez besoin d'un package de connexion en mode SLIP ou PPP. Voici quelques bons programmes pour cela :

- **FreePPP**. Bon programme shareware, mais il faut avoir un lecteur de CD-ROM ou connaître quelqu'un qui l'ait déjà téléchargé à partir du site `http://www.rockstar.com/ppp.shtml`.

- **tcpCONNECT4PPP**. Logiciel commercial disponible auprès d'InterCon Systems (1 800 468 7266 ou 1 703 709 5500).

- **MacPPP**. Logiciel commercial faisant partie du kit de CompuServe pour Apple.

Programmes compatibles Winsock pour le courrier électronique, le Web et autres usages

Une fois que vous serez connecté au Net en mode PPP ou SLIP (ou par un CompuServe ou un AOL quelconque), vous pourrez utiliser une foule d'applications compatibles Winsock et MacTCP. Dans cette section, nous allons en énumérer quelques-uns parmi ceux qui existent en formules freeware, shareware ou commerciale.

Où trouver des programmes pour PC ?

Tous les programmes énumérés ci-après sont disponibles en téléchargement à partir des sites Web suivants :

- **Forrest Stroud's Consummate Winsock Applications**. `http://www.stroud.com` est la page d'accueil d'un ensemble fort bien organisé d'analyse de logiciels pour l'Internet avec des liens vers les archives à partir desquelles on peut les télécharger. Attention, ces sites sont généralement très chargés.

- **The Ultimate Collection Of Windows Software (TUCOWS[1])**. En dépit de la consonance de son nom, ce serveur offre également des programmes pour le Macintosh. Il est accessible à l'URL `http://www.tucows.com`.

- **Jumbo!**. Ce serveur propose des programmes en freeware et en shareware à l'URL `http://www.jumbo.com` non seulement pour l'Internet mais aussi dans les autres domaines : tableurs, jeux, utilitaires...

- **Shareware.com**. Ce serveur est la propriété de CNET (*Computer Network*) et son adresse est `http://www.shareware.com`. Il contient dans sa VSL (*Virtual Software Library*) une base de données de plus de 160 000 programmes pour toutes plates-formes y compris UNIX, Amiga et d'autres encore. A la différence de Jumbo !, vous ne pouvez pas parcourir son contenu. Vous devez indiquer le nom exact du logiciel que vous recherchez.

Si vous n'avez pas accès au Web ou que vous préférez télécharger vos logiciels par FTP, vous n'aurez aucune difficulté à trouver plusieurs *sites miroirs* pour les serveurs les plus courants. Toutefois, comme leurs répertoires sont périodiquement remis en ordre, il est difficile de vous donner un chemin

1. TUCOWS (*two cows*) : "les deux vaches", ce qui explique le logo que vous pourrez admirer sur leurs pages (N.d.T.).

d'accès précis. Recherchez un répertoire ayant un nom comme `win31`, `win95` ou `mac`, puis un sous-répertoire du nom de `winsock`, `internet` ou `inetapps`.

Voici une liste de quelques serveurs FTP parmi les plus courus :

- **Winsite**. Connectez-vous à un de ces serveurs :

`ftp.winsite.com`	USA (Indiana)
`gatekeeper.dec.com`	USA (Californie)
`ftp.switch.ch`	Suisse (Zurich)
`ftp.keme.co.uk`	(Angleterre)
`ftp.technion.ac.il`	(Israël)
`ftp.ibp.fr`	(France)
`ftp.loria.fr`	(France)

  Pour les programmes Windows 3.x allez au répertoire `pub/pc/win3/winsock` ou `/pub/micro/pc/winsite/win3`.

  Pour les programmes Windows 95, allez au répertoire `pub/pc/win95/winsock` ou `/pub/micro/pc/winsite/win95`.

- **Archive SIMTEL**. Connectez-vous à leur serveur FTP `ftp.simtel.com` et placez-vous dans le répertoire `/simtelnet/win3/winsock` pour les programmes Windows 3.x ou dans le répertoire `/simtelnet/win95/winsock` pour les programmes Windows 95. Vous pouvez aussi vous connecter sur le serveur FTP `ftp.cdrom.com` et vous placer dans le répertoire `/pub/simtelnet/win3/inetapps` pour les programmes Windows 3.x, dans le répertoire `/pub/simtelnet/win95/inetapps` pour les programmes Windows 95 ou dans le répertoire `/pub/simtelnet/msdos/internet` pour les programmes MS-DOS.

- **The Oakland Software Repository**. Ce site contient l'archive SIMTEL (dans le répertoire Simtel) en même temps que sa propre bibliothèque de logiciels. Son adresse est `oak.oakland.edu` et le chemin d'accès est `/pub/macintosh/internet` pour les programmes Macintosh.

Eudora Light

Eudora est certainement le mailer le plus utilisé dans la communauté Internet. Il en existe deux versions : Eudora Pro (la version commerciale) et Eudora Light (la version gratuite). Nous avons expliqué son utilisation au Chapitre 7. Pour tous détails, connectez-vous sur leur serveur Web à l'URL `http://www.eudora.com`.

Pegasus Mail

Il s'agit d'un autre mailer ayant bonne réputation et originaire de Nouvelle-Zélande. Vous pouvez le trouver sur l'un des sites Web énumérés précédemment ou sur le serveur de Pegasus à l'URL `http://www.pegasus.usa.com`.

Internet Mail

C'est un mailer gratuit réalisé par Microsoft. S'il ne compte pas parmi les meilleurs, il fonctionne néanmoins de façon acceptable. Vous pouvez le trouver sur l'un des sites Web énumérées précédemment ou sur le serveur de Microsoft à l'URL `http://www.microsoft.com`. Pour plus de détails sur son utilisation, consultez le Chapitre 7.

Netscape Navigator

C'est actuellement le browser le plus largement utilisé, mais on ignore souvent qu'il contient un mailer. Les dernières versions (à partir de la 4.0) sont appelées Netscape Comunicator. Vous pouvez le télécharger à partir du site de Netscape à l'URL `http://home.netscape.com`. Il en existe des versions francisées (sauf pour les bêta les plus récentes).

Internet Explorer

C'est la réponse de Microsoft à Netscape. Sa part du marché ne cesse de croître, aux dépens de Netscape en particulier. Outre les sites énumérés plus haut, vous le trouverez naturellement sur le site de Microsoft : `http://www.microsoft.com`. Pour plus de détails, voir le Chapitre 4. Il en existe des versions francisées (sauf pour les bêta les plus récentes).

Free Agent

Les lecteurs de news contenus dans Netscape Navigator ou Internet Explorer n'ont ni la souplesse ni la puissance d'un logiciel spécialisé comme Free Agent. Nous avons expliqué son utilisation au Chapitre 10. Vous pouvez le trouver sur la plupart des serveurs Web cités plus haut ou sur `http://www.forteinc.com`.

Internet News

C'est le lecteur de news gratuit de Microsoft et il n'est pas si mauvais que ça. Vous pouvez le trouver sur la plupart des serveurs Web cités plus haut ou sur `http://www.microsoft.com`. Pour plus de détails sur son utilisation, voir le Chapitre 10.

WS_FTP

C'est l'un des meilleurs clients FTP qui existe. La version limitée (WS_FTP LE) est gratuite. Vous pouvez la trouver sur la plupart des serveurs Web cités plus haut ou sur `http://www.ipswitch.com`. Pour plus de détails sur son utilisation, voir le Chapitre 11.

Les plug-ins de Netscape Navigator

Nous vous avons expliqué ce qu'étaient les plug-ins au Chapitre 5. Vous pourrez en trouver, en particulier, sur le site de TUCOWS (`http://www.tucows.com`) ou sur celui de Netscape (`http://home.netscape.com`).

mIRC

Si vous avez trop de temps libre et que vous êtes intéressé par l'IRC (le bavardage par clavier/écran), procurez-vous mIRC à partir d'un des sites cités plus haut ou à l'URL http://www.mirc.co.uk. Nous n'avons pas eu la place, dans ce livre, de parler de l'IRC, mais nous vous conseillons (pour peu que vous lisiez l'anglais) de vous connecter sur notre site à l'URL http://net.dummies.net/irc.

Programmes compatibles MacTCP pour le courrier électronique, le Web et autres usages

MacTCP ne constitue que la couche de base pour communiquer sur l'Internet. Il vous faut ensuite quelques applicatifs que vous pourrez vous procurer sur le Web ou par FTP.

Où trouver des programmes pour Macintosh ?

Comme nous l'avons vu à propos des PC, TUCOWS (http://www.tucows.com) et Shareware.com (http://www.shareware.com) contiennent aussi des logiciels pour le Macintosh.

Voici quelques-uns des serveurs FTP spécialisés dans les logiciels pour le Mac :

- **L'archive Apple**. C'est le centre officiel d'archivage pour les logiciels gratuits. Adresse : ftp:apple.com.
- **SUMEX**. C'est le plus connu et il est donc très chargé. Son adresse est sumex-aim.stanford.edu.
- **Archives Macintosh de l'université du Michigan**. Se connecter à mac.archive.umich.edu en dehors des heures de bureau (tenir compte du décalage de quelque six heures entre la France et les USA) et aller au répertoire pub. Il existe un site miroir à mirrors.aol.com (répertoire pub/mac). En Europe, se connecter sur ftp.sunset.se (répertoire pub/mac/umich), en Suède.
- **Archives de l'université Washington.** L'adresse de son serveur FTP est wuarchive.wustl.edu, répertoire mirrors/infomac.

Eudora

La version pour Macintosh de ce mailer réputé est encore meilleure que celle pour Windows. Nous en avons parlé au Chapitre 7. On peut télécharger une version gratuite (Eudora light) à partir de TUCOWS ou de Shareware.com ou sur le site de l'éditeur, à l'URL http://www.eudora.com.

Pegasus Mail

Il s'agit d'un autre mailer ayant bonne réputation, originaire de Nouvelle-Zélande et gratuit. Vous pouvez le trouver sur les serveurs de TUCOWS ou de Shareware.com ou sur celui de Pegasus à l'URL http://www.pegasus.usa.com.

Internet Mail

C'est un mailer gratuit réalisé par Microsoft qui ne compte pas parmi les meilleurs mais qui fonctionne de façon acceptable. Vous pouvez le trouver sur les serveurs de TUCOWS ou de Shareware.com ou sur celui de Microsoft à l'URL `http://www.microsoft.com`. Pour plus de détails sur son utilisation, consultez le Chapitre 7.

NewsWatcher

C'est un lecteur de news gratuit, qui est disponible à partir des archives Macintosh sur le Web ou par FTP.

Nuntius

Un autre lecteur de news qu'on peut trouver sur les serveurs de TUCOWS ou de Shareware.com ou sur la plupart des serveurs FTP pour Macintosh.

Internet News

C'est le lecteur de news gratuit de Microsoft et il n'est pas si mauvais que ça. Vous pouvez le trouver sur les serveurs de TUCOWS ou de Shareware.com ou sur `http://www.microsoft.com`. Pour plus de détails sur son utilisation, voir le Chapitre 10.

NOTE TECHNIQUE

Que faire si mon ordinateur est connecté à un réseau local ?

Il vous faut alors probablement une couche TCP/IP différente pour vous connecter à l'Internet. Dans certains cas, il existe une machine du réseau local qui est raccordée à l'Internet et joue alors le rôle de passerelle pour les autres.

Pour la couche TCP/IP, vous pouvez peut-être trouver votre bonheur dans les packages vendus par Novell ou Netmanage Chameleon. Ils contiennent aussi des émulateurs de terminaux IBM 3270 et 5250, des possibilités de partage d'imprimantes et de fichiers et d'autres fonctionnalités typiques des réseaux locaux.

Avant toute chose, parlez-en avec votre administrateur de réseau.

Et pour les inconditionnels d'UNIX ?

Si vous avez un accès en Telnet sur une machine UNIX, la seule chose dont vous ayez besoin est un émulateur de terminal. Windows 3.1 propose Terminal et nous aimons bien le produit vendu par Procomm. Windows 95 est fourni avec HyperTerminal et les utilisateurs de Macintosh disposent de Mac Terminal, Microphone ou quelque chose du même genre. La plupart des modems sont livrés avec un logiciel d'émulation de terminal.

Assurez-vous que votre terminal peut accomplir les fonctions suivantes :

- Télécharger des fichiers au moyen des protocoles Xmodem, Zmodem ou Kermit.
- Emuler un terminal de type VT100, ce qui correspond à un standard largement répandu sous UNIX.
- Mémoriser le numéro d'appel et les paramètres de configuration de votre fournisseur d'accès afin que vous n'ayez pas à les retaper à chaque fois.

Chapitre 21

Je veux en savoir davantage

Dans ce chapitre :

Notre site Web.

Annonces en ligne.

Livres.

Revues.

Organisations.

L'Internet croît tellement vite qu'aucune tête n'est assez grosse pour contenir tout ce qu'il renferme. Ce chapitre vous suggère quelques sources et ressources qui vous permettront de trouver des informations supplémentaires si vous voulez rester informé de son évolution.

Notre propre site Web et notre adresse e-mail

Si vous lisez l'anglais sans trop de difficultés, vous pouvez vous tenir au courant des nouveautés en consultant les différentes rubriques de notre site Web :

- `net.dummies.net/search` recherches sur le Web
- `net.dummies.net/irc` tout ce qui concerne l'IRC
- `net.dummies.net/kids` pour les enfants
- `net.dummies.net/mac` le Macintosh
- `net.dummies.net/shell` l'accès sous UNIX

- `net.dummies.net/countries` l'accès à l'Internet dans différents pays
- `net.dummies.net/lists` les listes de diffusion
- `net.dummies.net/newsletters` des lettres d'information électroniques
- `net.dummies.net/software` les logiciels pour l'Internet

Envoyez-nous vos suggestions concernant toutes les ressources intéressantes que vous auriez découvertes au cours de vos promenades sur le Net à l'adresse `suggestions@dummies.net`. Pour tout commentaire concernant ce livre et pour vérifier votre adresse *e-mail*, la bonne adresse est `internet4@dummies.net`. Pour avoir une liste de nos listes de diffusion préférées, envoyez un *e-mail* à `lists@dummies.net`.

Livres

Nous ne donnerons ici que des titres d'ouvrages en français. On en trouvera beaucoup d'autres (la plupart en anglais) à la librairie spécialisée *Le monde en tique*, 6, rue Maître-Albert, 75006 Paris, téléphone : 01 43 25 45 20. Tous les titres cités ici sont des ouvrages originaux ou des traductions en français de livres américains.

- *Et Dieu créa l'Internet,* par Christian Huitema, Eyrolles, 1995.
- *L'Internet professionnel,* par une réunion de 52 auteurs, CNRS Editions, 1995. Ce n'est pas un ouvrage savant, mais un livre essentiellement pratique dans lequel on trouvera des définitions claires et précises des ressources de l'Internet et beaucoup de renseignements utiles. La partie consacrée aux logiciels pour PC, Macintosh et UNIX a cependant vieilli.
- *L'officiel d'Internet,* par Olivier Andrieu, Eyrolles, 1996. Répertoire des adresses de près de 2 000 services de l'Internet : FTP, Gopher, WWW classés par thèmes.
- *Internet, clés de contact* par Olivier Saint-Léger et Thierry Pigot, Sybex, 1995. Ouvrage à caractère pratique destiné à aider le néophyte dans le choix d'un fournisseur d'accès et à guider ses premiers pas sur le Net.
- *Fou d'Internet,* par Charlie Doheb et Jean-Marc Herellier, Sybex, 1996.
- *Internet Plein écran,* par Anatole d'Hardancourt, Sybex, 1997. Pas à pas, avec de nombreuses copies d'écran, l'auteur vous explique comment procéder pour vous connecter sur l'Internet et en particulier sur Infonie.

- *Toujours plus sur Internet pour les Nuls,* par John R. Levine et Margaret Levine Young, Sybex, 1995. Complément au présent ouvrage, allant plus à fond sur certaines ressources comme Gopher, WAIS et le Web. Trop orienté sur le marché américain en ce qui concerne les réalités commerciales.

- *Cyberspace en VRML,* par Mark Pesce, Simons & Schuster, MacMillan, 1995. Le VRML est un langage de description de scènes tridimensionnelles pouvant être utilisé sur le Web.

- *Internet, Guide de connexion,* par Olivier Andrieu, Eyrolles, 1995. Guide pratique à l'usage du débutant en quête de fournisseur d'accès. A un peu vieilli quant aux adresses des prestataires mais reste d'actualité sur le plan technique.

- *Windows Edition - Internet Explorer,* par Warren Bates, Sybex, collection Mégapoche, 1997.

- *Netscape Gold et ses plug-ins,* par Daniel Rougé, Sybex, collection Mégapoche, 1997.

- *Surfer sur le Web avec Netscape Navigator 3.0,* par Henri Lilen, Sybex, collection Mégapoche, 1996.

- *Surfer sur le Web avec Internet Explorer 3.0,* par Henri Lilen, Sybex, collection Mégapoche, 1996.

Revues

Nous ne donnerons pas ici la liste des publications d'origine américaine sur l'Internet qui intéressent plus directement les Américains que les Européens et qu'on trouve difficilement en France. En France, on trouvera dans presque tous les numéros des revues généralistes traitant de l'informatique et vendues en kiosque un ou plusieurs articles consacrés à l'Internet. En outre, citons trois titres spécialisés : *Planète Internet*, *Netsurf* et *Hachette net.*

Nous ne serions pas complet si nous ne mentionnions pas le cahier multimédia que publie chaque vendredi le quotidien *Libération.* On y trouve des articles sur des sujets d'actualité concernant l'Internet, intéressants à plus d'un titre et, surtout, contenant très peu d'erreurs techniques.

Documents généraux sur le Web

- La liste d'Anita : `http://www.cybertheque.fr/perso/anita/internet.html`

- Sur l'éditeur HTML de Microsoft FrontPage : `http://www.microsoft.com/frontpage/softlib/`
- Le guide UMGI de Gilles Maire : `http://www.imaginet.fr/ime/toc.htm`
- Des renseignements d'actualité sur les browsers : `http://browserwatch.iworld.com/`
- L'Unité Réseau du CNRS (documentation très complète sur l'Internet vu par des professionnels, abondant catalogue de sites Web français, références officielles...) : `http://www.urec.fr/`
- Sur les outils VRML : `http://www.graphcomp.com/vrml/review.html`
- Microsoft Support Online : `http://www.microsoft.com/support/`
- Les accès Internet en France : http://www.cnam.fr/Network/Internet-access/
- Les smileys en français : `http://www.filnet.fr/perso/ziggy/smiley.htm`

Organisations

The Internet Society

Apporte tous ses soins au développement et à l'évolution de l'Internet et de ses standards. Publie une revue et organise des conférences. Entreprises et individus peuvent y adhérer. Internet Society, Suite 100, 1895 Preston White Drive, Reston VA 22091. Fax : (1) 703-620-0913; *e-mail* : `membership@isoc.org`. Adresse Web : `http://www.isoc.org`.

The Electronic Frontier Foundation

S'intéresse à la "frontière électronique" de sujets comme la libre discussion, l'équité d'accès et l'enseignement dans un contexte en réseau. Offre des services juridiques dans les affaires où les libertés individuelles d'utilisateurs connectés auraient été violées (aux Etats-Unis, s'entend).

Publie une revue, dispose d'un groupe sur Usenet et de fichiers en ligne. Electronic Frontier Foundation, PO Box 17, San Francisco, CA 94117. Tél : (1) 415-668-7171; Fax : (1) 415-668-7007 ; *e-mail* : `ask@eff.org` ; Usenet : `comp.org.eff.news` et `comp.org.eff.talk`. Adresse Web : `http://www.eff.org`.

Glossaire

accueil (page d') Premier écran affiché par un serveur Web lorsque l'on se connecte dessus. En anglais : *home page*.

ActiveX Standard établi par Microsoft pour réaliser des briques de base de programmes connus sous le nom d'*objets*.

adresse électronique Code secret au moyen duquel l'Internet vous identifie et vous permet de recevoir du courrier électronique. Elle se présente généralement sous la forme `utilisateur@site.pays` où `utilisateur` représente votre nom d'utilisateur, `site` le nom de la machine sur laquelle est ouvert votre compte utilisateur, et `pays` un code de trois lettres pour les Américains, deux lettres pour le reste du monde. `site` peut lui-même être composé de plusieurs noms séparés par des points.

ADSL (*Asymmetric Digital Subscriber Line*) Technologie permettant des débits très élevés sur ligne téléphonique (dix fois plus vite dans un sens que dans l'autre). En France, France Télécom ne semble pas pressé de s'y intéresser sans doute à cause de la concurrence que cette technique pourrait faire à Numéris.

alt Groupe de Usenet consacré aux discussions sur des sujets de types "différents" (donc, de différents types). Bien que ce ne soit pas un groupe officiel, c'est l'un des plus lus. C'est celui qui est l'objet de la plus vigilante attention de la part des censeurs et autres champions de la morale traditionnelle.

AltaVista Moteur de recherches très utilisé sur le Web.

America Online (AOL) Fournisseur d'accès à valeur ajoutée bien implanté en France. Revendique le plus grand nombre d'abonnés dans le monde (plus de 4 millions). Les abonnés ont une adresse de la forme `utilisateur@aol.com`.

anonymous (FTP) Méthode d'utilisation du programme FTP lorsqu'on n'a pas de compte ouvert sur un site particulier. On se logge alors sous le nom d'utilisateur `anonymous` et on donne comme mot de passe son adresse électronique.

applet Non, ce n'est pas une petite pomme mais un petit programme écrit en Java. On télécharge des applets sur le Web en même temps qu'une page Web, avec un browser. En principe, sécurisé. En réalité, on y découvre sans cesse des failles de sécurité.

Archie Serveur destiné à rechercher les sites sur lesquels se trouvent des fichiers dont vous connaissez le nom ou une partie du nom. C'est aussi le nom du programme utilisé à cette fin.

archive Fichier contenant un groupe de fichiers généralement compressés pour occuper moins de place et être transmis en moins de temps. Pour restituer ces fichiers dans leur état d'origine, on doit utiliser le programme de décompression approprié. Sur les PC, on utilise couramment le format ZIP.

ARPANET Réseau d'ordinateurs créé en 1969 par le Department of Defense aux Etats-Unis. C'est l'ancêtre de l'Internet. Il fut démantelé quelques années plus tard.

article Message *posté* dans un groupe de news et pouvant être lu par n'importe qui.

ASCII (*American Standard Code for Information Interchange*) Code à 7 bits très utilisé, en particulier sur l'Internet, ce qui explique pourquoi les caractères accentués ne sont que rarement transmis correctement.

babillard Voir **BBS**.

baud Terme technique caractérisant la vitesse de modulation d'un signal sur une voie de transmission. A ne pas confondre avec **bps** (voir ce sigle) qui caractérise le débit efficace de la voie. Une ligne à 2 400 bauds supporte facilement un débit de 28 800 bps et même à 33 600 si elle est de bonne qualité.

BBS (*Bulletin Board System*) Système permettant d'échanger des messages et des fichiers. En somme, un Internet à petite échelle. En français : *babillard.*

BCC (*Blind Carbon Copy*) Adresse à laquelle est envoyée une copie d'un *e-mail* sans que le destinataire principal le sache.

BFN (*'Bye for now*) Formule de politesse pratiquée par les maniaques des sigles à trois lettres (allez, au revoir !). A ne pas confondre avec BNF (*Backus Normal Form*), expression qui, avec "paradigme" fait les délices de certains gourous de l'informatique.

binaire (fichier) Fichier contenant des informations qui ne sont pas du texte pur (images, sons, programmes...).

BinHex Système de codage de fichiers binaires pour envoi par courrier électronique très utilisé sur les Macintosh.

bionet Type de groupe de Usenet consacré aux discussions sur des questions de biologie. Dans les groupes **fr**, pour des raisons mystérieuses, il a été raccourci en **bio.** Si vous n'êtes pas vous-même biologiste, passez votre chemin.

bit (*binary digit*) C'est la plus petite quantité d'information représentable dans un ordinateur. Ce "chiffre binaire" peut prendre la valeur 1 ou 0. On utilise plus couramment des "paquets" de bits comme les octets (8 bits). Désigne également un type de groupe de Usenet consacré à BITNET.

BITFTP Serveur de fichiers par *e-mail* le plus utilisé.

bitmap Type de fichier d'image dans lequel l'image est décomposée en points individuels.

BITNET Réseau constitué principalement de gros ordinateurs IBM reliés à l'Internet.

BIX Système de messagerie commercial créé par la revue *Byte* et depuis racheté par Delphi.

biz Type de groupe de Usenet consacré à tout ce qui touche aux affaires.

bps (bits par seconde) Unité de mesure du débit d'une voie de transmission et caractérisant ce qu'on appelle improprement la "vitesse" d'un modem. Ne pas confondre avec **baud** (voir ce mot).

bridge (pont) Terme technique désignant le dispositif électronique interconnectant deux réseaux.

browser (brouteur, navigateur, fureteur, butineur...) Programme d'exploration du Web. Faute de terme réellement approprié, le mieux est de le conserver tel quel. Ne pas le confondre avec *brother* (frère) qui se prononce à peu près de la même façon (tout au moins par un Français).

BTW (*by the way :* à propos) Abréviation utilisée par les maniaques des sigles à trois lettres.

byte Voir **octet**.

CC (*Carbon Copy*) Adresse à laquelle est envoyée la copie d'un *e-mail*. Le destinataire principal est informé de l'existence et de la destination de cette copie.

CCITT Comité consultatif international pour le télégraphe et la téléphonie. S'appelle maintenant **ITU-T** (voir ce mot).

Cello Browser écrit par la Cornell Law School et qui a eu son heure de gloire. Ne subsiste plus que dans la mémoire des anciens.

Chameleon Editeur de logiciels Windows qui s'est illustré par la réalisation d'un package de connexion en mode SLIP/PPP.

channel (canal) Terme utilisé en IRC. Il s'agit d'un groupe de personnes bavardant ensemble (par écran/clavier).

chanop L'opérateur du *channel* : celui qui est responsable de la bonne organisation (et de la bonne tenue) d'un *channel* (d'un groupe).

chat (to) Bavarder. Mode d'utilisation *live* de l'Internet pratiqué à l'aide d'un programme appelé **IRC** (voir ce mot).

client Ordinateur ou programme connecté à un correspondant baptisé *serveur.*

client/serveur (modèle) Type d'architecture dans laquelle le travail est divisé en deux groupes : celui qui fournit et celui qui reçoit des informations.

CNRS Centre national de la recherche scientifique. Organisme tutélaire de la recherche officielle en France. Principalement connu sur l'Internet par une de ses unités de service, l'**UREC** (voir ce mot) dont le serveur Web contient beaucoup de renseignements très intéressants.

com Suffixe qu'on trouve fréquemment à la fin d'une adresse électronique américaine. Caractérise une entreprise commerciale. Exemple : `www.microsoft.com`.

communications (programme de) Programme grâce auquel vous pouvez vous connecter sur un autre ordinateur au moyen d'une ligne téléphonique. C'est un peu l'équivalent d'un émulateur de terminal déporté. Les plus connus dans le monde PC sont ProCommm, Telix et l'émulateur de terminal fourni avec Windows.

comp Type de groupe Usenet dont l'intérêt est centré sur les ordinateurs. Par exemple, `comp.lang.c` traite du langage de programmation C et `comp.society.folklore` de la culture des utilisateurs d'ordinateurs.

compression Opération visant à réduire la taille d'un fichier ou d'un groupe de fichiers (une archive). S'effectue au moyen de logiciels particuliers tel que PKZIP dans le monde PC ou StuffIt, chez les adeptes du Macintosh.

CompuServe Fournisseur d'accès à valeur ajoutée qui est l'un des plus importants aux Etats-Unis. Il est implanté en France depuis environ deux ans. Outre l'accès aux ressources de l'Internet, il propose des forums semblables aux groupes de news dont certains concernant des aspects techniques de l'utilisation des ordinateurs. Le numéro d'abonné se présente sous forme de deux nombres octaux séparés par une virgule, par exemple : `10507,1762`. Sur l'Internet, une telle adresse se transforme en `10507.1762@compuserve.com`.

cookie En américain courant : petit gâteau sec. Sur l'Internet : petit bloc d'informations stocké sur votre disque dur par un site Web que vous visitez et qui lui sert à mémoriser certaines de vos caractéristiques personnelles qu'il retrouvera lors de sa prochaine visite.

DARPA *(Defense Advanced Research Projects Agency)* C'est l'organisme officiel qui a financé l'ARPANET, le précurseur de l'Internet.

DB25 Type de connecteur série utilisé couramment sur les ordinateurs. Comporte 25 contacts.

DB9 Autre type de connecteur série utilisé couramment sur les ordinateurs. Comporte 9 contacts.

décompression Opération inverse de la compression, grâce à laquelle on restitue leur forme originale aux fichiers compressés d'une archive. Dans le monde PC, le programme le plus utilisé pour cela s'appelle PKUNZIP. Pour les Macintosh, c'est StuffIt.

Delphi Service en ligne particulièrement apprécié des utilisateurs américains d'anciens ordinateurs. Inconnu en France.

dial-up Mode de raccordement à un fournisseur d'accès. Il s'agit d'une connexion intermittente établie à l'aide du réseau public (RTC) et qui suppose un appel préalable par numérotation.

domaine Nom officiel d'un ordinateur sur l'Internet. C'est ce qui est écrit immédiatement à droite du caractère @. Dans `gerard@monserveur.fr`, le nom du domaine est `monserveur.fr`.

DNS *(Domain Name Server)* Ordinateur situé sur l'Internet et qui a la charge de traduire les noms de domaines (`microsoft.com`, `inria.fr`...) en adresses numériques de la forme `140.186.81.2` aussi appelées *adresses IP*. Parfois appelé *serveur de noms*.

downloading Mot intraduisible en français signifiant téléchargement à partir d'un serveur.

duplex Mode de communication dans lequel chacune des extrémités peut envoyer des informations en même temps.

dynamique (routage) Méthode d'adressage utilisée sur l'Internet qui permet aux messages de toute nature de parvenir à destination en changeant éventuellement de parcours si une partie de la voie la plus directe n'est plus en état de fonctionnement.

e-mail Courrier électronique. Système d'acheminement de messages par l'Internet.

edu Suffixe d'une adresse électronique propre aux Etats-Unis qui est réservée aux établissements d'enseignement et aux universités. Exemple : `mit.edu`.

Elm Lecteur de courrier électronique UNIX plein écran.

emoticon Voir **smiley**.

Ethernet Protocole de connexion utilisé sur des réseaux locaux et conçu par Xerox. Par extension, le câble qui relie les machines de ce réseau. Est parfois appelé IEEE 802.3, par référence au standard qui le définit.

Eudora Nom d'un *mailer* très utilisé dont il existe une version PC et une version Macintosh. Développé par Qualcomm.

FAQ *(Frequently Asked Questions : Foire Aux Questions)* Ensemble des questions les plus fréquemment posées et qui sont regroupées avec leurs réponses, postées et mises à jour dans la plupart des groupes de news. Avant de poser une question à la cantonade, il faut toujours regarder si la réponse ne se trouverait pas dans le FAQ. Faute quoi, on court un grand risque de se faire *flamer*.

FIDONET Réseau mondial de BBS où chaque ordinateur est appelé un noeud (*node*) et possède un numéro en trois ou quatre parties comme 1:2/3 ou 1:2/3:4. Pour envoyer un courrier électronique à quelqu'un qui se trouve sur FIDONET, on l'adressera à `prenom.nom@p4.f3.n2.z1.fidonet.org`.

fichier Collection d'informations considérée comme une unité de traitement par un ordinateur.

fichier (transfert de) Méthode utilisée pour échanger des fichiers d'un ordinateur vers un autre au moyen d'une ligne téléphonique ou d'un réseau et selon un protocole particulier. Sur l'Internet, le moyen le plus utilisé s'appelle **FTP** (voir ce mot).

finger Programme affichant des informations sur quelqu'un qui a une adresse électronique. N'est pas d'une fiabilité à toute épreuve. Certains sites interdisent son usage et refusent les demandes externes faites au moyen de ce programme afin de préserver l'intimité de leurs utilisateurs.

firewall Littéralement : *mur de feu*. Voir **garde-barrière**.

flame Poster des messages coléreux, enflammés ou insultant. A eviter !

folder *(dossier, classeur)* C'est sous ce nom qu'on désigne les répertoires d'un Macintosh.

forum Dans le sens le plus général : groupe de news. Ce terme est utilisé particulièrement sur CompuServe d'où le mot *news* semble banni.

fournisseur d'accès Entreprise commerciale disposant d'une connexion à l'Internet et par l'intermédiaire duquel vous devez passer pour vous raccorder vous-même au Net lorsque vous ne disposez que d'une ligne téléphonique ordinaire du RTC. Il en existe de différents types.

FTP *(File Transfer Protocol)* Protocole de transfert de fichiers très largement utilisé entre sites raccordés à l'Internet.

FTP-by-mail Méthode permettant de transférer des fichiers par courrier électronique lorsque, pour une raison ou une autre, le FTP standard est inutilisable.

FTP (serveur) Ordinateur raccordé à l'Internet et conservant un grand nombre de fichiers mis à la disposition d'autres utilisateurs par FTP.

garde-barrière Ordinateur filtrant les communications entrantes et sortantes entre l'Internet et un site particulier et pouvant bloquer celles qui correspondent à certaines adresses. Elément important de la sécurité d'un site.

gateway voir **passerelle**.

GIF (*Graphics Interchange Format*) Format d'image défini par CompuServe et maintenant très largement utilisé sur l'Internet et ailleurs. Par suite de problèmes de copyright, il risque d'être abandonné et remplacé par un nouveau format : PNG.

Gigaoctet Unité de mesure de la taille d'un fichier ou de la capacité d'un disque dur. Représente exactement 1×10^9 octets, soit mille **mégaoctets** (voir ce mot).

Gopher Système de recherche d'informations par mot-clé.

Gopherspace C'est le monde des serveurs Gopher.

gov Suffixe d'une adresse électronique propre aux Etats-Unis et réservée aux organismes gouvernementaux. Exemple : `www.whitehouse.gov`.

hardware Littéralement : *quincaillerie*. Désigne tout ce qui fait partie du matériel, dans un système informatique. Opposé à **software** (*logiciel*). Le jeu de mot initial opposait *hard* (dur) à *soft* (doux).

HGopher Programme tournant sous Windows et destiné à explorer le **Gopherspace** (voir ce mot).

hiérarchie Ensemble des groupes principaux de forums sur Usenet. Ce sont : `comp`, `rec`, `soc`, `sci`, `news`, `misc` et `talk`.

hôte Désigne un ordinateur sur lequel on peut se connecter, par exemple au moyen de **Telnet** (voir ce mot). N'a pas ici le double sens du mot propre à notre langue.

HTML (*HyperText Markup Language*) Langage dérivé de SGML et utilisé pour coder les pages Web. C'est un langage à balises.

HTTP (*HyperText Transfer Protocol*) Protocole de transfert des pages Web.

HTTPS Variante de HTTP utilisant le chiffrement pour sécuriser un transfert d'informations sur le Web.

hypermédia L'ensemble des autres types de médias associés à l'hypertexte (images, sons, animations).

hypertexte Système de représentation et de diffusion d'informations par lequel on peut faire apparaître sous forme unitaire des documents éparpillés sur différents sites d'un même réseau.

icône Petite image représentant un programme ou un fichier dans un système graphique comme Windows ou le Macintosh.

IETF ***(Internet Engineering Task Force)*** C'est le groupe qui développe les nouveaux standards pour l'Internet.

IMO, IMHO (*In My Opinion* ou *In My Humble Opinion*) (à mon avis, à mon humble avis). Abréviation fréquemment utilisée sur les news.

Infoseek Système de recherche d'informations sur le Web.

INRIA Institut national pour la recherche en informatique et en automatique.

Internet Explorer Browser édité par Microsoft.

Internet Phone Programme permettant de téléphoner sur l'Internet en utilisant un micro et un haut-parleur.

Internet Society Organisation qui se consacre au développement de l'Internet. Peut être contactée à l'adresse `isoc@isoc.org`.

InterNic (*Internet Network Information Center*) Organisation qui reçoit de nombreuses informations concernant l'Internet. Divisée en deux parties : le *Directory Services* (géré par At&T, dans le New Jersey) et les *Registration Services* (gérées par Network Solutions, en Virginie). Adresse Web : `http://rs.internet.net`. Adresse FTP : `ftp.internic.net`.

intranet Version de l'Internet utilisée sur des réseaux locaux.

IP (*Internet Protocol*) Protocole utilisé sur l'Internet pour acheminer les informations sur le réseau.

IRC (*Internet Relay Chat*) Système permettant la téléconférence par écran/ clavier sur l'Internet.

ITU-T ***(International Telecommunications Union)*** Nom de l'institution qui a remplacé l'ancien *CCITT* (voir ce mot).

JANET Réseau de la recherche anglais.

Java Langage de programmation inventé par Sun Microsystems et totalement portable sur toutes plates-formes car semi-compilé.

javascript Langage d'écriture de scripts, cousin éloigné de Java, aux ambitions plus modestes que Java mais nettement plus sécurisé.

JPEG Format d'image très utilisé sur le Web pour numériser des photos.

Jughead Programme destiné à vous aider à retrouver des informations dans le Gopherspace.

Kermit Protocole de transfert de fichiers développé par l'université Columbia et dont il existe un grand nombre de versions pour beaucoup d'ordinateurs différents, depuis les micro-ordinateurs jusqu'aux gros systèmes.

Kilo-octet Unité de mesure de la taille d'un fichier ou de la capacité d'un disque dur. Représente exactement 1×10^3 octets, soit mille octets.

liaison Voir **lien**.

lien Plusieurs sens. En ce qui concerne les réseaux, synonyme de connexion. Pour le Web, lien logique entre plusieurs documents non nécessairement situés au même endroit.

Linux UNIX gratuit tournant principalement sur des ordinateurs personnels. Voir le forum `comp.os.linux.announce`.

liste (de diffusion) Voir **mailing list**.

liste (serveur de) Programme qui gère des listes de diffusion.

LISTSERV Famille de programmes qui gère automatiquement les listes de diffusion. Les noms de ces listes se terminent généralement par "`-L`".

Lynx Browser fonctionnant en mode texte dont l'emploi n'est pas recommandable en raison de la nature graphique des documents HTML.

MacBinary Système de codage de fichiers très répandu parmi les utilisateurs de Macintosh.

MacTCP TCP/IP pour le Macintosh. Son seul intérêt est de vous permettre de raccorder un Macintosh à l'Internet. Fourni en standard avec le système 7.5.

mail Courrier.

mail (snail) Littéralement : "courrier escargot". Par ironie : courrier postal.

mailer Logiciel de lecture, de composition et d'envoi de courrier électronique.

mail server Ordinateur connecté à l'Internet et qui est chargé d'assurer le service du courrier au moyen du protocole SMTP, vous permettant ainsi de vous connecter de façon intermittente, au moyen d'un micro-ordinateur.

mailing list Liste de diffusion. Envoi automatique de messages à une série de destinataires dont les adresses électroniques sont énumérées dans une liste.

Majordomo Programme analogue à LISTSERV et destiné à gérer les listes de diffusion.

Mégaoctet Unité de mesure de la taille d'un fichier ou de la capacité d'un disque dur. Représente exactement 1×10^6 octets, soit mille kilo-octets.

message Ensemble d'informations, généralement en forme de texte, envoyées d'une adresse électronique à une autre sur l'Internet.

MIDI Façon de coder de la musique électronique sous une forme bien plus compacte que des sons numérisés. Pratique pour les transferts sur l'Internet.

mil Suffixe d'une adresse électronique propre aux Etats-Unis et réservée aux établissements militaires. Exemple : `wsmr-simtel20@army.mil`.

MIME *(Multipurpose Internet Mail Extension)* Procédé permettant d'acheminer, au moyen d'un codage approprié, des fichiers binaires sur l'Internet.

miroir Serveur FTP sur lequel on trouve les mêmes fichiers que sur un autre site, considéré comme leur distributeur principal.

misc Type de groupe de news dont l'intérêt est centré sur des sujets divers (misc = *miscelleanous* = divers). Exemple : `misc.forsale` (à vendre), `misc.jobs.offered` (offres d'emplois).

modem Modulateur-démodulateur. Dispositif électronique chargé de convertir des signaux électriques entre un ordinateur et une ligne téléphonique. Existe sous forme de carte à insérer dans un connecteur interne de l'ordinateur ou sous forme de boîtier externe qu'on raccorde à la sortie série (RS232) de la machine. Caractérisé par son débit maximal exprimé en bits par seconde. On parle parfois (à tort) de vitesse à ce propos. Exemple : les modems les plus rapides destinés à être raccordés au RTC, fonctionnent actuellement à 33 600 bps.

modérateur Personne responsable de la diffusion d'un groupe de news et qui est censé les lire avant de les rendre publiques. Il peut ainsi exercer une sorte de censure dont le principal bénéfice est de limiter l'encombrement des réseaux par des messages stupides, redondants ou grossiers (ou les trois à la fois !).

modéré (groupe) Groupe de news géré par un modérateur.

Mosaic (notez l'absence de tréma). Browser existant pour Windows, le Macintosh et UNIX. A été longtemps considéré comme le meilleur avant que n'arrive Netscape. Pratiquement tombé dans l'oubli en 1997.

mot de passe Suite de caractères tenue secrète par un utilisateur et au moyen de laquelle il s'identifie lorsqu'il se connecte sur un ordinateur particulier.

Motif Interface graphique existant pour UNIX et qu'on peut comparer à ce que fait Windows pour les PC.

MPEG Système de compression de fichiers de sons et d'images élaboré par le Motion Picture Group. Les fichiers ont l'extension `.mpg`.

MSN ***(Microsoft Network)*** Service en ligne géré par Microsoft.

MUD ***(Multi User Dungeon)*** Type de jeu à plusieurs joueurs communiquant entre eux par l'Internet. Consulter le forum `rec.game.mud.announce`.

nom (serveur de) Voir **DNS**.

Netscape Navigator Browser de qualité remarquable ayant largement contribué à la popularité du Web. Les gens de Netscape ont introduit des suppléments au langage HTML destiné à améliorer la qualité des présentations. Toutes ces modifications ne sont pas homologuées par les autorités chargées de l'élaboration des standards. Il existe des versions pour Windows, pour Macintosh et même pour UNIX.

net Raccourci familier désignant l'Internet.

network Réseau.

news Type de groupe de news (eh oui !) ayant pour centre d'intérêt des discussions sur les groupes de news. Un peu nombriliste, sans doute. Exemple : `news.announce.newusers`.

news (groupe de) Regroupement de sujets ayant trait à un même thème. Les groupes de news sont articulés selon une arborescence. On les appelle aussi *forums*.

news (lecteur de) Programme permettant non seulement de lire les news, mais aussi d'y répondre et de composer de nouveaux articles. Sous Windows, les plus utilisés sont WINVN et Free Agent. Netscape Navigator et Internet Explorer possèdent une fonction de lecteur de news.

news (serveur de) Ordinateur raccordé à l'Internet et dont la mission consiste à distribuer les news.

NIC ***(Network Information Center)*** Coordinateur d'un ensemble de réseaux chargé d'assurer la cohérence des adresses et des appellations sur l'Internet. Son adresse électronique, pour les Etats-Unis, est `rs.internic.net`.

nickname (surnom) Terme utilisé en **IRC** (voir ce mot) pour s'identifier au cours d'une conversation.

NIS A l'origine : *Yellow Pages* (les pages jaunes). Système utilisé sur certains réseaux pour administrer un groupe d'ordinateurs (généralement des PC et des stations de travail) comme s'ils constituaient une seule grosse machine.

NNTP (serveur) Voir **news (serveur de)**.

node Terme utilisé dans les adresses Fidonet.

noeud Ordinateur relié à l'Internet, aussi appelé *host*.

NSFNET Réseau de la recherche américain, maintenant disparu et remplacé par des sous-ensembles de réseaux commerciaux.

Numéris Réseau de transmission de données numérisées. Voir **RNIS**.

page Unité d'information fictive utilisée sur le Web. Une page Web est censée représenter les informations pouvant être affichées sur un seul écran. Mais comme la taille de ceux-ci est très variable, cette notion reste très floue.

paquet Ensemble d'informations envoyées sur un réseau. Chaque paquet contient l'adresse de son destinataire.

parité Système simple de contrôle pour les informations transmises à distance au niveau de l'octet. Généralement inutilisé sur l'Internet où le contrôle de l'exactitude des messages transmis est assuré au niveau du bloc d'informations et par des procédés plus élaborés.

passerelle Ordinateur permettant l'interconnexion de deux réseaux de façon qu'ils semblent n'en faire qu'un seul.

passif (terminal) Système écran-clavier dépourvu d'intelligence et qu'on peut comparer à un micro-ordinateur dépourvu d'unité centrale. Sert généralement à se connecter à un gros système. De moins en moins utilisé. Un micro-ordinateur peut *émuler* un terminal passif.

pays (code) Suffixe de deux lettres d'une adresse Internet pour tous les pays autres que les Etats-Unis. `fr` représente la France, `ch`, la Suisse, `uk`, le Royaume-Uni, etc.

PCMCIA Standard concernant des périphériques utilisés par les ordinateurs portables (*notebooks*) et ayant les dimensions d'une carte de crédit (mais plus épais).

PDF (fichier) Système de formatage de documents créé par Adobe. Le logiciel de lecture est distribué gratuitement par cet éditeur à l'URL `http://www.adobe.com/acrobat`.

PGP ***(Pretty Good Privacy)*** Programme de chiffrement de messages créé par Phil Zimmermann et dont l'usage est rigoureusement interdit en France. Voir le forum comp.security.pgp.discuss et le site Web http://web.mit.edu/network/pgp.html.

Pine Programme de gestion du courrier électronique fonctionnant sous UNIX.

ping Programme de test de liaison mesurant le temps de transit d'un message entre deux machines.

PKZIP Programme de compression de fichiers très largement utilisé, surtout sur les PC. Pour rendre aux fichiers compressés leur taille primitive, on utilise le programme inverse : PKUNZIP. Sous Windows ces deux programmes sont remplacés par WINZIP.

plug-in (assistant) Module de programme qu'on incorpore à un browser pour lui permettre de décoder et d'interpréter des fichiers qu'il est incapable de traiter de façon native.

POP ***(Post Office Protocol)*** Système par lequel un serveur de courrier de l'Internet vous permet de recueillir votre courrier et de le télécharger sur votre micro-ordinateur.

port (numéro de) Sur un ordinateur connecté à un réseau, c'est un nombre qui identifie chacun des programmes gérant une ressource particulière de l'Internet. telnet, par exemple, correspond au port 23. En général, vous pouvez parfaitement ignorer ces subtilités.

poster Envoyer un article sur les news.

posting Action d'envoyer un article sur les news.

PPP ***(Point to Point Protocol)*** Système de connexion de deux ordinateurs par ligne téléphonique. Plus récent et meilleur que SLIP.

protocole Ensemble de conventions grâce auxquelles deux ordinateurs peuvent communiquer entre eux. Il en existe de nombreux sur l'Internet.

QuickTime Format de fichiers vidéo créé par Apple et dont il existe des versions pour Windows et d'autres systèmes. Assez largement utilisé sur l'Internet.

RealAudio Format de codification de fichier audio permettant une transmission et une audition simultanées. Ne fonctionne correctement qu'avec des connexions réseau à haut débit. A 28 800 bps, de nombreuses coupures interviennent en cours d'audition ou bien le bruit de fond est très important. Voir par curiosité http://www.realaudio.com.

RCP (Remote CoPy) Commande UNIX permettant de recopier des fichiers d'un ordinateur à un autre. Comparable à FTP.

rec Type de news dont le centre d'intérêt est constitué par tout ce qui est **rec**réatif. Exemples : `rec.humor.funny` (plaisanteries parfois drôles, à condition de comprendre l'anglais - et encore !), `rec.gardens` (tout ce qui concerne le jardinage).

recherche (moteur de) Logiciel utilisé pour des recherches sur des bases de données.

régulière (expression) Façon assez compliquée de codifier des critères de recherche au moyen d'expressions pseudo-mathématiques.

RENATER (REseau NAtional de la TEchnologie et de la Recherche) C'est le réseau de la recherche français. S'est récemment distingué en interdisant à l'université de Paris-VIII de poursuivre l'expérience Mygale (hébergement gratuit de présentations Web non commerciales).

répertoire Partie d'une structure arborescente gouvernant l'organisation des fichiers d'un ordinateur.

RNIS Réseau numérique à intégration de services. réseau créé par France Télécom pour assurer de forts débits (supérieurs ou égaux à 64 Kbps).

routeur Ordinateur destiné à assurer l'interconnexion de plusieurs réseaux utilisant éventuellement des standards différents.

RSA Système de chiffrement de messages breveté utilisé aux Etats-Unis.

RTFM ***(Read That Fucked Manual)*** "lisez ce foutu manuel". Réponse dissuasive de ceux à qui des imbéciles posent une question élémentaire dont la réponse se trouve dans une document livresque ou *on-line* (généralement, dans ce cas, dans les FAQ). Le serveur `rtfm.mit.edu` contient les FAQ de tous les groupes de news.

RTC Réseau téléphonique commuté.

sci Type de news dont l'intérêt se concentre sur des sujets scientifiques.

sécurité Sur un réseau, la sécurité consiste essentiellement à interdire l'entrée dans une machine à ceux qui n'y sont pas autorisés par l'administrateur du système.

série (entrée) Connecteur permettant de raccorder un modem à un micro-ordinateur.

serveur Ordinateur destiné à fournir un service à d'autres ordinateurs d'un réseau. Par exemple, un serveur Archie permet aux utilisateurs de l'Internet de bénéficier des services Archie. Un serveur se connecte à un **client** (voir ce mot).

shareware On dit parfois en français : "partagiciel". Logiciel qu'on peut essayer avant de l'adopter. Lorsqu'on s'y décide, on est moralement obligé de verser une contribution à l'auteur.

Shockwave Standard multimédia interactif utilisé sur le Web. Voir le serveur `http://www.macromedia.com/shockwave/`.

SimTel Importante collection de programmes, principalement pour MS-DOS et Windows. Le site principal a pour adresse électronique `ftp.simtel.net`. Il en existe de nombreux miroirs.

SLIP ***(Serial Line Internet Protocol)*** Protocole de connexion d'un ordinateur à un serveur au moyen d'une ligne téléphonique. Voir **PPP**.

SMTP ***(Simple Mail Transfer Protocol)*** Méthode servant à assurer le service du courrier électronique à des ordinateurs non reliés en permanence à l'Internet.

smiley Petite figure "dessinée" au moyen de caractères tels que (,), ^, o... qu'il faut regarder de droite à gauche en penchant la tête à gauche. La mimique ainsi esquissée est très utilisée dans le courrier électronique pour ajouter de l'expression à un message. Parfois traduit en français par *souriard*.

snail mail Littéralement : courrier escargot. Façon ironique de désigner le courrier postal par opposition au courrier électronique.

soc Type de news dont le centre d'intérêt est constitué par tout ce qui a trait à la sociologie. En France existe, par exemple, `fr.soc.divers` qui est le centre de débats passionnés sur tous les sujets d'actualité : politiques, économiques, et autres.

socket Port logique utilisé par un programme pour communiquer avec un autre programme tournant sur un autre ordinateur de l'Internet.

software Logiciel. Tout ce qui, dans un ordinateur, ne relève pas du matériel.

souriard Voir **smiley**.

spam Mot utilisé principalement sur les news pour désigner toute tentative de publicité déguisée.

SSL ***(Secure Socket Layer)*** Technique utilisée sur le Web pour sécuriser certaines connexions.

streaming (audio) Système permettant d'acheminer des fichiers audio sur le Net de telle façon qu'on commence à les entendre presque immédiatement, sans attendre que l'intégralité du fichier soit transmise. Le plus populaire est RealAudio.

Stufit Programme de compression utilisé sur les Macintosh.

surfer Se promener nonchalamment et sans but précis sur le Web.

T1 Standard de télécommunications transportant 24 voies de transmission à 1,4 Mo/s sur une simple paire.

talk Type de news dont le centre d'intérêt est constitué par le bavardage sur tout et rien. Exemples : `talk.abortion`, `talk.rumors`. Curieusement, il n'y a pas de tel groupe dans l'arborescence `fr`.

TCP/IP Protocole de connexion utilisé sur l'Internet (Transmission Control/ Internet Protocol).

Telnet Programme permettant de se logger à distance sur un autre ordinateur connecté à l'Internet.

terminal Ensemble écran-clavier connecté à un ordinateur. De nos jours, on utilise plutôt un micro-ordinateur sur lequel tourne un émulateur.

texte (fichier) Fichier ne contenant que du texte pur, sans formatage.

thread Littéralement : *enfilade*. Suite des réponses à un message des news ; autrement dit, succession des messages relatifs à un sujet particulier.

travail (station de) Micro-ordinateur de forte puissance doté généralement d'un grand écran et d'une mémoire de grande taille principalement utilisé dans les milieux scientifiques. C'est le domaine des SUN Sparc, HP et IBM RS/6000, pour n'en citer que trois parmi les plus utilisées.

Trumpet Créateur d'une pile TCP/IP (Winsock) largement utilisée sous Windows 3.x.

Unicode Extension du code ASCII à 16 bits pour permettre la représentation de n'importe quel caractère utilisé dans les langues mondiales.

UNIX Système d'exploitation soulevant les passions à défaut des montagnes. On peut, en toute objectivité, lui reprocher d'utiliser le langage de commande le plus abscons qui se puisse imaginer. Difficile, voire impossible à utiliser par des profanes.

uploading Mot intraduisible en français signifiant téléchargement vers un serveur.

URL ***(Uniform Resource Locator)*** Façon de désigner une ressource de l'Internet au moyen d'une adresse électronique précédée d'un préfixe dépendant du type de la ressource concernée. Les browsers en font un large usage.

URN ***(Uniform Resource Name)*** Nom d'une page Web qui ne change pas lorsqu'elle est déplacée sur un ordinateur différent. Proposé pour résoudre le problème des liens rompus mais très peu utilisé.

Usenet Ensemble de forums articulés par types. Sorte de place publique électronique où chacun peut venir poser des questions, lancer des apostrophes, apporter des réponses que tous peuvent entendre.

UUCP ***(UNIX to UNIX copy)*** Système de courrier électronique encore utilisé par certains systèmes UNIX. Les adresses se présentent de façon différente de celles que nous connaissons sur l'Internet.

uuencode/uudecode Programmes de codage et de décodage de fichiers permettant à ceux-ci de transiter comme du courrier électronique. Les fichiers binaires ainsi "uuencodés" se présentent sous forme d'une suite de caractères inintelligible. Plus ancien et plus rustique que MIME.

V32 Standard de transmission impliquant un débit d'informations de 9 600 bps.

V32 bis Standard de transmission impliquant un débit d'informations de 14 400 bps.

V34 Standard de transmission impliquant un débit d'informations de 28 800 bps.

Veronica Programme destiné à aider l'utilisateur dans ses recherches à travers le gopherespace.

visualisation (logiciel de) Programme destiné à afficher des images numérisées.

virus Parasite logiciel destiné à perturber le fonctionnement d'un ordinateur. Sur les Macintosh, on en compte une douzaine alors qu'on en dénombre plus de 7 000 sur les PC. Pratiquement inconnus sous UNIX.

VRML Langage destiné à construire des pages en réalité virtuelle sur le Web.

VT100 Nom d'un terminal créé par DEC il y a une quinzaine d'années et dont le fonctionnement est reproduit par la plupart des émulateurs de terminaux. C'est devenu un standard.

WAIS ***(Wide Area Information Servers)*** Système de recherche d'informations peu commode à utiliser.

WAV (fichier) Format utilisé sous Windows pour les fichiers audio.

Web Littéralement "araignée". En réalité, il s'agit du World Wide Web qui est un système d'informations hypertexte et hypermédia.

whois Commande UNIX permettant de connaître le vrai nom d'une personne dont on connaît l'adresse électronique. Voir aussi **finger**.

Windows Système d'exploitation à fenêtrage créé par Microsoft pour les PC. La version la plus utilisée est la version 3.1. La dernière est la version 95 qui contient un support natif de TCP/IP.

WinSock Abrégé de *Windows Sockets*. Interface standard avec TCP/IP des programmes tournant sous Windows.

WinZip Programme de compression/décompression de fichiers tournant sous Windows.

World Wide Web Voir **Web**.

X.25 Protocole de transmission par commutation de packets. Utilisé en France par Transpac.

X.400 Standard proposé par l'ITU-T pour la messagerie. Très compliqué.

X.500 Standard proposé par l'ITU-T pour les annuaires électroniques.

Xmodem Protocole de transfert de fichiers datant d'une quinzaine d'années et encore utilisé (auteur : Ward Christiansen). Est de plus en plus remplacé par Ymodem et surtout Zmodem.

Yahoo! Serveur de recherche sur le Web accessible par l'URL `http://www.yahoo.com`.

Yellow Pages Voir **NIS**.

Ymodem Protocole de transfert de fichiers plus évolué que Xmodem.

ZIP (fichier) Ensemble de fichiers compressés à l'aide du programme PKZIP ou WINZIP (peut ne contenir qu'un seul fichier). Le décompactage s'effectue avec PKUNZIP ou WINZIP.

Zmodem Protocole de transfert de fichiers créé par Chuck Forsberg et toujours utilisé.

Index

J

K

L

M

N

O

P

X

Y

Z

Aubin Imprimeur
LIGUGÉ, POITIERS

Achevé d'imprimer en juillet 1998
pour le compte de France Loisirs
123, bd de Grenelle, 75015 Paris
N° d'édition 30087 / N° d'impression L 56381
Dépôt légal, juillet 1998
Imprimé en France